U0929720

中國社會科學引文索引（CSSCI）來源集刊

簡帛研究 二〇二一

中國社會科學院簡帛研究中心
中國社科院歷史所秦漢魏晉南北朝室

卜憲群　楊振紅　主編

廣西師範大學出版社
·桂林·

圖書在版編目（CIP）數據

簡帛研究．2011 / 卜憲群，楊振紅主編．—桂林：廣西師範大學出版社，2013.6
ISBN 978-7-5495-3774-7

Ⅰ.簡… Ⅱ.①卜…②楊… Ⅲ.①竹簡—中國—文集 ②帛書—中國—文集 Ⅳ. K877.54-53

中國版本圖書館 CIP 數據核字（2013）第 106424 號

廣西師範大學出版社出版發行
（廣西桂林市中華路 22 號　郵政編碼：541001
網址：http://www.bbtpress.com）
出版人：何林夏
全國新華書店經銷
桂林廣大印務有限責任公司印刷
(廣西桂林市臨桂縣金山路 168 號　郵政編碼：541100)
開本：889 mm × 1 194 mm　1/16
印張：17.25　　字數：350 千字
2013 年 6 月第 1 版　　2013 年 6 月第 1 次印刷
印數：0 001～1 200 冊　　定價：100.00 元

目　録

《太一生水》的再認識
——以宇宙論爲中心

浙江大學人文學院歷史系　陶　磊

内容提要　《太一生水》之太一是至上神,其生水然後生宇宙以及藏於水而行的内容可以在道教神話中得到驗證。《靈樞經》佚文的太一是道教水神之名號。《太一生水》中的水,相當於一般宇宙論論述中的元氣。

關鍵詞　《太一生水》　宇宙論　道教

《太一生水》像其他許多著名的文獻一樣[①],因其簡略且富有内涵,受到學術界的廣泛關注,目前關於該文獻的研究論文已有七、八十篇之多。對這些研究作出客觀的評價是困難的,事實上,在真正弄清楚這篇文獻性質與内涵之前,這樣的評價也許是不可能的。[②]

筆者曾寫過一篇小文,討論了其中幾個名詞的含義,認爲太一是北辰,神明是鬼神;對於其中的水,筆者認爲,是受了道家一生水思想的影響而被人爲插進去的,其内容當歸入數術一類。筆者還認爲,這篇文獻在思想史上没有産生多大影響,不應過高估計它的價值。[③] 其

① 本文所論《太一生水》,僅指抄在郭店竹簡《老子》丙本之後的 14 支簡中的前 8 支簡。

② 丁四新有對其前《太一生水》研究的總體批評,丁四新:《楚簡〈太一生水〉研究》,載《楚地出土簡帛文獻思想研究》(一),武漢:湖北教育出版社,2002。

③ 陶磊:《太一生水發微》,載龐樸等《古墓新知》,臺北:臺灣古籍出版有限公司,2002。

後不久,筆者讀到姚治華、李二民二位先生的論文[①],他們分别引用了《靈樞經》的一條佚文,"太一者,水之尊號,先天地之母,後萬物之源",其前還有"水生於一,天地未分,萬物未成之初,莫不先見於水",這與《太一生水》開頭的内容十分相似,因而得到一些學者的贊同。[②] 筆者曾一度認爲這是《太一生水》研究中最重要的發現,直到讀到顧頡剛、楊向奎的《三皇考》。[③]《三皇考》對太一的由來及其地位的變化均有討論,并且還討論了道教中的太一。從這些討論可知,太一神的崇高地位一直保持到西漢末年,以後便産生動摇以至衰落。道教興起後,太一也成了他們供奉的神明,并且含義有了很大的擴展,與早期太一已不可同日而語。准此,《靈樞經》佚文的太一與《太一生水》的太一,是否可以相提并論,便成了問題。筆者以爲,《靈樞經》的太一不是至上神的太一,而是道教水神之名號。不過,道教經典中確實有與《太一生水》相似的内容,本文舉一例,或許它能幫助我們理解太一生水與太一藏于水的問題。另外,從宇宙生成論的角度看,《太一生水》的水,相當於我們熟悉的宇宙生成論中的氣。有了這些認識,《太一生水》作爲講述宇宙論的文獻的價值就有重新認識的必要,這是過去學界一直很重視而爲筆者所忽略的。文有不當,請方家指正。

一、道教的太一

首先看姚治華與李二民先生發現的這條材料,它出自宋劉温舒《素問入式運氣論奥》,是書卷上有:

> 論生成數:天高寥廓,六氣迴旋,以成四時。地厚幽深,五行化生,以成萬物,可謂無窮而未訓者也。聖人立法以推步者,蓋不能逃其數。觀其立數之因,亦皆出於自然。故載於經典,同而不异,推以達其機,窮以通其變,皆不離於數内。一曰水,二曰火,三曰木,四曰金,五曰土者,咸有所自也。水,北方子之位也,子者,陽生之初,一陽數也,故水曰一。火,南方午之位也,午者,陰生之初,二陰數也,故火曰二。木居東方,東陽也,三者奇之數亦陽也,故木曰三。金居西方,西陰也,四者偶之數亦陰也,故金曰四。土應西南長夏,五者奇之數,亦陽也,故土曰五。以是論之,數以陰陽而配者也。

---

① 姚冶華:《〈太一生水〉與太乙九宫占》,李二民:《讀〈太一生水〉札記》,兩文均曾在簡帛研究網上登過,又均載《古墓新知》。

② 李二民先生的文章中提到裘錫圭先生曾表示肯定與鼓勵。李零先生也十分重視《靈樞經》的那條佚文,李零:《再讀郭店楚簡〈太一生水〉》,文載《追尋中華古代文明的蹤迹——李學勤先生學術活動五十年紀念文集》,上海:復旦大學出版社,2002。

③ 顧頡剛、楊向奎:《三皇考》,原載《古史辯》第七册(中),上海古籍出版社,1982,收入顧頡剛《顧頡剛古史論文集》第三册,北京:中華書局,1996。强昱先生已注意到《三皇考》對太一的研究,在其文中專立"道教與太一"一節,强昱:《〈太一生水〉與古代的太一觀》,載《道家文化研究》第十七輯"郭店楚簡"專號。

若考其深義，則水生於一。天地未分，萬物未成之初，莫不先見於水。故《靈樞經》曰："太一者，水之尊號，先天地之母，後萬物之源。"以今驗之，則草木子實未就，人蟲胎卵胎胚皆水也，豈不以水爲一？及其水之聚而形質化，莫不備陰陽之氣在中而後成。[①]

這段文字可分爲兩部分，從"天高寥廓"到"數以陰陽而配者也"是第一部分，從"若考其深義"至末尾是第二部分。第一部分講五行之數，一與水配，二與火配，三與木配，四與金配，五與土配。這種數與五行的匹配，文獻中較多，舉一例，《易緯乾坤鑿度》卷上：

生天數：天本一而立，一爲數源，地配生六，成天地之數，合而成水性。天三地八木，天七地二火，天五地五土，天九地四金。[②]

這裏數與五行之匹配與上引文相同。以數配五行本不足爲奇，值得注意是前引文的第二段，引起大家興趣的也是這節文字。這段文字繼續前一段文字所論述的數與五行相配的道理，著重解釋一與水相配的道理。爲什麽一與水配呢？因爲水生於一，在天地、萬物之先，一切皆水。應該説，即使没有後面《靈樞經》的文字，它所表達的意思也是清楚的。引《靈樞經》是爲了進一步證實一與水相配的道理。據《靈樞經》，太一是水之尊號，并且先天地之母，後萬物之源。後面又説草木之籽實、人蟲之胚胎，未形成前不都是水嗎？難道能不以水配一嗎？由此可見，第二節文字整個是講水與一配的道理。

筆者曾提出，太一生水可能是道家一生水思想的翻版。[③] 這裏提到了"水生於一"，并且也認爲水是在天地未分前便存在的，若更進一步，可以得出類似於太一生水的結論。但這衹是假設。後面《靈樞經》雖提到太一，并且是先天地之母後萬物之源，但不能就此認定這裏包含有類似於太一生水的内容，細讀《靈樞經》，其中的太一之所以先天地之母後萬物之源，是因爲它是水之尊號，而水是先天地之母後萬物之源的，水有的特徵，太一當然也應該有。故而筆者以爲，這裏的太一雖然先天地之母後萬物之源，但它却不是至上神太一，不是可以生水的那個太一。從邏輯上講，《靈樞經》的太一也不可能是可以生水的太一，它既然是水的尊號，那麽應該先有水，才會有作爲水之尊號的它，水是本體，太一是名號，名號如何能生本體

① 文字據《道藏》本，文物出版社、上海書店、天津古籍出版社，1988。下引道經出處同此。另外，姚、李二位先生均已指出，此段材料又爲［明］萬民英《三命通會》所引用，陳偉先生在［明］孫一奎《醫旨緒餘》也發現了相似記録，見陳偉《郭店竹書别釋》，武漢：湖北教育出版社，2003，28頁。

② 文字據［日］安居香山、中村璋八輯《緯書集成》（上），石家莊：河北人民出版社，1994，91—92頁。下引緯書文字出處同此。

③ 見拙文《太一生水發微》。

呢?[1] 所以筆者以爲,前引《素問入式運氣論奧》的文字,不包含類似於太一生水的内容。

顧、楊二先生的《三皇考》引了一段道經,《玉清無極總真文昌大洞仙經注》(洞玄部玉訣類):

> 太一召天魔注:上卷略釋之"太一"乃水精元氣之所化。天地之先,一數生水以成象;人生之前,一氣之精感化而成形,非水無以立天地。——五臟皆有太一,亦猶天地之無處無水。

這裏也提到天地之先一生水,也同樣提到太一,似乎也可以推導出太一生水。但這裏我們不會產生錯覺,認爲這裏包含有類似於太一生水的内容,因爲這裏明確提到五臟皆有太一,所以這個太一不可能是那個至高無上的太一。這裏提到的五臟皆有太一,其道理與天地無處無水相同,可以幫助我們更好認識上面《靈樞經》的太一。因爲水的無處不在,草木子實未就,人蟲胎卵胎胚皆水,所以太一也無處不在,這樣才有太一的先天地之母後萬物之源之説。此太一與《靈樞經》的太一,都不是至上神太一,但都從屬於水,《靈樞經》説太一是水之尊號,這裏説太一是水精元氣之所化。

《三皇考》還引了一部道經,中有太一爲水神的提法,《太極祭煉内法議略》(洞玄部方法類):

> 或問太一天尊之義,余曰:《禮記·禮運》曰"禮本於太一,變而爲陰陽,轉而爲四時",《家語》曰"太一者,元氣也",是推造化之源也。《史記·天官書》曰"中宫天極星,其一明者,太一常居也",以其北極中一星不動,故乃爲衆星之主也。《莊子》曰"主之以太一",亦至理也。《内觀經》云"太一帝君在頭曰泥丸",總衆神也。《黄庭經》云"太一流珠安昆侖",乃造化朝元之義也。《度人經》云"太一司命",《生神章》云"太一執符","太一誦之,以具身神","太一戒觀",《天童經》云"太一執我",皆神之稱也,非天尊也。如劉向"太一之經",是亦神也。《楚辭》"東皇太一",亦福神也。《淮南子》云"太微者,太一之庭,紫宫者,太一之居",皆星主也。數有《太一數》,謂數始於一,而一原於太一,故曰《太一數》。其神則五福十神太一星君,即漢所祠太一也。雷有太一雷,乃月孛也。水之餘氣,水屬一神,其名曰太一。

據《道藏提要》[2],《太極祭煉内法》是宋元之際學者鄭思肖編撰的。這裏鄭氏將古來的太一整理了一下,早期的崇高的太一包括其中,在具體天象上,它是北極帝星;從哲學的角度看,

---

① 龐樸先生曾提出,太一生水的生是化生,太一就是水,水就是太一,以此來解説"太一藏於水"。龐樸:《一種有機的宇宙生成圖式》,載《道家文化研究》第十七輯。筆者按:這個説法甚妙,可以很好地解釋《靈樞經》的太一,但不能解釋《太一生水》的"水反輔太一"。

② 任繼愈主編:《道藏提要》,北京:中國社會科學出版社,1991。

它是造化之源。除此之外,還包括其他一些名爲太一的神明,如雷神、水神等等。

既然太一有水神名號的義項,那麼,前引《靈樞經》與《大洞真經注》的太一應該都是水神,正是因爲它們是水神,才有了所謂的"先天地之母,後萬物之源"的提法。若因爲它們"先天地之母,後萬物之源",而認定它們是至上神太一,那就本末倒置了。

雖然不能將上引文字看作是太一生水,但它們對水的理解與《太一生水》是一致的,尤其是"非水無以立天地"[①],可以幫助我們更好地理解《太一生水》將水置於太一與天地之間的思想内涵。

道經中另有可以與《太一生水》聯繫起來的地方。如《道門通教必用集》卷七:"脚踏北斗,跨踞魁罡,太一作水,周流萬方。"這裏的太一脚踏北斗,當是至上神,可以與《太一生水》的太一相比擬。太一"脚踏北斗,跨踞魁罡",與馬王堆帛書《太一避兵圖》的太一形似,[②]帛畫太一作"大"字人形,跨踞三龍,與這裏的太一有相似之處。"太一作水","作"可理解爲生,太一作水就是太一生水,與《太一生水》内涵有相似之處。這裏還有另外一種可能,"太一作水"下有小字注云:"杜、張皆是'作'字,楊本是'在'字,'作'字爲善。"該書其他地方出現文字异同時,多以楊本爲善,若依楊本,此處則爲"太一在水,周流萬方",這則與《太一生水》"太一藏於水行於時"含義相近。就這裏已有北斗而論,以後一種文本更可信。無論如何,這裏的太一當就是《太一生水》的太一。再看這節文字的下面,"清無過水,濁無過穢,以清蕩濁,以水治穢。"因爲水是至清之物,以其蕩治世間濁穢是最合適不過了,故太一乘著它可以消除濁穢。當然這裏的水不是普通的水,它是"五龍五星真氣之水",因此太一才可以乘著它去蕩治穢濁。《太一生水》"太一藏於水行於時",其目的是爲萬物母,爲萬物經,與此處相比,目的雖不相同,但太一運行的基本模式一致。

我們可以對"太一藏於水行於時"下一判斷,乘水而行是至上神太一運行的基本模式,無論是生成天地四時、還是促進萬物生長并爲其確立法則,太一必須借助於水,這樣《太一生水》的太一先生水、再生天地的模式就可以理解了。至於太一爲什麼要乘水而行,筆者以爲這與水本身所稟有之特性有關,美國學者艾蘭對水的特性已有比較充分的梳理與研究[③],此

① 此説本於楊泉《物理論》。

② 據筆者所知,最早注意圖解《太一生水》的是李零先生,他在《讀郭店楚簡〈太一生水〉》中,引用了三個視覺材料,一是"兵避太歲"戈,一是《太一避兵圖》,一是曹氏朱符,并據以畫了《太一生水》圖表。李文載《道家文化研究》第十七輯。丁四新先生也注意到以《太一將行圖》與《太一生水》互證,見其《郭店楚墓竹簡思想研究》,北京:東方出版社,2000,104—105頁。這裏有一點必須説明,李建毛、胡文輝先生認爲,帛書圖畫上一般認爲是太一的神像當是社神,這樣,是否可以將道經中的太一與帛畫圖像作比較,便值得進一步研究,本文衹是一次嘗試。李建毛:《馬王堆漢墓"神祇圖"與原始護身符籙》,載《馬王堆漢墓研究文集》,長沙:湖南出版社,1994;胡文輝:《馬王堆〈太一出行圖〉與秦簡〈日書·出邦門〉》,《江漢考古》1997年第3期。

③ [美]艾蘭著,張海晏譯:《水之道與德之端》,上海人民出版社,2002。

不贅言。

二、宇宙論視野中的水

在拙文《太一生水發微》中,筆者從《太一生水》的中心内容"成歲"出發,推導出其中的水是人爲插入的,其觀念基礎是道家一生水的思想。這是對太一所以生水的一種解釋。太一所以先生水,再生天地陰陽四時,還可能有另外一個觀念背景,這個背景,與作者編寫《太一生水》的意圖有關。從《太一生水》整齊的叙述結構很容易看出,作者的目的是要表達一種宇宙生成的見解。[①] 作爲一種宇宙論,在元始與天地之間,必須以有形質的東西爲媒介,《太一生水》的水正是這樣的媒介。而從對古代宇宙論的共性分析,便不難發現《太一生水》中的水,相當於古代宇宙生成論的氣。

中國古代宇宙生成論約分爲三類:

第一類是抽象的模式,如《老子》的"一生二,二生三,三生萬物",《周易》的"太極生兩儀,兩儀生四象"。這種模式是將紛繁複雜的宇宙演化,歸納爲簡單的數位元模型,是一種高度抽象的宇宙生成模式。

第二類則是具體的生成模式,這種模式描述了宇宙從無到有的全過程,每一過程都很具體。如《淮南子·天文》所叙述的宇宙天地生成的全過程,從虚廓之宇宙開始,先生氣,由氣再形成天與地,由天地而陰陽,由陰陽而四時,由四時而萬物。[②] 又如張衡《靈憲》叙述的宇宙生成過程。《靈憲》云:

> 太素之前,幽清玄静,寂漠冥默,不可爲象。厥中爲虚,厥外爲無。如是者永久焉,斯謂溟涬,蓋乃道之根也。道根既建,自無生有。太素始萌,萌而未兆,并氣同色,渾沌不分。故道志之言云'有物渾成,先天地生。'其氣體固未可得而形,其遲速固未可得而紀也。如是者又永久焉,斯爲龐鴻,蓋乃道之幹也。道幹既育,有物成體。於是元氣剖判,剛柔始分,清濁异位。天成於外,地定於内。天體於陽,故圓以動;地體於陰,故平以静。動以行施,静以合化,煙醬構精,時育庶類,斯謂太元,蓋乃道之實也。[③]

這裏用溟涬、龐鴻、太元三階段描述宇宙生成過程,分别相當於道之根、幹與實。道根爲虚

① 絶大多數學者認爲《太一生水》講的是宇宙生成論,而把重點放在具體的生成過程上,忽略了從古代宇宙生成論的共性上把握《太一生水》。

② 馮時先生已指出,《太一生水》與《淮南子·天文》最接近,馮時:《郭店楚簡〈太一生水〉研究》,載其著《出土古代天文學文獻研究》,臺灣古籍出版有限公司,2001。

③ 文字據《續漢書·天文志上》注引。

無，相當於《淮南子·天文》的虚廓之宇宙；道幹爲未分之元氣，相當於《淮南子·天文》的宇宙生元氣；道實乃是天地萬物，相當與《淮南子·天文》的天地生成以後的内容。

第三類則是虚實兼顧的生成模式，如《鶡冠子·環流》：

有一而有氣，有氣而有意，有意而有圖，有圖而有名，有名而有形，有形而有事，有事而有約，約决而時生，時生而物立。

上列三類宇宙生成模式，思想性最高的是第一類，第三類則一般不爲人稱道，在古代最有影響的是第二類。將《太一生水》與上述三類模式相比，以第二類與其最接近。在第二類從無到有的三個階段中，虚無狀態没有太多可説，可以説很多就不成其爲虚無了；天地形成以後皆爲人目所見，人皆可以論説；唯一值得闡發的是無有之間天地形成前的階段，即元氣化生形質初具的階段。古書中有對此階段的專門描述：

天地未分之前有太易，有太初，有太始，有太素，有太極，是爲五運。形象未分，謂之太易。元氣始萌，謂之太初。氣形之端，謂之太始。形變有質，謂之太素。質形已具，謂之太極。（劉仲達《鴻書》引《鈎命訣》）

太初者，氣之始也。太始者，形之始也。太素者，質之始也。（《列子·天瑞》）

類似的内容在古書中還有不少，不具引。

《太一生水》的宇宙生成過程，也可以分爲三個階段，太一、水、天地以後。將其與《靈憲》的從無到有的三階段相比，太一相當於道根即無，水相當於道幹，天地以後是道實即有。兩相比較，太一生水是援用成歲的元素表達宇宙生成論，與以氣爲本的宇宙生成論在具體形式上有很大不同，主要差别表現在兩個方面，一是以道作爲宇宙的本源，一是以太一即北辰之神作爲宇宙的本源，此點學者多有論及。當然，道與太一可以轉换。[①] 另一方面表現在，以道爲本源，則形成宇宙生成的氣本論，以太一爲本源，則形成宇宙生成的水本論。氣本論爲大家所熟悉，水本論則比較新鮮。但從兩種模式的對比看，水的位置與氣相當，也處於無有之間。從物理性質看，水與氣可以互相轉化，水就是氣，氣就是水。[②] 古人也是這麼看的，《春秋元命苞》“水者，天地之包幕，五行之始焉，萬物之所繇生，元氣之津液也”。楊泉《物理論》“所以立天地者水也，夫水，地之本也，吐元氣，發日月，經星辰，皆由水而興”。兩條材料，一講水是元氣的津液，一講水可以吐元氣，則水與氣本無明確的界限，也無固定的先後。准此，

① 竹簡整理者的意見如此，很多學者反對此意見。筆者以爲太一在宇宙生成論中的位置與道相當，不過它不是道。

② ［美］艾蘭認爲，氣是由水之蒸汽而來，見其《水之道與德之端》145 頁。葉海煙先生曾提出氣態的天、液態的水與固態的地，三者在物理性質上可以互相轉化。葉海煙：《〈太一生水〉與莊子的宇宙觀》，載《中國哲學》第 21 輯“郭店簡與儒學研究”，瀋陽：遼寧教育出版社，2000。

太一生水也可以理解爲太一生氣。事實上,古書中確有太一生元氣的提法,如《太上無極總真文昌大洞仙經》卷五説"太一生元氣"。[①] 由此可見,在宇宙論意義上,太一生水就是太一生元氣。

綜上所論,對《太一生水》可以作這樣的判斷,作者重新編排了有關成歲的材料,闡述了他的宇宙生成學説。從成歲的角度講,即從當時知識的角度講,其中的水是受道家一生水思想的影響而人爲插入的;從宇宙生成的角度講,水則是氣的另外一種表述形式。太一藏於水是太一運行的基本模式。

① 劉大鈞先生認爲,《老子》第八章"上善若水"與太一生水有關,并指出,上善是元,元是氣,是天地之始。劉大鈞:《〈太一生水〉篇管窺》,《周易研究》2001年第4期。筆者按:據劉先生之説,也可以得出太一生水即太一生元氣的結論。

《上博八·命》簡9"必内瓜之於十友又三"釋讀

彰化師範大學國文系　蘇建洲

内容提要　《上博八·命》簡9"必入𤓯之於十友又三"的"𤓯",或以爲從"偶"得聲,讀爲"諏"或"叩"。筆者以爲目前所見的楚文字中"[illegible]"與"[illegible]"方向不同,代表的是兩個不同的字,不能輕易將二字混爲一談。前者皆從"偶"得聲,是侯部字。後者是"瓜"的繁體,是魚部字。所以《命》篇的"𤓯"應該讀爲"舉"或"訪",都是謀、問、言的意思。

關鍵詞　《上博八》　《命》　文字考釋　魚侯二部

《上博八·命》簡9云:

酓(答)曰:【7】"亡僕(僕)之尚(掌)楚邦之正(政),逊(坐)沓(友)①五人,立沓(友)②七

① "坐友",復旦吉大古文字專業研究生聯合讀書會指出:"原整理者讀'沓'爲'右',謂'坐右'爲'坐席之右'(199頁),非是。《列女傳·母儀傳》謂:'桓公坐友三人,諫臣五人,日舉過者三十人,故能成伯業。'可資比照。'立友'則與'坐友'相對而言。"見《上博八〈命〉校讀》,復旦網,2011年07月17日。謹按:讀書會之説可從,相同文獻例證亦見於《全唐文》卷七四二《上崔相公書》:"齊桓公爲諸侯盟主,有坐友三人,諫臣五人,舉過者三十人。"對照上下文來看,"坐友"的身分或職責與"諫臣"、"舉過者"相同,則"坐"可理解爲争辯是非的意思。《左傳》昭公二十三年:"叔孫婼如晋,晋人執之……晋人使與邾大夫坐。"杜預注:"坐,訟曲直。"《晏子春秋·内篇問下·叔向問人何若則榮晏子對以事君親忠孝第二六》:"言不相坐,行不相反。"吴則虞《晏子春秋集釋》:"左昭二十三年'使與邾大夫坐',注:'訟曲直也。''不相坐',謂不相争訟也。"(北京:中華書局,1962,287—288頁)白林鵬先生翻譯作"説話不互相攻訐,不争論是非曲直。"見白林鵬注釋《白話晏子春秋》(西安:三秦出版社,1997, 161頁),白説近之。《周禮·夏官司馬·環人》:"訟敵國",注云:"敵國兵來,則往之與訟曲直,若齊國佐如師。"孫詒讓正義曰:"《説文》言部云:'訟,争也。'《廣雅·釋詁》云:'訟,責也。'謂至敵軍,與争辯曲直,陳義以責之也。"見[清]孫詒讓《周禮正義》,北京:中華書局,1987,2414頁。錢玄等人將"訟敵國"的"訟"解釋爲"斥責",更好理解,見錢玄、錢興奇、王華寶、謝秉洪注釋《周禮》,長沙:岳麓書社,2001,277頁。綜合以上,"坐"就是"訟曲直",就是争論是非曲直。所以簡文的"坐友"就是可以争論是非曲直的朋友。

② "立友"與"坐友"意思相近,都是能提供諫言的友人,既然名曰"立友",自然身份次"坐友"一等。由於"立"(來紐緝部)與"箴"(章紐侵部)聲音相近,也不排除"立友"是"箴友"的意思。退一步説,可以説"坐友"是身份比較尊崇可以提供葉公子高(亡僕)諮詢的友人,"立友"自然是次"坐友"一等的。

人,君王之所㠯(以)命與所爲於楚【8】邦,必内(入)㼌之於十𦥔(友)又三"

其中"㼌"字作:

整理者釋爲"㼌",《説文》瓜部"㼌,本不勝末,微弱也。"[①]復吉讀書會認爲:"字又見於《上博(六)·平王與王子木》簡1,字作,讀爲'遇'。本文可讀爲匹偶之'偶'。"[②]董珊先生在此説的基礎上讀"偶"爲"諏"。[③] 筆者則讀爲"叩",問也。[④] 陳偉先生則指出:"今按,本篇此字與《平王與王子木》1號簡中的讀爲'偶'的字,二似人形的朝向不同。學者有較多討論。按照我們的理解,似人形者朝左之字可能是'耦'或'偶',朝右之字則應如整理者所釋爲'㼌'。本篇中,疑可讀爲'愉'(原注:窳、愉相通,參看《漢字通用聲素研究》355頁。),爲'愉悦'或'勞苦'義。"[⑤]

謹案:《包山》258有"(蓏—藕)二箕(箁)",同簡也有"蓏(瓜)一箕(箁)"李家浩先生已指出此二字同簡出現且寫法不同,"説明它們不是一個字"[⑥],同時"蓏"還見於2:59-2號、2:418-1號竹笥所繫的竹簽。(原注:《包山》下册圖版四六·11,四七·3)"蓏二箁"當是指這兩件竹笥。2:59-1號竹笥内有藕六節。(原注:《包山》上册152頁,下册圖版四八·5)"㼌"、"藕"古音都是侯部字。古代文字往往正反無别,頗疑簡文是一個形聲字,從"㼌"聲,讀爲"藕"。[⑦] 陳偉、劉國勝先生也贊同讀爲"藕"。[⑧] 而後來出現的相同的字形,如(《容成氏》26),所表的詞相當於文獻中的并州的"并"。陳偉先生釋爲"耦",指出"耦州"爲"并州"的异名。[⑨] 筆者認爲州即耦州,用同義字來指稱《周禮·職方氏》中的并州,是一種"同義换讀"的現象。但是字形應該如何隸定,則尚不能完全確定。[⑩] 大西克也先生贊同拙説[⑪]。又

① 馬承源主編:《上海博物館藏戰國楚竹書(八)》,上海古籍出版社,2011, 200頁。

② 復旦吉大古文字專業研究生聯合讀書會:《上博八〈命〉校讀》,復旦網,2011年7月17日。

③ 上文評論評論第29、32樓。

④ 上文評論第35樓。

⑤ 陳偉:《上博八〈命〉篇賸義》,簡帛網,2011年7月19日。

⑥ 白於藍先生也有相似的分析,見白於藍《讀上博簡(二)札記》,《上海博物館戰國楚竹書研究續編》,上海書店出版社,2004,492頁。

⑦ 李家浩:《信陽楚簡中的"柿枳"》,《簡帛研究》第二輯,北京:法律出版社,1996,7頁。

⑧ 陳偉、劉國勝:《包山二號墓簡册》,收入《楚地出土戰國簡册[十四種]》,北京:經濟科學出版社,2009,119頁、124頁注43。

⑨ 陳偉:《竹書〈容成氏〉所見的九州》,《中國史研究》2003年第3期,44—45頁。

⑩ 蘇建洲:《上海博物館藏戰國楚竹書(二)校釋》,臺北:臺灣師範大學國文所博士論文,2004,181頁。又見《上海博物館戰國楚竹書(二)校釋(上)》,臺北:花木蘭文化出版社,2006,146頁。

⑪ 大西克也:《上博六〈平王〉兩篇故事中的幾個問題》,復旦網,2010年4月21日。

《平王問鄭壽》簡1 ，陳偉先生釋爲"耦"，讀爲"遇"。[1] 陳劍先生贊同此説，并指出："疑此字可看作'瓜'字（如包山簡174作 ）訛體，其上端的兩筆畫分别寫得向上和向右衝出頭。"[2]《包山》174" "字是人名，陳偉、劉國勝先生認爲："包山簽牌59-2'藕'字、上博竹書《平王與王子木》1號簡讀爲'遇'的字艸頭以下的部分與此字相似，應釋爲'耦'。《左傳》襄公二十九年'射者三耦'，杜預注：'二人爲耦。'字形正合此意。"[3]至於 （《信陽》2-21），文例是"一〇食醬"，白於藍先生釋爲"一瓶食醬"，以爲 從"并"[4]，《楚文字編》778頁也以爲從"并"。劉國勝先生根據上引《平王問鄭壽》等字認爲："似當釋爲'堣'。"[5]大西克也先生則折衷二説，認爲 字和與 字相近的諸字既表"耦""藕"，又表"并"，是一種訓讀的現象。[6] 總之，類似" "寫法的字形，諸家大抵從"禺"旁的角度去思考讀音，是侯部字。其次，《包山》258" 一箕（箺）"，" "字整理者隸定爲"菰"[7]，白於藍、陳偉、劉國勝先生均贊同此説，并進一步讀爲"瓜"[8]，這是魚部。此字也見於《包山》簽牌7-3 ，《包山》整理者也隸定爲"菰"，可從。[9] "菰"應該是 （苽—瓜，《孔子詩論》18）、 （苽—瓜，《周易》41）的繁體，《上博文字編》指出："苽，楚文字之'瓜'字。與《説文》之'苽'字同形。"[10]以楚文字的用字習慣來説，楚簡從" "諸字文例都衹能讀爲從"禺"聲的字，侯部；" "（ 偏旁）從"瓜"聲，魚部，的確是比較明顯的區别。目前所看到的楚文字"瓜"字或從"瓜"的字都寫作向右邊，如 （苽—瞽[11]，《唐虞之道》簡9）、 （苽—瓜，《孔子詩論》18）、 （苽—瓜，《周易》41）、 （狐，《包山》95）[12]、 （狐，《周易》37）、 （鈲—壺[13]，《包山》265）、 （瓢—壺，《信陽》M2簡1）、 （瓢—

[1] 陳偉：《讀〈上博六〉條記》，簡帛網，2007年7月09日。

[2] 陳劍：《釋上博楚竹書和春秋金文的"羹"字异體》，2007中國簡帛學國際論壇論文，臺灣大學中國文學系，2007年11月。亦見復旦大學出土文獻與古文字研究中心網站，2008年1月6日。

[3] 陳偉、劉國勝：《包山二號墓簡册》，收入《楚地出土戰國簡册［十四種］》，85頁注57。

[4] 白於藍：《讀上博簡（二）札記》，《上海博物館戰國楚竹書研究續編》，492頁。

[5] 劉國勝：《長臺關1號墓簡册》，收入《楚地出土戰國簡册［十四種］》，390頁注117。

[6] 大西克也：《上博六〈平王〉兩篇故事中的幾個問題》，復旦網，2010年4月21日。

[7] 湖北省荆沙鐵路考古隊：《包山楚簡》，北京：文物出版社，1991，37頁。

[8] 白於藍：《讀上博簡（二）札記》，《上海博物館戰國楚竹書研究續編》，492頁；陳偉、劉國勝：《包山二號墓簡册》，收入《楚地出土戰國簡册［十四種］》，119頁。

[9] 湖北省荆沙鐵路考古隊：《包山楚墓》，199頁。

[10] 李守奎、曲冰、孫偉龍編著：《上海博物館藏戰國楚竹書》（一～五）文字編》，362頁。

[11] 黄德寬、徐在國：《郭店楚簡文字考釋》，《吉林大學古籍整理研究所建所十五周年紀念文集》，長春：吉林大學出版社，1998，104頁。又載於黄德寬、何琳儀、徐在國《新出楚簡文字考》，合肥：安徽大學出版社，2007，8—9頁。劉洪濤：《郭店竹簡〈唐虞之道〉"瞽瞍"補釋》，簡帛網，2010年4月30日。

[12] 其他形體見《楚文字編》578頁、《《上海博物館藏戰國楚竹書》（一～五）文字編》463頁"狐"字下。

[13] 劉國勝：《楚喪葬簡牘文字釋叢》，《古文字研究》第二十五輯，北京：中華書局，2004，364頁。

壺[①],《信陽》M2 簡 1)、(孤,《周易》33)、(孤,《吴命》簡 4)、(孤,《新蔡》零 9)、“”(柧,《有皇將起》01),寫作向左邊者()則從未見過,這也透露出頻繁出現的“”字形能否理解爲從“瓜”不無疑問[②],同時文義上也没有讀爲“瓜”的證據。陳偉先生曾指出“”從二人側立取義,是“耦”的象形字。[③] 大西克也先生贊同陳先生的思路,并認爲“”形應是耦耕之“耦”的本字,象二人彎腰往下伸出手,并行耦耕之形,此形可徑隸定爲“耦”。[④] 按:“”形是否一定是耦耕之“耦”的本字,還有待檢驗[⑤],但是其讀音與“偶”相近則是肯定的。以此標準來看,《命》字確實應從整理者及陳偉先生所説隸定爲“瓜瓜”。

接下來討論隸定爲“瓜瓜”後如何釋讀。《説文》瓜部下有“瓜瓜”,曰:“本不勝末,微弱也。從二瓜,讀若庾。”(七下二)段注曰:“本者,蔓也。末者,瓜也。蔓一而瓜多,則本微弱矣。故污窬之窳、惰嬾之窳皆从此。”[⑥]上引李家浩先生根據“讀若庾”,將“瓜瓜”歸於“侯”部。鄭張尚芳先生也將從“瓜瓜”聲的“窳”歸於“侯”部。[⑦]《説文通訓定聲》則將“瓜瓜”及從“瓜瓜”聲的

① 董珊:《信陽楚墓遣策所記的陶壺和木壺》,簡帛網,2007 年 6 月 20 日。

② 西周金文師酉簋有如下的字形: 4288.1 4288.2 4289.1 4289.2 4290 4291,已有多位學者改讀爲“瓜”,參見涂白奎《説西周金文中的“狐”字》,載《考古與文物》2005 年增刊(《古文字論集》三),110—112 頁、何景成《論師酉盤銘文中的“弁狐”族》,《中國歷史文物》2010 年第 5 期,63—68 頁。看起來“瓜”字的方向是左右不分的。戰國文字在偏旁制約的狀況下會有寫向左邊的例子,如三晋系《璽彙》3987 復姓璽“令狐買”的“狐”作,其“瓜”旁向左邊,但這也是目前三晋系唯一的一例。而由上舉楚文字“瓜”字或從“瓜”的字都寫作向右邊的例證來看,“”隸定爲“瓜瓜”恐怕有問題,其字形來源或與“瓜”無關。《侯馬》“弧”字有底下幾種寫法:、、、、、,比對《集成》10916 陽狐戈的“狐”作,《侯馬》的字形從“瓜”可以確認。而《侯馬》1:41“弧”作,其字形顯然不從“瓜”,而是訛變寫作二“弓”形。其他從“瓜”諸字可以參看《古文字譜系疏證》第二册 1346—1349 頁;《集成》04331 乖伯簋“裘”,上述涂白奎先生釋爲“狐裘”。又新出秦印“州狐”的“狐”作(見王輝《一粟集》496、510 頁)等等。

③ 陳偉:《竹書〈容成氏〉所見的九州》,《中國史研究》2003 年第 3 期,44—45 頁。

④ 大西克也:《上博六〈平王〉兩篇故事中的幾個問題》,復旦網,2010 年 4 月 21 日。

⑤ 周昕先生説:“耦耕是古代勞動人民在實踐中創造的、按農事需要而適當結合的耕作方法。由於它的結合前提必須是兩人或兩件農具,因而産生了‘耦耕’這個名稱,凡具有同時使用兩個或兩種農具完成同一種農藝;或兩人、或兩具協作完成同一種農藝的耕作方式都可稱爲‘耦耕’,或簡稱爲‘耦’。‘耦耕’這類工作方式,它在歷史上從來没有消失過,衹是不同的時代、不同的地區可能會變换爲不同的農具和不同的結合形式。”文中并列舉歷代對“耦耕”的八種説法,見氏著《説“耦”》,《中國農史》2004 年第 3 期,10 頁。劉亞中先生認爲:“‘耦’是古代的一種農具,分爲直尖和斜尖兩種,它分别適用於不同質地的土壤耕作而采取相應的耕作方式。‘耦耕’就是‘持耦而耕’,是西周時期盛行的耕作方式。它主要分爲兩種方式,即‘二人并耕’式和‘人拉犁耕’式,但不論采取哪種形式,都是根據勞動環境、耕作物件和勞動者雙方的協作和熟練程度來决定的。它是介於鋤耕和牛耕之間的重要耕作形式,是由當時生産力發展水準所决定的,它可以隨着農業技術發展和生産力提高而出現不同的形式。”見氏著《也説“耦”與“耦耕”》,《中國農史》2008 年第 1 期 3—9 頁。以上説法皆與“”形體看不出直接的聯繫,則“”是否一定跟“耦耕”有關,尚待檢驗。另參見賈文《説甲骨文“争”——古代的“耦耕”》,《中國歷史文物》2005 年第 3 期,61—63 頁、劉洪濤《説“争”、“静”是“耕”的本字——兼説甲骨文“争”反映的是犁耕》,復旦網,2010 年 4 月 09 日。

⑥ [清]段玉裁注:《説文解字注》,臺北:漢京文化,1985,337 頁。

⑦ 鄭張尚芳:《上古音系》,上海教育出版社,2003,541 頁。

“窳”歸入“瓜”聲下[①],陳復華、何九盈、郭錫良、唐作藩等幾位先生都將“㼌”、“窳”歸入魚部。[②]《説文》“窳,污窬也。”段玉裁注釋曰:“《史記》:‘舜陶河濱,器不苦窳。’裴駰曰:‘窳、病也。’按器窳者,低陷之謂。亦汙窬之意也。釋詁曰:‘窳、勞也。’郭云:‘勞苦者多惰窳。’《大雅·毛傳》曰:‘訿訿,窳不供事也。’《史記》:‘呰窳偷生’,晋灼曰:‘呰,病也。窳,惰也。’許於此部呰下亦云窳也,蓋即用毛傳。毛詩訿,即呰也。此等窳皆訓惰嬾,亦皆污窬引伸之義。釋玄應屢引揚承慶《字統》説:懶者不能自起,如瓜瓠在地不能自立,故字从㼌。又嬾人恒在室中,故从穴。夫穴訓土室,不必从宀而後爲室也。而召旻正義曰:艸木皆自豎立,惟瓜瓠之屬卧而不起,似若嬾人常卧室,故字从宀。宀音眠。此亦用字統説。而與玄應所據有异。且陸氏釋文、孔氏正義皆引《説文》窳,嬾也。而《説文》無此語。聞疑載疑。不敢於宀部妄補窳篆。”[③]段氏在前引《説文》“㼌”字下已提到有“惰嬾”義的“窳”,這個義項未收録於現今版本《説文》“窳”字下,而是寫作“㝔”,見於《集韻·上聲·噳韻》:“㝔,嬾也。”既是“噳韻”,自然是魚部字。《説文》另有與“窳”意思相近的“窊”,《説文》曰:“窊:污衺,下也。从穴瓜聲。”《集韵》:“窳,同窊。”《詩·召旻》:“皋皋訿訿,曾不知其玷。”傳:“訿訿,窳不供事也。”其中“窳”字,阮校曰:“《釋文》云:‘窳音庾,裴駰云病也,《説文》云嬾也,一本作窊’。”[④]《相馬經》18“我而[illegible]”,《秦漢魏晋篆隸字形表》釋爲“窊”[⑤],《馬王堆簡帛文字編》則釋爲“窳”。[⑥]“窊”諸家歸於魚部,未見异議,可見“窳”字所從“㼌”應是“瓜”的繁體,其本爲魚部字。很好的證據是《古文四聲韻》中“與”字下收古文作:[illegible][⑦],也有的版本作㼌[⑧],正是“㼌”字[⑨],而“與”正是魚部字,也可見戰國時期確實存在“瓜”字繁體,讀爲魚部字的“㼌”。而至少在漢朝時已有讀爲“庾”的侯部讀音。除《説文》所揭示的音讀外,《銀雀山漢簡·守法

① [清]朱駿聲:《説文通訓定聲》,北京:中華書局,1984,459頁。

② 陳復華、何九盈:《古韻通曉》,北京:中國社會科學出版社,1987,165頁。王力主編:《王力古漢語字典》,北京:中華書局,2002,862頁“㝔”字條下,此部份由何九盈先生撰寫。郭錫良:《漢字古音手册》【增訂本】,北京大學出版社,2010,179頁。唐作藩:《上古音手册》,南京:江蘇人民出版社,1982,160頁。

③ [清]段玉裁注:《説文解字注》,臺北:漢京文化,1985,345頁。

④ 李學勤主編、龔抗雲等整理:《毛詩正義》,北京大學出版社,1999,1266頁。

⑤ 漢語大字典字形組編:《秦漢魏晋篆隸字形表》,成都:四川辭書出版社,1985,517頁。

⑥ 陳松長:《馬王堆簡帛文字編》,北京:文物出版社,2001,311頁。

⑦ [宋]郭忠恕、夏竦:《汗簡·古文四聲韻》,北京:中華書局,1983,39頁。

⑧ [宋]夏竦撰:《古文四聲韻》,臺北:學海出版社,1978,155頁。此爲高佑仁先生指出,見《〈命〉篇補釋兩則》,復旦網學術討論區第5樓,2011年8月25日。

⑨ 李春桃:《古文考釋八篇—七、釋“[illegible]”》,簡帛網,2011年4月13日。但是李先生以“[illegible]”字爲出發點討論“[illegible]”字則是我們不能同意的。

守令第四王兵》868“器械苦偀”，當讀爲“器械苦窳”。[①]《銀雀山漢簡貳·十陣》1539—1540“往者弗送【1359】，來者弗止，或擊其迂，或辱其閲（鋭）”，“迂”字，整理者注釋説：“‘迂’疑當讀爲‘窳’，弱也。”[②]可見西漢時期“窳”確實可與“臾”（侯部）、“于”（魚部）相通。《會典》、《聲素》所記載的“㼌（窳）”與“臾”、“俞”等侯部字通假，所舉證據也是漢代或之後的例證。[③] 有學者認爲魚、侯二部在戰國時代是各自分立的[④]，“瓜”字的通假範圍在魚、陽與歌部。加上以楚文字的書寫習慣來説，楚簡從“”諸字文例讀爲從“禺”聲的字，侯部；“”（偏旁）從“瓜”聲，魚部，的確是比較明顯的區別。同時比對“”與“”關係，則顯然應該解釋爲“（瓜）”字的繁體，從“瓜”聲（魚部）較爲合理。此外，《新蔡》甲三379“☐述𣃍（㓃）於傒𡍕一☐”，“𡍕”字作，也應該分析爲從“瓜”聲，“傒𡍕”是地名，待考。可見讀爲“諏”（精紐侯部）或“叩”（溪紐侯部）從語音上來説顯然不是最好的選擇。筆者以爲可讀爲“舉”（見紐魚部），與“瓜”雙聲疊韻。上舉《古文四聲韻》“㼌”可讀爲“與”，自然《命》的“㼌”也可以讀爲“舉”。“舉”有“謀”、“問”、“言”的意思，《吕氏春秋·异寶》：“五員亡，荆急求之，登太行而望鄭曰：‘蓋是國也，地險而民多知，其主俗主也，不足與舉。’”高誘注：“舉，猶謀也。”又《禮記·曲禮上》：“主人不問，客不先舉。”孔穎達疏：“舉亦問也。客從外來，宜問路中寒熱無恙，若主人未問，則客不可先問也。”《禮記·雜記下》：“過而舉君之諱，則起。”，鄭玄注：“舉猶言也。”[⑤]《素問王冰注》：“舉痛論篇第三十九”，孫詒讓《札迻》：“‘舉’者，辨議之言。此篇辨議諸痛，故以‘舉痛’爲名。……魏昭王問於田詘曰：‘寡人之在東宫之時，聞先生之議曰：“爲聖易。”有諸乎？’田詘對曰：‘臣之所舉也。’”[⑥]以上這些“舉”的義項帶入簡文都很合適。此外，（㼌）也可以考慮讀爲“訪”，滂紐陽部，三等合口；“瓜”，見紐魚部，二等合口。聲紐相通例證如郭店簡《窮達以時》3號“河匿”當讀爲“河浦”，11號“告古”當讀爲“造父”[⑦]，“匿”從“古”聲，屬見母，而“浦”屬滂母，“父”屬并母。甲骨文“狐”作（犾，《合》10255）[⑧]，

---

① 銀雀山漢墓竹簡整理小組：《銀雀山漢墓竹簡》（壹），北京：文物出版社，1985，136頁、139頁注39。駢宇騫：《銀雀山漢簡文字編》，北京：文物出版社，2001，280頁。

② 銀雀山漢墓竹簡整理小組編：《銀雀山漢墓竹簡（貳）》，北京：文物出版社，2010，192頁注28。

③ 參見高亨、董治安編纂《古字通假會典》，濟南：齊魯書社，1997，330—332頁“窳”聲、857頁“瓜”聲；張儒、劉毓慶《漢字通用聲素研究》，太原：山西古籍出版社，2002，355頁“㼌”聲首、377頁“瓜”聲首。

④ 邵榮芬：《古韻魚侯兩部在前漢時期的分合》，《邵榮芬音韻學論集》，北京：首都師範大學出版社，1997，98頁。

⑤ 宗福邦、陳世鐃、蕭海波主編：《故訓匯纂》，北京：商務印書館，2004，1891頁義項24、46、49、50。

⑥ ［清］孫詒讓：《札迻》，北京：中華書局，1989，363—364頁。

⑦ 袁國華：《郭店楚簡文字考釋十一則》，《中國文字》新廿四期，141頁、李家浩：《讀〈郭店楚墓竹簡〉瑣議》，《中國哲學》第二十輯，353—354頁。

⑧ 劉釗、洪颺、張新俊編纂：《新甲骨文編》，福州：福建人民出版社，2009，555頁。

則【瓜與亡】可以通假。而古書有【亡與方】的通假例證[1],可見“瓜”可以讀爲“訪”。《爾雅·釋詁》:“靖、惟、漠、圖、詢、度、咨、諏、究、如、慮、謨、猷、肇、基、訪,謀也。”可見“諏”、“訪”二者義近。《清華·皇門》8—9“我王訪良言於是【8】人”、《左傳·襄公二十三年》:“季武子無適子,公彌長,而愛悼子,欲立之。訪於申豐曰:‘彌與紇,吾皆愛之,欲擇才焉而立之。’申豐趨退,歸,盡室將行。他日,又訪焉。對曰:‘其然,將具敝車而行。’乃止。訪於臧紇,臧紇曰:……”。以上都與簡文“君王之所㠯(以)命與所爲於楚【8】邦,必内(入)瓜(訪/舉)之於十沓(友)又三”文意相近。所謂“入訪”或“入舉”就是古書常見的某人“入問”某某,如《説苑·復恩》:“諸將入問疾”、《孔子家語·在厄》:“子貢自井望見之,不悦,以爲竊食也,入問孔子曰”、《新序·雜事四》:“楚惠王食寒葅而得蛭,因遂吞之,腹有疾而不能食。令尹入問曰”、《後漢書·耿弇列傳》:“每有四方异議,輒召入問籌策。”

附帶一提,現藏日本鴨雄緑齋楚國的“陽之遂”璽,“”字吴振武先生以爲從“瓜”字得聲,隸定爲“郙”,“陽郙”應該讀爲“陽夏”。[2] 施謝捷、李春桃先生贊同此説。[3] 按:幾位先生考釋文章中都將“瓜”當作魚部字,所以可以讀爲“夏”(魚部)。但是讀爲“夏”的疑慮在於楚文字“夏”字雖然偏旁有所多變化,但總的寫法是很固定,少見其他通假字形。同時由目前所認識的楚文字書寫習慣來看,“郙”是從“耦”得聲,應從“禺”聲的角度來釋讀,具體地望待考。還有左冢楚墓漆棋局爲於X綫上第五欄的()字[4],黄鳳春、劉國勝隸定爲“瓬”[5],劉國勝先生寫此文時,《平王問鄭壽》字的材料尚未出版,今根據他將釋爲“堣”的意見,則應該釋爲“庽”。當然也不排除是“所”字的訛寫。

本文爲“《清華大學藏戰國竹簡(壹)》字詞關係研究”的研究成果之一,獲得“國家科學發展委員會”的資助(計畫編號NSC100-2410-H-018-019),特此致謝。

2011年10月初稿

2012年4月修訂

---

① 張儒、劉毓慶:《漢字通用聲素研究》,446—447頁。

② 吴振武:《釋三方收藏在日本的中國古代官印》,《中國文字》新廿四期,臺北:藝文印書館,1998,90—93頁。

③ 施謝捷:《古璽彙考》,合肥:安徽大學博士學位論文,2006,177頁。李春桃先生文已見上引。

④ 湖北省文物考古研究所等編著:《荆門左冢楚墓》,北京:文物出版社,2006,183頁。

⑤ 黄鳳春、劉國勝:《記荆門左塚楚墓漆梮》,《第四届國際中國古文字學研討會論文集—新世紀的古文字學與經典詮釋》,香港中文大學中國語言及文學系,2003,496頁。亦見《荆門左冢楚墓》184、230頁。

論上博八《成王既邦》爲幾種不同文本被整理者誤合爲一篇

吉林大學文學院　李松儒

内容提要　本文對上博八《成王既邦》全部16支竹簡進行字迹分析，認爲這些簡是由4個不同的抄手所寫，而這些不同抄手所寫的竹簡被整理者誤合爲一篇。本文從字迹、竹簡形制、竹簡内容等方面對這16支竹簡的歸屬進行了討論。

關鍵詞　成王既邦　字迹　竹簡歸屬

對已發表的竹簡而言，無論是包山、郭店、上博、清華等簡，整理者均是以竹簡形制與字迹特徵爲第一要素進行分篇分類的，正如李零所説："竹簡整理，形制、字體的分類是第一步，内容的分類是第二步。我們分析簡文是否屬於同一類，首先是靠字體和形制，而不是内容。"[①]近幾年來，我們利用現代筆迹學原理，對郭店、上博等戰國竹簡的字迹陸續進行研究，對竹簡中的字迹特徵有了充分的認識，這也常有助於對已發表的上博簡進行重新分篇，糾正整理者的錯誤。下面我們就對最近公布的上博八中《成王既邦》一篇的文本分類重新進行説明。

上博八《成王既邦》共16支簡，據整理者言這篇簡出於泥方外側，除簡14、簡15爲完簡外，其他簡多簡首完整、簡尾殘損，竹簡上下平齊，三道編繩，契口在右側，竹黄面書寫文字，

① 李零：《郭店楚簡校讀記・凡例》（增訂本），北京大學出版社，2002，5頁。

竹青面留白。簡1墨節以上屬另一篇内容,本篇原無篇題,篇題取自簡1墨節下句首4字“成王既邦”。[1] 全篇文字布局疏朗,簡首尾留有約兩字的空白,字間距約1字左右,文字書寫較爲工整,字迹墨色濃重。

一、《成王既邦》字迹特徵

上博八公布後,“復旦吉大古文字專業研究生聯合讀書會”(以下簡稱“讀書會”)在原整理者研究的基礎上作了校讀,并指出:“《成王既邦》簡4與本篇其他簡字體有别。該簡似與上博六《慎子曰恭儉》爲同一抄手所抄”,并認爲“當剔出本篇。”不過對簡4“是否應歸入《慎子曰恭儉》,有待進一步研究”。隨後,沈培又指出簡2與簡4“字體”相同,而與《成王既邦》其他簡不同,也當剔出。[2] 他們的説法基本可從。不過,在經過仔細對比《成王既邦》字迹後,我們認爲本篇還存在着其他種字迹,下面結合“讀書會”、沈培的意見,我們將《成王既邦》字迹分爲A、B、C、D四組,其對應的書寫者即抄手A、抄手B、抄手C、抄手D。具體分析如下:

A組字迹工整,筆畫流暢,起筆處較爲圓潤、運筆力度及弧度較大。具備A組字迹特徵的簡有:簡1、3、5—8、10、11、14、15。簡1中有一個粗墨橫,墨橫上有10字應屬另一篇文字,從“至”、“弗”兩字及“時”字所从“之”部、“來”字所从“止”部上看,這10個字的字迹特徵亦屬A組字迹。

B組字迹工整,筆畫流暢,直鋒入筆、輕提收筆,運筆過程中稍加力度,造成筆畫兩端尖鋭,類似竹葉,如  13、  13、  16等,這種運筆方法使該類字迹的風格與《弟子問》、《窮達以時》等篇相似。筆畫弧度較小,横畫較爲平直,縱畫較爲垂直。具備B組字迹特徵的簡有:簡9、12、13、16。

C組字迹筆畫潦草、運筆力度不統一,書寫水平較差,具備C組字迹特徵的簡僅有一枚簡4。

D組字迹淩亂、潦草,書寫水平較差,文字結構書寫不合理,從筆畫間呼應可見書寫速度較快,與A、B兩組字迹差异明顯,具備D組字迹特徵的簡僅有一枚簡2。

我們先將這幾組字迹進行對比説明,下面所進行的字迹對比,皆以A組爲參照。

① 馬承源主編:《上海博物館藏戰國楚竹書(八)》,上海古籍出版社,2011,釋文考釋169頁。

② 復旦吉大古文字專業研究生聯合讀書會:《上博八〈成王既邦〉校讀》,復旦大學出土文獻與古文字研究中心網,2011年7月17日;又“水土”(網名)在本網址下35樓發言。

二、《成王既邦》簡 9、12、13、16 字迹特徵

(一)字迹對比

上文已經對 A、B 兩組字迹的特徵進行了描述,屬於 B 組字迹的簡有:簡 9、12、13、16,我們將 A、B 兩組字迹對比如下:

表 1　A、B 兩組字迹對比表

	周	于	才	之	欲	不	又	亓
A	1	14	14	8	3	5	15	7
B	16	16①	12	9	12	13	16	13

通過上表對比可見,A、B 組字迹存在差异,下面再對一些特徵字做些具體的分析。

1. 之

A、B 兩組“之”字分别寫作:

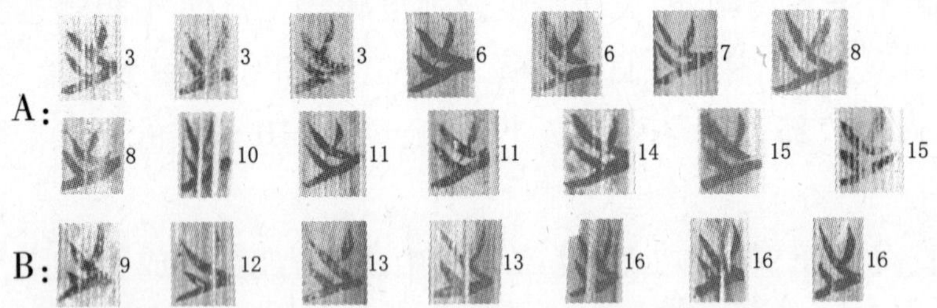

我們將“之”中部份筆畫用 α 與 β 代替加以説明:

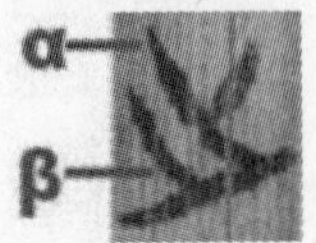

以 α 筆作參照,A 組較 B 組“之”字 β 筆長,B 組“之”字 β 筆長度略短,有時僅爲一長點筆,不僅獨體“之”字如此,有時含“之”部字中的筆畫也是這樣:

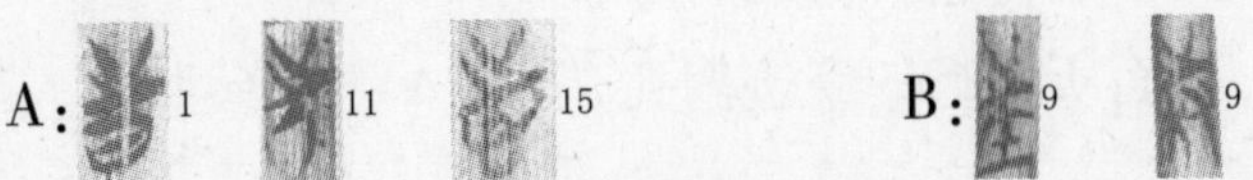

上舉 A 組中所含“之”部 β 筆較 B 組中所含“之”部 β 筆略長。

① 原整理者將其釋爲“才(在)”,從該組字迹簡 12 中可見,“才”字寫作[字形]。蒙蘇建洲先生轉告馬嘉賢先生在《上博八〈成王既邦〉考釋一則》一文中,也將該字釋爲“于”,此文後發表於《中國文字》新三十七期。參看馬嘉賢《上博八〈成王既邦〉考釋一則》,《中國文字》新三十七期,臺北:藝文印書館,2012,201—208 頁。

2.“辵”部

A、B 兩組含“辵”部的字分别寫作：

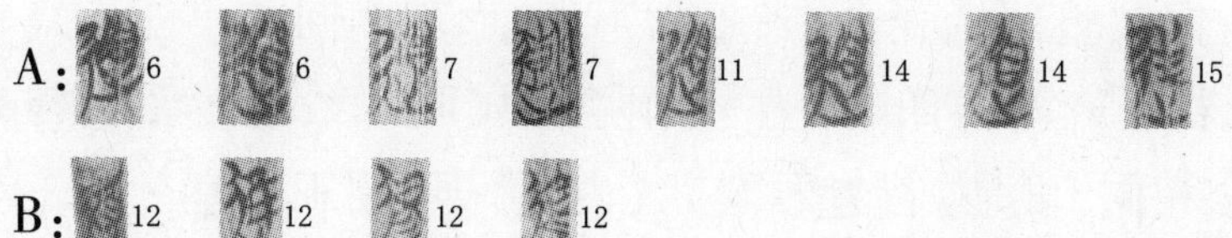

我們將“辵”部中部份筆畫用 α 與 β 代替加以説明：

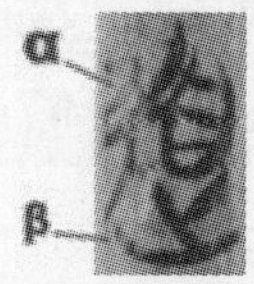

A 組“辵”部 α 畫起筆較長、彎轉處折度較大，呈鋭角狀作“”形，其中“止”部 β 畫起筆彎曲多呈弧綫如“”，或呈折角作“”形；B 組“辵”部 α 畫起筆較豎直，彎轉處折角約呈 90°作“”形，簡 12“道”字上部筆畫雖略有殘缺，根據殘留痕迹仍可看出該字“辵”部 α 筆與 A 組的不同，其中“止”部 β 畫書寫得更加平直，作“”形。

3.“虍”部

A、B 組中含“虍”部的字分别寫作：

A: 5 5

B: 12

A 組不僅與 B 組“虍”部寫法不同，與其他組“虍”部寫法也不一樣，下文將繼續對比。

依據字迹特徵的同一性原則對内容相連的竹簡進行歸類、編聯，也要考慮到同一篇章中是否存在着多个抄手的字迹。同一抄手可以抄寫多個篇章，同一篇章也可以由多個抄手完成。如郭店簡中《五行》就出現了三種字迹，郭店《緇衣》、《語叢四》、上博《天子建洲》乙本、《凡物流形》甲本、《君人者何必安哉》甲乙本等，出現了兩種字迹，上博《周易》出現了三種字迹，郭店《語叢三》出現了四種字迹等等。①

① 參見李松儒《郭店楚墓竹簡字迹研究》，《遼寧省博物館館刊》第 1 輯，瀋陽：遼海出版社，2006，159—167 頁；李松儒：《郭店簡中所見“鳥蟲書”與“蝌蚪文”字迹研究》，《遼寧省博物館館刊》第 2 輯，瀋陽：遼海出版社，2007，166—169 頁；李松儒：《郭店楚墓竹簡字迹研究》，吉林大學碩士學位論文，長春，2006；李松儒：《〈凡物流形〉甲本、〈天子建州〉乙本、〈君人者何必安哉〉甲乙本字迹研究》，《遼寧省博物館館刊（2010）》，瀋陽：遼海出版社，2010，149—157 頁；李松儒：《〈凡物流形〉甲乙本字迹研究》，《簡帛》第五輯，上海古籍出版社，2010，285—295 頁；李松儒：《由〈君人者何必安哉〉甲乙本字迹看先秦文獻的傳抄》，《出土文獻與古文字研究》第四輯，上海古籍出版社，2011，259—269 頁。

雖然A、B兩組在字迹特徵方面存在着差异，但是A、B兩組竹簡的形制是一致的（參看文末上博八《成王既邦》竹簡形制表），并且A、B兩組竹簡的書寫格式均是簡首尾留有空白。或許是這方面的原因，A、B兩組竹簡被整理者誤合在一起，不過，形制相同并不能作爲竹簡合編的唯一標準，如上博二《昔者君老》、上博四《内豊》這兩篇與《昭王毀室・昭王与龏之脽》竹簡長度、編聯痕迹、契口完全相同，可是《昔者君老》、《内豊》與《昭王毀室・昭王与龏之脽》爲兩個不同抄手所寫的不同篇目的竹簡。字迹特徵不同，而竹簡形制相同或相似的情況有兩種可能，一種可能是：兩篇不同的竹簡出自一批用於書寫的竹簡材料，這樣兩者書寫時間或同時，或相近；另一種可能是：同一篇竹簡中出現了兩個或多個抄手，這種情況在已公布的戰國簡中時常出現，不過從抄手B所寫的簡文内容上看，這些簡與抄手A所寫竹簡中有關"周公"、"成王"等内容關係又不是很大，有關文義部分下文將詳細説明。

（二）標識符號的使用

《成王既邦》中表示句讀的符號有兩種，分别是"–"與"└"，這是因爲文中存在兩個不同抄手造成的。文中三處用"–"表示句讀的符號在簡12、13上，這些簡是由抄手B所寫的，而文中僅一處用"└"表示句讀的符號在簡15上，該簡是由抄手A書寫的。所以，不同抄手所寫的標識符號形態也不一樣，或者説不同抄手所使用的符號也有所不同。另外，《成王既邦》中抄手C、抄手D所抄寫的簡文上没有標識符號出現。

表2　《成王既邦》句讀符號使用情况表

A	–	12、13（二見）
B	└	15

三、《成王既邦》簡4字迹特徵

我們將《成王既邦》簡4列爲C組字迹，現將A、C兩組字迹進行對比：

表3　A組與C組（簡4）字迹對比表

	於	而	不	亓
A	 5	 7	 5	 7
C	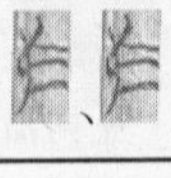 、			

C組（簡4）與A組的字迹差异已經由"讀書會"指出，"讀書會"還認爲該組與上博六《慎子曰恭儉》字迹相似，并做如下對比：

表4 《成王既邦》C 組(簡4)與《慎子曰恭儉》字迹對比表

	精	身	於
慎子曰恭儉	1	3 正①	4
成王既邦簡4	4	4	4

我們在"讀書會"基礎上再補充一些 C 組(簡4)與上博六《慎子曰恭儉》相同字迹特徵的例子:

表5 《成王既邦》C 組(簡4)與《慎子曰恭儉》字迹對比表

	"尸"部	而	"歺"部	"反"部	不
慎子曰恭儉	5	4	4	1	3 正
成王既邦簡4					

上面所舉有些字寫法雖不完全一致,這是因爲同一抄手對同一字的寫法會有所變化,不過從其中一些字部的筆畫書寫可見,它們的運筆特徵是一致的,如:

1. "尸"部

《成王既邦》簡4"逞"字與《慎子曰恭儉》簡5"尸"字分别寫作:

成王4

慎子5

上舉兩字所含"尸"部寫法一致。

2. "歺"部

《成王既邦》簡4"死"字與《慎子曰恭儉》簡4"殜"字分别寫作:

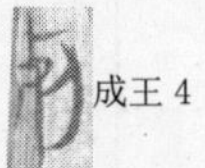
成王4

慎子4

上舉兩字所含"歺"部寫法一致,尤其是右下方的豎畫與其他筆畫交接的位置,如: 。

3. 反

《成王既邦》簡4"辱"字與《慎子曰恭儉》簡1"反"字分别寫作:

---

① "讀書會"作"2正",經核對後實屬筆誤,應爲"3正"。

成王 4

慎子 1

《成王既邦》簡 4“辱”字中類似“反”字的部份書寫與《慎子曰恭儉》簡 1“反”字寫法一致，尤其“又”部折筆與斜筆的搭配及寫法。

《成王既邦》簡 4 不僅字迹特徵與《成王既邦》其他簡不同，仔細觀察其竹簡上端有明顯的修整痕迹，該殘簡應該是竹簡的上半段。這也説明該簡爲頂格書寫，與《成王既邦》A、B 兩組簡首留白的書寫格式是不一致的。另外，簡 4 的第一契口至簡首爲 8.3 厘米，其形制與《成王既邦》A、B 兩組各簡差异也很大。而上博六《慎子曰恭儉》中竹簡多殘留有上半段，書寫格式均是頂格書寫，第一契口至簡首爲 7.8 至 8.3 厘米，《成王既邦》簡 4 與《慎子曰恭儉》書寫格式與竹簡形制也是相同的。

經上分析可以確定，《成王既邦》簡 4 字迹與其他簡字迹不同，應爲不同抄手所寫，并且竹簡形制與書寫格式也有差异。而《成王既邦》簡 4 字迹與《慎子曰恭儉》字迹具備同一特徵，應爲同一抄手所寫，并且兩者書寫格式與竹簡形制也是相同的。

我們認爲，《慎子曰恭儉》中各簡書寫水平由低到高的特徵所反映出的這幾支簡書寫的先後順序是：簡 1、2、5 在前，簡 3、4 在中，簡 6 最末。[①]《成王既邦》簡 4 字迹較《慎子曰恭儉》簡 3、4 的書寫水平低，與《慎子曰恭儉》簡 1、2、5 書寫水平接近，若《成王既邦》簡 4 可歸入《慎子曰恭儉》中的話，其編聯應在《慎子曰恭儉》簡 3、4 前面。

四、《成王既邦》簡 2 字迹特徵

(一)《成王既邦》A、D(簡 2)兩組字迹對比

我們將《成王既邦》簡 2 列爲 D 組字迹，現將 A、D 兩組字迹進行對比：

表6　A 組與 D 組(簡 2)字迹對比表

	周	公	曰	才	“虍”部	䎽
A	1	1	3	14	5	7
D				、		

① 有關《慎子曰恭儉》的書寫水平與編聯情況，參見李松儒《戰國簡帛字迹研究——以上博簡爲中心》，長春：吉林大學博士學位論文，2012，243—244 頁。

1. 周

"周"字在A組出現了5處,分别在以下幾支簡上:

D:

A、D(簡2)兩組"周"字寫法明顯不同,該字在B組簡16也出現過,作:

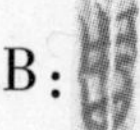

B組與A組"周"字寫法差异不大,僅在A組"周"字最右邊的豎畫上多加了一短横而已。

2. 公

"公"字在A組出現了4處,寫作:

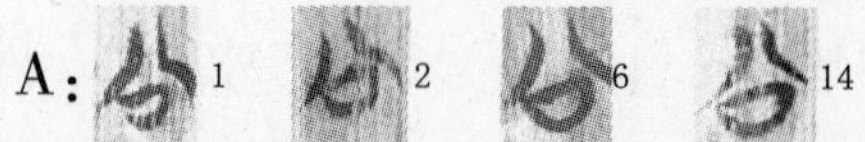

A組"公"字上部的"八"形右邊一筆運筆方向向右,并常有明顯的折痕,這是A組字迹對"八"形字部善用折筆的重要特徵,如簡14上"曾"字作" ",其與"公"字上部的"八"形書寫方式一致。

D組(簡2)"公"字作:

其中"八"形兩筆將"厶"夾於中間,并且右邊一筆運筆方向向左,寫作長撇筆。

3. 曰

《成王既邦》中"曰"字出現在A、B、D三組字迹中,分别寫作:

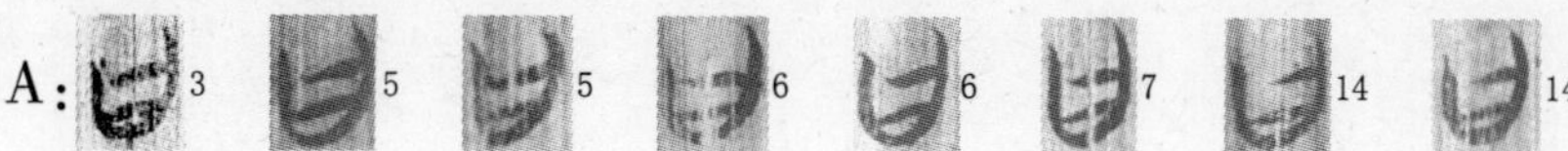

B: 16

D:

我們將"曰"字中最上面短横的起筆部分用α筆表示,其中左邊豎筆用β筆代替加以説明:

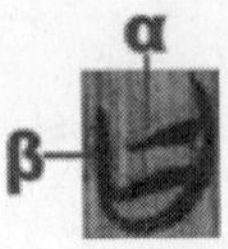

A 組"曰"字出現 8 次,α 筆與 β 筆很接近;B 組"曰"字 α 筆與 β 筆的距離較 A 組遠;D 組"曰"字 α 筆爲豎折筆,與其他組 α 筆作短横明顯不同。

4. 聀

"聀"字 A 組出現 3 例,C 組出現 1 例,分别寫作:

A:6 7 10

C:2

兩組"聀"字均寫作从"昏"从"耳",A 組"昏"字上部寫作"氏"形作"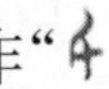",下部寫作"日"形作"";C 組"昏"字上部寫作"千"形作"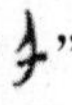",下部寫作"田"形作""。

上舉例字中簡 2 與 A 組字迹中"周"、"才"、"曰"、"聀"的寫法差异已由"水土"(網名)指出,他還認爲文中"嗚呼"一詞簡 2 用"亞虐"而不用"於虖"表示(如簡 5),所以,簡 2 應該剔除本篇。[①] 我們贊同"水土"的這個觀點,不過他認爲簡 2"字體與簡 4 相同"的觀點是值得懷疑的,下面我們就這個問題進行討論。

(二)《成王既邦》D 組(簡 2)與上博六《慎子曰恭儉》字迹對比

D 組(簡 2)與 C 組(簡 4)從字迹風格上看,是趨於一致的,書寫水平也都較低,正是因爲書寫水平都很低,兩支簡的文字結構掌握得都不是很好,使它們很容易與 A 組字迹區分開來,兩簡中没有相同文字可以對比。不過,在確定了《成王既邦》C 組(簡 4)與上博六《慎子曰恭儉》字迹一致後,我們將《成王既邦》簡 2 與《慎子曰恭儉》中部分字迹加以對比:

1. "虍"部

《慎子曰恭儉》與《成王既邦》簡 2 中含"虍"部的字分别寫作:

《慎子曰恭儉》:5

《成王既邦》簡 2:

《慎子曰恭儉》簡 5 中"虍"部雖然有些模糊不清,不過從殘畫上仍可辨識出其與《成王既邦》簡 2 中"虍"部寫法的差异。

① 復旦吉大古文字專業研究生聯合讀書會:《上博八〈成王既邦〉校讀》,"水土"35 樓發言。

2. 曰

《慎子曰恭儉》與《成王既邦》簡 2 中"曰"的字分别寫作：

《慎子曰恭儉》：1  3正  5

《成王既邦》簡 2：

《成王既邦》簡 2"曰"字與《慎子曰恭儉》3 例"曰"字均有所不同,《慎子曰恭儉》前兩例"曰"字 α 部豎折筆角度明顯,并且豎畫很長,如,簡 5"曰"字 α 部爲短横畫;《成王既邦》簡 2"曰"字 α 部的豎折筆中的豎畫較短,折筆處呈弧度,如。

3. ""部

《慎子曰恭儉》與《成王既邦》簡 2 中含""部的字寫作：

《慎子曰恭儉》：4  5

《成王既邦》簡 2：

《慎子曰恭儉》中""部右上的筆畫寫作"∧"形;《成王既邦》簡 2 中"敬"字""部右上的兩个筆畫交接位置與《慎子曰恭儉》不一樣,作。

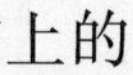

上舉三例《成王既邦》簡 2 與《慎子曰恭儉》的字迹差异都表現出了兩篇抄手的書寫習慣,這些差别也是在對比過《成王既邦》簡 2 中每個字的筆畫後所總結的,所以,我們認爲不能將簡 2 的字迹歸入《慎子曰恭儉》中。

此外,《成王既邦》D 組(簡 2)殘存下半段,簡尾留有空白,第二契口距簡尾 1.3 厘米,這與《成王既邦》其他簡的形制是一致的,也許是由於這種原因使整理者將其歸入《成王既邦》一篇中。不過《成王既邦》D 組(簡 2)第二契口與第三契口之間距離與《成王既邦》A、B 組竹簡的第二契口與第三契口距離相差很遠(參看文末上博八《成王既邦》竹簡形制表),所以,從竹簡形制上而言,《成王既邦》D 組(簡 2)也與 A、B 兩組竹簡不類。

上博六《慎子曰恭儉》書寫格式爲頂格書寫,簡尾也不留空白,這與《成王既邦》簡 2 末端留有空白的書寫格式差异很大,所以從書寫格式上而言,《成王既邦》D 組(簡 2)與《慎子曰恭儉》也不相同。

上文已述,《成王既邦》C 組(簡 4)的書寫格式應該是首尾不留空間,所以《成王既邦》D 組(簡 2)與 C 組(簡 4)在書寫格式上也是存在着差异的。

五、《成王既邦》各簡歸屬及分篇

由上述字迹對比可知,《成王既邦》B、C、D 組字迹與 A 組字迹爲不同抄手所寫,由於同一篇竹簡里常常會出現不同抄手書寫的情況,所以,我們還要結合這些不同抄手所寫的竹簡上的文義來看它們是否爲同一篇竹簡,或者能否歸入已發表的上博簡中的某篇中。

下面我們先將這 4 個抄手所寫竹簡的釋文分别列出:

抄手 A 所寫的竹簡有:簡 1、3、5—8、10、11、14、15。釋文如下(對竹簡的排列,按文義調整有所不同):

> 四時,常事必至,西行弗來。▬成王既封周公,二年而王重其任,乃訪□【1】
>
> □欲明知之。”周公曰:“旦之聞之也,各在其身,而【3】
>
> 皆見彰于天。”成王曰:“夫夏繒氏之道,可以知善否,可以知亡存,可謂有道乎?”周公曰:“是夫【14】
>
> 焉不曰日彰而冰消乎?”成王曰:“嗚呼!道【5】
>
> 之正道也。”成王曰:“請問天子之正道?”周公曰:“【6】天子之正道,弗招而自至,弗審而自周,弗會而自斷。成王曰:“請問其事【7】
>
> 皆欲捨其親而親之,皆欲以其邦就之,是謂【8】童=光=(童光,童光)其昌也,可期而須也。此六者皆逆,民皆有乖離之心,而又有相患害之志,是謂童=【15】殃(?)=(童殃,童殃)
>
> □而賢者,能以其六藏之守取親焉,是謂六親之約。”成王曰:“請問其方?”周公曰【10】
>
> 先二史(事)之修也。外道之明者,少疏於身,非天子【11】

除簡 8、11、15 外,其他簡均含有“成王”或“周公”一詞(其中簡 1 墨横“▬”前的 10 個字應屬另一篇)。

抄手 B 所寫的竹簡有:簡 9、12、13、16。釋文如下:

> 梼往明之德,其世也【9】
>
> 道大哉,宔(春)虖=(乎!吾)欲舉之,不果,以進則傷焉。達【12】
>
> 是撋(捐?)之不果,毁之不可,其狀高危,以澤深陵【13】
>
> 之至,于周之東,乃命之曰:“昔者有神【16】

這四支簡文和論政無關,與 A 組簡文文義關聯并不密切,應可剔除。據早先報道,上博八原來欲收入《尚父周公之二》一篇竹簡[①],但正式出版時則未見此篇,不知這組簡是否可歸入其中。

抄手C所寫竹簡衹有一枚:簡4。其釋文如下:

> ▨伯夷、叔齊餓而死於溝瀆,不辱其身,精▨【4】

上文提到"讀書會"已經指出C組簡4與上博六《慎子曰恭儉》字迹相似,不過"讀書會"對簡4是否應該歸入《慎子曰恭儉》表示懷疑。我們從字迹特徵、書寫格式、竹簡形制等方面論證了簡4與《慎子曰恭儉》的一致性。從文義上看,"水土"認爲:"從内容上看,此簡所説的内容,當是提醒周公要'敬'某些事情,而《成王既邦》篇則主要是講成王向周公請教各種'道'的問題。簡2、簡4可能同屬於一篇講周人之事的簡文,也許今後發表的上博簡會有跟此二簡有關的簡文。"[②]李鋭懷疑簡4確屬《慎子曰恭儉》。[③] 由於字迹特徵的同一性,我們認爲《成王既邦》簡4與《慎子曰恭儉》爲同一抄手所寫,在内容上很可能也有關聯。

抄手D所寫的竹簡也僅有一枚:簡2。釋文如下:

> ▨王在鎬,召周公旦曰:"嗚呼,敬之哉! 朕聞在【2】

"水土"認爲《成王既邦》簡2與C組字迹簡4爲同一篇;上文已經從字迹特徵及書寫格式等角度論證了《成王既邦》簡2不能歸入《慎子曰恭儉》中。從内容上看,《成王既邦》簡2的内容也與《慎子曰恭儉》的各簡文義無甚關聯。李鋭懷疑《成王既邦》簡2是《逸周書》,并舉文例對比:

> 《逸周書·寶典》説:"維王三祀,二月丙辰朔,王在鄗,召周公旦曰:嗚呼! 敬哉! 朕聞曰:何脩非躬? ……"[④]

李鋭指出簡2與《逸周書》文句有相同之處是正確的,但并不一定非歸入《逸周書》不可。現在來看,簡2應單獨列出,等日後公布更多的竹簡再來證實其歸屬。

按照字迹對竹簡進行分篇與編聯時,一定要考慮到文義的連貫與否。對文本的編聯或是復原不是衹能用單一的方法,而是多種因素都要考慮。從以上證據可以看出,上博八《成王既邦》本來爲幾種不同文本,但被整理者誤合爲一篇。

---

① 《〈上海博物館藏戰國楚竹書·(八)〉目次》,復旦大學出土文獻與古文字研究中心網(http://www.gwz.fudan.edu.cn/)"資源信息"專區,2011年3月28日,"草曷"7樓發言。

② 復旦吉大古文字專業研究生聯合讀書會:《上博八〈成王既邦〉校讀》,"水土"35樓發言。

③ 復旦吉大古文字專業研究生聯合讀書會:《上博八〈成王既邦〉校讀》,李鋭38樓發言。

④ 復旦吉大古文字專業研究生聯合讀書會:《上博八〈成王既邦〉校讀》,李鋭39樓發言。

表7　上博八《成王既邦》竹簡形制表:(單位:厘米)[①]

簡號	介紹簡長	測量簡長	簡首至一契	一契至二契	二契至三契	三契至簡尾	字數	備注
1	35.5	35.4	1.5	22.4	11.5	——	25	上平下殘
2	19.8	19.8	——	5.1	13.4	1.3	16	上殘下平
3	21.4	21.4	——	1	20.4	——	17	上下皆殘
4	21	21	8.3	12.7	——	——	15	上平下殘
5	18	18	1.5	16.5	——	——	14	上平下殘
6	22.2	22.1	0.5	21.6	——	——	17	上下皆殘
7	33.9	33.4	1.4	21.7	10.3	——	27	上平下殘
8	23	23	——	1	20.5	1.5	17	上殘下平
9	13	13	1.5	11.5	——	——	8	上平下殘
10	33.2	33.2	1.5	20.3	11.4	——	27	上平下殘
11	23.6	22.5	1.5	22	——	——	18	上平下殘
12	27.4	27.2	1	22.5	3.7	——	16	上平下殘
13	24.7	24.6	1.5	22.5	0.6	——	17	上平下殘
14	45.6	45.6	1.4	22.4	20.2	1.6	34	完簡
15	45.9	45.8	1.4	22.5	20.4	1.5	33	完簡
16	21.6	21.5	——	——	20.2	1.3	34	下平上殘
均值	45.6	——	1.4	22.4	20.4	1.4	33	兩端平齊

① 本表格部分數據在依據圖片測量後與整理者有所出入,均以實際測量的數據爲準。如簡12第一契口至第二契口距離原整理者認爲20.3厘米,經測量後,應爲22.5厘米。簡15原數據爲:45.9、1.4、21.7、21.4、1.4厘米,經測量後,應爲45.8、1.4、22.5、20.4、1.5厘米。

岳麓秦簡《爲吏治官及黔首》讀記:爲吏之道的文本①

香港中文大學歷史系　黎明釗

内容提要　筆者認同《爲吏治官及黔首》是秦帝國地方官吏的宦學教材,目的是訓練官吏治官、治理黔首和治理自身操守。《爲吏治官及黔首》與睡虎地秦簡《爲吏之道》有頗多相似的地方,例如内容、書寫格式、重要的法治觀念,兩者可能來自相近的源頭。筆者認爲兩者同是爲吏之道的宦學讀本,很可能是吏師或者學吏抄録自官府爲吏之道的部分文本。兩份簡册當中用詞和文句一樣的部分,字句組織和排列次序一致的部分,應該就是最接近官府爲吏之道的文本,即"吏有五善"、"吏有五過"、"吏有五失"、"吏有五則",甚至"吏有六殆",可能都屬於官府原始文本的核心部分,"爲人君則惠"也當是官方原始文本,是屬必須傳授的内容,所以兩個文本都有同樣的文字内容。遣詞用字,句子組織較大的差异部分,可能是吏師在教學、或者是爲吏之徒在學習的過程中加進去的文本内容,這些内容發揮著詮釋、演繹和補充原來文本的作用,目的是自我警醒,又或者是方便教學。

關鍵詞　《爲吏治官及黔首》　爲吏之道　文本

①　本文爲香港特别行政區研究資助局優配研究金(General Research Fund)資助項目研究成果之一(RGC Ref. No. CUHK445409)。初稿曾在北京中國社會科學院歷史研究所、中國社會科學院簡帛研究中心主辦之"中國社會科學院中國古代史論壇:出土簡帛與地方社會"國際學術會議(2011年6月)上宣讀。在撰寫及修改期間得研究助理馬增榮先生協助完成,特此致謝。

一、引言

岳麓秦簡是湖南大學岳麓書院從香港搶救回來的秦代簡牘。根據岳麓書院藏秦簡整理小組在《岳麓書院藏秦簡(壹)》的《前言》所説共有兩批,第一批是在2007年購藏,第二批是次年一位香港收藏家捐贈的。兩批簡牘的書體、形制、内容均一致,推測爲同一批出土之物。岳麓書院藏秦簡合共2,176個編號,比較完整的簡共有1,330餘枚。岳麓秦簡可分爲七大類,《質日》、《爲吏治官及黔首》及《數書》有篇名性質的文字,整理小組據此擬定標題,其他標題是整理小組暫擬的,其中包括《占夢》、《奏讞書》、《秦律雜抄》和《秦令雜抄》。[①] 自2009年初次公布部分簡牘的内容後,不少學者就其釋文發表意見,以《爲吏治官及黔首》爲例,其性質有不同的意見,初時的研究以爲是官格言的"官箴",亦有認爲是官箴彙鈔、用於官吏考核官課的必讀課本,又或者像睡虎地秦簡《爲吏之道》一樣是學習識字的課本和研習吏事的教材。

本文是《爲吏治官及黔首》這份簡牘文獻的讀記。筆者認同《爲吏治官及黔首》是秦帝國地方官吏的宦學教材,目的是訓練官吏治官、治理黔首和治理自身操守。它的内容可能是學吏以吏爲師,從官方的教學課本中迻録而來。另外,《爲吏治官及黔首》與睡虎地秦簡《爲吏之道》有頗多相近似的地方,例如内容、書寫格式、重要的法治觀念都很相似,兩者可能來自相近的源頭。筆者以爲《爲吏之道》和《爲吏治官及黔首》是秦一統六國,邁向建立普世秩序的一種産物,帝國透過《爲吏治官及黔首》所示的規範,訓練執行帝國律令的技術官僚。這些官僚不同於先秦封建諸侯國的貴族和家臣,秦帝國的官僚奉行律令,治理百官、管理黔首之餘,還要治理自身,精絜正直,慎謹堅固。論者分析《爲吏之道》和《爲吏治官及黔首》囊括先秦儒、法、道諸家的思想,這樣奉公守法、廉潔正直、治國馭民的技術官僚,縱然他們没有孔孟的仁政理念或者《禮記》大同小康的憧憬和使命感,相信這些技術官僚好好諷誦"此治官、黔首及身之要"、"勸毋失時,攻(功)成爲保,審用律令,興利除害",他們官位可保,年終考核自然"能最"、"毋殿",相信會爲秦帝國帶來穩定的社會秩序。

---

① 朱漢民、陳松長編:《岳麓書院藏秦簡(壹)》,上海辭書出版社,2010,1頁。按陳松長初列六類:一、《日誌》(即指《質日》);二、《官箴》(即指《爲吏治官及黔首》);三、《夢書》(即指《占夢》);四、《數書》;五、《奏讞書》;六、《律令雜抄》,新出版的《岳麓書院藏秦簡(壹)》把第六類分爲《秦律雜抄》和《秦令雜抄》,見陳松長:《岳麓書院所藏秦簡綜述》(《文物》2009年第3期),76頁。按《岳麓書院藏秦簡(壹)·前言》説竹簡背面寫有篇名者是《質日》、《爲吏治官及黔首》和《數書》,其他篇名是整理小組暫擬的。關於《占夢書》亦有可能是有篇名的,魯家亮在武漢大學簡帛研究中心"簡帛網",發表《小議岳麓秦簡〈占夢書〉44號簡背面文字》(簡帛網,2011年4月12日)一文,懷疑44號簡(即簡0009)背面的筆劃殘留是"夢書"二字,疑其爲篇題,如果獲得證實,篇題可能是《夢書》,即陳松長最初所定的標題。

二、《爲吏治官及黔首》的研究概述

《爲吏治官及黔首》的内容寫在八十七枚簡上，簡的長度約30厘米，有三道編繩，由於部分殘存編繩蓋著文字的筆劃，論者推斷這組簡是先抄寫後編聯的[①]，文字有分三欄、四欄和不分欄的三種書寫格式，參考整理小組釋讀及從出版圖版所顯示，筆者粗略辨認得1,201個字。《爲吏治官及黔首》與1975年湖北雲夢睡虎地出土的《爲吏之道》講述的内容和書寫格式相似，《爲吏之道》由五十一枚竹簡組成，分五欄書寫，合計1,124字[②]，此次講及爲官宦學的文字，數量多一些。

簡言之，關於《爲吏治官及黔首》的命名和性質最爲學者所討論，其次是部分文字的釋讀、編排序列等問題。《爲吏治官及黔首》最初命名爲《官箴》，見陳松長的《嶽麓書院所藏秦簡綜述》，其後陳松長重新檢視竹簡，發現簡號1531背面寫有"治官及黔首"五字，又發現與此連接的殘片，正面寫有"此治官"三字，背面寫有"爲吏"兩字，於是發表《秦代宦學讀本的又一個版本——嶽麓書院藏秦簡〈爲吏治官及黔首〉略説》一文更正前説[③]，認爲殘片與簡號1531連接，背面合起來的"爲吏治官及黔首"七字是簡册的篇名。

關於《爲吏治官及黔首》的性質，學者最初分析其内容，以爲是爲官格言，所以取名《官箴》，其後連同睡虎地《爲吏之道》重新思考，對此問題提出新的看法。首先，睡虎地秦墓竹簡整理小組認爲《爲吏之道》是學習做吏的人學習識字的課本[④]，此説爲吴福助所承，他認爲秦統一天下，文武學吏所用的道德教材，文體以四字爲句，近似《蒼頡篇》，但未見押韻和分類，意義缺乏連貫，其編排上與先秦兩漢的宦學識字教材殊异，他把《爲吏之道》聯繫秦漢的學吏制度，認爲可能是嬴秦學童（所謂吏員生徒）試吏的重要教材。[⑤] 張金光認爲秦漢的學吏教材有四種，包括識字、學書教本，吏德教本，法律教本以及秦簡《日書》也是民間庶務應酬等學習材料[⑥]，《爲吏之道》是訓練官吏學徒吏德方面的政治教材。睡虎地秦墓出土的竹簡，除《編

---

① 陳松長：《嶽麓書院所藏秦簡綜述》，79頁。

② 釋文見睡虎地秦墓竹簡整理小組編《睡虎地秦墓竹簡》，北京：文物出版社，1990，167—176頁。睡虎地秦簡《爲吏之道》第五欄附抄了兩條魏國法律，在計算字數時，筆者没有統計這兩條律文的文字，整理者認爲這兩條魏安釐王二十五年的律文之所以抄録在《爲吏之道》之後，可能因爲其精神與秦法相近之故，見167頁。

③ 此文初見武漢大學簡帛研究中心"簡帛網"，2009年9月26日，後以《嶽麓書院藏秦簡〈爲吏治官及黔首〉略説》爲題，發表於中國文化遺産研究院編《出土文獻研究》第九輯，北京：中華書局，2010，30—36頁。

④ 《睡虎地秦墓竹簡·爲吏之道釋文注釋·説明》，167頁。

⑤ 吴福助：《睡虎地秦簡論考》四《〈爲吏之道〉宦學識字教材論考》（臺北：文津出版社，1994），139—174頁。吴福助認爲《爲吏之道》也是受訓學吏的道德教材，見同書五《〈爲吏之道〉法儒道家思想交融現象剖析》，175—205頁。

⑥ 張金光：《論秦漢的學吏教材——睡虎地秦簡爲訓吏教材説》，載《文史哲》2000年第6期，65—72頁。

年紀》外,其他九種都關切吏事,是研習吏事的教材。[①]

陳松長所撰《岳麓書院藏秦簡〈爲吏治官及黔首〉略説》一文據他重新編排的三枚簡:簡號 1531、1541 和 0072,認爲《爲吏治官及黔首》并不是單純的宦學識字教材,也并不是簡單的道德教材,而是"與它官課,有式令能最",爲官者遵從《爲吏治官及黔首》的要點,任官考核(所謂"課"),就有法度規矩,就能達到最好的成績。他説:"這種文本的性質顯然也不是一種'道德教材',而首先是用於'官課'的必讀課本。"[②]

隨著《爲吏治官及黔首》内容和圖版公布,引起學界對其文字的釋讀和編排序列等問題的討論。[③] 例如復旦大學出土文獻與古文字研究中心讀書會就公布的 26 枚竹簡進行釋讀,由蔡偉執筆發表《岳麓簡〈爲吏治官及黔首〉部分簡文釋文》一文。[④] 陳偉亦撰《岳麓秦簡〈爲吏〉與〈説苑〉對讀》,指出《爲吏治官及黔首》中"多易"和"精廉"二語同見於《説苑・談叢》,由此推論劉向編輯《談叢》時,可能有參考過《爲吏治官及黔首》這類文獻。陳氏稍後發表的《〈爲吏治官及黔首〉1531、0072 號簡試讀》補充前引陳松長之説,指出簡 0072 應是接續簡 1531 之後的第二枚簡。作者同時提醒研究者,竹書的篇題有時也寫在卷末或靠近卷末的地方,在此情形下,1531 應是倒數第二簡,0072 則位於全篇之末。[⑤] 2010 年末,《岳麓書院藏秦簡(壹)》出版,八十七枚竹簡的圖版和釋文悉數公布,湖南大學岳麓書院的廖繼紅即撰《〈爲吏治官及黔首〉補釋》一文對原書釋文的簡注作了補釋[⑥],復旦大學出土文獻與古文字研究中心讀書會對其釋文、注釋和編聯進行商榷,由石繼承執筆發表《讀〈岳麓書院藏秦簡(壹)〉》一文。其中性質方面認爲是官箴彙鈔,簡文聯繫方面,文中提出三點可玆參考的標準,包括:1. 某一欄不同簡之間的位置關係;2. 與《爲吏之道》作比較;3.《爲吏治官及黔首》上的反印

① 參考張金光《論秦漢的學吏教材——睡虎地秦簡爲訓吏教材説》,65—72 頁。

② 《岳麓書院藏秦簡〈爲吏治官及黔首〉略説》,35 頁。

③ 2009 年肖永明根據陳松長提供的資料,發表了《讀岳麓書院藏秦簡〈爲吏治官及黔首〉札記》,公布了更多相關的材料,文載《中國史研究》,2009 年第 3 期,59—68 頁。肖永明將《爲吏治官及黔首》與《爲吏之道》進一步比較,指出它們可能是"秦代官箴在傳抄過程中産生的不同版本",這是很正確的觀點。

④ 復旦大學出土文獻與古文字研究中心網站,2009 年 11 月 27 日。

⑤ 武漢大學簡帛研究中心"簡帛網",2009 年 12 月 1 日;2010 年 1 月 22 日。兩文後納入陳偉《岳麓書院秦簡校讀》,武漢大學簡帛研究中心主辦《簡帛》第五輯,上海古籍出版社,2010,11—14 頁。

⑥ 武漢大學簡帛研究中心"簡帛網",2011 年 2 月 28 日。廖繼紅還有《〈爲吏治官及黔首〉與〈爲吏之道〉比較》一文,比較《爲吏治官及黔首》與《爲吏之道》的來源、形制和内容等問題,他認爲前者講官吏的思想道德,後者内容複雜,是一種雜抄文集,其中講爲吏之道的文字及講"五善"、"五失"等部分相同或相似的最多,應該是抄自同一類的母本,抄手根據自己的需要作了部分變更,或者是在抄寫時由於記憶發生改變,從而導致差异的出現,不過廖先生衹對比兩者之不同,對其觀點并没有詳細闡析,見"簡帛網",2011 年 3 月 4 日。

文。該文就此提供了不少有關編聯上有益的意見。[①]

三、《爲吏之道》和《爲吏治官及黔首》同异比較

(一)官府爲吏之道的原始文本

《爲吏治官及黔首》這份簡牘文獻是秦帝國地方官吏的宦學教材,目的是訓練官吏治官、治理黔首和治理自身操守。它可能是學吏以吏爲師,從官方的教學課本中抄録而來,但亦有可能持有此份文書的墓主人本身就是吏師,他以師承所學傳授别人,死後其家人以其所學及所補充的教材一起入土。陳松長認爲是秦代宦學讀本的又一個版本,筆者認爲是對的,但仍有可補充之處。目前出土秦代爲吏之道的宦學讀本共有四個版本,其中兩個已經公布,即睡虎地的《爲吏之道》和出土地點未明的《爲吏治官及黔首》。另外兩個版本分别是 1993 年湖北江陵王家臺秦簡的《政事之常》[②],以及北京大學收藏的秦簡,其中竹簡卷九的部分内容與睡虎地秦簡《爲吏之道》和岳麓書院《爲吏治官及黔首》相似,所以後者暫名《爲吏之道》。[③]根據王明欽的《王家臺秦墓竹簡概述》所言,《政事之常》的内容有部分與睡虎地《爲吏之道》相同,衹是文字略有差异,排列順序不盡一致,故可互相參校,然而,《政事之常》的書寫形式很特别,它是用直綫、斜綫畫成圖表,然後書寫文字。文字分四圈書寫,圖表中間書寫有“員(圓)以生枋(方)、正(政)事之常”八字,分正反兩個方向書寫兩遍。[④] 其餘三圈分十二部分書寫,文字朝四個方向,每面書寫三組。由内到外,第二圈書寫的内容與睡虎地秦簡《爲吏之道》部分内容相似;第三圈是對第二圈文字的解釋與説明,皆位於第二圈每組文字的下方,可與第二圈文字内容對應;第四圈是進一步的闡述,從正反兩方面闡述第二圈文字的觀點,但這一部分文字并非位於第二、三圈同一内容文字的正下方。這種表達的方式,有异於直行分

① 復旦大學出土文獻與古文字研究中心網站,2011 年 2 月 28 日(http://www.gwz.fudan.edu.cn/SrcShow.asp?Src_ID=1416)。此外研究爲吏之道相關問題的還有于洪濤的論文。于洪濤以爲《官箴》命名《爲吏治官及黔首》有不妥,他同意何有祖《岳麓書院藏秦簡〈爲吏、治官及黔首〉補劄》的意見,認爲篇題“爲吏”、“治官”、“治黔首”三者是并列的,衹是内容并不好劃分,從《爲吏之道》的命名上發現《爲吏治官及黔首》并非全本,而且睡虎地秦簡《爲吏之道》的内容明顯是雜抄的性質。《爲吏治官及黔首》是一篇無篇頭有篇尾的文章。他也舉出例證分析認爲《爲吏治官及黔首》更像是《爲吏之道》的取材來源,前者内容詳細,例如講“治官”的内容是成組出現的,但《爲吏之道》的内容則顯得凌亂。于洪濤:《秦簡〈爲吏治官及黔首〉與〈爲吏之道〉對讀(一)》,“簡帛網”http://www.bsm.org.cn/show_article.php?id=1517;何有祖:《岳麓書院藏秦簡〈爲吏、治官及黔首〉補劄》,“簡帛網”http://www.bsm.org.cn/show_article.php?id=1211。

② 王明欽:《王家臺秦墓竹簡概述》,艾蘭、邢文編:《新出簡帛研究:新出簡帛國際學術研討會文集》,北京:文物出版社,2004,26—49 頁。按此資料是胡平生先生告知的,特表謝意。

③ 北京大學出土文獻研究所:《北京大學新獲秦簡牘概述》,見《北京大學出土文獻研究所工作簡報》,總第 3 期,2—8 頁。

④ 王明欽認爲圖表中間書寫“員(圓)以生枋(方)、正(政)事之常”八字,分正反兩個方向書寫兩遍,這是點明主題之辭,因此以“政事之常”作爲題名,39 頁,注 20。

欄書寫。《政事之常》的部分内容,可能與秦代訓練爲吏治官的宦學讀本有關,由於它的特别書寫形式,王明欽認爲分圈、分方位和每圈再分部分,令人聯想起五行學説的時間與空間觀念,《政事之常》反映傳統的五行學説,以及秦代對宇宙天圓地方,順應天時地利和强調安撫民心的政治思想。這樣看來,《政事之常》不是簡單的宦學教材[①],不過王明欽也認爲《政事之常》第二圈與第三、四圈的文字有著解釋與説明,以及進一步闡釋關係,他舉了"有嚴不治"及"處如梁,言如盟"兩段作爲例子,謂就形式與内容來説《爲吏之道》和《政事之常》的第二圈相當於經傳,而第三、四圈則類似於注疏,筆者認爲這是很有啓發的一種看法,但仍然有待釋文公布,才能斷定此説,以及深入探討其内容和性質。以下集中討論岳麓秦簡《爲吏治官及黔首》及睡虎地秦簡的《爲吏之道》的文本問題。

衆所周知,秦以法治國,中央和地方所據的法典應該是一致的,主法令之吏須熟讀法令,所掌之法令條文不可删削改動,各級官員亦不能篡改公布的法令,中央地方官府藏有法令的副本。《商君書·定分》説:"各主法令之民,敢忘行主法令之所謂之名,各以其所忘之法令名罪之。主法令之吏有遷徙物故,輒使學者讀法令所謂,爲之程式,使數日而知法令之所謂;不中程,爲法令以罪之。有敢剟定法令,損益一字以上,罪死不赦……法令皆副置:一副天子之殿中,爲法令,爲禁室……内藏法令,一副禁室中……有……入禁室視禁法令,及禁剟一字以上,罪皆死不赦。一歲受法令以禁令。天子置三法官;殿中置一法官,御史置一法官及吏,丞相置一法官,諸侯郡縣皆各爲置一法官及吏……郡縣諸侯一受賫來(禁室)之法令,并學問所謂……"[②]副本要每年校讎,《睡虎地秦墓竹簡·秦律十八種·尉雜》有一條文謂"歲讎辟律於御史。尉雜",就是説相關官員每年都到御史處去核對刑律,這是要保持法律條文的準確性和一致性。

《爲吏之道》及《爲吏治官及黔首》是秦一統天下前後的官吏宦學讀本,秦以吏爲師,這些宦學讀本應該是據官方教學文本中抄録而來,當中就會有承傳的關係。不過,由於是教學課本,其準確性不必如法律文書的精確,文字在抄録的過程會有出入,但當中必然有相同之處,例如内容、形式,中心思想都有相同的地方,因爲它們的底本始終是來自官府的。如果這一假設是正確的,《爲吏之道》和《爲吏治官及黔首》這兩個版本,當中相同的地方,特别是文字、片語相同的地方,很可能就是來自官府宦學讀本的文本,同是來自一個源頭,又或者是同一源頭的不同版本,當中縱然文字有差异,亦祇是傳抄時使用异體、通假字,或釋讀時的問題。至於不同的地方有幾個可能性:(1)以本文討論的兩版本爲例,它們的内容僅是官府文本中的一部分;(2)不同的地方可能都是官府文本的不同部分;(3)兩份文書不同的部分,都

① 胡平生先生發來的電郵認爲王家臺《爲吏之道》是占卜用的,這也有很大的可能性。

② 朱師轍:《商君書解詁定本》,香港:中華書局,1974,92—93頁。

不是底本的原文,而是擁有文書的吏自己的補充、詮釋或心得;(4)區域不同,面對的政治和社會民生問題不一樣,所以各地傳授爲官之道的吏師,使用的舉例或者講述重點有參差,導致爲官之道的核心部分相同,非核心的詮釋或補充內容有不同。要解決這些問題比較困難,問題的癥結所在是底本不存,出土簡册本身有殘缺和傳抄造成的錯誤。

如果我們認定相同部分是官府文本必備的部分,則這兩份秦代宦學讀本的原來面貌也許可重建出來,但重建的結果也許僅僅是官府文本的一部分,假使將來出土更多《爲吏之道》或《爲吏治官及黔首》的宦學材料①,它的原貌就更容易重塑。正如上文提及,岳麓書院秦簡《爲吏治官及黔首》的文字寫在八十七枚簡上,主要分三欄和四欄書寫,衹有三枚是没有分欄,文字一口氣直寫到底,統計所得共有1,201個字,而寫在五十一枚竹簡上的《爲吏之道》,分五欄書寫,合計1,124字,顯然,《爲吏治官及黔首》的内容豐富些,有幾處文字兩者差不多完全相同,最明顯的是講"吏有五善"、"吏有五失"、"吏有五過"和"吏有五則",這些部分應該是官府爲吏之道的文本必備的内容,下面分述這些相同性較强的文本:

1. 吏有五善

> 《爲吏治官及黔首》謂:吏有五善:一曰忠信敬上;二曰精廉無旁(謗);三曰舉吏審當;四曰喜爲善行;五曰龔(恭)敬多讓;五者畢至必有天當。②
>
> 《爲吏之道》謂:吏有五善:一曰中(忠)信敬上,二曰精(清)廉毋謗,三曰舉事審當,四曰喜爲善行,五曰龔(恭)敬多讓。五者畢至,必有大賞。③

此組簡的文字基本上是相同的,概念也是相同的,衹是個别的文字有差异。例如:"忠信"與"中信":按"中"通"忠",《管子·君臣下》:"官必中信以敬",黎翔鳳撰的《管子校注》引劉師培及《周禮·大司樂》、《漢張遷碑》("中謇於朝")、《魏横海將軍碑》("君以中勇")謂:皆以"中"爲"忠"。④ 又如"無旁"與"毋謗":"旁"應當是"謗",據《莊子·齊物論》:"奚旁日月。"唐陸德明《經典釋文·莊子音義》説:"崔本作謗。"⑤此外"舉吏"與"舉事":按睡虎地秦簡《爲吏之道》的圖片應當爲"吏",而不是"事"。《説文·史部》:"事職也。從史,之省聲。"⑥《漢語大字典》謂古文字的事、使、史、吏本爲一字,後來才區分開來。⑦ 另外下面講"爲吏五則"時有"舉事不當則黔首囂指",所指是官吏做事不當,受到黔首指罵,此處似乎不應重複,

① 例如上文提及王家臺秦簡《政事之常》和北京大學藏秦簡《爲吏之道》的釋文公布後可再作研究。
② 簡號1543、殘4-1-1+0928、1573、1577、1580、1575及1574,釋文據《岳麓書院藏秦簡(壹)》,121—123頁。
③ 《睡虎地秦墓竹簡·爲吏之道釋文注釋》,168頁。
④ 黎翔鳳撰,梁運華整理:《管子校注》,新編諸子集成,北京:中華書局,2004,596頁。
⑤ [唐]陸德明撰,黄焯斷句:《經典釋文》,北京:中華書局,1983,364頁下。
⑥ 許慎撰、段玉裁注:《説文解字注》,經韻樓藏版,上海古籍出版社,1988,116頁下。
⑦ 漢語大字典編輯委員會:《漢語大字典》,成都:四川辭書出版社;武漢:湖北辭書出版社,1995,23頁。

但五善是講吏的行爲,"舉事"可能比"舉吏"更接近爲吏之道的原意,下面引《説苑》的一段話,可解釋此點。"天當"與"大賞":《爲吏治官及黔首》的圖版確實是"天當",但五善的一段文字與《説苑·談叢》很相近,其謂:"恭敬遜讓,精廉無謗,慈仁愛人,必受其賞,諫之不聽,後無與争,舉事不當,爲百姓謗……"[①]《説苑·談叢》講很多治道的問題,此處説吏態度恭敬、操守廉潔、待人仁慈,一定得到百姓的讚賞,以"當"取代"賞"似乎不太正確。"吏有五善"這段在兩份簡册都出現,而且文字和内容都極爲相似,所以很可能是來自相同的源頭。

2. 吏有五過

《爲吏治官及黔首》謂:吏有五過:一曰視黔首渠驁;二曰不安其朝;三曰居官善取;四曰受令不僂:五曰安其家忘官府。五者畢至是胃(謂)過主。[②]

《爲吏之道》謂:一曰見民杲(倨)敖(傲),二曰不安其鼂(朝),三曰居官善取,四曰受令不僂,五曰安家室忘官府。[③]

《爲吏之道》缺去"吏有五過"的標題,整理小組認爲"渠驁"讀爲"倨傲",黔首一詞是秦一統天下後,改"百姓"爲"黔首",此處衹是第一句的文字有不同,但教導官吏見到百姓態度切勿倨傲的意思是一樣的。第五項"安其家忘官府"與"安家室忘官府"寫法不同,但意思一樣,《爲吏治官及黔首》還多了一句:"五者畢至是胃(謂)過主",作爲綜合上述五種過失,句式與上面《爲吏之道》和《爲吏治官及黔首》同時都有的"五者畢至,必有大賞"一樣,官方的文本應當有此語,睡虎地《爲吏之道》可能漏抄此句。其他句子幾乎一樣,它們明顯是來自同一源頭的。

3. 吏有五失

《爲吏治官及黔首》謂:吏有五失:一曰夸(誇)而夬;二曰貴而企;三曰亶(擅)折割;四曰犯上不智(知)其害;五曰間(賤)士貴貨貝。[④]

《爲吏之道》則作:吏有五失:一曰誇以泄,二曰貴以大(泰),三曰擅裚割,四曰犯上弗智(知)害,五曰賤士而貴貨貝。[⑤]

此兩版本"吏有五失"的簡牘文本基本上是一樣的,排列次序也是一致的,個别用詞有不同的

---

① 劉向撰,向宗魯校證:《説苑校證》卷一六《談叢》,中國古典文學基本叢書,北京:中華書局,1987,395—396頁。

② 簡號1572、1497、1544、1545、1546、1547及1569,釋文據《岳麓書院藏秦簡(壹)》,127、124—126頁。按復旦大學出土文獻與古文字研究中心讀書會《讀〈岳麓書院藏秦簡(壹)〉》一文認爲1572及0310應該對調,本文從其説。

③ 《睡虎地秦墓竹簡·爲吏之道釋文注釋》,169頁。

④ 簡號0310、1576、1571、1570、1516及1548,釋文據《岳麓書院藏秦簡(壹)》,124、127—129頁。按釋文作:"一曰誇(夸)而夬",應當是"一曰夸(誇)而夬。"

⑤ 《睡虎地秦墓竹簡·爲吏之道釋文注釋》,169頁。

地方，例如“夸”作“誇”，意思都是誇大的意思，《説文》誇是譀也，譀是誕也[①]，“夸”者奢也，張也[②]，即誇張失實，整理小組釋爲華而不實是正確的。“夬”，《説文·又部》夬是分決的意思[③]，在文句中意思不通，圖版所見的字型近似“史”，整理小組認爲可能是訛誤，“史”有虚飾的意思，然則，“誇而夬”是虚飾失實的意思，睡虎地《爲吏之道》寫作“誇以泄”，整理小組引《漢書·禮樂志》顔師古注謂泄是超踰，這樣也是有誇張的意思，此句兩版本的用詞有异，但整體意思是一致的。陳松長解釋“貴而企”和“貴以大(泰)”的分别，認爲“企”字描寫舉踵遠望，不屑他顧的神態，比讀爲“大”爲“泰”更形象化。[④] 陳松長對“企”字此説很正確，但圖版很清楚顯示“企”字和“大”字，筆者覺得“大”也有可取之處，《禮記·表記》有一處講如何擬定先王的謚號，認爲“節以壹惠”，即取先王一些突出的優點來定謚號，這樣不浮誇，名實俱符：“子曰：先王謚以尊名，節以壹惠，恥名之浮於行也。是故君子不自大其事，不自尚其功，以求處情；過行弗率，以求處厚；彰人之善而美人之功，以求下賢。是故君子雖自卑而民敬尊之。”[⑤]相反，君子自大其事，民眾就鄙視他，吏有所失了，吏不應因職位顯貴而自大，意思也是正確的。此組其他簡文傳抄有差异，但基本上是兩版本一樣，很可能來自同一出處。

4. 吏有五則

> 《爲吏治官及黔首》：吏有五則：一曰不祭(察)所親則韋(違)數至；二曰不智(知)所使則以權(權)索利；三曰舉事不當則黔首詈指；四曰喜言隋(惰)行則黔首毋所比；五曰善非其上則身及於死。[⑥]

> 《爲吏之道》：一曰不察所親，不察所親則怨數至；二曰不智(知)所使，不智(知)所使則以權衡求利；三曰興事不當，興事不當則民傷指；四曰善言隋(惰)行，則士毋所比；五曰非上，身及於死。[⑦]

雖然《爲吏之道》此組簡文缺去標題“吏有五則”，但與《爲吏治官及黔首》所表達的内容，包括具體陳述“五則”的次序基本上都是一樣的，衹有個别的用詞有差别，例如“舉事”和“興事”，兩者差异不大，意思相若，前引《説苑·談叢》有“舉事不當，爲百姓謗”，國家賦斂也會使用“興事”一詞，例如《晏子春秋》：“興事無已，賦斂無厭，使民如將不勝，萬民懟怨。”[⑧]“喜言隋(惰)行”和“善言隋(惰)行”指喜歡講話或者是巧言善辯的人，講的多，做的少。又如

① 《説文解字注》，98頁下。

② 《説文解字注》，492頁下。

③ 《説文解字注》，115頁下。

④ 《岳麓書院所藏秦簡綜述》，82頁。

⑤ 孫希旦撰，沈嘯寰、王星賢點校：《禮記集解》，北京：中華書局，1989，1307—1308頁。

⑥ 簡號1549、1550、1551、1565、1568及1567，釋文據《岳麓書院藏秦簡(壹)》，129—132頁。

⑦ 《睡虎地秦墓竹簡·爲吏之道釋文注釋》，169頁。

⑧ 見吴則虞撰《晏子春秋集釋》第七卷《外篇第七·景公瞢見彗星使人占之晏子諫第三》，新編諸子集成，北京：中華書局，1962，440頁。

“韋(違)數至”和“怨數至”的意思稍有差别,官吏袒護親近或信任的人,如果是“違”字接近所抄録的官府文本,就表示錯失不斷而來,如果是“怨”字,則表示百姓就會不斷的怨恨爲官的人,雖然有分别,但“不察所親”是主語,袒護親近或信任的人所造成的後果,才有“怨”、有“違”。“黔首嚚指”和“民傷指”、“黔首毋所比”和“士毋所比”,“非上”和“善非其上”内容基本一樣。《説文·人部》:“傷,輕也。輕慢的意思,《睡虎地秦墓竹簡·法律問答》論獄何謂“縱囚”時,認爲:“當論而端弗論,及傷其獄,端令不致,論出之,是謂‘縱囚’”,即是説爲官者故意“傷”案情的嚴重性,讓罪犯達不到入罪標準,於是無罪釋放,這是縱囚,“傷”一詞在此有刻意減輕的意思。而“嚚指”,整理小組疑“嚚”爲“罵”之誤,有斥責、指罵之意,是否屬實待考。“以讙(權)索利”和“以權衡求利”,此語出自《商君書·算地》:“夫民之情,朴則生勞而易力,窮則生知而權利。易力則輕死而樂用,權利則畏罰而易苦。易苦則地力盡,樂用則兵力盡……民之性,度而取長,稱而取重,權而索利。”[①]意思是人之常情,往往是從自己利益出發,用尺量度的東西,就取長的;用秤稱就取重的,有選擇就權衡輕重,索取對自己最有利的,“索利”和“求利”意思是一樣的,《爲吏之道》和《爲吏治官及黔首》這兩句話説爲吏而不知所使,就會衡量輕重,牟取自己的私利,由此看這兩組簡文意思是一致的,但似乎文句上《爲吏之道》詳盡,《爲吏治官及黔首》則較爲簡潔。

5. 吏有六殆

> 《爲吏治官及黔首》謂:吏有六殆不審所親;不祭(察)所使親人不固;同某(謀)相去;起居不指;屚(漏)表不審;籥(徽)蝕(識)不齊。[②]

以上是整理者的斷句,按于洪濤有不同的句讀:“吏有,六殆不審,所親不祭(察),所使親人不固,同某(謀)相去,起居不指,屚(漏)表不審,(徽)蝕(識)不齊。”于洪濤考察圖版,認爲“吏有”與“六殆”兩組字中間空白頗大,是抄寫時有意識地把兩組字分離的,是斷句的標誌。[③]不過考察上下文,筆者并不同意他的見解。首先,考察簡1572“吏有五過”的圖版,“吏”字和“有”字的距離與“吏有”及“六殆”的距離相若,如果“吏有五過”不斷句爲“吏,有五過”,何以此處要斷爲“吏有,六殆不審”?其次,文句結構上,“吏有五善”、“吏有五失”、“吏有五過”及“吏有五則”與下文的“吏有六殆”是平衡的,衹是“吏有六殆”没有以“一曰”、“二曰”、“三曰”這種方式羅列各點。還有,如果斷句是“吏有,六殆不審”,“吏有”之後應當説吏有什麽,按于洪濤所斷句,下文直接説“六殆不審”,語有不妥。于洪濤説其後的内容并不是解釋“吏有六殆”,反而“六殆不審”與後面的内容應該是并列的關係。筆者認爲“吏有六殆”應連讀,後文則并列了與“六殆”有關的六種危害爲吏治官之道的行爲。又按“五善”、“五失”等簡所

① 《商君書解詁定本》,26、28頁。

② 簡號1566、1552、1553、1554,1562及1555,釋文據《岳麓書院藏秦簡(壹)》,132—135頁。

③ 于洪濤:《岳麓簡〈爲吏治官及黔首〉札記二則》,見“簡帛網”http://www.bsm.org.cn/show_article.php?id=1480。

記的內容，基本上是一行一項行爲和操守，没有同一項的內容分作兩行書寫的，于洪濤把簡1566最後兩字（“所親”）連接簡1552最前兩字（“不祭（察）”），寫成“所親不祭（察）”，這種做法不符合上文每行一項的慣例。筆者嘗試重新斷句如下：

> 吏有六殆：不審所親；不祭（察）所使，親人不固；同某（謀）相去；起居不指；屚（漏）表不審；籥（徽）蝕（識）不齊。

意思是吏有六殆，其一是不審所親；其二是不祭（察）所使，親人不固；其三是同某（謀）相去；其四是起居不指；其五是屚（漏）表不審；其六是籥（徽）蝕（識）不齊。剛好并列六項危害爲吏治官之道的行爲。睡虎地秦簡《爲吏之道》没有“六殆”的簡文，無法比對，但這段文字即使不是“六殆”的原來文本，但也應是告誡官吏要注意的六種危害爲吏治官的情況。于氏認爲“六殆”是六種影響仕途的不好的品行，是正確的，“六殆”連同“五善”、“五失”、“五過”、“五則”都是爲吏之道的行爲規範，違反這些規範，必然影響考課殿最的結果，把“六殆”聯繫官計一并考察是合理的。筆者推測部分六殆觀念是從《管子·法法》的十殆吸納而來的。《管子·法法》説：

> 聞賢而不舉，殆。聞善而不索，殆。見能而不使，殆。親人而不固，殆。同謀而離，殆。危人而不能，殆。廢人而復起，殆。可而不爲，殆。足而不施，殆。幾而不密，殆。[①]

下面是《管子》十殆與《爲吏治官及黔首》六殆對比表：

《管子·法法》十殆	《爲吏治官及黔首》六殆	《爲吏治官及黔首》相似文句
聞賢而不舉，殆		毋弃親戠（賢）（簡號 1550）
聞善而不索，殆		舉事而不意不欲多聞（簡號 1505）
見能而不使，殆		不祭（察）所使（簡號 1552）
親人而不固，殆	親人不固（簡號 1552）	
同謀而離，殆	同某（謀）相去（簡號 1553）	
危人而不能，殆		
廢人而復起，殆		
可而不爲，殆		
足而不施，殆		
幾而不密，殆		徵（微）密咸祭（察）（簡號 1549）

① 黎翔鳳撰，梁運華整理：《管子校注》，293 頁。

《爲吏治官及黔首》的六殆有兩殆見於《管子》,另外,意思接近《管子》的十殆者有幾處,例如"毋弃親餞(賢)"(簡號1550)與《管子》"聞賢而不舉,殆"接近;"舉事而不意不欲多聞(簡號1505)"與《管子》"聞善而不索,殆"相近,似乎《爲吏治官及黔首》吸收了《管子・法法》篇教導統治者舉賢審當之道。而"徵(微)密咸祭(察)"(簡號1549)與《管子》"幾而不密,殆"文字有接近,但前者是講官吏對纖微隱密的違法事情都能察覺,後者是講官吏不能守秘密,意思不同。儘管目前《爲吏治官及黔首》的版本中見不到"危人而不能,殆"、"廢人而復起,殆"、"可而不爲,殆"和"足而不施,殆"等具體的文字,但一些引用人才概念和施政手段似乎也散見於爲吏治官的簡册裡面,例如《爲吏之道》有"審民能,以賃(任)吏",就是十殆中"見能而不使,殆"的另一層意思。另外,"不審所親"和吏有五則的"不祭(察)所親",也有所來,《墨子閒詁》卷十五《號令》第七十:"守之所親,舉吏貞廉、忠信、無害、可任事者。"岑仲勉謂此言太守用人以公正、廉潔[①],而上引《説苑・談叢》:"恭敬遜讓,精廉無謗,慈仁愛人,必受其賞。"[②]爲吏治官要謹慎審察所親近或信任的人是否貞廉忠信,無害和可任事。由是觀之,《爲吏治官及黔首》的六殆不是鑿空而來的,可能是吸納先秦諸子關於爲政及德行的觀念,而睡虎地《爲吏之道》并無六殆,也許是選擇性的抄録所導致,又或者是官府文本不同時期的增損所致。

6. 精絜正直

《爲吏治官及黔首》和《爲吏之道》兩篇爲吏之道有一段幾乎完全相同的文字,相信也是官府文本的一部分,内容如下:

> 精絜(潔)正直,慎謹掔(堅)固,審悉毋私,徵(微)密咸祭(察),安倩(静)毋苛,審當賞罰。厥(嚴)剛毋暴,廉而毋俿(?),復悔其(期)勝,毋忿怒以夬(决)。寬俗(裕)忠信,禾(和)平毋怨,悔過勿重,玆(慈)下勿淩(陵),敬士〈上〉勿犯,聽間(諫)勿塞。審智(知)民能,善度黔首力,勞以率之,正以撟之。反若其身。[③]

睡虎地《爲吏之道》的同一段話如下:

> 必精絜(潔)正直,慎謹堅固,審悉毋(無)私,微密韱(纖)察,安静毋苛,審當賞罰。嚴剛毋暴,廉而毋刖,毋復期勝,毋以忿怒夬(决)。寬俗(容)忠信,和平毋怨,悔過勿重。玆(慈)下勿陵,敬上勿犯,聽間(諫)勿塞。審智(知)民能,善度民力,勞以衛(率)

① 岑仲勉:《墨子城守各篇簡注・(西)號令》,新編諸子集成,北京:中華書局,1958,124頁。

② 劉向撰,向宗魯校證:《説苑校證》卷一六《談叢》,395頁。

③ 簡號1570、1516、1548、1549,1550、1551、1565、1568、1567、1566、1552、1553、1554,1562及1555。另一段則在簡號1504、0313、1491、1535+1498,1540及1542之内。《岳麓書院藏秦簡(壹)》,128—135、109頁。

之，正以橋（矯）之。反赦其身。[①]

按兩段話内容基本上一樣，個别地方的差异并不影響兩段簡册的内容和思想，例如："徵（微）密咸祭（察）"與"微密韱（纖）察"，《説文・韭部》韱，山韭也。[②] 古代"韱"同"纖"，意思是很微細的地方都察覺得到[③]，"咸"字則表示全都、皆悉[④]，意思是連微細的地方完全察覺得到，兩句表達的意思没有大的分别。"廉而毋㑥"的"㑥"，不好解釋，疑誤，當爲"廉而毋刖"的"刖"，"刖"是絶的意思[⑤]，表示斷絶，割斷，整理小組解釋行爲正直而不傷人。"復悔其（期）勝"與"毋復期勝"的"期勝"是表示不擇手段以求勝過别人，此處解作爲吏之人要有操守，不要强求勝利。[⑥] "反若其身"與"反赦其身"整理小組認爲"赦"讀作"索"，是反求諸己的意思。[⑦] 這裡整段簡文句子相同，組織、排列、次序也一樣，我們有理由相信這些相同的地方是來自同一個底本。

7. 爲人君則惠

> 《爲吏治官及黔首》謂：爲人君則惠，爲人臣【則】忠，爲人父則兹（慈），爲人子則孝，爲人上則明，爲人下則聖，爲人友則不争，能行此，終日視之，簍（屢）毋舍，風（諷）庸（誦）爲首，精（精）正守事，勸毋失時，攻（功）成爲保，審用律令，興利除害，終身毋咎。此治官、黔首及身之要也與（歟）？它官課有式，令能最。欲毋殿，欲毋罪，皆不可得。欲最之道把此。[⑧]

> 《爲吏之道》謂：以此爲人君則鬼，爲人臣則忠；爲人父則兹（慈），爲人子則孝；能審行此，無官不治，無志不徹，爲人上則明，爲人下則聖。君鬼臣忠，父兹（慈）子孝，政之本殹（也）；志徹官治，上明下聖，治之紀殹（也）。[⑨]

這兩段話有整句相同的、有用詞不同的，有些句子之間更羼入不同句子，但整體仍是同多异少。整理小組指出《爲吏之道》中"鬼"是誤寫，應該是"惠"。《爲吏治官及黔首》"能行此，終日視之，簍（屢）毋舍，風（諷）庸（誦）爲首，精（精）正守事，勸毋失時，攻（功）成爲保，審用

① 《睡虎地秦墓竹簡・爲吏之道釋文注釋》，167 頁。

② 《説文解字注》，36 頁下。

③ 《説文・糸部》："纖，細也。"見《説文解字注》，646 頁下。

④ 《説文・口部》："咸，皆也。悉也。"見《説文解字注》，58 頁下。

⑤ 《説文・刀部》："刖，絶也。"見《説文解字注》，181 頁下。

⑥ 《荀子・性惡篇》謂有聖人之知者，有士君子之知者，有小人之知者，有役夫（賤者）之知者，後者不擇手段求勝，不恤是非，不論曲直，以期勝過别人，這是役夫之知也。又説世上有上勇者，有中勇者，有下勇者，下勇之人，輕身而重貨，既安於禍，還任意解説，企圖苟免於難，不恤是非曲直，以期勝過别人，這是下勇之人的不擇手段行爲。參考梁啓雄著《荀子簡釋》，新編諸子集成續編，北京：中華書局，1983，335—336 頁。

⑦ 《睡虎地秦墓竹簡・爲吏之道釋文注釋》，168 頁。

⑧ 簡號 1541，0072 及 1531。《岳麓書院藏秦簡（壹）》，147—149 頁。

⑨ 《睡虎地秦墓竹簡・爲吏之道釋文注釋》，169—170 頁。

律令,興利除害,終身毋咎”的重點是講爲吏個人要諷誦爲吏之道的内容,恰當應用律令,造福百姓,這様爲吏的人就“終身毋咎”;《爲吏之道》的内容雖然差不多,但讀起來重點是講“治官”:“能審行此,無官不治,無志不徹,爲人上則明,爲人下則聖。君鬼臣忠,父玆(慈)子孝,政之本殹(也);志徹官治,上明下聖,治之紀殹(也)。”不斷强調“無官不治”、“政之本”、“治之紀”。筆者懷疑:“爲人君則惠,爲人臣【則】忠,爲人父則玆(慈),爲人子則孝,爲人上則明,爲人下則聖”是官府爲吏教材的部分底本文字,秦代以吏爲師,學徒從吏師授課中學得官府教材,但是爲了解釋内容,或作補充以便實際應用,於是在自己抄寫的教材内做了補充、演繹或者解釋,當日并無日後所謂夾注的表達方法,於是補充、演繹、解釋等話語摻入正文之内。[①] 以《爲吏之道》此段爲例,下面斜體字的部分可能是演繹或解釋的説話:

> 以此爲人君則鬼(惠),爲人臣則忠;爲人父則玆(慈),爲人子則孝;能審行此,無官不治,無志不徹,爲人上則明,爲人下則聖。*君(惠)臣忠,父玆(慈)子孝,政之本殹(也);志徹官治,上明下聖,治之紀殹(也)*。

“君(惠)臣忠,父玆(慈)子孝,政之本殹(也);志徹官治,上明下聖,治之紀殹(也)”一節綜合上文的意思,再突出“政之本”、“治之紀”,此語也許是學徒抄寫時演繹爲吏簡册的中心思想,可能不是原來官府底本的文字。[②]

《爲吏治官及黔首》整段:“終日視之,簍(屢)毋舍,風(諷)庸(誦)爲首,精(精)正守事,勸毋失時,攻(功)成爲保,審用律令,興利除害,終身毋咎。此治官、黔首及身之要也與

① 關於古代經書原文與注釋間的關係,冨谷至引用古勝隆一的論文認爲兩者合并始於後漢馬融時期(79—166),前漢以前爲傳訓,皆與本文别行,冨谷至研究《論語・顔淵篇》“誠不以富,亦衹以异”的錯簡時認爲該簡應當移去《季氏篇》“齊景公有馬千駟”一條之末,原來《論語・顔淵篇》“子張問崇德辨惑”一簡,即“誠不以富,亦衹以异”之下寫有鄭玄的注,根據冨谷至之説,鄭玄時代(127—200)注釋與經傳被合寫在一起,不過在秦代時期似乎未見此情況,而且本文所論爲吏之道并非經書,抄録或者使用爲吏之道者的人,不一定秉持注釋者的嚴格態度,衹是把相關資料補充,以及演繹爲吏之道文本的文字一起并列。參考冨谷至《從簡牘到紙——以〈論語・顔淵篇〉的錯簡爲中心》,載武漢大學簡帛研究中心《簡帛》第三輯,上海古籍出版社,2008,15—420 頁。古勝隆一之説見氏著《中國中古の學術》上篇第一章《中古注釋學をめぐる學術史的背景》,東京:研文出版,2006,70—71 頁。

② 本節討論關於睡虎地秦簡《爲吏之道》“以此爲人君則鬼(惠)”的一段文字是據整理者的釋文,凡國棟對當中“能審行此,無官不治,無志不徹”插在上下文句式一様、辭氣一貫的句子中間覺得很有可疑,認爲此簡排序應當參考《爲吏治官及黔首》簡 85(整理簡號 1541)作調整,重新排序,即將簡 42、43 提出來接在簡 45 之後,而將簡 44、45 提前接在簡 41 之後,此説可備爲一論,但亦有疑惑之處。例如《爲吏治官及黔首》簡 85 有“爲人友則〈不〉争(静)”一語,在睡虎地《爲吏之道》却不見此語,如有此語,則如何安排在“處於不同地位(君、臣、父、子、上、下)的人可以達到相應的道德境界(惠、忠、慈、孝、明、聖)”這些層面上? 其次,凡國棟驗證簡 41+44+45+42+43+46 的其他各欄,認爲第四欄較爲複雜,特别是推測“不時怒”是誤抄,當爲“怒不時”,這個改動文字以遷就句式,使其與上三句句式一致,筆者以爲不大妥當,上引王明欽《王家臺秦墓竹簡概述》的《政事之常》,剛好 BXI 至 BXII 組有此語:“坨修城固,民心乃殷,不時而怒,民將逃去,百事既成,民心乃寧,〔既無〕後慢,從正之經”(40 頁),也許不必改動文字,所以筆者仍采整理者的釋文。參考凡國棟《岳麓秦簡〈爲吏治官及黔首〉與睡虎地秦簡〈爲吏之道〉編連互徵一例》(見“簡帛網”http://www.bsm.org.cn/show_article.php? id=1433)。

(敷)? 它官課有式,令能最。欲毋殿,欲毋罪,皆不可得。欲最之道把此。”可謂解釋篇旨,爲吏、治官及黔首三者的關係。爲人君、爲人臣、爲人父、爲人子講及五倫中的君臣、父子、朋友三種關係,而“爲人上”、“爲人下”是政治和社會上下、等級的關係,“治官、黔首及身”,即爲人臣治理百官、治理黔首(老百姓)及自己修身的要術,但這僅是爲吏、治官的一部分目標,此段點出把握爲官之道目的是課試時爭取好成績,就要依照《爲吏治官及黔首》的原則處事,所謂“它官課有式,令能最。欲毋殿,欲毋罪,皆不可得”也。

(二)同中有异的文本:詮釋與補充

《爲吏治官及黔首》和《爲吏之道》兩篇同是爲吏之道的宦學讀本,上面分析其内容相同的部分,筆者認爲它們可能是來自較爲原始的官府文本。兩份讀本雖然在講述爲吏的道德操守,如作爲吏、作爲官要注意的五善、五過、五失、五則等重大原則,但兩份簡册同時涵蓋了處事態度和具體的職事,例如舉薦用人、賦税賞罰、律令治安等事務的處理態度和原則,這些部分比較上節差异頗大,但“精(精)正守事,勸毋失時,攻(功)成爲保,審用律令,興利除害”的中心思想并無不同。筆者推想,文字差异較少的,相信是傳抄失誤或同音通假所致,但文字、語句差异較大的又該如何解釋? 如果出土更多《爲吏治官及黔首》的版本,對斷定哪部分是官府的原來文本就更有幫助,但同中有异的爲吏治官之道文本,總的來説是與官府原來的文本有某程度的關連。它們可能是擁有文書的官吏自己所作的補充、演繹和理解的心得,一旦他們躍升爲師,把自己所學傳授宦學的吏掾,也許孕育爲家法、甚至章句之學。此外,區域因素也不能忽視,各地面對的政治和社會民生問題不一樣,所以傳授爲官之道的老師在舉例或者在講述重點時關注有别,導致文本的核心部分相同,非核心的詮釋或補充部分有較大的差异。下面是一些例子。

1. 臨財見利不取筍(苟)富;臨難見死不取筍(苟)免。

> 《爲吏治官及黔首》謂:臨財見利不取筍(苟)富;臨難見死不取筍(苟)免。正而行修而身;禍與畐(福)鄰。①
>
> 《爲吏之道》謂:臨材(財)見利,不取句(苟)富;·臨難見死,不取句(苟)免。欲富大(太)甚,貧不可得;欲貴大(太)甚,賤不可得。毋喜富,毋惡貧,正行修身,過(禍)去福存。②

此兩段文字有部分相同,“(福)鄰”與“福存”意思不遠。兩者中《爲吏治官及黔首》的“臨財見利不取筍(苟)富;臨難見死不取筍(苟)免。正而行修而身;禍與畐(福)鄰”是完整的句

① 簡號 2176+1501、0854、1528、1529。《岳麓書院藏秦簡(壹)》,135—137 頁。

② 《睡虎地秦墓竹簡·爲吏之道釋文注釋》,167—168 頁。

子,可能是官府文本的部分,《爲吏之道》的"欲富大(太)甚,貧不可得;欲貴大(太)甚,賤不可得。毋喜富,毋惡貧"是補充和解釋臨財、苟富的意見,演繹前文的意思爲主。

2. 興利除害

《爲吏治官及黔首》簡册,由第59至82枚簡,即整理編號2176+1501以下至編號1586,合共26枚簡,第一、二、三欄每句4至6個字,與第四欄大部分都是6個字或以上,明顯不同,當中講及的内容,綜合而言,包括城廓門户、丈量不正、五穀畜産、倉窖臧蓋、監視毋偷、亡器齎償、租税興繇、封畔不正、草田不舉、整治田道沖術、案户定數、遷徙不端、賑濟老病孤寡等地方縣官的職事,十分詳盡。筆者比較睡虎地《爲吏之道》"除害興利"的文本,認爲似乎與岳麓書院秦簡《爲吏治官及黔首》"興利除害"的工作有關。下面先表列《爲吏治官及黔首》的相關内容,并以此爲中心,與《爲吏之道》"興利除害"相關内容作比較。

睡虎地《爲吏之道》"除害興利"的全段文字謂:

> ·除害興利,兹(慈)愛萬姓。毋罪毋(無)罪,【毋(無)罪】可赦。孤寡窮困,老弱獨傳,均繇(徭)賞罰,敖(傲)悍穾暴,根(墾)田人(仞)邑,賦斂毋(無)度。城郭官府,門户關龠(鑰),除陛甬道,命書時會,事不且須,貰責(債)在外,千(阡)佰(陌)津橋,囷屋蘠(牆)垣,溝渠水道,犀角象齒,皮革橐(囊)突,久刻職(識)物,倉庫禾粟,兵甲工用,樓椑矢閱,槍閵(藺)環殳,比(庇)臧(藏)封印,水火盗賊,金錢羽旄,息子多少,徒隸攻丈,作務員程,老弱癃(癃)病,衣食饑寒,槀靳瀆(瀆),屚(漏)屋塗塈(塈),苑囿園池,畜産肥㽞(胔),朱珠丹青。臨事不敬,倨驕毋(無)人,苛難留民,變民習浴(俗),須身旞(遂)過,興事不時,緩令急征,夬(决)獄不正,不精於材(財),法(廢)置以私。①

《爲吏治官及黔首》部分簡文與《爲吏之道》"除害興利"對比表:

《爲吏治官及黔首》的"興利除害"	《爲吏之道》"除害興利"
水瀆不通	槀靳瀆(瀆)
毋池其(?)所	
門户難開	門户關龠(鑰)
關龠不利	
衣聯弗補	
不洗沐浴	
丈量斗甬(桶)	
☑	

① 《睡虎地秦墓竹簡·爲吏之道釋文注釋》,170頁。

续表

《爲吏治官及黔首》的"興利除害"	《爲吏之道》"除害興利"
升箭(籥)不正	
畜馬牛羊	畜産肥辠(胔)
貲責(債)不收	貰責(債)在外
☐	
歾(朽)敗豤(墾)靡	
臧(藏)盍(蓋)不法	
☐	
官中多草	
寏内直(置)𥡂	
塗溉(塈)騷(掃)除	扇(漏)屋塗溼(塈)
棧曆(櫪)浚除	
□不灑除	
毋朵不年別	
☐	
官贏不備	
□□□□	
亡器齊(齎)賞(償)	
衡石權贏(累)	
船隧毋廡	
深楫(?)不具	
船人不敬(警)	
治奴苑如縣官苑	苑囿園池
五穀禾稼	
吏弗論治	夬(决)獄不正,不精於材(財),法(廢)置以私
興繇毋擅	均繇(徭)賞罰
主吏留難	臨事不敬,倨驕毋(無)人,苛難留民,變民習浴(俗),須身旞(遂)過,興事不時,緩令急征
租税輕重弗審	賦斂毋(無)度
豤(墾)田少員	根(墾)田人(仞)邑
案户定數	(附《魏户律》)
移徙上椯(端)①	(附《魏户律》)
橋陷弗爲	千(阡)佰(陌)津橋
城門不密(閉)	城郭官府,門户關龠(鑰)

① 居延新簡 E. P. T40:46:"☐□□郡縣鄉聚移徙吏員户☐",甘肅省文物考古研究所編《居延新簡:甲渠候官與第四燧》,秦漢魏晋出土文獻,北京:文物出版社,1990,88 頁。

续表

《爲吏治官及黔首》的"興利除害"	《爲吏之道》"除害興利"
難開不利	
術封(樹)毋有	溝渠水道
田道冲術不除	除陛甬道
田徑不除	除陛甬道
封畔不正	千(阡)佰(陌)津橋
□□□□	
草田不舉	根(墾)田人(仞)邑
孤寡痒(癃)病當巢(隟?)	孤寡窮困,老弱獨傳
路賦稍(艄)賦毋鈷(鉆)	
家室冬夏居田(?)	
貫市魚徼(獵)	
它縣毋傳	
當監者	
毋獨出	
監視毋輸(偷)	
勿敢度	
實官出入	
積索(索)求監	水火盜賊
補褆治家	
紡織載(裁)縫(縫)	
女子之作	
行繇奴繇=役	
老病孤寡	老弱痒(癃)病
乏(乏)絶當巢(隟?)	
貸種食弗請	
寒者毋衣弗請	衣食饑寒
楊(煬)風必謹	
縣官宇不居	
工用必審	
庫臧(藏)羽革	
臧(藏)盍(蓋)必法	
封閉毋隓①	

① 以上引文的簡號爲 2176+1501、0854、1528、1529、1534、1496、1584、1505、1536、1533、1532、1530、1590、0924、1588、1587、1589、0925、1583、0926、1586 及 1585,《岳麓書院藏秦簡(壹)》,135—146 頁。

讀完兩文本的對比,兩者明顯與"興利除害"的工作有關,《爲吏治官及黔首》没有此標題,可能已失去此簡。部分關連的内容,舉例如下:《爲吏治官及黔首》説:"水瀆不通",《爲吏之道》則説:"稾靳瀆(瀆)"、"溝渠水道",按《説文·水部》謂:"瀆"是"溝也",而"溝"是"水瀆,廣四尺、深四尺";[①]此處謂疏通溝隙。"稾"是指飼養牲畜的芻稾,與下面《爲吏治官及黔首》説:"畜馬牛羊"、《爲吏之道》説"畜産肥胔(胔)"有一定關係。"胔"通"瘠",《漢書》卷43《婁敬傳》:"徒見羸胔老弱。"顔師古注:"胔音漬,謂[死]者之肉也。一説胔讀曰瘠。瘠,瘦也。"[②]此處解瘦瘠較爲洽當。芻稾方面,"歺(朽)敗狠(墾)靡,臧(藏)盍(蓋)不法",睡虎地秦簡《秦律十八種·田律》對芻稾徵收有所規定:"入頃芻稾,以其受田之數,無狠(墾)不狠(墾),頃入芻三石、稾二石。"收藏也有規矩:"禾、芻稾徹(撤)木、薦,輒上石數縣廷。勿用,復以薦蓋。"[③]《爲吏治官及黔首》和《爲吏之道》這兩句話當指官吏注意農田水利,溝隙暢通,芻稾徵收按律令辦事。又如《爲吏治官及黔首》説"貲責(債)不收"、"塗溉(塈)騷(掃)除",《爲吏之道》説"貰責(債)在外"、"扇(漏)屋塗壍(塈)",用詞接近。

另外,《爲吏治官及黔首》説"吏弗論治,興繇毋擅……主吏留難,租税輕重弗審;狠(墾)田少員……",《爲吏之道》則説"夬(決)獄不正,不精於材(財),法(廢)置以私"、"均繇(徭)賞罰"、"臨事不敬,倨驕毋(無)人,苛難留民,變民習浴(俗),須身旞(遂)過,興事不時,緩令急征"、"賦斂毋(無)度"、"根(墾)田人(仞)邑",兩者文字不盡相同,但關鍵詞如"主吏留難"和"苛難留民","興繇毋擅"和"興事不時,緩令急征",頗有相似之處。同時兩段文字講依法公平的原則是一貫的,兩者都警告地方官吏依法辦事,不可擅自興發徭役,不可留難百姓,不可賦斂無度,務必嚴守律令。因此,即使文字不是完全一樣,兩者的關係也很明顯。

筆者以爲《爲吏治官及黔首》所述的"興利除害"職事十分仔細、豐富詳盡,但排列的次序不同於睡虎地的"除害興利",筆者推測官府的爲吏之道雖然有文本,但可能是較爲簡約,當官吏傳授内容時,彈性仍是很大的。也許官府的文本詳列綱領或核心内容,視爲必教項目,例如上面的"五善"、"五則"等,而此部分"興利除害"也屬必須傳授的内容。從上面并排來看,并没有整句完全相同的内容,筆者推測爲師之吏據官府文本的綱領,申述具體工作,詮釋事例、引例爲輔,以説明官吏"興利除害"的各種核心工作,但是由於不同地區、不同時期具體而且實務的工作也不一樣,所以内容較爲龐雜。

再者,《爲吏之道》和《爲吏治官及黔首》有部分是起着發揮、詮釋或補充核心文本的作用。下面有兩個例子説明。

例一:《爲吏治官及黔首》有:"案户定數,移徙上椯(端)","案户定數"講户口登記,"移徙上椯(端)"疑爲"移徙不端",即人口遷徙而記録不正確的意思。《商君書》就説"四境之

① 許慎撰,段玉裁注:《説文解字注》,554頁。

② 《漢書》,2121頁。

③ 《睡虎地秦墓竹簡·秦律十八種·田律》,21頁。

内,丈夫女子,皆有名於上,(生)者著,死者削”[①],睡虎地秦簡謂:“甲徙居,徙數謁吏,吏環,弗爲更籍,今甲有耐,貲罪,問吏可(何)論?耐以上,當貲二甲。”[②]皆是爲人熟知的秦代户籍資料,睡虎地《爲吏之道》的第三欄,有《魏户律》及《魏奔命律》對“叚(假)門逆吕(旅),贅壻後父”、“衛(率)民不作,不治室屋”等流動人口的規定和控制,所謂“勿令爲户,勿鼠(予)田宇”,對“遣從軍,將軍勿恤視……攻城用其不足,將軍以堙豪(壕)”被徵調從軍的,守將可以不予憐惜,隨意使役,推測睡虎地《爲吏之道》抄了這兩條魏律在此宦學讀本的末段,目的是用作補充秦户律的資料,讓爲吏爲官者學習對户口的控制。[③]

例二:《爲吏治官及黔首》有講謹慎言語:“言毋作色,☐富毋驕,☐智必問,毋傷官事,多傷多患,毋多貰貣,多言多過,☐,勿言可復,疾言不可悔,【受】令唯若”、“毋喜細説”、“毋信毚(讒)言,苦言樂(藥)也,甘言毒也……數貰醘(酤)弗言……毋非(誹)旁(謗)人……好言塞責……擇言出之,醜言出惡,勝人者力”、“四曰喜爲善行”、“四曰喜言隋(惰)行則黔首毋所比”等等,勸戒做官要言語謹慎,不要誹謗他人,也不要祇聽甘言喜言,致誤信讒言。《史記》記商君講甘言、苦言的話:“語有之矣,貌言華也,至言實也,苦言藥也,甘言疾也。”[④]商君表示願意聽趙良的忠告,苦言藥也,爲吏、爲官之人也要聽取别人批評,同時也要慎言。睡虎地《爲吏之道》末尾附了一段講及口舌是非的,正好解釋爲吏、爲官出言要謹慎:“口,關也;舌,幾(機)也。一堵(曙)失言,四馬弗能追也。口者,關;舌者,符璽也。璽而不發,身亦毋辥(辥)……”[⑤]這段附在《爲吏之道》之末,應當也可以視作爲詮釋慎言的資料。《大戴禮記·武王踐阼》:記武王以“萬世可以爲子孫常”的箴言來自我警惕,當中提到席前機之銘:“皇皇維敬,口咟上,口戕口。”[⑥]孫詒讓《大戴禮記斠補》謂:“敬慎其口,慎則見敬,不慎則招詬辱。”[⑦]又有人解釋爲詬駡人的口,就生出詬詈,以口害人的,人也以口害之[⑧],無論甚樣解釋,官吏慎言是十分重要的。另外,程燕研究上博《武王踐阼》7號簡的“户機”一詞,指門户之樞機,即門的轉軸。户即門户。機即樞機。程燕引《周易正義·易辭上》爲例説:“君子居其室,出其言善,則千里之外應之……言出乎身,加乎民;行發乎邇,見乎遠。言行,君子之樞機……”説話如門户之樞機,開合有節,告誡人們要慎於言[⑨],如果這樣解釋“户機”一詞是正

---

① 《境内》篇,71頁。

② 《睡虎地秦墓竹簡·法律問答》,127頁。

③ 《魏户律》抄録如下:“•廿五年閏再十二月丙午朔辛亥,○告相邦:民或弃邑居壄(野),入人孤寡,徼人婦女,非邦之故也。自今以來,叚(假)門逆吕(旅),贅壻後父,勿令爲户,勿鼠(予)田宇。三枼(世)之後,欲士(仕)士(仕)之,乃(仍)署其籍曰:故某慮贅壻某叟之乃(仍)孫。”見《睡虎地秦墓竹簡·爲吏之道釋文注釋》,174頁。

④ 《史記·商君列傳》,北京:中華書局,1959,2234頁。

⑤ 《睡虎地秦墓竹簡·爲吏之道釋文注釋》,176頁。

⑥ 王聘珍撰,王文錦點校:《大戴禮記解詁》,十三經清人注疏,北京:中華書局,1983,105頁。

⑦ 孫詒讓撰,雪克點校:《大戴禮記斠補》,孫詒讓遺書,濟南:齊魯書社,1988,14頁。

⑧ 語譯據高明注譯《大戴禮記今注今譯》,臺北:臺灣商務印書館,1975,217頁。

⑨ 參考程燕《〈武王踐阼〉“户機”考》,復旦大學出土文獻與古文字研究中心網站:http://www.guwenzi.com/srcshow.asp?src_id=632。

確的話，顯然爲吏爲官的言行舉止都要時加警惕，考慮慎言慎行是先秦諸子經典常見的論題，《爲吏之道》作爲官吏的行爲規範而詳列這些資料以爲補充，是可以理解的。

四、結語

筆者認爲岳麓秦簡《爲吏治官及黔首》和睡虎地《爲吏之道》均是爲吏之道的宦學讀本，很大可能是吏師抄録自官府爲吏之道的部分文本。兩份簡册當中用詞和文句一樣的部分，字句組織和排列次序一致的部分，應該就是最接近官府爲吏之道的文本；這即是説"吏有五善"、"吏有五過"、"吏有五失"、"吏有五則"，甚至"吏有六殆"，可能都屬於官府原始文本的核心部分，以及"爲人君則惠"也當是官方原始文本，相信是屬於必須傳授的内容，所以兩個文本都有同樣的文字内容。遣詞用字，句子組織有較大差异的部分，可能是吏師在教學、或者是爲吏之徒在學習的過程中加進去的文本内容，這些内容發揮著詮釋、演繹和補充原來文本的作用，目的是自我警醒，又或者是方便教學。[①] "臨財見利不取笱（苟）富；臨難見死不取笱（苟）免"和"興利除害"的一段文字就是例子。《爲吏治官及黔首》部分簡文與《爲吏之道》"除害興利"對比之下，用詞、組織、排列次序都不相同，筆者推測這是爲師之吏據官府文本的綱領，申述具體工作，詮釋事例、引例爲輔，以説明官吏"興利除害"的各種核心工作。簡言之，似乎詮釋、演繹的部分與箴言訓誡、警策鞭撻之句關係大些，而補充資料部分似乎與爲吏的職責和律令等事務關係大些，畢竟《爲吏治官及黔首》是縣官衙署的官吏據以規範個人行爲和治理地方政務的原則。

最後，"爲人君則惠，爲人臣【則】忠，爲人父則兹（慈），爲人子則孝，爲人上則明，爲人下則聖，爲人友則不争，能行此，終日視之，簍（屢）毋舍，風（諷）庸（誦）爲首，精（精）正守事，勸毋失時，攻（功）成爲保，審用律令，興利除害，終身毋咎"，要求官吏好好諷誦爲吏之道，由修身、齊家的五倫開始，起碼做個好黔首，然後爲吏、爲官，精正守事，勸毋失時，功成爲保，審用律令，興利除害，課式能最，博取得更高的官階。

2011年6月4日初稿
2012年1月31日修訂

① 張金光的《論秦漢的學吏教材——睡虎地秦簡爲訓吏教材説》一文認爲出土的睡虎地秦簡，除《編年紀》外，其他九種應屬研習吏事的教材，此文精確地舉出治獄案例中，咸陽案例被司法界廣泛轉播和交流，逐漸導致司法律令文化趨向統一。他指出學吏的教材也經過相互吸取、補充和篩選，逐漸形成一批具有統一性的教本。本文在張氏的基礎和文本比較上，推測秦代的吏師是根據官府的文本來教導學徒，目前岳麓秦簡《爲吏治官及黔首》和睡虎地《爲吏之道》重疊的部分文字，其内容很大可能是官府爲吏之道的文本。由於兩個本子都有殘缺，文字不同的部分，作者也不排除它們是官府文本的内容，但也有些可能是身爲吏師、或身爲吏徒的墓主人補充、詮釋和演繹的部分。

戰國秦漢出土文獻“㞢”字通考

中正大學歷史系　中山大學歷史系　郭靜云

内容提要　戰國至西漢的楚文中,屢次出現“㞢”字。本文對出土文獻中的“㞢”字進行通考,認爲“㞢”是“宗”字,用以表達“宗廟”、“祖宗”、“宗祝”、“宗仰”的意思。部分出土文獻中的“㞢”字作月名時,其意指朝宗的月份,即端午之月。由於在古禮中,夏中時見天子曰“宗”,本月因此被稱爲“夏宗”,相當於夏中之月,并且“宗”字可以假借爲“中”,所以“夏宗”即是“夏中”。從而我們也可以理解《總物流形》“陰陽之㞢”一語,即是老子所言“陰陽之仲(中、冲)”,意爲陰陽冲氣以爲和。

關鍵詞　楚文字　“㞢”字　《總物流形》

前言

“㞢”字出現在楚簡、秦簡、西漢帛書,以及楚系青銅器上。學者們對其在不同文獻中的字義,各自提出了不同的解釋。戰國中期楚地的鄂君啓車節、啓舟節銘文中有“㞢”字,郭沫若先生釋爲傳世文獻被訛爲“余”的古月名字;[①]殷滌非先生釋爲“褅”字。[②] 該銘文和睡虎地秦簡《日書》的“㞢”字,曾憲通先生讀爲“尸”或“夷”。[③] 在楚國包山簡中,劉信芳先生直接讀

① 郭沫若:《關於鄂君啓節的研究》,《文物》1958 年第 4 期,3—6 頁。

② 殷滌非、羅長銘:《壽縣出土的鄂君啓金節》,《文物》1958 年第 4 期,8—11 頁。

③ 曾憲通:《楚月名初探》,《中山大學學報》1980 年第 1 期,97—107 頁。

爲"𡰪"字。[①] 在上海博物館楚簡《平王問鄭壽》中,陳佩芬先生釋爲"宗"[②];何有祖先生釋爲"尸";[③]周鳳五先生釋爲"禰"。[④] 在《平王問鄭壽》和馬王堆帛書《式法》、《周易》的釋讀中,范常喜先生將該字解爲"尸"。[⑤] 在清華簡《楚居》釋讀中,李守奎也釋之爲"尸"。[⑥] 在上博楚簡《天子建州》中,曹錦炎先生將"𡰪"讀爲"尸",而訓爲"陳列"的意思[⑦],但在《總物流形》[⑧]中又釋爲"處"。[⑨] 沈培先生則將《總物流形》之外的"𡰪"字均通釋爲"尸"。[⑩] 這些釋讀皆有其證據,但範圍有限,難以涵蓋一切文獻。筆者認爲,在戰國至西漢的楚地文獻中,"𡰪"的各種用法必有字義上的關聯性,可歸納爲同一個脈絡。此亦爲本文主旨所在。

一、出土文獻中用"𡰪"字的文例

上海博物館楚簡《周易・師卦》第七至八簡載曰:

六晶(三):帀(師)或舉(輿)殜,凶……長子衒(率)師,弟子舉(輿)殜,貞凶。

馬王堆帛書《周易・師卦》載曰:"六三:師或輿𡰪,凶……長子率師,弟子輿𡰪,貞凶。"阜陽漢簡的《周易・師卦》已殘,衹保留:"帀(師)或"、"尸,貞凶。"兩處文字。今傳本《周易・師卦》爲:"六三:師或輿尸,凶……長子帥師,弟子輿尸,貞凶。"[⑪]按這種對照,"𡰪"和"殜"應是

---

① 劉信芳:《包山楚簡解詁》,臺北:藝文印書館,2001,17、81—83、117、121、126—127頁。

② 陳佩芬:《平王問鄭壽》,馬承源主編《上海博物館藏戰國楚竹書(六)》,上海古籍出版社,2007,256—257頁。

③ 何有祖:《讀〈上博六〉札記》,簡帛網,2007年7月9日。

④ 周鳳五:《上博六〈莊王既成〉、〈申公臣靈王〉、〈平王問鄭壽〉、〈平王與王子木〉新探》,《第二屆傳統中國研究國際學術討論會論文集》,上海社會科學院傳統中國研究中心,2007年7月22—23日,66頁。

⑤ 范常喜:《馬王堆簡帛古文遺迹述議(一)》,簡帛網,2007年9月22日。

⑥ 李學勤主編:《清華大學藏戰國竹簡》,上海:中西書局,2010,119、181、185頁。

⑦ 曹錦炎:《天子建州》,馬承源主編《上海博物館藏戰國楚竹書(六)》,313—314頁。

⑧ 本篇甲本首字殘缺,僅存的部份爲"[illegible]",但第三簡簡背上另有篇名,首字爲"[illegible]",乙本第一字則寫作"[illegible]",這三個字形應是同一字。整理者認爲該字左上部分是"凡"字偏旁,仔細觀察上博七的"[illegible]"、"[illegible]"、"[illegible]"字,皆無"凡"字偏旁,其左上部分別是"[illegible]"、"[illegible]"與"[illegible]"("凡"字偏旁),絶不同型。"[illegible]"、"[illegible]"、"[illegible]"三字的右半部皆與"[illegible]"("凡"字的繁體字)不同。"[illegible]"字右側明顯是"戈",而"[illegible]"、"[illegible]"、"[illegible]"的右側都是"手"字寫法。該字形衹能隸定爲"[illegible]"字,"[illegible]"部即金文所見的"公"字异文。循之,"[illegible]"字應隸爲"扲"字,即"總"的古字。細參郭靜云《從〈總物流形〉第一章釋詁論戰國末期道教祭辭的萌芽》,《出土資料と漢字文化圈》,東京:汲古書院,2011,73—76頁;載於 http://www.jianbo.org/showarticle.asp? articleid=1922。

⑨ 曹錦炎:《凡物流形》,《上海博物館藏戰國楚竹書(七)》,上海古籍出版社,2008,226—227頁。

⑩ 沈培:《關於古文字材料中所見古人祭祀用尸的考察》,《第三届古文字與古代史國際學術研討會》,臺北:中研院歷史語言研究所,2011年3月25—27日,21—65頁。

⑪ 濮茅左:《楚竹書〈周易〉研究》,上海古籍出版社,2006,11—12、84—88頁;張立文:《帛書周易注譯》,鄭州:中州古籍出版社,2008,264—267頁;[魏]王弼、[晋]韓康伯注、[唐]孔穎達等正義:《周易正義》,《十三經注疏》,臺北:新文豐出版公司,2001,111—112頁。

“尸”的繁寫。

可是在其他文獻中,將此字讀作“尸”却難有合理解釋。在戰國中期的楚鄂君啓車節以及鄂君啓舟節銘文、包山楚簡,以及在睡虎地秦簡《日書》中,“𡱂”字均用作月名,如“夏𡱂”、“𠭯𡱂”等。雖然《日書》乙149號也有“刑尸”、乙反148號有“夏尸”等詞彙,乙26號又有“夏夷”一詞,但若釋作“屍體”的“尸”,則這些月名不知何義。

此外,上海博物館楚簡《總物流形》第二簡曰:

陰陽之𡱂,奚得而固?水火之和,奚得而不厚?

“𡱂”字讀爲“尸”完全不可通。因《總物流形》中“𡱂”字的用義問題,曹錦炎先生乃將此處視爲“凥”(處)字的訛字,理解爲“居”、“穩固”、“固定”的意思。[①] 鄔可晶曾質疑這種釋讀,其謂:“感到‘陰陽之處’或‘陰陽之居’的説法頗爲陌生,文義不易講通。”[②]這種質疑很有道理。尤其從“陰陽之𡱂”和“水火之和”的互文結構來考慮,將“𡱂”釋爲“凥”(處),很明顯不妥當。“和”是“協和互補”的意思,所以“𡱂”字應該也用以表達類似“陰陽和”的意思。但“處”字在文獻中即使解作“交往”,也不會有“合”的意思。如《詩·小雅·黃鳥》曰:“此邦之人,不可與處。”[③]“與處”是指在某地同處、交往,但非聯合,也没有彼此結合、互不可缺的關係。因此,文獻中未見有以“陰陽相處”來表達陰陽和的狀態。若從曹錦炎先生釋爲“居”,也不合乎表達陰陽的關係。

在鄂君啓車節和鄂君啓舟節銘文中,“𡱂”與“凥”同時出現,其文曰:

襄陵之歲顕(夏)𡱂之月乙亥之日,王凥(處)於蔵郢之遊宫。[④]

上海博物館楚簡《平王問鄭壽》第一簡有“𡱂廟(廟)”一詞,而第六簡有“君王遂凥(處),辱於孝(老)夫”,也是“𡱂”與“凥”同時出現在同一文獻中,意思不同。可見在楚文中,二字分得很清楚,并没有被混用,故曹錦炎先生的假設難以成立。[⑤] 學者們將“𡱂”讀爲“凥”,是因爲希望能找到與“固”協韻的字。[⑥] 但在鄂君啓車節、舟節銘文和《平王問鄭壽》中,“𡱂”與“凥”(處)兩個字同時出現,可見“𡱂”與“凥”(處)不可能是同一字,《總物流形》并不是通篇協韻

---

① 曹錦炎:《凡物流形》,226—227頁。

② 鄔可晶:《〈上博(七)·凡物流形〉補釋二則》,復旦出土文獻與古文字研究網,2009年4月11日。

③ [漢]毛公傳、鄭玄箋、[唐]孔穎達正義:《毛詩正義》,《十三經注疏》,臺北:新文豐出版公司,2001,1049頁。

④ 《集成》器號12110—12112、12113,現藏於中國歷史博物館(國家博物館)、安徽省博物館。

⑤ 王連成釋爲“施”的假借字,但他的解釋恐牽强。參王連成《〈上博七·同物流形〉:開篇釋義》,簡帛研究網,2009年1月6日。

⑥ 美國顧史考先生認爲《總物流形》全篇協韻,并以此爲前提進行釋讀,但許多地方的斷句亦屬牽强。參顧史考《上博七〈凡物流形〉上半篇試探》,復旦出土文獻與古文字研究網,2009年8月23日。

文體,而是結構鬆散的半詩文體,部分協韻,部分没有,每句的言數、節奏也不一致。[①]

换言之,從字形、字義,及鄂君啓車節、舟節和《平王問鄭壽》的佐證,我們都不能將“𡰥”和“㞙”視爲同一個字。所以,“㞙”字之義仍須重新思考,我們還是應該從“㞙”字的脈絡中,對“陰陽之㞙”一語繼續尋找更恰當的理解。

二、“㞙”字與祭宗的相關性

《平王問鄭壽》第一簡曰:

> 競坪(平)王𦎫(就)奠(鄭)壽,繇之於㞙庿(廟)。

《天子建州》第三簡也言:

> 豊(禮)之於㞙庿(廟)。

在古代喪禮中,“尸”是代表死者受祭祀者,或指神主牌,因此范常喜和沈培先生認爲“㞙庿”讀作“尸廟”即可,“‘尸廟’即擺放先祖牌位的屋舍,與‘宗廟’義相近”。[②] 然而文獻中不見“尸廟”這種用語。《左傳》襄公十二年曰:“凡諸侯之喪,异姓臨於外,同姓臨於宗朝。同宗於祖廟,同族於禰廟。”[③]明顯表達喪禮的廟名爲“宗廟”、“祖廟”和“禰廟”。從“尸”在喪禮中的用義來思考,“尸”是取代者的身份,他不是祭祀對象,故有“尸座”或“尸室”之説,但“尸廟”一詞令人感覺頗怪。

周鳳五先生認爲,“㞙廟”要讀爲“禰廟”,黄麗娟也贊同此説,因爲“㞙”、“禰”同爲“脂”部字,應該可以通假。[④] 但即使“㞙”從“尸”或“示”得聲,“禰”(n(h)ě)[⑤]與“尸”(ƛij 至 ljəj)[⑥]或“示”(g(h)ijh 至 g(h)jəjh)[⑦]古音并不是非常接近。且在其他文獻中,若“禰”字作爲月名,所指涉的意思難以理解,“陰陽之禰”的文意也更難理解。

陳佩芬先生將“㞙廟”讀爲“宗廟”。除了文義通順的理由外,陳先生提出:“从尸與从宀

---

① 郭靜云:《從〈總物流形〉第一章釋詁論戰國末期道教祭辭的萌芽》,《出土資料と漢字文化圈》,東京:汲古書院,2011,73—96頁。

② 范常喜:《馬王堆簡帛古文遺迹述議(一)》。

③ [晋]杜預注、[唐]孔穎達正義:《春秋左傳正義》,《十三經注疏》,臺北:新文豐出版公司,2001,1437頁。

④ 黄麗娟:《上博六〈平王問鄭壽〉簡文校釋》,《2011年出土文獻研究視野與方法研討會》,臺北:政治大學中國文學系,2011年6月11日,9—10頁。

⑤ Karlgren code:0359 h.

⑥ Karlgren code:0561 a-b.

⑦ Karlgren code:0553 a-g.

可通,如‘居’古文作‘宕’。《字彙補》:‘宕,古文居字。’《説文先訓》:‘古文居處之居,从宀。’”[①]其實這種文例并非“居”字獨有,“屎”字也有从“宀”的异文,《字彙補》宀部:“宷,同屎。”[②]甲骨文已有“㝛”(宷)字形,如《合集》10678。[③] 此外,“咽”字另有从“尸”的“㕧”和从“宀”的“嚥”兩種异體字。[④] 在類似的字例中,“屋”與“室”兩個字的關係也值得我們思考,雖然這不是同一個字,但兩者都有“房屋”的意思,兩者的差异就在从“尸”和从“宀”的寫法。《説文》宀部曰:“室,實也。从宀,至聲。室、屋皆从至。所止也。”《説文》尸部又曰:“屋,尻也。从尸。尸所主也。从至。至所止也。屋、室皆从至。𡩲,古文屋。”[⑤]這揭示了“屋”與“室”可能具有同源關係,“屋”的古字寫法更近乎“室”。故從字形來説,“尿”作“宗”字异構的假設可以成立。

從讀音來説,“宗”字的讀音并不从“示”,應視爲會意結構。從喪禮概念來思考,宗廟即是進行尸祭的祭所,所以“尿”也可以視爲會意結構,即“宗”字的异構。兩個字在意義上的關係,比讀音更加深刻。[⑥]

换言之,在上海博物館楚簡中,“尿”字最恰當的讀法是“宗”。清華大學楚簡《楚居》第五簡也有“尿”字,其文曰:

> 乃竊若人之犕(犝)以祭。惧其主,夜而内(入)尿,氐(抵)今曰栾,栾必夜。

有關“栾”字,李守奎先生解釋説:“據簡文可知夜裏行祭爲栾,夜字也从亦聲。楚月有‘冬栾’、‘屈栾’、‘遠栾’、‘夏栾’,秦簡分别作‘冬夕’、‘屈夕’、‘遠(援)夕’、‘夏夕’。李守奎先生將“内尿”釋爲廟内陳列的意思。[⑦] 但筆者以爲,此處“尿”字依然讀爲“宗”較佳。按照先秦文獻的用法,“内(入)宗”有兩種可能的意思:其一,“宗”指某人,即是某人進入;其二,進入於某處,“宗”字意指地點。沈培先生讀爲第一種句法,認爲此處意指行禮中有尸祝進來。[⑧]此解文句通順,衹不過尸祝僅出現在葬禮中,其他宗廟祭禮都不需要有“尸”代爲受禮。在《楚居》裏,并未特指葬禮,所以鄙見以爲讀作“宗祝”可能更加通順。《逸周書·克殷》曰:“乃命宗祝崇賓饗禱之于軍,乃班。”孔晁注:“宗祝,主祀。”朱右曾校釋:“宗祝,主祭祀之

---

① 陳佩芬:《平王問鄭壽》,257 頁。

② 漢語大字典編纂委員會編:《漢語大字典》,武漢:湖北辭書出版社,成都:四川辭書出版社,1986—1990,929 頁。

③ 中國社會科學院歷史研究所編、郭沫若主編:《甲骨文合集》,北京:中華書局,1982。

④ 漢語大字典編纂委員會編:《漢語大字典》,978、687 頁。“澱”也有从“宀”的异體字“淀”,李善注郭璞《江賦》曰:“澱與淀古字通。”參漢語大字典編纂委員會編《漢語大字典》,1661 頁。

⑤ [漢]許慎著、[清]段玉裁注:《説文解字注》,臺北:藝文印書館,1966,338 頁上、400—401 頁。

⑥ 衹靠讀音不能釐清文字之間的多元關係,例如“尉”字寫法从“尿”,但其讀音很遠。

⑦ 李學勤主編:《清華大學藏戰國竹簡》,119、181、184 頁。

⑧ 沈培:《關於古文字材料中所見古人祭祀用尸的考察》,57 頁。

官。"[①]如果此句作第二種句法,則文義是:在夜中進行祭禮時進入宗廟,單獨的"宗"字已足以表達宗廟的意思。如《書·大禹謨》曰:"正月朔旦,受命於神宗。"孔傳:"神宗,文祖之宗廟。言神,尊之。"[②]根據《儀禮》,宗廟的祭禮均在夜中開始,日出後完成,所以這種解讀也通順。

《楚居》中另有从"宀"的"宗"字,然依其内容,兩字的意義有差异。出現在第二和第四簡中的"京宗"一語,并不是指宗廟,而是指地名。筆者推論,"尿"係"宗"的异體字,如果同文有用義不同的"宗"字,會用异體字來區分。《楚居》抄手或即特意以不同寫法來區分地名和宗廟兩種意思。

可見在楚簡中,"尿"字讀爲"宗"應無疑問。馬王堆帛書《式法》也數次出現"尿"字。第一例是:

> 庚辛剁(宰),壬癸尿。(陰甲215)[③]

從"宰"與"尿"互應可見,"尿"讀爲"宗"應屬妥當。此處"宗"爲宗主、主宰的意思,猶如《穀梁傳·僖公十二年》所言:"若伐而不能救,則無以宗諸侯矣。"[④]

第二例是:

> □喜中以祭尿,大兇　甲申旬以祭尿,從北方,尿兇,主人□兇,尿有喜,南室火起　甲午旬以祭尿,從北方,主人有□甲辰之旬東門　　皆不可以大祭有咎。(陰甲258)[⑤]

可見"尿"爲祭祀對象,所以釋爲"尸"字并不妥當。"尸"在葬禮中的身分是受祀者的代表、"分身",本身不爲祭祀對象。因此"尿"在這裏也是"宗",意指祖先崇拜。

可是馬王堆《周易》的"尿"字應非"宗"字。此字在上海博物館《易·師》中寫作"殝"字,其字从"歺"。《説文》歺部:"歺,列骨之殘也。"[⑥]楚簡"殝"字應相當今日的"屍"字,寫法亦近。"殝"字在西漢帛書中簡寫作"尿",從而導致"屍"與"尿"字相混。但其原意是"殝",即屍體的"屍"。在楚文中這是不同的兩個字。

---

① 黄懷信、張懋鎔、田旭東撰:《逸周書彙校集注》,上海古籍出版社,2007,360頁。
② [漢]孔安國傳、[唐]孔穎達正義:《尚書正義》,《十三經注疏》,臺北:新文豐出版公司,2001,150頁。
③ 陳松長編:《漢帛書陰陽五行甲篇》,上海書畫出版社,2000,19頁。
④ [晋]范寧注、[唐]楊士勛疏:《春秋穀梁傳注疏》,《十三經注疏》,臺北:新文豐出版公司,2001,230頁。
⑤ 陳松長編著:《馬王堆帛書藝術》,上海書店出版社,1996,10頁。
⑥ [漢]許慎著、[清]段玉裁注:《説文解字注》,161頁下。

三、“尿”字作月名

據上所述,楚文中“尿”即是“宗”的异構,表達宗廟、宗主、祖宗、宗祝的意思。可是“尿”字亦可用作月名,不解决月名的問題,就不能確定上述解釋是否準確。在前吴國境内出土的戰國中期的楚鄂君啓車節和鄂君啓舟節銘文都載曰:“襄陵之歲頣(夏)尿之月乙亥之日。”包山楚簡中也出現了八次“尿”字,都作月名:

頣(夏)尿之月,甲戌之日。(簡12)

刑尿之月己丑之日……刑尿之月辛巳之日……刑尿之月戊之日。(簡84—86)

頣(夏)尿之月癸卯之日……正頣(夏)尿之月己栖(酉)之日……反 頣(夏)尿之月癸卯之日。(簡126、128)

頣(夏)尿之月。(簡129)

頣(夏)尿之月癸巳之日……頣(夏)尿之月癸亥之日。(簡132、136)[①]

對鄂君啓車節、舟節的月名,學界早已有辯論,如郭沫若先生謂:

“頣”是“夏”字,古璽“夏侯”之“夏”作“頣”,此从“女”之殆从“夊”之訛變。“尿”是月名。《爾雅·釋天》十二月月名爲陬、如、寎、余、臯、且、相、壯、玄、陽、辜、涂。屈原的《離騷》:“攝提真於孟陬”,即攝提格之歲的孟春正月。既用《爾雅》月名,則夏季三個月月名爲余、臯、且,却無一字相合。余意:《爾雅》“余”字當是後來的訛變,本當作“尿”,因後人不識而誤寫爲余。故“尿之月”當爲四月。[②]

郭沫若的邏輯是“尿”的字形从“尸”、“示”,或从“人”、“示”,和“佘”的結構相同;而“佘”與“余”形近,容易混淆。不過殷滌非和羅長銘先生不贊成此説,殷滌非先生認爲“尿”要讀爲“禘”。[③] 然而,若從“陰陽之尿”來看,無論讀爲“余”或“禘”都不可通。

睡虎地秦簡《日書》秦楚月名的對照中,有“刑尿”和“夏尿”兩個月名。曾憲通先生曾論曰:

根據“秦楚月名對照表”,我們認爲楚簡“刑尿”即秦簡“刑夷”,“刑”从“刑”聲,“刑”、“刑”古通。“尿”字雖不見於字書,但對照表上的“刑夷”,秦簡《日書》它處又寫作“刑尸”(見秦簡乙149號),或“刑尸”(乙反148號)。又表上“夏尿”它處亦寫作“夏尸”(乙

① 劉信芳:《包山楚簡解詁》,17、81—83、117、121、126—127頁。

② 郭沫若:《關於鄂君啓節的研究》,3—6頁。

③ 殷滌非、羅長銘:《壽縣出土的鄂君啓金節》,8—11頁。

反148號)或“夏夷”(乙26號),鄂君啓節則作“夏层”。可證古夷、尸、㞕、层皆音近相通。

“秦楚月名對照表”上“刑夷”當秦正月,已知秦曆正月乃沿用夏正,戰國時楚用夏曆[①],故楚簡“䂂层之月”在楚曆當爲正月,入秦後改屬四月。

因《左傳》有“荊尸”一詞,曾憲通先生認爲“䂂层”與“荊尸”相關:

《左傳》莊公四年:“春,王三月,楚武王荊尸授師孑焉,已伐罰隨。”……此或即“荊尸”爲楚曆正月代月名之由來。

曾憲通先生亦曾論及鄂君啓節“夏层之月”,其謂:

郭沫若……把“夏层之月”理解爲夏季的“层之月”,并懷疑《爾雅》“余”字本當作“层”……從而推定“层之月”當爲四月。現據“秦楚月名對照表”,知“夏层”乃楚曆之代月名并非《爾雅》月名,它所指代的該是楚曆的二月而不是四月。[②]

不過這些討論僅限於月名,尚難知“层”字的本義。

李學勤先生對此作了一些補考,闡明《左傳》中的“荊尸”實際上并非月名:

而應是組織兵員的一種方式……這麽説,是否《左傳》的“荊尸”同楚月名全部相干呢?我認爲不是的。楚月名各個的涵義,我們還不清楚,似若與各月行事,或者歷史上一定事件有關。[③]

李學勤先生的説法很關鍵,月名都有其命名由來,“层”字當然也有月名之外的本義。衹不過依目前所知的綫索,仍難以準確地考證出來。例如春秋早期郝大宰簠銘文中有“䂂鑄”一詞[④],但這對解釋“䂂层”恐無幫助。

若從“层”和“㞕”的關係來看,《説文》中有“㞕”字,釋爲“柅”,即“柄”的意思。[⑤] 然在“陰陽之层”中,釋爲“柅”、“坭”、“泥”皆不可通,與上述的文例也不能做連接。

因此,筆者回到郭沫若先生的思路上,重新思索將“夏层之月”釋爲夏季“层”月的可能性。根據秦楚月名對照表,“夏㞕”是秦曆五月,如果“夏㞕”與“夏层”同名,則應均指夏季仲月。目前對於殷、周、楚、秦曆法間的關係,仍有許多不明之處,但“孟、仲、季”月令系統的出現時間應該頗早,以“夏仲”作爲月名是相當有可能的。

---

① 據《史記·曆書》,秦以夏十月爲正月,周以夏曆十一月爲正月。故楚曆與秦曆差三月,楚曆與周曆則差兩月。

② 曾憲通:《楚月名初探》,97—107頁。

③ 李學勤:《〈左傳〉“荊尸”與楚月名》,《文獻》2004年第2期,17—19頁。

④ 春秋早期的郝大宰簠,《集成》器號4623,藏處不明。

⑤ [漢]許慎著、[清]段玉裁注:《説文解字注》,264頁上。

再進一步思考,我們也可以獲得"夏宗"的意思。在古代諸侯朝見天子之禮,夏見天子曰宗。《周禮·春官·大宗伯》載:

春見曰朝,夏見曰宗,秋見曰覲,冬見曰遇,時見曰會,殷見曰同。①

所以在月名中,"尿"字讀爲"宗"是合理的。"夏宗之月"是指夏天諸侯見天子之月,又是端午之月,故又可稱爲"夏仲之月"。"宗"(cūŋ 至 cə̄uŋ)和"仲"(druŋh 至 dəuŋh)②、"冲"(d(h)ruŋ至 d(h)əuŋ)③、"中"(truŋ、truŋh 至 təuŋ、təuŋh)④古音一直非常接近,可作通假。

换言之,筆者認爲,"夏尿"月就是"夏宗",表達夏見天子的月份。同時"宗"與"中"古音頗近,可以假借作"中"(仲),夏季朝宗天子的月份恰好是夏仲,楚文中所提及"夏尿"之月就是夏仲。所以"夏尿"即爲"夏仲"。睡虎地《日書》有些"尿"字被簡寫成"尸",導致秦漢時楚文中的"尿"與通用的"尸"字被混淆。

四、"尿"字在《總物流形》中的用意

若從"陰陽之尿"和"水火之和"的互文結構來看,"尿"字讀爲"仲"字相當通順。雖然"尿"不是"仲"而是"宗"字,但夏天朝見天子的月份即是夏仲月,尤其是"宗"和"仲"古音非常近。因此"宗"和"仲"(中、冲)具有密切的關係。

在"陰陽之尿"和"水火之和"的互文中,"尿"字的作用正好與"仲"(中、冲)字相符。"陰陽之仲(中、冲)"恰恰是道文化中的用語,馬王堆《德道經》曰:"中氣以爲和",通行本曰:"萬物負陰而抱陽,冲氣以爲和。"⑤也就是説,"夏尿(宗)"月名乃指"仲夏月",故"尿"字可釋爲"仲",古音也通。另一方面,"陰陽之仲"在先秦的道文化中,即用以表示陰陽的關係。故筆者推論此處"陰陽之尿"應讀爲"陰陽之仲",即陰陽冲氣。陰陽冲,水火和,陰陽、水火冲和之意。

《總物流形》甲本第十六簡、乙本第十一簡有"聖人尿於其所"一句,曹錦炎先生讀爲"聖人處於其所"⑥,雖然可通,但此一"尿"字并非"處"字,理已甚明。此處讀爲"宗"即可,表達被尊重、宗仰、推尊的意思,猶如《儀禮·士昏禮》所言:"敬恭聽宗爾父母之言,夙夜無愆,視

---

① [漢]鄭玄注、[唐]賈公彦疏:《周禮注疏》,《十三經注疏》,臺北:新文豐出版公司,2001,733頁。

② Karlgren code: 1007 f–i.

③ Karlgren code: 1007 p–q.

④ Karlgren code: 1007 a–e.

⑤ 馬王堆漢墓出土帛書、高明校注:《帛書老子校注》,北京:中華書局,1996,29頁。

⑥ 曹錦炎:《凡物流形》,254頁。

諸衿鞶。”鄭玄注:“宗,尊也。”[①]

結語

在戰國至西漢楚文中,“尿”是“宗”字的异構。“尸”在宗禮中是重要的概念,“尿”字與“宗”同屬會意字,“尸”和“示”都不作聲符。在出土文獻中,“尿”字用以表達“宗廟”、“祖宗”、“宗祝”、“宗仰”的意思。

在作月名時,“尿”字意指朝宗的月份,即端午之月。由於在古禮中,夏中時見天子曰“宗”,本月因此被稱爲“夏宗”,相當於夏中之月,并且“宗”字可以假借爲“中”,所以“夏宗”即是“夏中”。從而我們也可以理解《總物流形》“陰陽之尿”一語,即是老子所言“陰陽之仲(中、冲)”,表達陰陽冲氣以爲和的意思。

楚簡《周易·師卦》中的“𣨼”字與“尿”不同,是“屍”字的古文,此字在西漢馬王堆帛書中簡寫爲“尿”,以致造成兩個字的混淆。又,睡虎地《日書》有些“尿”字被簡寫成“尸”,導致秦漢時楚文中的“尿”、“𣨼”與通用的“尸”字被混淆,後人便區分不清楚。

① [漢]鄭玄注、[唐]賈公彦疏:《儀禮注疏》,《十三經注疏》,臺北:新文豐出版公司,2001,182—183頁。

張家山漢簡《二年律令·史律》之“史書”及周至漢初史官職掌之變

中國社會科學院歷史研究所　楊　英

内容提要　張家山漢簡《二年律令·史律》的“史書”指當時通行的書體。史官掌書體淵源於周,它源自先秦時期史官掌典籍。春秋戰國時期,史官職掌發生重大變化,贊王册命等職掌逐漸消失,掌書體的功能則大大加强。同時因爲這一時期吏政之事急速發展的需要,所以《史律》中有“史書”以及對學習者的考核。

關鍵詞　史律　“史書”　史官

自張家山漢簡247號墓竹簡出土以來,引發了學者研究的熱潮,尤其《二年律令》,因爲填補了文獻記載的空白,研究成果尤其衆多。[①]《二年律令》中許多種具体的律都有了深入的研究,《史律》也不例外,目前已有相當豐富的研究成果。[②]《史律》中提到“史書”和“卜書”,

① 張小鋒:《2002—2003年國内張家山漢簡研究論著目録》、《2004年國内張家山漢簡研究論著目録》,均見“簡帛研究網”,http://www.bamboosilk.org/。另劉寧《張家山漢簡研究綜述》概括了近年的研究成果,見《現代企業文化》2008年第11期。

② 關於《史書》研究的重要論文有:勞榦《漢代的“史書”與“尺牘”》,《大陸雜誌》21,一~二期合刊,1960;李學勤《試説張家山漢簡〈史律〉》,《文物》2002年第4期;邢義田《漢代〈倉頡〉、〈急就〉、八體和“史書”問題——再論秦漢官吏如何學習文字》,收入李宗焜主編《古文字與古代史·第二輯》,臺北:中研院歷史語言研究所,2009.12,429—468頁;曹旅寧《張家山漢簡〈史律〉》考,見其《張家山漢律研究》,北京:中華書局,2005, 176頁;趙平安《新出〈史律〉與〈史籀篇〉的性質》,《華學》第八輯,北京,紫禁城出版社,2006年8月,184—190頁;臧知非《〈史律〉新证》,《史学月刊》2008年第11期;王學雷《〈二年律令·史律〉的性質及“史書”》,《中國書畫》2004年第2期,等等。

對於研究漢代的史、卜之學具有極重要的意義。《二年律令》中的"史書"指什麽,已有多位學者撰文指出(詳下文),亦有學者聯繫先秦兩漢史官職掌之變來研究這個問題,比如李學勤先生《试说张家山汉简〈史律〉》[①],但李先生尚未深入考察這一環節。本文不揣簡陋,試圖聯繫先秦至漢初史官職掌之變對"史書"再作些考察,不當之處,敬請方家指正!

一、"史書"

《張家山漢簡・二年律令・史律》有以下幾條内容(均用通行字):

史、卜子年十七歲學。

史、卜、祝學童學三歲,學佴將詣大史、大卜、大祝,郡史學童詣其守,皆會八月朔日試之。

[试]史學童以十五篇,能風(諷)書五千字以上,乃得爲史。有(又)以八體視之,郡移其八體課大史,大史誦課,取最一人以爲其縣令史,殿者勿以爲史。三歲一并課,取最一人以爲尚書卒史。

[卜][学]童能風(諷)書史書三千字,徵卜書三千字,卜九發中七以上,乃得爲卜,以爲官処(?)。其能誦三萬以上者,以爲卜上計六更。缺,試修法,以六發中三以上者補之。[②]

上文是《史律》的部分内容。簡文中的《十五篇》是《史籀篇》,這一點得到大部分學者的贊同。[③]《漢書・藝文志》小學類有《史籀》十五篇,爲周宣王太史所作大篆十五篇,是字書。史學童除了要學《十五篇》之外,還有"八體",據《説文解字・叙》所記"八體"是:大篆、小篆、刻符、蟲書、摹印、署書、殳書、隸書,即流傳到漢代的八種不同書體。《十五篇》和"八體"均是文字書體之類的技藝,它們在同一條簡文中被提及,且都是史學童所必學,由此可見史學童所學側重於書寫,是爲將來他們進行文書簿記工作作準備,因爲他們之中經過考核的合格者,要做"縣令史"或"尚書卒史"。曹旅寧先生認爲"秦漢時,'史'之所職主要是起草文書一類機要性工作,這樣,'史'便成了從事文字工作官員的統稱,爲當時行政所急需。"[④]

簡文中的《十五篇》和"八體"内容大致没有异議,但簡文中的"史書"指什麽,學者們有不同看法。李學勤先生結合《漢書・藝文志》小學類所引"尉律"及傳世文獻中"史書"的含

---

① 李學勤:《試説張家山漢簡〈史律〉》,《文物》2002年第4期。

② 張家山二四七號漢墓竹簡整理小組編:《張家山漢墓竹簡》,北京:文物出版社,2001,203—204頁。

③ 李學勤、曹旅寧等學者認爲《十五篇》就是《史籀篇》,但也有學者提出异議。臧知非《〈史律〉新證》認爲《十五篇》不是《史籀篇》,而是基層官吏——史所要掌握的簿書,是各種公文文本,包括司法文書,見《史學月刊》2008年11期。

④ 曹旅寧:《張家山漢簡〈史律〉》考,見其《張家山漢律研究》,北京:中華書局,2005, 176頁。

義作了考證;[①]王學雷先生則結合傳世文獻記載,概括了涉及"史書"的各種觀點,認爲"史書"既不是《史籀》十五篇中的籀文,也不是隸書這種具體的書體,而是當時通行的字書;[②]汪桂海先生則從文獻記載出發,結合漢代官文書制度,認爲"史書"一詞在西漢時主要指官文書,至東漢則兼有官文書和書體、字體之意。[③] 趙平安先生則對《史籀篇》是字書的傳統觀點提出了質疑,認爲《史籀篇》是"當時國家考課史學童、選拔史的專用書,基本内容爲史所必須了解的一些專業知識。它作爲識字書的功能雖然不能説没有,但至少在漢初對史的考課中,這種功能明顯居於次要的地位。"[④]

學者們的以上研究具有重要意義,對於我們正確理解"史書"的性質,具有啟發性意義。值得注意的是卜學童也要學"史書",這一點有助於我們瞭解"史書"二字的真實含義。卜學童被要求"風(諷)書史書三千字,徵卜書三千字",風(諷)爲背誦,書爲書寫,即卜學童要求會背誦、書寫"史書"三千字,而史學童是要求學《十五篇》時"諷書"五千字以上,要求會背誦、書寫的字數比卜學童的要多。此外還要求卜學童會寫"八體",從簡文内容看,當時對史學童的書寫要求比卜學童高,《十五篇》、八體要多於卜學童所學的"史書",由此可見,簡文中卜學童所學的"史書"跟文獻中數處提到的"史書"意思是一樣的,指當時的通行書體,而《十五篇》、八體包括了大篆等更繁難的書技。之所以史學童書寫要求要比卜學童要求高些,是因爲他們將來要從事的工作不一樣——史學童將來要從事的是文書簿記一類的工作,卜學童則將來從事專業的占卜工作,因此書寫要求比史學童要低。

簡文提到的"史書",不見於先秦典籍十三經的記載,但數見於《史記》、《漢書》。如《漢書·兒寬傳》:"寬爲人温良……時張湯爲廷尉,廷尉府盡用文史法律之吏",顔師古注:"史謂善史書者。"説明張湯任用善"史書"者爲吏。又《漢書·西域傳》記解憂公主的侍女馮嫽"能史書,習事,嘗持漢節爲公主使,行賞賜於城郭諸國",也是指馮嫽能用當時通行的書體記録和辦事。善"史書"者承辦吏事,起輔助作用的書寫記録人員則被稱爲"書佐",《史記·蕭相國世家》記蕭何曾經"給泗水卒史",《索隱》如淳按:"律,郡卒史、書佐各十人也";又《漢書·朱博傳》"(朱博)乃召見諸曹史、書佐及縣大吏",説明"史"和"書佐"是輔助作文書簿記工作的助手,各曹都有這樣的"史"和"書佐"。《漢書·王尊傳》的一段文字説明了"史書"和"書佐"的關係:"(王尊)竊學問,能史書……太守奇之,除補書佐,署守諸監獄",因爲王尊"能史書",才被選拔爲"書佐"。因此,"史書"并不是大篆,不可想像他們在寫公文、作記録

① 李學勤:《試説張家山漢簡〈史律〉》,《文物》2002年第4期。

② "依照傳統的看法,'史書'指周宣王時太史籀所作《史籀篇》字書中的大篆,或指隸書,或不確指而釋之爲'太史書','猶言吏書',或'指當時文吏所必須掌握的文字書法',或認爲泛指古文字,等等。不論其分歧如何,而均以'史書'屬文字,則無异辭。"見王學雷《〈二年律令·史律〉的性質及"史書"》,《中國書畫》,2004年第2期

③ 汪桂海:《漢代官文書制度》,桂林:廣西教育出版社,1999,19—25頁。

④ 趙平安:《新出〈史律〉與〈史籀篇〉的性質》,載《華學》第八輯,北京:紫禁城出版社,2006,184—190頁。

時還要用古代的大篆去工作。

説"史書"是大篆的,源於《漢書·元帝紀》贊:"元帝多才藝,善史書",應劭注:"周宣王太史史籀所作大篆",但應該看到,應劭是東漢人,對西漢初年經歷文字激烈變動尚未最終塵埃落定的過程已經有一定時代距離,因此他的意見不見得就是正確的。周宣王時史籀作《史籀篇》,到漢代,《史籀篇》已跟"史書"不是一回事。《漢書·藝文志》概括文字發展過程時説:

> 《史籀篇》者,周時史官教學童書也,與孔氏壁中古文异體,《蒼頡》七章者,秦丞相李斯所作也;《爰歷》六章者,車府令趙高所作也;《博學》七章者,太史令胡毋敬所作也:文字多取《史籀篇》,而篆體復頗异,所謂秦篆者也。[①]

由此可見《史籀》在漢代是較古的書體之書,它的書體跟孔壁古文不一樣。之所以會不一樣,是因爲《史籀》爲周時的正體大篆,孔壁古文是稍晚些的六國文字,自然書體不一樣。至於"史書",是指秦漢時開始通行、但起初未獲得正體地位的隸書,它跟《史籀》的正體大篆不是一回事,這裏涉及到文字字體的發展變化。《晋書·衛恒傳》所載衛恒《四體書勢》對文字書體的變化作了詳細的追溯:

> 昔周宣王時,史籀始著大篆十五篇,或與古同,或與古异,世謂之籀書者也。及平王東遷,諸侯力政,家殊國异,而文字乖形。秦始皇帝初兼天下,丞相李斯乃奏益之,罷不合秦文者。斯作《倉頡》篇,中車府令趙高作《爰歷》篇,太史令胡毋敬作《博學》篇,皆取史籀大篆,或頗省改,所謂小篆者。[②]

衛恒是西晋人,當時西晋建立不久,晋人對古時文字來龍去脈的追溯帶有總結過去、繼往開來的意味,態度也較爲真實客觀。從《四體書勢》追溯看,《史籀篇》除了性質是字書外,還開創了以範本正定字書的傳統,李斯《倉頡》、趙高《爰歷》、胡母敬《博學》均繼承了這一傳統,都是小篆的正定字書,旨在結束六國以來文字"各用其私"的混亂局面。到元帝時史遊作《急就篇》仍然繼承了這一傳統。但是《二年律令·史律》中的"史書"和文獻中泛稱的"史書"并不是這類字書,因爲《史律》説得很清楚,試史學童是用"十五篇"和"八體",試卜學童用的是"史書",一般説來,文字書體發展出現异體訛變之際,纔需要有字書正定原來的字體,漢初《二年律令》編訂的時代,隸書尚未獲得如原來的大篆那樣崇高的正體地位,文獻亦未見記載有這一時期的隸書字書,因此,"史書"是通行字體之名,不是以隸書爲主的習字書。

① 《漢書》卷三〇《藝文志》,北京:中華書局,1965年,1721頁。
② 《晋書》卷三六《衛瓘傳》,北京:中華書局,1974年,1062頁。

二、"史書""十五篇"含義所反映的先秦至漢初史官職掌之變

上文考察了《史律》中的"史書"和"十五篇"不是一回事,至此,有必要追溯一下二者的淵源,因爲衹有這樣纔能明白爲什麼到漢初,最初同出於史官的"史書"跟"十五篇"會不是一回事。這是跟三代至秦漢史官職掌的變化聯繫在一起的,而史官職掌的變化過程則伴隨著官僚政治的脱胎、萌芽和壯大,因此,瞭解"史書"和"十五篇"的來龍去脈,對於正確理解秦漢官僚政治亦具有啟發意義。

按《二年律令・史律》記載,太史掌書體,"郡移其(學童)八體課大史",《漢書・藝文志》小學類所引蕭何草律與本律内容大致相同:"太史試學童,能諷書九千字以上,乃得爲史。又以六體試之,課最者以爲尚書御史、史書令史。吏民上書字或不正,輒舉核。"王先謙《補注》引吴仁傑曰:

> 太史課試善史書者,以補史書令史,而分隸尚書及禦史也。尚書、禦史皆在禁中受公卿奏事。故下文云:"吏民上書,字或不正,輒舉核。"則所謂史書令史者,正以其通知六體書,故以補此吏員耳。"

應該看到,太史掌書體主要是秦漢時期的事。雖然《漢志》記載秦朝時太史令胡母敬作《博學》反映了秦朝時即有太史掌書體,且遠承周宣王太史籀作《史籀》正書體的傳統。但從文獻和金文記載看,整個先秦時期史官的職掌主要是掌握"天人之際"的專門學問,以及輔佐王進行册命禮等重大政治活動,還有保存文化典籍,至於正書體,并不是史官職掌中的主要内容。而漢代太史掌握書體,的確見於文獻和《二年律令・史律》的記載,并且"史書"一詞在漢代開始指書體,這些現象先秦時期是没有的。"史書"指書體及漢代太史掌書體這一現象的出現,必須聯繫周代以來太史職掌的變化纔能明白這一現象出現的原因所在。下文便簡略考察一二。

周代史官的職掌,文獻和金文多有記載,學界亦不乏梳理其發展脈絡的綜合性的研究成果。[①] 這些成果讓我們更好地了解史官的職掌及其前後變化。總地説來,對周代史官職掌記載較爲全面的仍然不出於《周禮・春官・大史》:

> 掌建邦之六典,以逆邦國之治。掌灋以逆官府之治,掌則以逆都鄙之治。凡辨灋者考焉,不信者刑之。凡邦國都鄙,及萬民之有約劑者藏焉,以貳六官。六官之所登。若

① 賴長揚、劉翔:《兩周史官考》,《中國史研究》1985年第2期;閻步克:《樂師與史官——傳統政治文化與政治制度論集》,北京:三聯書店,2001年;賈俊俠:《先秦史官研究》,陝西師範大學2002年碩士論文;丁波:《商代的巫與史官》,《中國社會科學院研究生院學報》2004年第3期;丁波:《百年來先秦史官研究述評》,《中國史研究動態》2004年第1期;丁波:《先秦史官演變研究》,中國社會科學院研究生院2004年博士論文。

約劑亂,則辟灋。不信者刑之。正歲年以序事,頒之於官府及都鄙,頒告朔於邦國。閏月,詔王居門終月。大祭祀,與執事卜日。戒及宿之日,與羣執事讀禮書而協事。祭之日,執書以次位常。辨事者考焉,不信者誅之。大會同、朝覲,以書協禮事。及將幣之日,執書以詔王、大師,抱天時,與大師同車。大遷國,抱灋以前。大喪,執灋以蒞勸防;遣之日,讀誄。凡喪事考焉。小喪,賜謚。凡射事,飾中,舍筭,執其禮事。

《周禮》資料的真實性一直受到很多學者的懷疑,且這段文字跟《禮記》《左傳》等其他文獻記載的"史"的職掌狀況不能吻合,因此學者已經提出"把周禮五史當做周代實有的史官制度,并將它們都與我國古代文獻和史學發生的過程聯繫起來認識,是不符合實際的"。[①] 我們當然應該看到《周禮》所記的大史職掌,跟其他"史"(小史、内史、外史、禦史)以及見於文獻記載的"左史""右史"有差别,跟金文資料記載的史類職官的職掌也不盡相同;但我們還應該看到,周代享國八百年,西周初年的史官制度和東周時期是有非常大的差别的,假如仔細研究《周禮·春官》所掌的大史之職,會發現它跟西周青銅器銘文記載的史官情況頗多契合之處,[②]《周禮》作爲東周時期撰作成書的作品,我們有理由相信它在理想化的宏富框架下,保存了西周末至春秋時期史官職掌的大部分真實内容,《周禮》本身記載的其他各種"史",職掌基本大致不出《春官·大史》記述的範圍——《周禮》五史均在《春官》,除大史外,有小史、内史、外史、御史,《小史》:"掌邦國之志,奠世系,辨昭穆。若有事,則詔王之忌諱。大祭祀,讀禮法。史以書叙昭穆之俎簋。大喪、大賓客、大會同、大軍旅,佐大史。凡國事之用禮法者,掌其小事。卿大夫之喪,賜謚,讀誄。"《内史》:"掌王之八枋之法,以詔王治……凡命諸侯及孤卿大夫,則册命之……内史掌書王命,遂貳之";《外史》"掌書外令,掌四方之志,掌三皇五帝之書";《御史》"掌邦國都鄙及萬民之治令,以贊塚宰",這幾史的職掌亦不出贊王册命、保存典籍和典章制度之範圍,可以認爲在《周禮·春官》中,小史、内史、外史、御史是大史之副。而且從這段文字的稱治理天下的法則爲"典",且"法"作較古的寫法"灋"看,這段文字其實并不很晚出,它反映的至少是法、律、令大量興起之前的那種以禮治國的政治模式下的狀況。

此外,從其他典籍和金文資料看,《周禮·春官·大史》記述的職掌比較全面地涵蓋了先秦時期史官職掌的主要内容。《周禮·春官》所記的大史所掌有以下三方面:

---

① 賴長揚、劉翔:《兩周史官考》,《中國史研究》1985 年第 2 期。

② 見張亞初、劉雨《西周金文官制研究》中對師旂鼎銘文中的"中史"以及格伯簋銘"書史"、散氏盤銘"𦅫史"的研究。作者認爲:"散氏盤銘文可能就是根據契約(約劑)鑄成的副本。此銘文與《周禮》很相契合,二者可以互相補充,所不同的衹是在於,西周中期的散氏盤稱爲𦅫史,而東周時期則稱爲'司約',其執掌是相同的。穆王時期師旂鼎銘文中的中史,與共王時格伯簋的書史,它們跟散氏盤的𦅫史可能是性質相近的職官,也有可能是上下級關係。"見《西周金文官制研究》,北京:中華書局,1986,33 頁。

第一,各種治國安邦的典章,即"建邦之六典"。這六典見《周禮·天官·大宰》,爲治典、教典、禮典、政典、刑典、事典。鄭玄注:"典,常也,經也,灋也。王謂之禮經,常所秉以治天下也。"按照鄭玄注的解釋,這六典分别跟天、地、春、夏、秋、冬六官相結合,是周天子治理天下的各種法則。"約劑"即"要盟之載辭及券書也",即立約、盟誓時的書面文字,出土資料中的侯馬盟書即這種"券書"的實物。這六典和"約劑"都放在大史那里,鄭玄注:"藏法與約劑之書以爲六官之副","約劑"有青銅器實物,如師旂鼎、格伯簋及散氏盤銘文等,都是"約劑"的副本[①],西周貴族將"約劑"鑄在彝器上,意在警示子孫。

大史掌握"六典"和"約劑",跟文獻記載史官掌各種文書檔案相合。《史記·老子韓非列傳》云老子爲"周守藏室之史也",《索隱》按:"藏室史,周藏書室之史也。又《張蒼傳》'老子爲柱下史',蓋即藏室之 柱下,因以爲官名。"史官掌文書檔案,是繼承自商代開始出現、西周早中期盛行的"作册"管理文書檔案而來。《尚書·顧命》:"丁卯,命作册度",即令作册記録王之命詞,王之命詞記録下來即成檔案保存。金文亦習見"作册",以"作册"命名的青銅器有作册麥方尊、作册般大鼎、作册令方彝等等。"作册"與"史"有時通用,如《尚書·洛誥》:"王命作册逸祝册"的"作册逸"即《史記·周本紀》和《天官書》提到的"史佚"。《史記·天官書》正義:"史佚,周武王時太史尹佚也。""作册"與史官的關係已有學者作較爲深入的研究。[②] 大致説來,"作册"早於史,後來在發展過程中,漸漸與兼管神職與人事,管理文書檔案的"史"合流。從西周到春秋時期,文書檔案漸次增多,跟文化典籍一起都保存在史官那里。《左傳·昭公二年》記晉國韓起到魯國:"觀書於大史氏,見《易》象與魯《春秋》,曰:'周禮盡在魯矣!'"韓起在魯國大史那裏看見的肯定不止這些書,衹是看到《易》與《春秋》時發出了"周禮盡在魯矣"的感歎,因爲《易》、《春秋》比一般王官檔案更系統地反映出了天人之際和歷史之變,這是春秋時期諸侯國大史掌典籍的狀況。而諸侯國此制是仿天子之制的。

第二,輔佐王進行册命等重要禮典。《尚書·顧命》:"太史秉書,由賓階隮,御王册命。"《儀禮·覲禮》爲諸侯朝見天子的禮典實録,舉行覲禮時太史要贊助王:"天子賜侯氏以車服……大史加書於服上,侯氏受,使者出……"史官贊王册命,青銅器銘文記載有不少内容,具體研究見陳漢平《西周册命制度研究》有關章節。[③] 之所以史官除了記録之外還要在行禮典

---

① 張亞初、劉雨先生認爲:師旂鼎、格伯簋及散氏盤銘就是"書于宗彝"的大約劑,師旂鼎是治民之約,格伯簋和散氏盤是治地之約,其契約的左半存放在繯史那裏,散氏盤銘文可能就是根據契約鑄成的副本。見《西周金文官制研究》,33 頁。

② 張亞初、劉雨先生結合青銅器銘文資料,認爲"作册始見於商代,盛行於西周早中期,消失於西周晚期。西周中晚期以後被内史及内史尹(尹氏)所代替。從商代至西周初年,并無内史之稱(西周昭王時期才出現了兩條有内史之稱的銘文材料),這個時期太史和作册是兩種職官名。雖然這兩種職官的活動有某些相似的地方,同時,由於職務性質相近,名稱上也曾出現過互用的情況,例如作册麥尊有時稱"正史"(作册麥方尊,作册麥方彝),作册畢文獻上有時稱爲太史畢(《史記·周本紀》《尚書·顧命》)。見《西周金文官制研究》,34—35 頁。

③ 陳漢平:《西周册命制度研究》,上海:學林出版社,1986,119—130 頁。

時輔助周王,是因爲在古人的政治生活中,神事占有相當大的比重,史官掌管文書檔案反映了古人對政治生活的慎重態度,而輔助王進行册命則反映了遵從“天”的意志來安排政治生活。

第三,會同、朝覲等重大政治活動時“以書協禮事”。這個“書”即春秋時漸有的成文禮書。“禮”的高度繁縟是春秋時期的情況。據學者考證,先有禮典的實行,後有禮書的撰作成文[①],但是,即便在禮書未全部撰成之際,史官仍能很熟悉地辨别哪些行爲非禮。[②] 禮的高度發達和繁縟使得許多細節和具體禮典必須成書,這種書就掌握在大史手中。因爲大史掌握著禮書,祭祀時“與羣執事讀禮書而協事”,碰到“大小喪”、“大遷國”這樣的大事要“執瀍”。這裏提到的“禮書”和“瀍”就是後來著於竹帛的《三禮》的前身,這個問題細究起來十分複雜,日後當專文撰述。

第四,掌管曆法,即“正年歲以序事”“頒告朔於邦國”,以及祭祀蓟日。這些是史官的專門技術。具體説來,“告朔”爲周代兼告神、觀察月相、理政爲一體的禮儀,《春秋》文公六年楊伯峻注:“告朔者,每月以朔告神也。”并云每年秋冬之交,天子頒明年之曆法於諸侯。曆法所記,重點在每月初一爲何日及有無閏月,謂之“班朔”。大史將“告朔”頒於邦國,是因爲大史掌握推算曆法的專門技術,所以纔能“正年歲以序事”。[③] 至於史官進行卜筮,《左傳》記載很多,晋國有史蘇、史墨,周惠王有内史過[④],這裏就不一一列舉了。

以上對《周禮·春官》記載的大史職掌作了簡要考述,之所以如此追溯,是因爲弄清先秦時期“史”的職掌範圍,是理解張家山漢簡《二年律令·史律》所記“史書”與“十五篇”含義之差别的關鍵——因爲《漢書·藝文志》記載著大史掌書體,這説明漢初大史的職掌跟《周禮·春官·大史》所記的周代大史職掌比已發生了明顯的變化——從《周禮·春官》看,周代大史并没有掌書體一事,雖然《漢志》記載周宣王大史籀作書十五篇,但那并不是大史的主要職掌,而是在當時除了正體大篆外出現了不那麽規範的書寫體的結果(詳下文)。《周禮》記載周代掌管書寫教學的是“保氏”。《周禮·地官》:“保氏掌諫王惡。而養國子以道,乃教之六

① 沈文倬:《略論禮典的實行和〈儀禮〉書本的撰作》,見其《宗周禮樂文明考論》,杭州:浙江大學出版社,1999,1—54頁。

② 這從《左傳》作者“禮也”,“非禮也”的評價可以看出。據筆者統計,《左傳》書“禮也”共109次,“非禮也”47次。如《左傳》莊公二十三年“秋,丹桓宫楹”,二十四年“春,刻其桷”,《左傳》作者的評價是“皆(包括去年‘丹桓宫楹’)非禮也”,説明作者對“禮”的各種細節非常熟悉。而《左傳》一般認爲是魯國瞽史左丘明所作,説明了史官對禮的熟悉。

③ 對“告朔”的考證和叙述,見楊英《祈望和諧——周秦兩漢王朝祭禮及其規律》,北京:商務印書館 2009,159—160頁。

④ 《左傳》未出現周王室大史的記載。王室史官有内史過,見莊公三十二年和僖公三十一年。因《左傳》反映的是春秋時期的史實,春秋時期周王室的史官系統已經較爲複雜,其複雜程度當在西周金文《毛公鼎》記載的“大史寮”之上,因此,作爲王室史官的内史過,有可能是大史屬官。而且從《周禮》看,五史(大史、小史、内史、外史、御史)均在春官,而《春官》集中了掌禮儀的各種職掌,因此,在目前資料條件下,可以認爲“内史”是“大史”之屬官。

藝。一曰五禮,二曰六樂,三曰五射,四曰五馭,五曰六書,六曰九數。”鄭玄注“六書”爲:“象形、會意、轉注、處事、假借、諧聲”,但這六書指的是漢字的構成法,并非六種書體,且從目前能看到的西周金文資料看,周代并没有那麼多種字體。若説據周宣王太史籀作《史籀》可以推出太史有掌握書體之執掌,這一職掌也是從掌握邦國之典、盟書等中衍生而出的,因爲西周春秋時期,太史掌握邦國之典、盟書、契約等等,這從上文所叙“約劑”在青銅器銘文上的反映可以看出。師旂鼎、格伯簋及散氏盤銘均爲“約劑”的副貳。若從金文的書體看,不同的青銅器銘文的書體是有差异的。隨著時間推移,到西周晚期,書體有所變化,出現代表王者之風的正體(如毛公鼎)和較簡率的篆體(如散氏盤)之分。研究書法史的學者認爲,正體和較草率的書體之分至少可以上溯到西周早中期——“西周晚期金文書法展示出極有意義的變化。在正體大篆成熟的同時,開始出現類於後代古文蝌蚪的潦草形式,從近年出土的西周晚期墨迹看,正、草兩類書體的分迹發展至少可以追溯到西周早中期之際。”①正是在西周晚期書體出現了這種差别的基礎上,纔出現了宣王時大史籀正書體,寫《史籀》十五篇這一史實,這是爲了確定“大篆”的正統地位,而“大篆”是跟禮樂文明相適應的。以後李斯、胡母敬、趙高等定秦篆,是繼承這一傳統而來,都是爲了確立跟自己王朝地位相應的一代正體。

西周晚期《史籀篇》的出現,反映了大篆書體的始變。隨著春秋戰國的歷史演進和隨之而來的激烈社會變動,書體更是劇變,顯出豐富多彩的地方性特徵,此點學者熟知,毋需贅述。同時發生的是官僚政治興起,“法”、“律”、“令”作爲保持官僚政治效率的手段而大興,於是,政治生活中的書寫之事較前變得從未有過地繁重(這也是出土簡牘自戰國始至秦漢數量比此前巨增的根本原因之一),而這一時期,伴隨著周王室地位的一落千丈,王室册命禮儀湮廢,史官贊册命這方面的職掌隨之削弱甚至消失;并且官僚政治原則的奠定又使得政治生活中效率至上,此前的周代政治生活中的神事色彩隨之大大降低,於是,史官“究天人之際”的專門學問便在官僚政治勃興的背景下退縮至一隅,再不能像春秋以前那樣籠罩住整個政治生活了。

由以上分析可以看出,經歷戰國、秦,到西漢,本文所列的太史職掌中發生了以下變化:

1. 由掌握“邦之六典”的原則,伴隨著書體本身發生的變化,衍生出了掌書體的職能,這一職能隨著官僚政治的興起而急劇發展;

---

① 叢文俊指出,從青銅器銘文看,字體有明顯的時代特徵,西周晚期金文書法展示出極有意義的變化。在正體大篆成熟的同時,開始出現類于後代古文蝌蚪的潦草形式,從近年出土的西周晚期墨迹看,正、草兩類書體的分迹發展至少可以追溯到西周早中期之際。因爲西周早中期以後,有一種頭粗尾細的手寫體綫條與“篆引”綫條并行,後者既爲規範整體,前者可以被看作通俗實用的草體。且人們在簡率心理的趨勢下,對剛剛成熟的“篆引”綫條進行簡化改造,使之成爲草體的第二種式樣,比如厲王時的《散盤》字體比夷王時的《大師虘簋》字體隨意許多,這種簡化的篆引後來被秦國繼承下來,最終導致戰國秦文字隸變的發生。叢文俊:《中國書法史》先秦·秦代卷,南京:江蘇教育出版社,2002,193—194頁。

2. “贊王册命”以及在行禮典時以“禮書”協事,隨著宗周禮典的湮廢而消失;

3. 掌管曆法和卜筮等專門技術這一職掌仍然保存了下來,但衹是政治生活中古代制度的孑遺。

這些變化都反映在秦漢時期史官的職掌上。所以有秦太史令胡毋敬作《博學》,是因爲史官掌書體這一傳統此前已經確立;所以有司馬遷任太史令時仍矢志寫《史記》,且寫出專業性極强的《天官書》,是因爲史官除了保存文化典籍,還掌握專門的天文知識。而出土《二年律令・史律》反映的史官職掌,大致是漢初時的狀況。

因此,文獻和《二年律令・史律》提到的“史書”指史官所掌之書體,是秦漢時期的事,因爲秦漢時期吏政的發達促成了文書記録的急需,“史書”才指從事公務辦事用的書體。而《史律》提到的《十五篇》則包括了較古的大篆,習《十五篇》比習“史書”的書寫要求更高,所以從字體看,史學童學的是《十五篇》和“八體”,卜學童學的是“史書”,對史學童的要求要高些。

三　結　語

本文考察了張家山漢簡《二年律令・史律》中“史書”的含義,并結合周代至漢初太史職掌之變,考察了“史書”指書體的原因所在,以及它跟《十五篇》的差异。“史書”與《十五篇》的差异是因周代至漢初史官職掌發生重大變化而出現的,《十五篇》保存了古時正體大篆的孑遺,“史書”則是漢初通行的隸書,“史書”在漢代的流行和史官掌書體,既是官僚政治迅速發展,文書簿記之事激增的結果,又是周代太史掌典籍的舊時傳統的部分遺留。無論如何,“史書”指書體并由史官掌握,説明歷史已經發展到了另一個時代了。

松柏木牘《二年西鄉户口簿》人口資料辨析[①]

鄭州大學歷史學院　袁延勝

内容提要　《二年西鄉户口簿》人口資料中一個突出的問題是男、女性别比例嚴重失調問題。大男、大女的性别比失調應與"江南卑濕,丈夫早夭"有關,小男、小女性别比失調應與"重男輕女"思想導致的弃女嬰以及對女性嬰幼兒的歧視有關。

關鍵詞　《二年西鄉户口簿》　"江南卑濕,丈夫早夭"　松柏木牘　西漢

湖北省荆州紀南鎮松柏村1號漢墓出土的《二年西鄉户口簿》[②],記載了漢武帝早期南郡江陵西鄉一年的户、口總數及分類統計情況。這是目前我們所見到的第一份漢代鄉級户口簿,爲認識漢代的户口問題提供了新的珍貴資料。松柏漢墓48號木牘《二年西鄉户口簿》:

·二年西鄉户口薄(簿)

户千一百九十六

息户七十

秏户卅五

相除定息卌(卅)五户

大男九百九十一人

① 國家社科基金項目"秦漢三國簡牘中户籍資料研究"(項目編號:08BZS007)成果之一。

② 朱江松:《罕見的松柏漢代木牘》,載荆州博物館編《荆州重要考古發現》,北京:文物出版社,2009,209—212頁。

小男千卌五人
大女千六百九十五人
小女六百卌二人
息口八十六人
秏口卌三人
相除定息口卌三
·凡口四千三百七十三人

包括《二年西鄉户口簿》在内的部分木牘公布後,立刻引起了劉瑞、彭浩、胡平生、陳偉、楊振紅等先生的關注,并分别對木牘進行了釋讀和探討[①],爲進一步的研究奠定了基礎。《二年西鄉户口簿》中一個突出的問題就是小男、小女和大男、大女的性别比嚴重失調問題。上述先生的研究儘管注意到了這一問題,但對産生這一問題的原因,還没有形成統一的認識,而且已有的解釋,似乎還有商討的餘地。有鑒於此,筆者對户口簿中男女比例失調問題再做分析。不當之處,敬請指正!

一、《二年西鄉户口簿》中男女比例失調問題

《二年西鄉户口簿》記載了武帝建元二年(前139)[②]江陵西鄉的户口情况:1196户、4373口,其中大男991人、小男1045人、大女1695人、小女642人。《二年西鄉户口簿》使我們了解了鄉級户口名簿的基本内容:它在記載全鄉户、口總數的同時,還分類記載了大男、大女、小男、小女的人口數。

大男、大女、小男、小女的稱謂常見於秦漢簡牘。研究表明,14歲以下的男女被稱爲“小男”、“小女”、15歲以上的男女被稱爲“大男”、“大女”。[③] 但對於“大男”、“大女”的年齡上限問題,還有不同意見。彭浩先生認爲“大男”、“大女”的年齡上限“應是《二年律令》規定的

① 劉瑞:《松柏漢墓出土〈二年西鄉户口簿〉小考》,復旦大學出土文獻與古文字研究中心網站“戰國文字與簡帛”欄2009年3月28日刊發;彭浩:《讀松柏出土的西漢木牘(二)》,武漢大學簡帛研究中心網站“漢簡專欄”2009年4月4日刊發;又見彭浩《讀松柏出土的四枚西漢木牘》,載武漢大學簡帛研究中心主辦《簡帛》第四輯,上海古籍出版社,2009,333—343頁;胡平生:《松柏漢簡五三號木牘釋解》,武漢大學簡帛研究中心網站“漢簡專欄”2009年4月12日刊發;陳偉:《簡牘資料所見西漢前期的“卒更”》,《中國史研究》2010年第3期;楊振紅:《松柏西漢墓簿籍牘考釋》,《南都學壇》2010年第5期。

② 彭浩:《讀松柏出土的四枚西漢木牘》,333頁。

③ 楊聯陞:《漢代丁中、廩給、米粟、大小石之制——勞榦〈居延漢簡考釋〉錢穀類跋》,載楊聯陞《中國語文札記——楊聯陞論文集》,北京:中國人民大學出版社,2006,2頁;[日]池田温著,龔澤銑譯:《中國古代籍帳研究》,北京:中華書局,2007,38頁;彭衛、楊振紅:《中國風俗通史·秦漢卷》,上海文藝出版社,2002,354頁。

免老的年齡,達到免老年齡者,不再承擔勞役,另行統計。"[①]彭先生所論,值得商榷。張家山漢簡《二年律令·傅律》規定的免老年齡,主要是從承擔徭役的方面規定的,它與户口簿登記全體人口的性質不同。漢簡裏明確記載60歲以上的人仍稱爲"大男"、"大女"。居延漢簡203·27簡:"☑用穀三石　父大男相年六十用穀三石";286·5簡:"☑父大男賢年六十二用穀三石。"[②]居延新簡E.P.T 65:145簡:"父大男輔年六十三。"[③]關於"大女",居延漢簡254·11簡:"俱起隧卒丁仁　母大女存年六十七用穀二石一斗六升大。"[④]額濟納漢簡2000ES7SF1:11簡:"第卅一隧卒王敞　母大女□如年六十二　見在署用穀二石九升少。"[⑤]長沙走馬樓吴簡中60歲以上的"大女"竹簡甚多,如2908簡:"馬母大女妾年六十九";3033簡:"湛母大女妾年七十一";5427簡:"母大女姑年七十三";7364簡:"屈季母大女妾年八十五";9009簡:"厚母大女妾年一百一歲。"[⑥]

綜合以上簡文,筆者認爲,《二年西鄉户口簿》中"大男"、"大女"應指年齡在15歲以上的所有人,包括達到免老年齡的老年人。换言之,《二年西鄉户口簿》中進行户口統計的衹有大男、大女、小男、小女。[⑦] 這四項的合計人數爲4373,與户口名簿最後的合計"凡口四千三百七十三人"一致。這表明"當時進行户口統計的總數,即應衹有上述四項"[⑧]。

《二年西鄉户口簿》大男991人、大女1695人,二者性别比爲58.47,大女人數超出大男數的70%以上;小男1045人、小女642人,二者性别比爲162.77,小男人數超出小女人數的60%以上。大男、大女,小男、小女的性别比均大大超出了出生人口性别比103—107的正常範圍。從中可以看出,二年西鄉的成年人性别比、未成年人的性别比都存在嚴重的失調問題,而且成年人性别比和未成年人性别比的情况完全相反:成年人中是女多男少,未成年人中是男多女少。而如果將"大男"與"小男"相加、"大女"與"小女"相加得出的男、女總數2036人、2337人進行比較,則二年西鄉的男、女性别比爲87.12,男女之間的性别比仍然較大。

① 彭浩:《讀松柏出土的四枚西漢木牘》,337頁。

② 謝桂華、李均明、朱國炤:《居延漢簡釋文合校》,北京:文物出版社,1987,317、482頁。

③ 甘肅省文物考古研究所等編:《居延新簡》,北京:文物出版社,1990,430頁。

④ 謝桂華、李均明、朱國炤:《居延漢簡釋文合校》,421頁。

⑤ 魏堅主編:《額濟納漢簡》,桂林:廣西師範大學出版社,2005,145頁。

⑥ 長沙市文物考古研究所、中國文物研究所、北京大學歷史學系走馬樓簡牘整理組:《長沙走馬樓三國吴簡·竹簡[壹]》,北京:文物出版社,2003,954、957、1007、1046、1081頁。

⑦ 楊振紅先生從"户口簿"題名的角度認爲,《二年西鄉户口簿》"記録的户口數包括全部的户數和人口,自然也應包括免老以上老年人口。否則,其簿籍的性質反而變得不明確。因此,此簿中的大男、大女,應指15歲以上包括免老和罷癃的成年男女,小男、小女指14歲以下至剛出生的未成年男女。"楊振紅:《松柏西漢墓簿籍牘考釋》,2頁。

⑧ 劉瑞:《松柏漢墓出土〈二年西鄉户口簿〉小考》。但劉瑞先生認爲:"在當時每年登記造册的户口總數内,并不會包括罷癃、免老等類人口。"這種觀點值得商榷,見拙文《漢代各類簿册與户口名簿的關係》,待刊。

二、諸家觀點辨析

對於二年西鄉男女性别比失調的原因,目前有四種推測性觀點:(1)戰争説;(2)遷移説;(3)重男輕女説;(4)造假説。其中劉瑞先生持戰争説和遷移説。他認爲造成成年男性比例嚴重偏低的原因:"則不外乎或者是大規模戰争造成成年男性突然間大量死亡,或者就是在這裏發生過一場大規模的人口遷徙,造成男女的比例嚴重失調。"[①]彭浩先生則持戰争説和重男輕女説。他認爲西鄉大女比大男多,"似乎與秦漢之際有較多的成年男性死於戰亂有關";而小男比小女多,"顯然是强烈的人爲干擾所致,反映當時普遍存在的重男輕女風氣。"[②]楊振紅先生則持造假説。她認爲包括《二年西鄉户口簿》在内的松柏木牘簿籍中的數字"并非真實的數字,而存在人爲造假因素。其主要表現爲瞞報、謊報15歲以上成年男子的年齡和身體狀況,以逃避國家的法定賦役";"造假作僞行爲首先應發生在户籍製作的第一個環節,即各家各户在申報户籍情况時,爲了逃避賦役,瞞報、虚報成年男子的年齡和身體情况。"[③]

對於這四種觀點,筆者認爲都是值得商榷的。先説戰争説。戰争説的不足在於忽視了這枚簡牘的時代性。[④] 因爲"據墓主周偃自占功勞文書所記履歷,於武帝建元一年(前140)任江陵西鄉有秩嗇夫";"元光二年(前133)八月'遷爲南平尉'。據此推斷,第48號牘《西鄉二年户口簿》的'二年'有兩種可能,即武帝建元二年或元光二年,似以武帝建元二年可能性最大。"[⑤]武帝初年距高祖劉邦稱帝(高祖五年)已經60多年了,戰争的硝煙早已散去,而此時武帝反擊匈奴的戰争尚未開始,國家安定,百姓安居樂業。[⑥] 因此不管是彭浩先生的"秦漢之際有較多的成年男性死於戰亂"之説,還是劉瑞先生的"大規模戰争造成成年男性突然間大量死亡"之説,都缺乏史實依據,似不可信。

再説彭浩先生的"重男輕女説"。對於彭先生所説的"當時普遍存在的重男輕女風氣",楊振紅先生認爲"應是指當時存在殺女嬰現象";"但是,即使考慮到殺女嬰的現象,南郡小男、小女的比例也太過懸殊。而且,如果小男的比例遠遠高於小女,那麽,相應地大男(包括

---

① 劉瑞:《松柏漢墓出土〈二年西鄉户口簿〉小考》。

② 彭浩:《讀松柏出土的四枚西漢木牘》,337、338頁。

③ 楊振紅:《松柏西漢墓簿籍牘考釋》,7、8頁。

④ 楊振紅先生已經對"戰争説"進行了否定。見楊振紅《松柏西漢墓簿籍牘考釋》,7頁。對此,筆者是贊同的。

⑤ 彭浩:《讀松柏出土的四枚西漢木牘》,336、333頁。

⑥ 《史記》卷三〇《平准書》載:"至今上即位數歲,漢興七十餘年之間,國家無事,非遇水旱之災,民則人給家足,都鄙廩庾皆滿,而府庫餘貨財。京師之錢累巨萬,貫朽而不可校。太倉之粟陳陳相因,充溢露積於外,至腐敗不可食。衆庶街巷有馬,阡陌之間成群,而乘字牝者儐而不得聚會。"北京:中華書局,1959,1420頁。

使大男）的比例也應高於大女，但是情況却恰恰相反。"[①]由此，"重男輕女説"在小男、小女階段似可成立，但在成人階段不能成立。

至於劉瑞先生的人口遷移説，既無史實依據，又不符合常理。因爲大規模的人口遷移，一般會以户爲單位遷移，而不會衹遷移其中的成年男性或者未成年女性，從而造成嚴重的性别比失調。

而楊振紅先生提出的數字造假説，也存在一些值得商榷的地方。第一，楊先生認爲造假作僞行爲首先發生在户籍製作的第一個環節，即各家各户在申報户籍情况時，而且瞞報、虚報的是 15 歲以上成年男子的年齡和身體情况。這不符合漢朝的户籍申報制度。漢代户律規定，孩子生下來就要在規定的時間内申報户口。《二年律令・户律》："産子者恒以户時占其☐☐罰金四兩。"（簡 326—327）[②]而且對年齡申報中弄虚作假行爲給予嚴厲處罰。《二年律令・户律》："民皆自占年。小未能自占，而毋父母、同産爲占者，吏以☐比定其年。自占、占子、同産年，不以實三歲以上，皆耐。"（簡 325—326）[③]在國家的嚴令禁止下，民户在户籍申報中弄虚作假應該是比較難的，而且即使造假，也衹能在初次申報年齡時瞞報、少報一些，而不是在成年時再瞞報、虚報年齡。《二年西鄉户口簿》明確記載小男 1045 人、小女 642 人，説明西鄉的户口登記是正常的。這些登記明確的小男、小女，到 15 歲成年後再進行年齡造假，估計可能性不大。[④] 第二，楊先生認爲民户申報户籍時造假在先，繼而"南郡各級政府在户籍、賦役的登記上嚴重失職。"這種情况有可能存在，但可能性有多大却值得考慮。我們知道，國家控制的人口數量的多寡，直接關係到統治階級剥削量的多少。王毓銓先生指出，漢代編户齊民對政府負擔的封建義務共有 7 項，即田租、芻稿、算賦、口賦、獻費、貢、力役，這 7 項義務構成了漢代封建政權的經濟基礎，而其中有 5 項出自人户或人身，衹有 2 項出自田地。而且在這 7 項征斂中，以人身爲本的徵斂比以土地爲本的徵斂重。也就是説，在漢代封建政權所賴以存在的物質基礎（土地和人户）中，人户具有更大的重要性。[⑤] 在這種情况下，南郡各級政府怎麽會縱容民户在户籍上造假，而且還參與其中呢？當然，漢代存在嚴密的户籍管理制度是一回事，能否嚴格執行是另一回事。楊先生指出史書上有不少關於户口、年紀不實的記

① 楊振紅：《松柏西漢墓簿籍牘考釋》，7 頁。

② 張家山二四七號漢墓竹簡整理小組：《張家山漢墓竹簡[二四七號墓]》（釋文修訂本），北京：文物出版社，2006，53 頁。

③ 張家山二四七號漢墓竹簡整理小組《張家山漢墓竹簡[二四七號墓]》（釋文修訂本），53 頁。

④ 漢代對户口的管理很嚴格。《二年律令・户律》："恒以八月令鄉部嗇夫、吏、令史相襍案户籍，副臧（藏）其廷。有移徙者，輒移户及年籍爵細徙所，并封。留弗移，移不并封，及實不徙數盈十日，皆罰金四兩；數在所正、典弗告，與同罪。鄉部嗇夫、吏主及案户者弗得，罰金各一兩。"簡 328—330，見張家山二四七號漢墓竹簡整理小組《張家山漢墓竹簡[二四七號墓]》（釋文修訂本），54 頁。

⑤ 王毓銓：《"民數"與漢代封建政權》，《中國史研究》1979 年第 3 期。

載,這也是事實。但户口造假是普遍存在,還是個别地區、個别時間内的情况,目前還不易判斷。就以《二年西鄉户口簿》而言,大男、大女性别比 58.47,小男、小女的性别比 162.77,二者的比例過於懸殊,造假是否到了如此嚴重的地步,還值得考慮。而且爲什麽未成年階段男多女少,而成年階段女多男少,這二者是如何轉换的,造假一説似乎還不好解答這個問題。

總之,學者的四種觀點,除了"重男輕女説"支持小男、小女階段的性别比失調問題外,其餘還不能解釋大男、大女的性别比失調問題。導致二年西鄉大男、大女的性别比失調的原因,還需要進一步探討。

三、大男、大女性别比失調原因

松柏木牘的年代是武帝早期,這時國家安定。《漢書》卷六四上《嚴助傳》載武帝初年淮南王劉安之言曰:"陛下臨天下,布德施惠,緩刑罰,薄賦斂,哀鰥寡,恤孤獨,養耆老,振匱乏,盛德上隆,和澤下洽,近者親附,遠者懷德,天下攝(孟康曰:"攝,安也。")然,人安其生,自以没身不見兵革。"没有迹象表明,武帝初年曾發生大的影響社會安定的事件,這就排除了外部因素對江陵西鄉性别比的影響。排除了外部因素,餘下自然因素是否存在呢,筆者認爲,這個因素是可能存在的——那就是"江南卑濕、丈夫早夭"。

"江南卑濕,丈夫早夭"出自《史記·貨殖列傳》[①],《漢書·地理志》亦有:"江南卑濕,丈夫多夭"[②]之語,向我們提示秦漢時期江南氣候濕熱,而這種濕熱的氣候不利於成年男性的生存。司馬遷和班固對江南的描述和概括是否符合歷史事實,需要我們考察。

首先讓我們看一下"江南卑濕"是否存在。司馬遷《史記·貨殖列傳》説:"總之,楚越之地,地廣人希,飯稻羹魚,或火耕而水耨,果隋蠃蛤,不待賈而足,地勢饒食,無饑饉之患,以故呰窳偷生,無積聚而多貧。是故江、淮以南,無凍餓之人,亦無千金之家。"[③]班固《漢書·地理志》亦載:"楚有江漢川澤山林之饒;江南地廣,或火耕水耨。民食魚稻,以漁獵山伐爲業,果蓏蠃蛤,食物常足。故呰窳偷生,而亡積聚,飲食還給,不憂凍餓,亦亡千金之家。"[④]"楚越之地",班固稱之爲"江南",這一地區"火耕而水耨[⑤],果隋蠃蛤"[⑥],一派水鄉澤國之象,顯然屬

① 《史記》卷一二九《貨殖列傳》,3268 頁。

② 《漢書》卷二八下《地理志》,北京:中華書局,1962,1668 頁。

③ 《史記》卷一二九《貨殖列傳》,3270 頁。

④ 《漢書》卷二八下《地理志》,1666 頁。

⑤ 《史記正義》曰:"言風草下種,苗生大而草生小,以水灌之,則草死而苗無損也。耨,除草也。"見《史記》卷一二九《貨殖列傳》,3270 頁。

⑥ 《史記正義》曰:"楚越水鄉,足螺魚鱉,民多采捕積聚。"《史記》卷一二九《貨殖列傳》,3270 頁。

於"卑濕"之地。

江南具體地域如長沙、吴越、衡山、丹陽等地"卑濕"的記載,也屢見於史書。《史記》卷八四《屈原賈生列傳》載:"長沙卑濕";卷五九《五宗世家》載長沙定王發:"以孝景前二年用皇子爲長沙王。以其母微,無寵,故王卑濕貧國。"張家山漢簡《二年律令·津關令》亦載:"相國上長沙丞相書言,長沙地卑濕,不宜馬,置缺不備一駟,未有傳馬,請得買馬十,給置傳,以爲恒。"[①]《史記》卷一〇一《袁盎晁錯列傳》載袁盎:"遷爲齊相。徙爲吴相,辭行,種謂盎曰:'吴王驕日久,國多奸。今苟欲劾治,彼不上書告君,即利劍刺君矣。南方卑濕,君能日飲,毋何,時説王曰毋反而已。如此幸得脱。'盎用種之計,吴王厚遇盎。"《史記》卷一一三《南越列傳》載南越王趙佗之言曰:"蠻夷大長老夫臣佗,前日高后隔异南越,竊疑長沙王讒臣,又遙聞高后盡誅佗宗族,掘燒先人塚,以故自弃,犯長沙邊境。且南方卑濕,蠻夷中間,其東閩越千人衆號稱王,其西甌駱裸國亦稱王。老臣妄竊帝號,聊以自娱,豈敢以聞天王哉!"《史記》卷一一八《淮南衡山列傳》載吴楚七國之亂時:"衡山王堅守無二心。孝景四年,吴楚已破,衡山王朝,上以爲貞信,乃勞苦之曰:'南方卑濕。'徙衡山王王濟北,所以褒之。"《後漢書》卷二四《馬援傳》載"(馬)防及廖子遵皆坐徙封丹陽。防爲翟鄉侯,租歲限三百萬,不得臣吏民。防後以江南下濕,上書乞歸本郡,和帝聽之。"

其次,讓我們看一下"江南卑濕"的危害,看這種環境是否會導致"丈夫早夭"。祖國醫學認爲潮濕的環境容易引發疾病。張家山漢簡《引書》:"人之所以得病者,必於暑濕風寒雨露,奏(腠)理啓闔,食飲不和,起居不能與寒暑相應,故得病焉。"[②]《黄帝内經素問》卷一《生氣通天論篇》:"因於濕,首如裹,濕熱不攘,大筋緛短,小筋弛長,緛短爲拘,弛長爲痿。因於氣,爲腫。"[③]清代名醫葉天士,江蘇吴縣人,他在《温熱論》中提出:"吾吴濕邪害人最廣。"[④]現代學者也認爲:"東南地區潮濕,氣候温熱,人群中多見濕熱體質,濕熱病的發病率增多。"[⑤]

據史書記載,江南卑濕的環境確實引發了不少疾病,有的甚至導致死亡。《漢書》卷六四上《嚴助傳》載武帝初年,漢遣兵誅閩粵,淮南王劉安上書諫曰:"今發兵行數千里,資衣糧,入越地,輿轎而逾領,拕舟而入水,行數百千里,夾以深林叢竹,水道上下擊石,林中多蝮蛇猛獸,夏月暑時,嘔泄霍亂之病相隨屬也,曾未施兵接刃,死傷者必衆矣。前時南海王反,陛下先臣使將軍間忌將兵擊之,以其軍降,處之上淦。後复反,會天暑多雨,樓船卒水居擊棹,未戰而疾死者過半。親老涕泣,孤子啼號,破家散業,迎屍千里之外,裹骸骨而歸。悲哀之氣數

① 張家山二四七號漢墓竹簡整理小組:《張家山漢墓竹簡[二四七號墓]》(釋文修訂本),87頁。

② 張家山二四七號漢墓竹簡整理小組:《張家山漢墓竹簡[二四七號墓]》(釋文修訂本),185頁。

③ 田代華整理:《黄帝内經素問》,北京:人民衛生出版社,2005,5頁。

④ [清]葉桂撰,張志斌整理:《温熱論》,北京:人民衛生出版社,2007,17頁。

⑤ 蔣燕:《濕熱體質與疾病關係研究》,《北京中醫藥大學學報》2005年第4期,16頁。

年不息,長老至今以爲記。曾未入其地而禍已至此矣。"劉安又説:"南方暑濕,近夏癉熱(師古曰:"癉,黄病。"),暴露水居,蝮蛇蠚生(師古曰:"蠚,毒也。"),疾癘多作,兵未血刃而病死者什二三,雖舉越國而虜之,不足以償所亡。"又,《漢書》卷九五《兩粤傳》:"(趙)佗乃自尊號爲南武帝,發兵攻長沙邊,敗數縣焉。高后遣將軍隆慮侯灶擊之,會暑濕,士卒大疫,兵不能逾領";"巴蜀四郡通西南夷道,載轉相餉。數歲,道不通,士罷餓餧,離暑濕,死者甚眾。"《後漢書》卷四八《楊終傳》:"南方暑濕,障毒互生。"

以上由濕熱環境引起的疾病及死亡記載中,并未提及"丈夫早夭"的問題。把"江南卑濕"與"丈夫早夭"聯繫起來的事例,見於賈誼。《史記》卷八四《屈原賈生列傳》:"賈生既以適居長沙,長沙卑濕,自以爲壽不得長,傷悼之,乃爲賦以自廣。"此外,《淮南子》卷四《地形訓》:"暑氣多夭,寒氣多壽";"南方陽氣之所積,暑濕居之,其人修形兑上,大口決眥,竅通於耳,血脈屬焉,赤色主心,早壯而夭。"[①]《淮南子》也提到了南方濕熱環境導致人"早壯而夭",却未言早夭之人在性别上的差异。但從《漢書·嚴助傳》、《兩粤傳》記載的因"疾癘"而"病死者"多爲年輕士卒來推測,"早壯而夭"的應該以年輕男性爲多。

秦漢時期"江南"的地域範圍很廣,本不以長江爲限,還泛指淮河以南的廣大地區。[②] 松柏木牘出土地點江陵,位於長江之濱,是原楚國的"郢都",地處楚國中心地帶,與吴郡、會稽郡等郡的緯度相近(北緯30度左右),應在"江南"範圍之内。《漢書》卷六《武帝紀》載元鼎二年秋九月詔曰:"今水潦移於江南,迫隆冬至,朕懼其饑寒不活。江南之地,火耕水耨,方下巴蜀之粟致之江陵,遣博士中等分循行,諭告所抵,無令重困。吏民有振救饑民免其厄者,具舉以聞。"《後漢書》卷一三《公孫述傳》載騎都尉荆邯説公孫述曰:"臣之愚計,以爲宜及天下之望未絶,豪傑尚可招誘,急以此時發國内精兵,令田戎據江陵,臨江南之會,倚巫山之固,築壘堅守,傳檄吴、楚,長沙以南必隨風而靡。"

"江南"之地江陵出土的松柏木牘《二年西鄉户口簿》,有力支持了"江南卑濕,丈夫早夭"的觀點。同時支持這一觀點還有松柏漢墓53號木牘和長沙走馬樓三國吴簡。

松柏漢墓53號木牘中,記載了南郡所屬部分縣、侯國的"使大男"、大女、小男、小女數和

① 劉文典撰,馮逸、喬華點校:《淮南鴻烈集解》,北京:中華書局,1989,140、145頁。

② 吴宏岐先生認爲:"《貨殖列傳》中的'江南'應有廣、狹不同的含義,狹義的江南指長江以南、嶺南以北,這當了無疑義。而廣義的江南則有類今世所謂的南方,本不以長江爲限,而是泛指淮河以南的廣大地區。"廣義的江南"指的就是'楚、越之地',是盡包三楚和'楊越多焉'的嶺南地區在内的。"周振鶴先生也指出,"在秦漢時期,江南主要指的是今長江中游以南的地區,即今湖北南部和湖南全部。"同時又指出"由於兩漢之時,江南主要指洞庭湖南北地區,而這一地區又屬荆州的範圍,所以東漢人又含糊地以江南指荆州的大部分地區,甚至包括北距長江很遠的襄陽";"所以江南其實還有江漢以南、江淮以南的含義";"説明在習慣上江南的北界并不以長江爲限。"論述分别見吴宏岐《釋〈史記·貨殖列傳〉中所謂的"江南"》,《中國歷史地理論叢》1997年第4期,188頁;周振鶴:《釋"江南"》,收入所著《隨無涯之旅》,北京:三聯書店,1996,324、328、329頁。

人口總數以及复除數等。彭浩先生認爲此牘"從内容看,對各縣、侯國内的人口按性别、年齡統計,似屬户口類簿册"①,楊振紅先生則認爲該牘應爲"南郡事复口算簿"②。53號木牘儘管不是嚴格意義上的户口簿,但該木牘中"使大男"、大女、小男、小女數量的記載,對我們認識南郡地區的性别比問題還是具有重要的參考價值(見表1)。

表1　松柏漢墓53號木牘南郡各縣、侯國使大男與大女、小男與小女的性别比表

縣名	使大男	大女	使大男、大女性别比	小男	小女	小男、小女性别比
江陵	4721	6761	69.83	5315	2938	180.91
宜成	4672	7695	60.71	6454	3938	163.89
臨沮	2360	4026	58.62	2411	1907	126.43
安陸	475	818	58.07	558	369	151.22
沙羨	585	959	61.00	672	445	151.01
州陵	393	634	61.99	676	388	174.23
顯陵	342	611	55.97	395	260	151.92
便侯國	1781	2994	59.49	1942	1730	112.25
邔侯國	3624	5664	63.98	5160	3489	147.89
襄平侯中廬	1409	2478	56.86	1751	1070	163.64
總計	20362	32640	62.38	25334	16534	153.22

彭浩先生認爲53號木牘内容"應當是西漢武帝初年的抄件"③,這與《二年西鄉户口簿》的年代一致。此時國家安定,53號木牘中的"使大男"、大女、小男、小女數應該是正常的人口數字。從以上統計結果看,"使大男"與大女的性别比爲62.38,大女明顯多於"使大男";小男與小女的性别比爲153.22,小男明顯多於小女,與《二年西鄉户口簿》中出現的結果一致。特别是該木牘中大女多於"使大男",也支持了"江南卑濕,丈夫早夭"的觀點。

此外,在已公布的走馬樓三國吴簡中,有大量的户籍簡。于振波先生根據吴簡中"性别和年齡兩項都具備者,或根據上下文可推斷其性别與大致年齡者"④的原則,選出户籍簡2499例,用統計的方法,探討當時人口的性别、年齡結構,殘疾人員的構成情况(見表2)。于先生的統計結果如下:

① 彭浩:《讀松柏出土的四枚西漢木牘》,339頁。
② 楊振紅:《松柏西漢墓簿籍牘考釋》。
③ 彭浩:《讀松柏出土的四枚西漢木牘》,339頁。
④ 于振波:《走馬樓户籍簡性别與年齡結構分析》,收入所著《走馬樓吴簡初探》,臺北:文津出版社,2004,105頁。

表2　走馬樓户籍簡性别與年齡結構統計表

序號	年齡	男	女	性别比	合計	百分比(%)
1	6以下	229	182	125.82	411	16.64(16.45)
2	7-14	297(298)	168(170)	176.79(175.29)	465(468)	18.83(18.73)
3	15-19	85(88)	79(83)	107.59(106.02)	164(171)	6.64(6.84)
4	20-29	194	206(212)	94.17(91.51)	400(406)	16.19(16.25)
5	30-39	180	223(229)	80.72(78.60)	403(409)	16.32(16.37)
6	40-49	84	107(110)	78.50(76.36)	191(194)	7.73(7.76)
7	50-59	88	79(81)	111.39(108.64)	167(169)	6.76(6.76)
8	60-64	45	57(58)	78.95(77.59)	102(103)	4.13(4.12)
9	65-69	27	34(35)	79.41(77.14)	61(62)	2.47(2.48)
10	70-79	37	32	115.63	69	2.79(2.76)
11	80-89	18	10	180	28	1.13(1.12)
12	90以上	2	7	28.57	9	0.36(0.36)
總計		1286(1290)	1184(1209)	108.61(106.70)	2470(2499)	100

原表注:括弧中的數字是將年齡不甚明確的簡例計入各年齡段後所得的統計結果。不加括弧的數字是將年齡不甚明確的簡例排除之後的統計結果。

爲了與《二年西鄉户口簿》中人口年齡結構作對比,現將于振波先生走馬樓户籍簡性别與年齡結構統計表中資料做新的合并統計(把14歲以下的合并爲小男、小女;把15歲以上的合并爲大男、大女):

表3　《二年西鄉户口名簿》與走馬樓户籍簡性别、年齡資料對照表

	男		女		性别比
《二年西鄉户口簿》	大男	991	大女	1695	58.47
走馬樓吴簡	大男	763	大女	857	89.03
《二年西鄉户口簿》	小男	1045	小女	642	162.77
走馬樓吴簡	小男	527	小女	352	149.72

從表3可以看出,儘管《二年西鄉户口簿》和走馬樓吴簡中大男、大女,小男、小女的性别比數據有所差异,性别比失調的程度有所不同,但有一點確是共同的,即:小男、小女階段,男多女少;到了大男、大女階段,女多男少。

王子今先生根據走馬樓吴簡中的"寡嫂"、"弟寡婦"、"寡婦"的簡文,指出12例吴簡中,除了4例年長、1例年齡不詳外,其餘7例的"平均年齡衹有31.57歲",特别是其中的兩例,

衹有 22 歲。"從現有資料雖然不能推定其寡居的時間,但是没有迹象表明她們是剛剛守寡。雖然我們不能確切地知道這些婦女喪夫的具體原因,然而却很容易聯想到司馬遷《史記·貨殖列傳》所謂'江南卑濕,丈夫早夭'。"[①]同時,王先生還注意到了吴簡中多有"孤兄子"、"姪"、"姪子"的記載,而且"走馬樓簡所見與'户人'共同生活的'姪子'遠較'兄子'爲多,這一現象,可能也是值得我們在研究當時社會的性别關係時有所深思的"[②]。其實,走馬樓吴簡所見"姪子"遠較"兄子"爲多,可能正是"江南卑濕,丈夫早夭"的真實反映:年輕男子過早死亡,留下年幼的孤兒。[③]

《史記·貨殖列傳》里明確長沙屬於"江南"之地,《賈生列傳》也提到"長沙卑濕"問題。因此長沙走馬樓吴簡中人口的性别、年齡結構統計,以及吴簡中多處"寡嫂"、"孤兄子"、"姪"、"姪子"的記載,進一步證明"江南卑濕,丈夫早夭"是真實存在的。

而對走馬樓吴簡户籍簡進行分析的于振波先生是反對這一觀點的。他儘管注意到了不同年齡階段的性别比失調問題,但他主要是從社會因素去解釋這一現象的。他認爲:"走馬樓户籍簡中 14 歲以下人口性别比例的嚴重失調,恐怕主要是百姓不堪忍受沉重的賦税徭役而弃嬰的結果——由於男尊女卑思想的影響,弃嬰的主要受害者當然是女嬰,於是男性在未成年人口中便占據了絶對優勢,呈現出畸形的性别結構。"[④]對於 15—59 歲的成年人口的性别結構失衡問題,他説:"社會因素應該是勞動力人口中男性數量大幅下降的主要因素,而社會因素,主要是沉重的兵役、徭役和苛捐雜税。"[⑤]于振波先生强調社會因素對人口年齡及性别比的影響,無疑是正確的。但也不能因此而否定環境對人口的年齡及性别比的影響。特别是江南地區濕熱環境對性别比的影響,應是不容忽視的。

史書中記載了秦漢時期南方地區女多的問題。如《漢書》卷二八下《地理志》就提到了淮南國"多女而少男":"初淮南王异國中民家有女者,以待游士而妻之,故至今多女而少男。本吴粤與楚接比,數相并兼,故民俗略同。"如淳曰:"得女寵,或去男也。"臣瓚曰:"《周官》職方云'揚州之民,二男而五女',此風氣非由淮南王安能使多女也。"顔師古曰:"二説皆非也。志亦言土地風氣既足女矣,因淮南之化,又更聚焉。"在三家注釋之中,顔師古的注釋最爲全面、通達。需要注意的是,顔師古既然説淮南"土地風氣既足女矣",也就隱含着"土地風氣不足男矣"的話語,也就是此地不利於男性的生存。而《漢書·地理志》載淮南"本吴粤與楚接

① 王子今:《三國孫吴鄉村家族中的"寡嫂"和"孤兄子"——以走馬樓竹簡爲中心的考察》,收入所著《古史性别研究叢稿》,北京:社會科學文獻出版社,2004,268 頁。

② 王子今:《三國孫吴鄉村家族中的"寡嫂"和"孤兄子"——以走馬樓竹簡爲中心的考察》,279 頁。

③ 王子今先生統計的 64 例"姪子"吴簡中,有明確年齡記載的 54 例,而 54 例中 10 歲及以下的"姪子"就占 34 例,占 62.96%。

④ 于振波:《走馬樓户籍簡性别與年齡結構分析》,133 頁。

⑤ 于振波:《走馬樓户籍簡性别與年齡結構分析》,133—134 頁。

比,數相并兼,故民俗略同”,而且淮南國都城壽春,戰國後期曾是楚的國都,淮南國也屬於楚地,淮南國在“江南”地域範圍之内。因此淮南國“多女而少男”的現象,可能也存在於江南的其他地區。《漢書》卷二七下之上《五行志》載:“劉向以爲蜮生南越。越地多婦人,男女同川,淫女爲主,亂氣所生,故聖人名之曰蜮。”這里明確提到“越地多婦人”,似也能進一步説明“江南卑濕,丈夫早夭”是存在的。

秦漢以後的文獻,也有一些男女性别比失調的記載。《舊唐書・南蠻・西南蠻》載位於今重慶一帶的“南平獠”:“部落四千餘户。土氣多瘴癘,山有毒草及沙虱、蝮蛇……土多女少男……俗皆婦人執役。”[①]《新唐書・南蠻下》則載“南平獠”:“俗女多男少,婦人任役。”[②]《新唐書・南蠻上》載:“其西有裸蠻,亦曰野蠻,漫散山中,無君長,作檻舍以居。男少女多,無田農,以木皮蔽形,婦或十或五共養一男子。”[③]樊綽《蠻書》亦載:“裸形蠻……多女少男,無農田,無衣服,惟取木皮以蔽形。或五妻十妻共養一丈夫,盡日持弓,不下擖欄。有外來侵暴者則射之。”[④]

總之,從漢簡、吴簡、秦漢及其以後的文獻記載看,秦漢時期南方濕熱地區可能確實存在着“江南卑濕,丈夫早夭”的問題。[⑤] 松柏木牘《二年西鄉户口簿》中大男、大女性别比失調的主要原因可能就是“江南卑濕,丈夫早夭”。

四、小男、小女性别比失調原因

如果“江南卑濕,丈夫早夭”是事實,還存在一個問題,那就是何以《二年西鄉户口簿》中小男、小女的性别比恰與大男、大女的情況相反,是小男多、小女少,這是一個必需回答的問題。筆者認爲導致這種情況的原因可能主要有三個:一是出生性别比,二是溺嬰,三是嬰幼兒階段男女死亡的差异。

第一,出生性别比。出生性别比是指一定時期内出生嬰兒中男嬰和女嬰人數之比。出生性别比是穩定的,一般都是男嬰占52%,女嬰占48%,性别比爲105(或106)左右。[⑥] 從出生性别比看,出生男嬰的數量是多於女嬰的,這在一定程度上會導致幼兒階段的“小男”多,

① 《舊唐書》卷一九七《南蠻・西南蠻》,北京:中華書局,1975,5277頁。

② 《新唐書》卷二二二下《南蠻下》,北京:中華書局,1975,6326頁。

③ 《新唐書》卷二二二上《南蠻上》,6271頁。

④ [唐]樊綽撰,向達校注:《蠻書校注》,北京:中華書局,1962,99—100頁。

⑤ 秦漢時期的“丈夫”指男子,但更多是指成年男子。《史記》卷三〇《平准書》:“漢興,接秦之弊,丈夫從軍旅,老弱轉糧饟,作業劇而財匱,自天子不能具鈞駟,而將相或乘牛車,齊民無藏蓋。”在這里,“丈夫”與“老弱”相對,顯然是指青壯年男子。“江南卑濕,丈夫早夭”中的“丈夫”,應該也是指青壯年男子而言。

⑥ 劉錚主編:《人口學辭典》,北京:人民出版社,1986,168頁。

“小女”少。

第二,溺嬰。彭衛、楊振紅先生指出:“戰國末年,家庭溺殺的嬰兒大都是女性”;“這種情形在秦漢時也應具有普遍性。”[①]王子今先生進一步指出:女嬰因社會地位的“賤下”或者“下賤”,甚至慘遭殺害,是由來久遠的社會現象,秦漢時期仍然普遍存在。[②]

第三,嬰幼兒階段男女死亡的差异。在正常情況下,女性嬰幼兒在生存上較男性嬰幼兒具有生物學優勢,在許多國家,嬰兒死亡率的性别比爲 1.2—1.3,幼兒死亡率的性别比爲1.0—1.2[③],男性嬰幼兒死亡率高於女性。但嬰幼兒死亡率性别差异除了生物學因素之外,還有社會環境因素。女性嬰幼兒較男性嬰幼兒的生物學優勢,衹有在没有性别歧視等社會因素的干擾下,才表現出來。而中國傳統的“重男輕女”思想以及由此導致的對女孩的歧視,導致女性嬰幼兒的死亡率高於男性。這從現代人口的研究中仍可以看出來。郝虹生根據1990 年全國第四次人口普查的資料分析,得出了“嬰幼兒年齡組女性死亡率高於男性是中國死亡率性别差异的一個突出現象”的结论[④],石玲、王燕也指出:“90 年代中國存在着异常的嬰幼兒死亡性别模式,主要表現爲女嬰的死亡率偏高;女性嬰幼兒的生存劣勢主要存在於農村地區,尤其是在三類農村。”[⑤]康曉平等也指出農村地區“男女性兒童可避免死亡的死亡率均高於不可避免疾病的死亡率,絶大多數死因(類)别死亡率女性高於男性,尤其是可避免死亡疾病的死亡率女性高於男性, 女性嬰幼兒的生存環境劣於男性”[⑥]。對於女嬰死亡率偏高的原因,李樹茁等指出:“中國偏高的女性嬰幼兒死亡率很可能是由對男孩强烈的偏好和性别不平等所導致的對女孩各種形式的歧視所造成的。”[⑦]郝虹生也指出:“某些傳統文化中存在着强烈的男孩偏好,導致一些家庭在食物、營養、醫療、日常照料等各方面偏向男孩,歧視女孩,進而導致兩性幼兒死亡率上的逆差。從疾病和死因來看,性别歧視常常反映在營養不良及傳染病和消化系病的兩性相對差异上。”[⑧]

總之,由“重男輕女”思想導致的性别歧視等社會因素對女性嬰幼兒的影響,超出了女性嬰幼兒在生物學上的優勢,從而導致了女性嬰幼兒較高的死亡率。《二年西鄉户口簿》中小男、小女的性别比嚴重失調,就是很好的證明。

---

① 彭衛、楊振紅:《中國風俗通史·秦漢卷》,360 頁。

② 王子今:《秦漢的“嬰女”》,《中華女子學院學報》2009 年第 6 期;《秦漢“生子不舉”現象和弃嬰故事》,《史學月刊》2007 年第 8 期。

③ 李樹茁、M. W. 費爾德曼:《中國嬰幼兒死亡率的性别差异、水準、趨勢與變化》,《中國人口科學》1996 年第 1 期。

④ 郝虹生:《中國人口死亡率的性别差异研究》,《中國人口科學》1995 年第 2 期。

⑤ 石玲、王燕:《運用 Hill-Upchurch 標準分析中國九十年代嬰幼兒死亡率的性别差异》,《人口研究》2002 年第 2 期。

⑥ 康曉平、符文華、王曉琴、劉瑩之:《農村地區 5 歲以下兒童死亡的性别差异及死因分析》,《中國預防醫學雜誌》2002 年第 4 期,278 頁。

⑦ 李樹茁、M. W. 費爾德曼:《中國嬰幼兒死亡率的性别差异、水平、趨勢與變化》。

⑧ 郝虹生:《中國人口死亡率的性别差异研究》。

此外,王子今先生注意到了長沙走馬樓吴簡中記載有“姪”、“姪子”的簡文,在他統計的63例吴簡中,除了不能辨别性别的“姪子”外,餘下的“姪子男”等合計44例,“姪子女”等合計9例。“總體來看,‘姪’或‘姪子’中的男性相當於女性的488.89%。也就是説,在由親族承擔的社會救助系統中,男性似乎受到更充分的重視。這一情形,也是性别關係研究者應當予以關注的。”[①]王子今先生的研究進一步證明了社會因素對男女性别比的巨大影響。

① 王子今:《三國孫吴鄉村家族中的“寡嫂”和“孤兄子”——以走馬樓竹簡爲中心的考察》,280頁。

天長紀莊漢墓墓主身份蠡測

中國社會科學院歷史研究所　鄔文玲

内容提要　安徽天長紀莊漢墓出土了大批遺物,其中尤爲引人注目的是木牘文書,大多爲墓主收到的私人書信,也有户口簿、算簿等公文書。墓主身份的確定無疑有助於解讀這批木牘文書的内涵。本文通過分析墓中所出隨葬器物、木牘文書以及墓葬形制等所包含的信息,對墓主的地位和具體身份作了進一步的推定,認爲墓主生前可能曾任縣功曹一職。

關鍵詞　天長紀莊漢墓　墓主　隨葬器物　木牘文書　功曹

2004年底,安徽省天長市安樂鎮紀莊村民在挖蓄水塘時,發現了一座古墓。天長市文物管理所和天長市博物館隨即組織人員前往現場,對該墓進行了搶救性發掘。《文物》2006年第11期《安徽天長西漢墓發掘簡報》(以下稱《簡報》),公布了該墓(編號爲M19)發掘和文物出土的情況。[①]《簡報》稱該墓葬地屬於漢代臨淮郡東陽縣,時代爲西漢中期偏早,共出土遺物119件,其中陶器8件,鐵器7件,漆器47件,木器15件,木牘34枚。墓中未發現印章,根據墓中所出漆器銘文及木牘文字内容考證,墓主叫"謝孟",是東陽縣掌握一定權力的官吏。但是墓主究竟官居何職,《簡報》未作申論。本文擬通過分析墓中所出隨葬器物以及相關木牘文書的内容,試就墓主的地位和具體身份作進一步的推定。

① 天長市文物管理所、天長市博物館:《安徽天長西漢墓發掘簡報》,《文物》2006年第11期。下稱《簡報》。

一、隨葬器物與墓主身份

衆所周知，除了專門爲喪葬製作的明器之外，古人也有以墓主生前所用器物即所謂“生器”隨葬的習俗。考古材料也證明了這一點，比如馬王堆3號漢墓所出遣策中即有“素緥二，其一故”（簡345）；“白縠袤二，素裏，其一故”（簡388）等記録[①]，所謂“故”即是墓主生前所用“故舊”之物。研究表明，隨葬生器在墓中的存放位置通常有兩個：一是靠近尸體處，多由死者隨身佩戴，或置於棺椁旁邊；二是圍繞著死者在墓中的“靈座”，通常置於椁室頭箱之中。[②]隨葬生器往往包含更多與墓主地位和身份相關的信息，因此本文著重分析墓中所出幾件有代表性的墓主生前用器：鐵劍、鐵削、漆硯盒、漆奩及銅鏡。

首先，關於鐵劍和鐵削。根據《簡報》，墓中出土鐵劍一件、鐵削兩件。再據“墓葬平面圖”可知，鐵劍和鐵削都出自棺内，雖然墓主尸骨已腐朽不存，但劍和削所在的位置基本没有擾動，鐵劍位於棺内左側靠下，劍身朝下，劍首朝上，大致位於死者左手處。劍柄旁邊還有一銅質帶鈎。鐵削兩把，位於右側，削身朝下，環首朝上，大致位於死者右手部。這些信息表明，劍和削均爲墓主生前隨身佩戴之物，死後一同入葬。

根據《簡報》中的相關描述，墓中所出鐵劍“有長條形柄，無劍首。劍有青玉格，上飾渦紋。劍身未出鞘，鞘爲夾紵胎，髹黑漆。鞘中部嵌玉璏，白色泛青，上飾勾連紋。劍珌木質。劍長113厘米。”可見，這把鐵劍并不是普通的劍，而是屬於等級較高的玉具劍。一柄最完備的玉具劍應該有四件玉具：摽、首、鐔、衛。其中首和鐔裝在劍上，而摽和衛裝在鞘上。首，指劍柄頂端；鐔，即劍格；摽，即劍珌，指鞘末的包尾；衛，與璏同，指玉制的劍鼻，即劍鞘上的玉劍扣，用於貫穿組帶懸繫佩劍。[③] 這把鐵劍劍首已不存，未知是否爲玉首，但劍珌爲木質，可知其并非等級最高的四件玉具齊備的玉具劍。不過有兩件玉具，也比普通的劍要高貴得多。雖然佩劍在漢代已蔚然成風，“自天子以至百官，無不佩劍”[④]，尚武的平民也可以帶刀佩劍，但像這種比較豪華隆重的玉飾劍，當是具有一定身份地位的人才能佩戴，其儀飾象徵意義遠遠大於實用功能。比如《東宫舊事》云：“太子儀飾有玉具劍。”《史記·田叔列傳》載：“其後有詔募擇衛將軍舍人以爲郎，將軍欲取舍人中富給者，令具鞍馬絳衣玉具劍，欲入奏之。”有時皇帝也賜予臣下玉具劍以示隆寵，《東觀漢記》載：“建武二年，遣馮异西擊赤眉於關中，車駕送至河南，賜以乘輿七尺玉具劍，敕异曰：‘念自修整，無爲郡縣所笑。’”漢朝皇帝賜給匈奴

① 湖南省博物館等：《長沙馬王堆二、三號漢墓》第一卷，北京：文物出版社，2004。

② 參見巫鴻《“生器”的概念與實踐》，《文物》2010年第1期。

③ 孫機：《玉具劍與璏式佩劍法》，《考古》1985年第1期。

④ 《後漢書》卷一一九《輿服志》，3650頁。

單于的物品中常包含玉具劍。[①] 從考古發掘來看,玉具劍多出自高等級墓葬之中,比如河北滿城中山靖王劉勝墓[②]、山東巨野紅土山西漢墓(據推測爲一代昌邑王之墓)[③]、湖北光化五座墳西漢墓[④]、廣州象崗山南越王墓等[⑤],均有玉具劍出土。不過這些玉具劍要比天長紀莊 19 號漢墓所出更爲豪華,等級更高。

漢代畫像資料中,常見佩劍人物畫像,且多爲官吏。比如望都漢墓壁畫所繪門下功曹、門下游徼、門下賊曹、門下史、門亭長、追鼓掾、仁恕掾等皆帶劍。[⑥] 從這些壁畫形象中佩劍與人體的比例來看,佩劍都顯得比較長,該墓所出鐵劍長達 113 厘米,正與此相符。根據這把玉具劍,可以初步判定墓主并非普通的平民百姓。

關於墓中所出鐵削,據《簡報》,"削的環首用金箔包裹,削身未出鞘,長 43 厘米。鞘完整,木胎,髹黑漆。鞘上附一短削,短削缺環首,未出鞘。短削長 21 厘米。"從相關材料看,這套連鞘鐵削應是書刀。《周禮·考工記·築氏》:"築氏爲削,長尺,博寸,合六而成規。"鄭玄注:"今之書刀。"《釋名·釋兵》:"書刀,給書簡有所刊削之刀也。封刀、鉸刀、削刀,皆隨時用作名也。"畢沅疏證:"削刀即書刀。"削和書刀外形相似,不易嚴格區分,通常需要根據同出物品綜合判斷,一般認爲與筆、墨、硯臺、簡牘同出者,可以確定爲書刀。江陵鳳凰山 168 號漢墓中出土一套文書工具,包括筆、墨、硯、牘(無字木牘)和削刀等,同置於一竹笥內。其中的削刀爲銅質,通長 22.8 厘米,環首。[⑦] 因與簡牘筆硯同出,故可確知其爲書刀。連雲港西漢西郭寶墓出土環首書刀兩件,皆爲銅質。一件有鞘,長 33 厘米,刀柄部貼三圈 0.8 厘米的金箔爲飾;另一件長 23 厘米。其與硯盒、毛筆、鐵劍等一同出自棺內。[⑧] 尹灣 6 號漢墓出土的書刀中有一套連鞘雙刀,長 25.5 厘米。根據墓中所出遣策可知,它與筆、筆管、板硯、墨橐以及書籍同藏於"繒方緹"之中,應爲書刀無疑。[⑨] 按照《考工記》的記載,"長尺,博寸"應是最常見的書刀尺寸,發掘出土的漢代書刀長度大多在 22 至 26 厘米之間,與此相合。不過,考古實物表明,也有比較長的書刀,而且許多墓葬所出書刀不衹一件,比如上面提到的西郭寶墓出土書刀兩件,其中一件長 33 厘米。滿城漢墓出土多件書刀,其中最長者通長 42.4 厘

① 參見《漢書》卷九四下《匈奴傳下》,3798 頁;《後漢書》卷四《孝和帝紀》,173 頁;《後漢書》卷八九《南匈奴傳》,2962 頁。

② 中國社會科學院考古研究所:《滿城漢墓發掘報告》,北京:文物出版社,1980。

③ 山東菏澤地區漢墓發掘小組:《巨野紅土山西漢墓》,《考古學報》1983 年第 4 期。

④ 湖北省博物館:《光化五座墳西漢墓》,《考古學報》1976 年第 2 期。

⑤ 廣州象崗漢墓發掘隊:《西漢南越王墓發掘初步報告》,《考古》1984 年第 3 期;廣州市文物管理委員會等:《西漢南越王墓》,北京:文物出版社,1991。

⑥ 北京歷史博物館、河北省文物管理委員會編:《望都漢墓壁畫》,北京:中國古典藝術出版社,1955。

⑦ 紀南城鳳凰山一六八號漢墓發掘整理組:《湖北江陵鳳凰山一六八號漢墓發掘簡報》,《文物》1975 年第 9 期。

⑧ 連雲港市博物館:《連雲港市陶灣黃石崖西漢西郭寶墓》,《東南文化》1986 年第 2 期。

⑨ 連雲港市博物館等:《尹灣漢墓簡牘》附録《尹灣漢墓發掘報告》,北京:中華書局,1997。

米。[1] 該墓所出連鞘鐵削雖然一長一短,但與硯臺、簡牘等同出,且與尹灣 6 號漢墓所出連鞘雙刀形式相類,將其確定爲書刀應該是没有疑問的。墓主隨身佩戴書刀,表明案牘工作是他生前一項重要的日常事務。

關於漆硯。根據《簡報》,"硯盒爲長方形扁體,盒表面髹朱漆,墨繪水波紋。盒内分隔成長方形、正方形和圓形。長方形空間内放置青石製成的板式硯,硯面仍有墨。圓形空間内存放用青石製作的研墨石。"據"墓葬平面圖",漆硯出自頭箱,且硯面有墨,表明此硯爲墓主生前的實用之物。

關於漆奩和銅鏡。根據《簡報》,"漆奩爲夾紵胎,圓筒形,由蓋、内盒、盒身三部分套合而成。蓋面隆起,上飾銀扣兩周。蓋頂中心飾銀質柿蒂,周圍朱繪四隻怪獸及雲氣紋。蓋側身和器身均飾銀扣三周……内盒口沿及内盒蓋邊均有銀扣一周。内盒蓋平,微内凹,蓋中心有銀質柿蒂……内盒又被分隔成三個梳篦盒,外髹褐漆,内塗朱漆。""銅鏡爲星雲紋鏡,連峰式鈕,圓鈕座外飾内連弧紋,其外對稱飾 4 個乳釘,鏡緣飾内連弧紋。"根據"墓葬平面圖",漆奩和銅鏡均出自棺内死者頭部,亦屬生器。漆奩和銅鏡是西漢貴族和官吏墓葬中常見的隨葬品組合之一,除了葬俗因素之外,亦當與墓主生前的身份地位及所從事的工作需要其保持一定的儀容有關。且漆奩非常精美,有大量銀飾,這也在一定程度上體現了墓主的地位。研究表明,身份級别較高者使用的漆器多加金屬構件,裝飾也比較豪華。而鑲裝金、銀等貴金屬以及玉石的漆器,則更爲富麗。《鹽鐵論・散不足》云:"富者銀口黄耳,金罍玉鐘;中者舒玉紵器,金錯蜀杯。" 當然,金屬扣器的使用也有等級差别,《漢舊儀》載:"大官尚食用黄金扣器,中官、私官尚食用白銀扣器。"同時,墓主身份級别越高,隨葬的漆器越多越精美。[2] 該墓所出漆器多達 47 件,且工藝精美,這一方面表明墓主具有一定的身份地位,同時也説明墓主去世時家境比較富裕。

總之,以上隨葬器物表明,墓主并非普通平民。同時墓葬頭箱所出木牘中,除了私人書信之外,還有户口簿、算簿等公文書(詳見後文),表明墓主應有一定的官職,而不是無職的一般富人或者貴族。

二、木牘文書與墓主身份

雖然根據上面的分析,可以推知墓主不是普通的平民百姓和無職的一般富人或貴族,但由於墓葬中未發現印章,不能直接確定墓主的具體身份,因此嘗試根據同出木牘文書内容的

① 中國社會科學院考古研究所:《滿城漢墓發掘報告》,北京:文物出版社,1980,107 頁。

② 洪石:《戰國秦漢漆器研究》,北京:文物出版社,2006,216—217 頁。

分析來尋找相關綫索。

墓中所出 1 號木牘正背面分別題爲户口簿和算簿,户口簿的内容爲:"·户凡九千一百六十九,少前;口四萬九百七十,少前。·南鄉户千七百八十三、口七千七百九十五,都鄉户二千三百九十八、口萬八百一十九,楊池鄉户千四百五十一、口六千三百廿八,鞠(?)鄉户八百八十、口四千五,垣雍北鄉户千三百七十五、口六千三百五十四,垣雍南鄉户千二百八十二、口五千六百六十九。"這是一份縣級户口統計文書,統計了一縣所轄六個鄉各鄉的户數與口數,以及全縣的户口總數,并與上一年度的總數做了對比,發現户數與口數均有所减少,於是在總計之後注明"少前"。其性質當是縣級向郡級呈報年度户口統計材料的原始底本。

算簿的内容爲:"·集八月事筭二萬九、復筭二千卌五。都鄉八月事筭五千卌五,南鄉八月事筭三千六百八十九,垣雍北鄉八月事筭三千二百八十五,垣雍南鄉八月事筭二千九百卅一,鞠(?)鄉八月事筭千八百九十,楊池鄉八月事筭三千一百六十九。·右八月。·集九月事筭萬九千九百八十八、復筭二千六十五。"這是一份縣級事算、復算統計文書,統計了一縣所轄六個鄉八月、九月事算、復算的總數,以及八月各鄉的事算數和復算數。其性質當是縣級向郡級呈報年度事算、復算材料的部分原始底本。

此木牘文書作爲隨葬品,表明它與墓主關係密切。木牘正背面在文書内容之外各寫有一個"卿"字,從圖版來看,寫得非常工整,與木牘上其他文字的筆迹相同,應爲户口簿和算簿的書寫者所寫。根據同出木牘書信可知,墓主通常被致信人尊稱爲"卿"。這至少説明兩點:第一,此"卿"字不是出自墓主本人之手;第二,此木牘文書是呈遞給墓主的。换句話説,墓主是主管此類文書的縣級官吏,或者處理此類文書是墓主生前的職責之一。《簡報》關於墓主爲掌握一定權力的縣吏的判斷應是可靠的。

除了户口簿和算簿之外,墓中所出 19 號木牘和 23 號木牘爲財務收支統計文書,雖然文字多有漫漶,難以全部識别,但是所涉及"出錢"、"余錢"、"居積"等事項十分清楚。表明這類文書也在墓主的職掌範圍之内。

22 號木牘是一位身份爲"工"的人寫給墓主的書信,内容涉及造樓所需材料、人工以及工錢等事項。表明工程修建之類的事務也在墓主的職掌範圍之内。

5 號木牘書信涉及請托之事,内容如下:"丙充國謹伏地再拜請孟馬足下:春氣始至,願孟爲侍前强幸酒食,慎出入。謹伏地再拜言,充國所厚善樣更,充國願孟幸厚薦左右。充國伏地幸甚。有[來][者],充國願得奉聞孟緩急毋恙。☑[伏]地再拜。"《簡報》上公布了這枚木牘的釋文和圖版,後有多位學者撰文對釋文進行討論解讀,糾正了部分釋文。[①] 不過仍有未

① 劉樂賢:《天長紀莊漢墓"丙充國"書牘補釋》;何有祖:《天長漢墓所見書信牘管窺》,均載《簡帛》第三輯,上海古籍出版社,2008。

盡之處,這次我們根據圖版,亦參酌各家意見,重新厘定釋文如上。其中"棖更"二字,《簡報》作"□吏",何有祖作"槿(勤)吏"。細審圖版,當作"棖更",爲人名。棖姓亦是當地的大姓之一,同批木牘多見棖姓者,如11號木牘有棖遂,17號木牘有棖翁中、棖中翁、棖卿、棖中君、棖少君等。根據這封信的内容來看,可知是丙充國寫給墓主謝孟的一封請托信,丙充國希望謝孟能够提携與自己交情深厚的友人棖更。這封信也透露出墓主謝孟在官吏的選署任免方面有一定的權力。

21號木牘爲棖遂致墓主謝孟的書信,其中有一段話説"謹使兩從者奉書伏地再拜再拜,孟幡車幾幸以賈賜之,遂乏毋車甚甚。"("兩"字,《簡報》未釋,今據圖版補;"乏"字,《簡報》作"止",今據圖版改。)[①]意思是希望謝孟能够把他的幡車作價賣給自己。這表明墓主擁有幡車。"幡車",即"轓車"。根據孫機的考證,轓車跟軺車大同小异,"它比軺車衹增加一對車耳。車耳是裝在車輢上部用以遮住車輪頂部的擋泥板,多呈長方形,外側有垂下的邊板。"《漢書・景帝紀》載,景帝中元六年五月下詔曰:"夫吏者,民之師也,車駕衣服宜稱。吏六百石以上,皆長吏也,亡度者或不吏服,出入閭里,與民無异。令長吏二千石車朱兩轓,千石至六百石朱左轓"。顔師古注引應劭曰:"車耳反出,所以爲之藩屏,翳塵泥也。二千石雙朱,其次乃偏其左。"漢畫像石、畫像磚上皆有轓車的圖像。[②] 朱兩轓車和朱左轓車的圖像亦見於漢墓壁畫中,比如河南滎陽萇村東漢壁畫墓前室車馬出行圖中有朱左轓車一乘。左右車輢各向外伸出一轓(擋泥板),上部向外翻出,恰可將車輪遮住,正與應劭所云"車耳反出"相符,而且起到了"翳塵泥"的作用。轓的顔色左朱紅(即朱左轓),右墨皂。車前上方有榜題"口陵令時車"。此墓壁畫中亦有朱兩轓軺車兩乘,其形制與朱左轓車無大的差别,唯車輿兩邊的車耳都是朱紅色(即朱兩轓)。其中一乘車前上方榜題"巴郡太守時車"。另一乘車前上方榜題"濟陰太守時車"。[③] 轓車是級别比較高的官吏乘坐的車輿,因此漢鏡銘文中有"作吏高遷車生耳"之語。"幡車"也可能是"藩車"或者"軒車"。[④]《續漢書・輿服志》劉昭注曰:"車有藩者謂之軒"。《説文解字》:"軒,曲輈藩車也。"《漢書・游俠傳・陳遵傳》:"始遵初除,乘藩車入閭巷。"顔師古注曰:"藩車,車之有屏蔽者。"軒車通常是卿士乘坐的車輿。[⑤] 無論幡車的具體形制如何,墓主擁有幡車,表明他具備一定的地位和經濟實力。

根據上述分析可知,墓主的職掌範圍至少包括户口、財務、官吏選署等方面。按照《續漢

---

① 此木牘編號《簡報》作20,係因出土原始序號爲20的木牘無字而越過編號,今恢復原始序號作21,其後的編號依次遞增。

② 孫機:《漢代物質文化資料圖説》,北京:文物出版社,1990,93頁。

③ 鄭州市文物考古研究所、滎陽市文物保護研究所:《河南滎陽萇村漢代壁畫墓調查》,《文物》1996年第3期;于炳文:《漢代朱轓軺車試考》,《考古》1998年第3期。

④ 孫機,前揭書,93頁。

⑤ 劉永華:《中國古代車輿馬具》,上海辭書出版社,2002,115頁。

書・百官志》的記載,户口之事由户曹主管,貨幣財務之事由金曹主管,官吏選署之事由功曹主管。而墓主統領上述諸職,説明他的身份衹有兩種可能性,或爲縣長吏,或爲縣功曹。

三、功曹身份的推定

首先,從墓葬形制來看,該墓等級可能低於縣令長而屬於縣丞以下的地方官吏。《荀子・禮論》和《莊子・天下》皆載:"天子棺椁七重,諸侯五重,大夫三重,士再重"。大量墓葬考古資料表明,秦漢時期的喪葬制度基本上沿襲了周制,雖然在隨葬禮器組合的數量要求方面呈現出越來越不嚴格的趨勢,但在棺椁形制方面則大體遵循了這種等級制度。研究表明,漢代六百石以下官吏的墓葬和戰國時期士級墓葬的棺椁形制相類,爲一棺一椁。[①] 除了棺椁數量的多寡之外,椁室内部結構的不同,往往也體現出墓葬之間的等級差异。從安徽地區的西漢墓葬來看,縣令長級的墓多爲一棺重椁,椁室内分爲頭厢、左右邊厢、足厢和棺厢五部分。而縣丞以下的地方官吏墓,多爲一棺一椁,椁室内設有一棺厢、一邊厢和頭厢(或足厢),有的僅有邊厢和棺厢。[②] 根據《簡報》,該墓爲木椁墓,葬具爲一棺一椁,椁内有一棺厢、一邊厢和一頭厢。其形制低於前述縣令長墓而與縣丞以下地方官吏墓級别相當。因此墓主的官職很可能未至縣長(據1號木牘"户口簿",其縣户數爲九千一百六十九,低於萬户,應設縣長),而爲縣丞以下某職。

其次,根據15號木牘書信,墓主的地位很可能低於縣丞。15號木牘是東陽丞英横[③]給墓主的一封回復書信,正面封題爲:"進謝卿",背面正文爲:"卿體不便,前日幸爲書屬宋掾使。横請:東陽丞英横宜身至床下,敀(迫)不給,謹請司空伏非奉謁伏地再拜謝,因伏地再拜請病。"漢代書信用語尤其是稱謂十分講究,即使地位相當,致信人通常也會在稱謂上貶低自己而抬高收信人,以達到示敬的目的。但從這封信的用語來看,致信人自具職銜姓名"東陽丞英横",没有使用"賤子"、"使前"之類特别示敬的自謙之詞。這似乎表明,英横的職位很可能高於墓主。而英横爲東陽縣丞,那麽,墓主的職位也就不可能是高於縣丞的縣令長。

第三,《簡報》指出,墓主是東陽縣掌握一定權力的官吏。如果這一判斷可靠的話,則可以排除墓主的職位爲東陽縣丞或縣尉的可能性。因爲前引15號木牘表明當時的東陽丞爲英横,另26號木牘有"太守君求東陽尉謝高子"等語,顯示其時東陽尉爲謝高子。這樣一來,

---

① 傅聚良:《西漢長沙國千石至斗食官吏的墓葬》,《考古》2005年第9期。

② 李湘:《安徽地區漢代墓葬研究》,碩士學位論文,安徽大學,2010。

③ "英横",《簡報》作"莞横";何有祖《天長漢墓所見書信牘補釋一則》(武漢大學"簡帛網"2011年4月29日)改釋作"英横",可從。

墓主的身份就衹剩下縣功曹的可能性。

那麽墓主是否有可能爲縣功曹呢？這需要從功曹的職掌著手進行考察比照。有關縣功曹的資料，史籍中不多見，但有大量關於郡功曹的資料，可資參照。前人已對此多有探討，[①]這裏僅參酌略述。

相關記載和已有研究表明，功曹在郡府自辟屬吏中地位最高，深得守相親重，號稱“郡之極位”，[②]時人將其等同於朝廷的相國，王充《論衡・遭虎篇》説：“功曹之官，相國是也”。“功曹，衆吏之率。”史籍中常見太守委政於功曹的事例，如《後漢書・馮勤傳》：“初爲太守銚期功曹，有高能稱。期常從光武征伐，政事一以委勤。”《後漢書・黨錮傳序》：“汝南太守宗資任功曹范滂，南陽太守成瑨委功曹岑晊。二郡又爲謠曰：汝南太守范孟博，南陽宗資主畫諾；南陽太守岑公孝，弘農成瑨但坐嘯。”於此可見功曹地位之崇隆。尹灣 6 號漢墓墓主爲東海郡功曹師饒，墓中所出名謁顯示，上至東海郡太守、沛郡太守、琅邪郡太守、容丘侯、良成侯，下至五官掾、卒史等，皆遣吏奉謁，向墓主請安問疾，其生前地位之尊崇亦可見一斑。

關於功曹的職掌，《續漢書・百官志》云：“主選署功勞。”即主要負責一郡吏員的考績升遷、任免賞罰等具體事務。史籍中關於功曹主選署黜用、議論賞罰之例甚多，不煩枚舉。尹灣漢墓簡牘中有《東海郡下轄長吏名籍》，記載了東海郡下轄縣和侯國包括鹽、鐵官在内的 140 位長吏的遷除補資料，所記内容包括各自的現職、籍貫、姓名、故職、遷補除情況。又有《東海郡下轄長吏不在署、未到官者名籍》，記録了東海郡下轄屬縣長吏的日常考勤細目。這類勤務簿籍是官吏升遷黜補的參考依據之一。上述名籍皆出自東海郡功曹師饒的墓中，應屬墓主之職掌，驗證了史籍中關於功曹主“選署功勞”的記載。當然，功曹的職掌範圍并不局限於“選署功勞”，而是更爲廣泛。《五行大義・論諸官》引述了翼奉關於尉曹、户曹、金曹、倉曹、功曹等“五官六府”與五臟、五行相配的論説，其中説到“脾之官功曹，土性信，出稟四方，功曹事君以信授教四方也。”“功曹以小府爲府，與四曹計議，小府亦與四府籌用……游徼、亭長外部吏，皆屬功曹。”可見，除了本曹事務之外，功曹實際上統領尉曹、户曹、金曹、倉曹等諸曹事務，同時兼領小府之事，可謂“職總内外”、“總揆衆務”。[③]

除了前述《東海郡下轄長吏名籍》和《東海郡下轄長吏不在署、未到官者名籍》之外，尹灣漢墓所出還有《集簿》、《武庫永始四年兵車器集簿》等，亦屬墓主生前職掌範圍内的文書檔案。其中上計文書性質的《集簿》的内容包括：東海郡所轄縣邑侯國鄉亭數量以及郡地區

---

① 代表性的論著如嚴耕望：《秦漢地方行政制度》，上海古籍出版社，2007，119—122 頁、224—225 頁；黎明釗：《漢代地方官僚結構——郡功曹之職掌與尹灣漢墓簡牘之關係》，張忠培、許倬雲主編：《中國考古學跨世紀的回顧與前瞻》（1999 年西陵國際學術研討會文集），北京：科學出版社，2000。後文即在此基礎之上寫成。

② 《後漢書・張酺傳》注引《漢官儀》曰：“督郵、功曹，郡之極位。”

③ 嚴耕望，前揭書，119—122 頁；黎明釗，前揭文。

面積、全郡吏員人數；户口總數、男女人數以及高年人口數和幼小人數的分段統計，春時賑濟貧困户數、口數以及用穀數；耕地面積、播種情況統計；年度錢、穀收支統計；縣、鄉三老及孝弟、力田人數的統計。這些内容基本上涵蓋了諸曹行政事務，也證實了郡功曹"總揆衆務"的地位。同時也説明，郡級上計文書很可能最終是由功曹統合製作完成的。除了居府治事之外，功曹也時常出行各地處理政務。尹灣6號漢墓所出《元延二年日記》顯示，墓主在當年十月"署功曹"之後，仍然有多次外出視事的活動。[①]

和林格爾漢墓壁畫也提供了關於功曹職權範圍的情形，壁畫表明右賊曹、左賊曹、尉曹、右倉曹、左倉曹、金曹、閣曹、塞曹、兵弩庫等諸曹均統屬於功曹。[②] 而壁畫中的"兵弩庫"也在功曹的管轄範圍之内，正與尹灣6號漢墓所出《武庫永始四年兵車器集簿》亦屬墓主功曹師饒所轄相呼應。功曹雖爲文吏，主管文職事務，但也有功曹參與作戰的記載。[③]

縣功曹的地位和職掌範圍可以參照上述郡功曹類列比附，同樣職總一縣内外衆務，是縣廷的主要屬吏，在縣屬吏中地位最高，職權最大，有主吏之稱。《史記・曹相國世家》："蕭何爲主吏，居縣爲豪吏。"《史記・蕭相國世家》："何以文無害，爲沛主吏掾。"《索隱》："《漢書》云'何爲主吏'。主吏，功曹也。又云：'何爲沛掾'，是何爲功曹掾也。"前述《五行大義》所引翼奉之語云："游徼、亭長外部吏，皆屬功曹。"當是指縣功曹而言。選署人才亦是縣功曹的職責之一，武梁祠東壁畫像第五層左邊刻縣功曹下軺車跪迎於處士乘坐的牛車前。雖然此畫意在表現祠主安衡門之陋、辭官不就的氣節，但也從側面證實了功曹負責選薦人才的職責。[④]

明確了功曹的職掌和地位之後，我們可以將前述分析所獲墓主的信息與之進行比對，看看是否相合。首先，從墓主所掌户口簿、算簿文書來看，與功曹負責上計文書的最終統合製作的情形相合。根據前面提到的尹灣6號漢墓所出上計文書底本《集簿》可知，户口數的統計是其中必備的一項重要内容。因此，該墓所出户口簿、算簿應是用於製作縣級上計《集簿》的分項統計原始底本。

其次，從墓主所掌錢金出入簿來看，與功曹兼領小府事相合。前引翼奉語云："功曹有二府。""功曹以小府爲府，與四曹計議，小府亦與四府籌用。"所謂四曹，指户曹、倉曹、金曹和尉曹，小府指守相令長私藏内庫。由於錢金出入簿字迹過於漫漶，無法得知具體的出入錢數及用途，不能完全排除其爲私人賬簿的可能性，而且其中涉及到購買物品、購買田地等事項。不過，從墨迹來看，其爲一次性寫成，且有結餘統計，應是專門製作的收支賬簿，而且有的單次支出額度達到五萬錢。從這些綫索來看，它們當不是純粹私人性質的賬簿，很可能是屬於

① 連雲港市博物館等：《尹灣漢墓簡牘》，北京：中華書局，1997。

② 内蒙古自治區文物考古研究所編：《和林格爾漢墓壁畫》，北京：文物出版社，2007，18頁。

③ 參見黎明釗，前揭文。

④ 蔣英炬主編：《中國畫像石全集》第一卷《山東漢畫像石》，鄭州：河南美術出版社，2000。

小府的賬簿。

第三,從5號木牘丙充國的請托書信内容來看,墓主在官吏的選署任用方面頗有决定權,與功曹主管官吏考績升遷、任免黜用相合。

第四,根據前文對隨葬物品的分析可知,墓主帶劍、佩書刀、使用硯臺、主管上計文書,與尹灣6號漢墓所出隨葬器物相類。尹灣6號漢墓的墓主師饒爲東海郡功曹,其棺内出土了大量隨葬物品,其中包括板研一件,書刀三件,鐵劍一件,上計簡牘文書多件。[①] 兩座墓葬的上述隨葬物品組合呈現出明顯的相似性,在一定程度上暗示了墓主身份職掌之間的相似性。

第五,前文的分析表明,墓主帶劍、乘車,與文獻記載和漢代畫像資料中的功曹形象相符。《續漢書·輿服志》云:"公卿以下至縣三百石長導從置門下五吏:賊曹、督盜賊、功曹皆帶劍,三車導,主簿、主記兩車爲從。縣令以上,加導斧車。"可見,在長吏的出行儀式中,功曹須帶劍、乘車爲導。從出行順序來看,賊曹車先行,其後爲督盜賊車,其後爲功曹車,功曹車之後是主車。主車之後則是主簿車和主記車。功曹車緊列主車之前,也在一定程度上顯示了其崇隆的地位。從漢代畫像資料來看,長吏出行時,功曹車的確位於主車之前,與文獻記載相合。比如武氏祠前石室後壁横額畫像即刻劃了縣令出行的車騎隊伍場景:前有二導騎和榜題"門下賊曹"、"門下游徼"、"門下功曹"的三輛軺車前導,緊跟著六從騎、二伍伯夾護的"令車",最後有"主簿車"隨從。出行隊伍前有人執笏恭迎,後有一人恭送。[②] 漢畫像中功曹形象亦帶劍,比如望都漢墓壁畫所繪門下功曹即是帶劍的形象。[③]

鑒於墓主信息在上述幾個方面均與功曹相合,因此本文推測其生前很可能曾任縣功曹一職。《簡報》稱該墓葬地屬於漢代臨淮郡東陽縣,墓中所出木牘書信題封中有"進東陽謝孟"等語,且時人有死後歸葬故鄉之俗,因此可以判定墓主的籍貫當爲東陽縣。如果本文關於墓主曾任縣功曹的推斷成立,考慮到漢代郡縣屬吏通常由本地人充任,那麼墓主則很有可能在本籍任職,爲東陽縣功曹。

---

① 連雲港市博物館等:《尹灣漢墓簡牘》,北京:中華書局,1997。

② 蔣英炬主編,前揭書。

③ 北京歷史博物館、河北省文物管理委員會編:《望都漢墓壁畫》,北京:中國古典藝術出版社,1955。

安徽天長紀莊漢墓"賁且"書牘解釋[①]

復旦大學出土文獻與古文字研究中心　[日]廣瀨薰雄

内容提要　安徽天長紀莊漢墓 M19:40-10 木牘是賁且致墓主謝孟的書信,我們將其稱作"'賁且'書牘"。該木牘的圖版和釋文公布之後,引起多位學者的關注和討論。本文擬在既有研究基礎上,對"賁且"書牘再作全面解讀,分兩個部分進行討論:第一部分是該木牘的釋文、注釋、白話翻譯;第二部分從漢代歷史研究的角度對此木牘加以分析。

關鍵詞　"賁且"書牘　與廣陵長史卿俱　行守丞　上計　逋亡逃事

安徽天長紀莊漢墓 M19:40-10 木牘是一個叫賁且的人寫給墓主謝孟的書信。[②] 參考劉樂賢先生的命名方法,我們把它叫做"'賁且'書牘"。[③] 此信的開頭説"賁且伏地再拜請,孺子孟馬足下"。賁且既然叫謝孟"孺子孟",當是謝孟的長輩。

關於這枚木牘,發掘簡報有釋文。此釋文的水平相當高,爲我們進行研究打下了很好的基礎,唯一可惜的是此釋文没有斷句。發掘簡報發表後不久的 2006 年 12 月,何有祖先生發

---

① 本文爲第 40 回(平成 23 年度)三菱財團人文科學研究资助《周縁領域からみた秦漢帝国の総合的研究》成果之一。

② 天長市文物管理所、天長市博物館:《安徽天長西漢墓發掘簡報》,《文物》2006 年第 11 期。以下簡稱"發掘簡報",稱其撰寫者爲"整理者"。

③ 劉樂賢:《天長紀莊漢墓"丙充國"書牘補釋》,武漢大學簡帛研究中心主辦《簡帛》第三輯,上海古籍出版社,2008;劉樂賢:《戰國秦漢簡帛叢考》,北京:文物出版社,2010。以下簡稱"劉文"。劉文討論的是 M19:40-5 木牘。這是一個叫丙充國的人寫給墓主謝孟的書信,劉文稱之爲"'丙充國'書牘"。

表了《安徽天長西漢墓所見西漢木牘管窺》。① 2007年5月,山田勝芳先生利用發掘簡報所載的木牘探討漢代女性的徭役問題,其中也有關於"賁且"書牘的較爲詳細的解釋。② 2008年4月,王貴元先生也對這些木牘進行了全面的討論。③ 他們都提出了許多很好的意見。我們拜讀了這些研究後,獲益甚多,同時也産生了一些自己的看法。現在寫出我們對"賁且"書牘的解釋。希望方家批評指正。

一

【釋文】

賁且伏地再拜請,
孺子孟馬足下[1]:賁且賴厚德[2],到東郡。幸毋(無)恙。賁且行守丞[3],
上計[4],以十二月壬戌到雒陽[5],以甲子發[6],與廣陵長史卿俱[7]。以賁且家
室事羞辱左右[8],賁且諸家死有餘罪。毋(無)可者,各自謹而已;家毋(無)
可鼓者,且完而已[9]。賁且西,故自亟爲所以請謝者[10]:即
事復大急[11],幸遺賁且記[12];孺子孟逋亡桃(逃)事[13],願以遠謹 (以上A面)
爲故[14]。書不能盡意[15],幸少留意志[16]。逋至,未留東陽[17],毋使逋
大事。寒時幸進酒食。連(?)察諸[18]。賁且過孟故縣[19]。毋緩急[20],
以吏亡(無)劾[21],毋(無)它(他)事。伏地再拜。
孺子孟馬足下。 (以上B面)

【注釋】

[1]此處何文、王文斷句爲"賁且伏地再拜請:孺子孟馬足下……"。今按:以在"馬足下"下用冒號爲宜。《司馬遷報任少卿書》,《文選》卷四一以"太史公牛馬走司馬遷再拜言,少卿足下"起句,《漢書・司馬遷傳》則以"少卿足下"起句,可參。

---

① 簡帛網首發,2006年12月19日。此文後來改名爲《天長漢墓所見書信牘管窺》,發表於《簡帛》第三輯。以下簡稱"何文"。

② 山田勝芳:《前漢武帝代の地域社会と女性徭役—安徽省天長市安楽鎮十九号漢墓木牘から考える—》,《集刊東洋學》97,仙臺:東北大學中國文史哲研究會,2007。此文有中文譯本,莊小霞譯:《西漢武帝時期的地域社會與女性徭役——由安徽省天長市安樂鎮十九號漢墓木牘引發的思考》,《簡帛研究二〇〇七》,桂林:廣西師範大學出版社,2010。但山田先生没有參考何文。他在論文末尾加附記,説"我認爲,雖然何先生的論文在文字解釋上有值得參考的地方,但拙文的解釋基本上没有修改的必要。"(這是我們自己所做譯文,與莊先生的翻譯有所不同)他仍然保持何文已經糾正的錯誤解釋,因此他對"賁且"書牘的釋讀有不少問題。我們不一一指出其錯誤,只介紹山田文中有新意的地方。

③ 王貴元:《安徽天長漢墓木牘初探》,張光裕、黄德寬主編《古文字學論稿》,合肥:安徽大學出版社,2008。以下簡稱"王文"。

[2]“賴厚德”的説法亦見《楚辭·九辯》:“賴皇天之厚德兮,還及君之無恙。”

[3]“行守丞”,疑是“行守丞[事]”的意思。傳世文獻中偶爾有寫漏“行……事”之“事”字的例子,如《後漢書·光武紀》建武二十七年條:“驃騎大將軍行大司馬劉隆即日罷”。關於行官,參看[日]大庭脩:《漢代官吏的兼任》(收入林劍鳴等譯《秦漢法制史研究》,上海:上海人民出版社,1991)。

[4]計,整理者作“訂”,此從何文釋。此處何文、王文斷句爲“上計以十二月壬戌到雒陽”。今按:“上計以十二月壬戌到雒陽”不成句,“上計”下應當逗開。

[5]雒,整理者、王文作“洛”,此從何文釋。

[6]此處何文、王文斷句爲“以甲子發兵廣陵”。今按:此斷句不可從。按照其斷句,賁且爲上計之事十二月壬戌之日到了雒陽,第三天就發兵前往廣陵。賁且當是代理臨淮郡守丞的官員(詳見下一節),根本没有發兵的權力,而且這次是來上計的。他帶雒陽的兵去廣陵顯然不合情理。此處當以“以甲子發”爲一句。類似的句式有《漢書·李陵傳》“以九月發,出遮虜鄣”等。

[7]與,整理者釋作“兵”。“俱”字下,原釋文有“□”。今按:所謂“兵”字當是“與”字。“與某某俱”是很常見的句式。簡文字形如下:

從字形看,整理者釋此字爲“兵”有一定的道理。但漢代有“與”與“兵”相混的現象,如馬王堆帛書《戰國縱横家書》有這種例子(參看裘錫圭:《讀〈戰國縱横家書釋文注釋〉札記》之第(16)條,《中國出土古文獻十講》,上海:復旦大學出版社,2004,369頁),據我們統計,《戰國縱横家書》中這種現象一共有20例(91行、137行、147行、150行、152行、153行(2例)、156行(3例)、158行、166行(2例)、176行、177行、226行、229行、236行、257行、269行)。在此介紹一部分例子:

91行:臣以足下之所兵〈與〉臣約者告燕王。

177行:秦不能兵〈與〉燕趙争。

269行:秦因大怒,益師,兵〈與〉韓是(氏)戰於岸門。

可見漢代“兵”、“與”訛混的現象廣泛存在。根據以上情況,此字釋作“兵”或“與”似都不算錯。在此根據文義逕釋作“與”。關於原釋文的“□”及此處的斷句,參看本文附記。

[8]差,整理者作“受(?)”,此從何文釋。今按:左右,在書信中常指對方。不直稱對方,表示尊敬。《司馬遷報任少卿書》:“是僕終已不得舒憤懣以曉左右。”此外,M19:40-5“充國願孟幸厚鬻(?)左右”之“左右”,似與此同例。

[9]何文:“自謹”指自我約束。《史記·三王世家》“王可自謹,無自令身死國滅,爲天下笑。”今按:“無可者,各自謹而已”與“家無可鼓者,且完而已”當是并列句。據此可知,前一句“毋可者”之“可”下可能有脱字;後一句“且完而已”之“且”是“賁且”。也就是説,前一句是“各”去做“自謹”,後一句是賁“且”一人去做“完”。具體的意思待考。何文讀“鼓”爲“屬”,認爲“可屬者”是可托付的人;王文認爲“鼓”通“顧”,指出錢僱人服役。

[10]今按:亟,急也(參看《故訓匯纂》“亟”字條,商務印書館,2003,66頁)。此處“謝”指的當是謝孟。“自亟爲所以請謝者”的意思是“(因爲賁且要向西方去)自己主動地(即不能等謝孟提出來)抓緊做要向謝孟請求的事”。此下兩句“即事復大急,幸遺賁且記”、“孺子孟逋亡桃(逃)事,願以遠謹爲故”是其具體内容。

[11]即,整理者作“即(?)”,何文、王文逕作“即”。復,整理者作“復(?)”,何文逕作“復”,王文作“近”。今按:此處“即”疑是如果的意思(何文)。“即事復大急”的意思是“如果事情又出現非常緊急的情況”。

[12]遺,整理者作“遣”,此從何文釋。

[13]逋,整理者作“通”,何文作“歸”。今按:此字在本木牘中有三例:

A 面第 6 行:△亡桃(逃)事

 B 面第 1 行:△至未留東陽

B 面第 1 行:毋使△大事

張家山漢簡《二年律令》有 5 例“逋”字(143、157、398、399、482 號簡),在此列舉較爲清晰的 3 例:

143 號簡　157 號簡　399 號簡

再看看以下“脯”字之“甫”的字形:

馬王堆三號墓遣策 267 號簡　張家山二四七號墓遣策 21 號簡

逋,逃也。“逋亡”,如《史記·秦始皇本紀》秦始皇三十三年條:“發諸嘗逋亡人、贅壻、賈人略取陸梁地,爲桂林、象郡、南海,以適遣戍。”逃事,逃避勞役,如《韓非子·詭使》:“士卒之逃事伏匿、附托有威之門,以避徭賦。”逋事,如睡虎地秦簡《法律答問》164 號簡:“可(何)謂逋吏(事)及乏䌛(徭)? 律所謂者,當䌛(徭),吏、典已令之,即亡弗會,爲逋吏(事)……”總之,“孺子孟逋亡逃事”是説謝孟逃避了勞役。

[14]此處何文斷句爲“願以遠,謹爲故書,不能盡意”;王文斷句爲“願以遠。謹爲故書,不能盡意”。今按:當以“願以遠謹爲故”爲一句(下一句“書不能盡意”是書信的常用句。見

下注。“以……爲故”是漢代常用的句式。《漢書·吴王劉濞傳》“以侵辱之爲故”孟康注云:“故,事也。”顔師古注云:“言專以侵辱諸侯爲事業。”“遠謹”疑是“即使身在遠方,但謹慎行事”的意思。

[15]今按:“書不能盡意”,書信不能完全地表達自己的心意。《司馬遷報任少卿書》:“書不能盡意,故略陳固陋。”此外,東牌樓東漢簡牘有“書不悉”、“言不悉”之辭,如“書不悉,小大休罪”(三三/1065號)、“言不悉,不以身爲憂念”(三四/1137號)等,亦可參考。

[16]今按:“少留意志”當是傳世文獻所見的“少留意”,是稍微留意的意思。如《史記·蘇秦列傳》:“今無臣事秦之名而有彊國之實,臣是故願大王少留意計之”,《李斯列傳》:“不敢避斧鉞之誅,願陛下少留意焉”,《賈誼新書·益壤》:“若使淮南久縣屬漢,特以恣奸人耳。惟陛下幸少留意”等。

[17]未,整理者作“來”,此從何文釋。何文:這小句(引者按,即“逋至未留東陽”)大意是歸到了東陽,但是没有作停留。今按:如果他所釋爲“歸”的字確實是“逋”字,謝孟不可能“逋”到東陽去。頗疑“逋至”與“未留東陽”要逗開,大意是“(謝孟)逃避勞役過來了,没有留在東陽”。

[18]“連(?)”,整理者缺釋,何文作“甚(?)”,王文作“遵”。今按:此字簡文如下:

1. [字形]“連(?)”　　2. [字形]張家山漢簡遣策18號簡“車”

漢代“車”字有時候按“十”→“田”→“十”這種筆順寫(參看上揭“車”字),我們所謂“連”字的“車”似就是按照這個筆順寫的。如果此字確實是“連”,此處或許是頻、繼續的意思(參看楊樹達:《詞詮》卷二“連”條,北京:中華書局,1954,82頁)。“諸”,指示代詞(《詞詮》卷五“諸”條,202頁)。“連察諸”的大意疑是“請頻繁地好好想想(以上所請求的)這些事”。

[19]孟,整理者作“還”,此從何文釋。

[20]緩,各家作“綬”,此從劉文釋。今按:緩急,謂危急或發生變故之事。天長漢簡中還有“緩急毋恙”的例子(M19:40-5、M19:40-18),參看劉文第六條“充國謹得奉聞,孟能急毋恙”。

[21]吏,整理者作“支”,此從何文釋。今按:此處的意思是,“因爲官員没有彈劾,(平安無事)”。

【白話譯】

賁且伏地再拜請,孺子謝孟閣下:

托皇天的洪福,我到了東郡。希望你安然無恙。我代理守丞去上計,十二月壬戌之日到了雒陽,其兩天後的甲子之日從雒陽出發,與廣陵國的長史同行。由於我的家事讓你蒙羞受辱，我諸家死有餘辜。如果没有可以……的人的話，各自自己約束自己而已；如果家裏没有可以“鼓”的人的話，我自己“完”而已。我要向西方去，所以自己抓緊做要向謝孟請求的事：如果事情又出現非常緊急的情況的話，請給我書信；你逃避了勞役，希望你即使身在遠方，也盡力謹慎行事。書信不能完全地表達自己的心意，請稍微留意。你逃避勞役過來了，没有留在東陽，不要（你的這次行爲）致使逃避大事。現在天氣寒冷，請多吃多喝。請頻繁地好好想想這些事（？）。我經過了你的故縣。没發生什麽變故，因爲官員没有彈劾，平安無事。伏地再拜。

孺子謝孟閣下。

二

此木牘中最有意思的是提到上計的事：

賁且行守丞，上計，以十二月壬戌到雒陽，以甲子發，與廣陵長史卿俱。

我們在第一節已經説明，此“上計”之“計”，整理者原來釋爲“訂”，後來何有祖先生指出是“計”字。這一改釋非常重要。因爲這一改釋我們得到了能窺見西漢時期上計制度實際情况的資料。[①] 本節從上計制度的角度對此木牘進行分析。[②]

我們首先看一下寫信人賁且的身份。他是代理“守丞”上計的，此“守丞”是“郡太守之丞”的意思。[③] 西漢時期，郡派遣守丞上計，王國派遣長史上計。

（1）《漢書·循吏傳·王成傳》：地節三年下詔曰……後詔使丞相、御史問郡國上計長吏、守丞以政令得失……

（2）《漢書·循吏傳·黄霸傳》：五鳳三年……時京兆尹張敞舍鶡雀飛集丞相府，霸以爲神雀，議欲以聞。敞奏霸曰：“竊見丞相請與中二千石、博士雜問郡國上計長吏、守丞……

（3）《續漢書·百官志一》“司徒條”劉昭注所引《漢舊儀》：……郡國守[丞]、長史上計事竟，遣公出庭，上親問百姓所疾苦。記室掾史一人大音讀勑畢，遣勑曰：“詔書殿

① 懸泉置漢簡中也有一些與上計有關的記載，侯旭東《從朝宿之舍到商鋪——漢代郡國邸與六朝邸店考論》收集、整理這些材料，可參。蒙侯先生賜知，此文將在《清華大學學報》2011 年第 4、5 期上發表；日文版將發表在《中村圭爾先生退官記念文集》上。我們承侯先生厚意，提前讀到了此文。謹此致謝。

② 關於漢代的上計制度，參看鎌田重雄《郡国の上計》，《秦漢政治制度の研究》，東京：日本學術振興會，1962。以下簡稱“鎌田文”。我們在本文中引用的資料都是鎌田文引用過的。

③ 鎌田文 390—391 頁。另外，鎌田重雄《楽浪封泥に見えたる守丞と長史》（收入《秦漢政治制度の研究》）也詳細討論“守丞”的意思，并介紹幾個“郡名+守丞”的例子，可參。

下禁吏無苛暴。[守]丞、[長]史歸告二千石,順民所疾苦……"[①]

(4)《續漢書·百官志一》"司空條"劉昭注所引《漢舊儀》:御史大夫勑上計[守]丞、長史曰:"詔書殿下布告郡國:臣下承宣無狀,多不究,百姓不蒙恩被化,守[丞]、長史到郡,與二千石同力爲民興利除害,務有以安之,稱詔書……"[②]

懸泉置漢簡 IIT0115③:205 也有"守丞"上計的記載:

……朔己未,敦煌大守千秋、守部候修仁□□□、丞破胡謂☑

與守丞俱上永光三年計丞相府,乘用馬二匹,當舍傳舍,從者如律令。掾光,書佐順。二月甲□☑[③]

傳世文獻的例子充分説明,皇帝、丞相、御史大夫等中央政府最高層的人要知道各郡國的情況、輿論時,經常向上計來的守丞、長史詢問。所以有"百郡計吏,觀國之光"的説法(見《續漢書·百官志二》"大鴻臚條"劉昭注所引永元十年大匠應順上言)。可以説,守丞、長史是作爲郡國的代表被派往長安的。賁且雖然不是守丞,但既然能代理守丞上計,應該是在郡府裏有一定地位、聲望的人。

饒有趣味的是"與廣陵長史卿俱"一句。"廣陵長史"是廣陵國的長史,顯然也是爲上計來的,因此賁且才"與廣陵長史俱"(可以參考上引懸泉置漢簡"與守丞俱上永光三年計丞相府"一句)。天長紀莊 19 號墓屬於漢代臨淮郡東陽縣,該墓以南就是廣陵國屬地。[④] 我們懷疑賁且可能是臨淮郡的官員;因爲臨淮郡與廣陵國相鄰,賁且與廣陵長史一起去上計。

其次復原一下賁且當時的行程。如果他果真是臨淮郡的官員,應該從臨淮郡治所的徐縣出發。他在書信的開頭説"到東郡",然後説"以十二月壬戌到雒陽,以甲子發"。此"東郡"指的疑是東郡治的濮陽,賁且可能是從濮陽走水路(黄河)去雒陽的。再然後,他説"西"。此"西"説的應是去當時的京師長安。大概是從武帝末年開始,上計是正月元日舉行,而且皇帝親自受計。如《續漢書·禮儀志中》劉昭注所引蔡質《漢儀》云:

正月旦,天子幸德陽殿,臨軒。公、卿、將、大夫、百官各陪[位]朝賀。蠻、貊、胡、羌朝貢畢,見屬郡計吏,皆[陛]覲,庭燎……[羣]計吏中庭北面立……

① 北京:中華書局標點本,1965,3561 頁。"郡國守[丞]、長史上計事竟"之"丞"字,據孫星衍輯《漢舊儀》補。"[守]丞、[長]史歸告二千石"之"守"字,據文意補;"長"字,據孫星衍輯本補。孫星衍輯本的這一條,見周天游點校《漢官六種》,北京:中華書局,1990,70 頁。

② 北京:中華書局標點本,3562 頁。"上計[守]丞、長史"之"守"字,據文意補;"守[丞]、長史到郡"之"丞"字,據孫星衍輯《漢舊儀》補。孫星衍輯本的這一條,見《漢官六種》,73—74 頁。

③ 引文見張俊民《敦煌懸泉置出土漢簡所見人名綜述(一)》,《隴右文博》2006 年第 2 期;簡帛研究網,2007 年 4 月 28 日。斷句參考侯旭東《從朝宿之舍到商鋪——漢代郡國邸與六朝邸店考論》。

④ 發掘簡報云:"該墓以南爲廣陵國(今江蘇省揚州市)屬地,北部毗鄰東陽古城遺址(今江蘇省盱眙縣東陽鄉)。《漢書·地理志》的臨淮郡條目之下有東陽縣,臨淮郡遺址就在今安徽省鳳陽縣境内。在木牘文字中,多處出現'東陽'二字……由此可見,此墓的葬地屬於漢代臨淮郡東陽縣。"(20 頁)

雖然這是東漢時期的記載，但西漢中晚期的上計禮儀應該與此差不多。賁且“以十二月壬戌到雒陽，以甲子發”，并“西”，就是爲了趕正月元日的上計。[①] 從此信的記載看，此信當是賁且從雒陽到長安的路上寫的。附帶説，賁且在書信的末尾還説“過孟故縣”。那麽謝孟的故縣應該是賁且所走路綫上的某一個縣。

附圖　與“賁且”書牘有關地圖

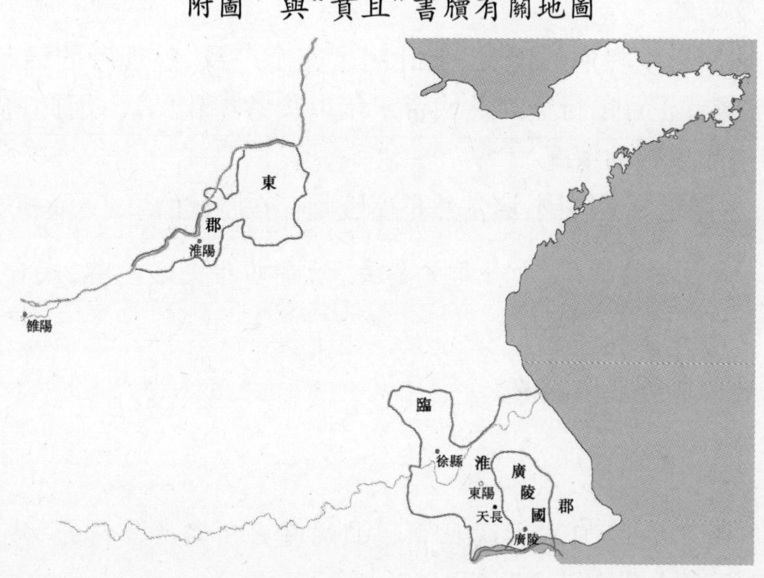

根據譚其驤主編：《中國歷史地圖集》第二册，上海：地圖出版社，1982，19—20頁製作

最後談談此信（也可以説是安徽天長紀莊19號墓）的年代。整理者根據墓葬結構和隨葬遺物推斷其年代，云：

> M19出土的陶罐與常州出土的同類器相似，陶瓮則與四川綿陽永興雙包山一號漢墓出土的同類器相似。出土的漆器中，銀釦漆奩與本地區三角圩1號墓出土的同類器相似。M19出土的星雲紋鏡是西漢中期的標準器，該鏡乳丁較少（4枚）且高，是剛出現時的特徵。因此我們推斷，此墓的年代爲西漢中期偏早。

---

① 查看懸泉置漢簡的例子，敦煌太守都是在十一月底爲上計的官員發傳文書的，如：

1. 甘露三年十一月辛巳朔乙巳，敦煌大守千秋、長史奉憙、丞破胡謂過所縣河津：遣助府佐楊永視事上甘露三年計最丞相御史府，乘用馬一匹，當舍傳舍，從者如律令。（IIT0213②:139）

2. 河平元年十一月丁未（引者按，當是“酉”之誤）朔己未，敦煌大守賢、守部騎千人愛行丞事……友上計丞相府，當舍傳舍，從者如律令。（IIT0313②:1、10）

3. 陽朔二（引者按，當是“元”之誤）年十一月丁卯，遣行丞事守部候疆奉上陽朔元年計最行在所，以令爲駕乘傳，奏卒史所奉上者。（II90DXT0112②:108）

甘露三年十一月乙巳是11月25日，河平元年十一月己未是11月23日，陽朔元年十一月丁卯是11月24日。這三例都在23—25日發傳文書，這應該不是偶然。例1見張俊民《敦煌懸泉置出土漢簡所見人名綜述（一）》，例2、3見張俊民《敦煌懸泉置出土漢簡所見人名綜述（三）——以敦煌郡太守人名爲中心的考察》，《簡帛研究二〇〇五》，桂林：廣西師範大學出版社，2008。

山田勝芳先生有不同的看法。他認爲“賁且”書牘是武帝設置廣陵郡時(元狩二年—六年)寫的東西,其中提到的“十二月壬戌”的“十二月”是元狩四年。他認爲賁且是作爲廣陵郡的“行守丞”隨從廣陵長史的,因此當時應該有廣陵郡。他還説12月8日(即壬戌)賁且到雒陽,10日發兵,隨著軍隊去東郡。但這些解釋根本不能成立,他在這種誤讀的基礎上得出的結論是很難令人贊同的。

此信所見情況與西漢中晚期的情況、上計制度完全一致,整理者的結論應該是正確的。根據鎌田先生研究,歲首正月舉行上計是武帝末年以後常規化的。[①] 因此這枚木牘所講的上計很有可能是武帝末年以後的情況。

此外,既然這枚木牘提到廣陵國,這當然是廣陵國存在時候的事。《漢書·地理志下》云:

> 廣陵國,高帝六年屬荆州,十一年更屬吴,景帝四年更名江都,武帝元狩三年更名廣陵。莽曰江平。

據此可知此信最晚也是新莽之前寫的。

附記:

本文是2011年6月5—7日在中國社會科學院歷史研究所舉行的“中國社會科學院中國古代史論壇:出土簡帛與地方社會”的宣讀論文。

本文草成後,曾寄呈高村武幸先生。高村先生對拙見提出很重要的意見,并提供與本文有關的一些研究成果的信息。

論壇上,關於“與廣陵長史卿俱以賁且家室事羞辱左右”的解釋承蒙不少學者的意見。本文第一稿此處的釋文、斷句是“與廣陵長史卿俱□。以賁且家室事羞辱左右,……”,并説“□”“當是‘去’、‘往’之類意思的字。”主持人王素先生説應該是“與廣陵長史卿俱”構成一句;另外一位主持人馬怡先生給我們介紹她調查“賁且”書牘原物時的發現,説“俱”字下有刮燒掉的痕迹,過去我們認爲是殘缺字的墨迹其實不是字;凌文超先生指出銀雀山漢簡681號簡、696號簡,居延漢簡393.1A所見“弃”字的字形與筆者所釋爲“與”的字相似(銀雀山漢簡所見“弃”字不止這兩例,參看駢宇騫編著:《銀雀山漢簡文字編》,北京:文物出版社,2001,93頁。但筆者認爲這兩個字形的差距還是比較大的)。

“賁且”書牘　銀681 　銀696 　居393.1A

論壇的會場上,侯旭東先生告知筆者,懸泉置漢簡中也有與上計有關的記載,并在會後把他的有關論文賜給筆者。

筆者已在本文的相關處吸收了各位的意見,謹此一并致謝。

---

① 鎌田文378—381頁。根據鎌田文的考證,高祖時期到武帝元鼎時期,上計在歲首十月舉行;元封時期到太始時期,在春三月泰山封禪時舉行;武帝末年以後,在歲首正月舉行。

平壤貞柏洞《論語》"孔子訊之"釋

中國文化遺産研究院　胡平生

内容提要　貞柏洞簡本《論語》保存了《論語》中最可讀、也最有趣味的《先進篇》"子路曾晳冉有公西華侍坐"章,其中與傳世本的异文值得注意,如今本"夫子哂之"等兩處"哂",貞柏洞本皆作"訊"。"訊"字皆爲"誶"字之訛,阜陽漢簡《詩經》今本之"訊"即作"誶"。傳世文獻中"誶"、"訊"通用例甚多,應爲"訊"與"誶"之异寫"誶"形近而誤。"哂"訓爲"笑";"誶"訓爲"讓"。"誶之"顯然比"哂之"感情色彩更强烈,性格特點更突出,一位喜怒哀樂情感豐富、靈動有趣的智者形象"躍然簡上"。

關鍵詞　平壤貞柏洞　《論語》　誶　訊

平壤貞柏洞364號木槨墓出土了記有漢武帝初元四年(前45)的《樂浪郡初元四年縣别户口簿》和《論語》簡牘,資料十分珍貴。承韓國學者李成市、金慶浩教授先後賜贈韓文版與日本版大作《關於平壤貞柏洞364號墓出土竹簡〈論語〉》[①],讀後大開眼界。我們已請作者找人編譯爲中文,連同竹簡圖版,即將刊於《出土文獻研究》第十輯。[②] 小文是讀韓國學者研究論文日文版時寫下的筆記,今發表出來希望能够推動平壤貞柏洞364號墓出土《論語》的研究。

平壤貞柏洞364號墓出土簡本《論語》雖已殘損,但還保存了《先進篇第十一》與《顔淵

---

① 該文由李成市、尹龍九、金慶浩共同編寫。韓文版刊於《木簡與文字》第4號,2009年12月;日文版刊於《中國出土資料研究》第14號,橋本繁譯,2010年3月。

② 中文版由劉思孟譯,見《出土文獻研究》第十輯,北京:中華書局,2011。

篇第十二》的部分内容。可貴的是殘本保存了《論語》中最可讀、也最有趣味的《先進篇》"子路曾晳冉有公西華侍坐"章。我特别感興趣的當然是貞柏洞《論語》該章與傳世本及定州本的异文,"孔子訊之"即是其中的一條。

貞柏洞《論語·先進篇》"子路曾晳冉有公西華侍坐"章今存十簡,兹據李成市、尹龍九、金慶浩大作重加標點後迻録如下(一簡簡文後括號中爲簡號):①

……也。"[孔]子訊之。"求!壐何如?"對曰:"方六七十,如五六十,求【簡33】也爲之,比及三年,可足民也。如其禮樂,以俟君子。"【簡19】"赤!壐何如?"對曰:"非曰能之也,□□焉,宗[廟]之事,如會【簡21】同,端章父,[願]爲小相焉。""點!壐何如?"鼓瑟希,捔壐,舍瑟【簡18】如作。對曰:"异乎三子者之[撰]。"子曰:"何傷?亦各言其志也。"【簡24】曰:"莫春者,春服[既]成,冠者五六人,[童]子六七人,浴乎【簡31】濺,風乎[舞雩,咏]而[歸]。"孔子喟然曰:"吾與[點]也!"三子者【簡36】[出],[曾晳]後。[曾晳]曰:"夫三子者之言何如?"子曰:"亦各其【簡29】志已。"曰:"吾子何訊由也?"子曰:"[爲國]以禮,其言不[讓],是【簡25】……赤也爲之小,孰爲之大?"【簡32】

此章簡文的釋讀,還有一些問題。簡33之"孔子",據圖版此處之"孔"似與他簡之"孔"構形不同,似應釋爲"夫子",因圖版不很清晰,暫存疑。另外,簡21"□□焉",第一字從筆畫看是"顊"字。簡18"願爲小相焉"之"願",亦如是作。又,今本之"鏗爾",此處作"捔壐"。"捔",《集韻·耕第十三》:"捔、摃,琴聲。《論語》:'捔爾,捨瑟而作。'或作摃,通作鏗。"②簡31+36"浴乎濺",那個從水從幾的字,圖版上不是很清楚。更多的异文問題我們將另文加以討論。

關於"訊"字,韓國學者在論文中指出,"訊"右半邊字畫最初釋讀爲"丸",後在2009年12月28日第2次判讀會上依韓炅浩先生的意見訂正。按,此字釋"訊"甚是。下面,主要討論簡33之"孔子訊之"與簡25之"吾子何訊由也"。我們認爲,簡文之兩"訊"字皆爲"誶"字之訛。我們整理的安徽阜陽雙古堆漢簡《詩經》即有之例,138號簡文爲:

□棤止。夫也不良,歌以誶。

與之對應的内容即《陳風·墓門》第二章:"墓門有梅,有鴞萃止。夫也不良,歌以訊之。"按,《毛詩釋文》云:"訊,又作誶。"魯詩、韓詩"訊"亦作"誶"。③

---

① 韓文版見《木簡與文字》第4號,154頁。日文版見《中國出土資料研究》第14號,137頁。

② 《集韻》,上海古籍出版社,1985,233頁。

③ 參見《阜陽漢簡詩經研究》,上海古籍出版社,1988,80頁。

王先謙《詩三家集疏》云:[①]

《列女傳》、《離騷》王注作"訊",而《玉篇·言部》引《韓詩》曰"歌以誶之"。誶,諫也。《廣韵》六至云:"誶,告也。"引《韓詩》"歌以誶止。"洪興祖《楚辭補注》亦作"歌以誶止。"王念孫《廣雅疏證》云:"訊字古讀若'誶',故經傳多以二字通用,或以訊爲誶之譌,非也。"胡承珙《後箋》辨之尤悉。"魯、韓之作止"者,《列女傳》作"歌以誶止",是據《魯詩》。《廣韻》、《楚辭補注》同作"誶止",當是《韓詩》文。

除王先謙所舉文例外,傳世文獻中"誶"、"訊"通用之例甚多,各書列舉甚多,《古字通假會典》所列即有:《詩·大雅·皇矣》:"執訊連連。"《釋文》:"訊字又作誶。"《禮記·王制》:"以訊馘告。"《釋文》:"訊本又作誶。"《禮記·學記》:"多其訊。"《釋文》:"訊字又作誶。"《國語·吴語》:"乃訊申胥。"《説文·言部》、《太平御覽·資産部三》并引訊作誶。《史記·屈原賈生列傳》:"訊曰。"《漢書·賈誼列傳》訊作誶。《莊子·山木》:"虞人逐而誶之。"《釋文》:"誶本又作訊。"《楚辭·九歎》:"訊九魁與六神。"《考异》:"訊一作誶。"《爾雅·釋詁上》:"訊,告也。"《釋文》訊作誶,云:"本作訊。"《後漢書·張衡傳》李注、《文選·思玄賦》李注引訊作誶。《楚辭·離騷》:"謇朝誶而夕替。"《考异》:"《詩》曰誶予不顧。"《補注》:"誶,今《詩》作訊。"[②]出土文獻所見,《吐魯番出土文書》第五册所載唐代《趙義深自洛州致西州阿婆家書》:"共義深遣訊來。""訊"字正寫作"訡"[64TAM24:27(b)]。[③]從詞義而言,顯然有些地方應讀爲"訊告"之"訊",有些地方則應讀爲"誶讓"之"誶"。

關於"訊"、"誶"通用,古文獻學界有兩種意見。一種意見認爲"訊"、"誶"形近聲亦近,因此是通假字。朱駿聲《説文通訓定聲》云:"訊、誶形近亦雙聲字。"《辭通》説:"訊字古亦讀誶,故二字通用。"[④]《古字通假會典》亦將"訊與誶"作爲通假例處理。另一種意見認爲"訊"、"誶"是相亂訛誤,如段玉裁等。《説文解字注》:"誶,讓也。從言,卒聲。《國語》曰:誶申胥。"段注云:"《吴語》文。韋曰:誶,告讓也。今《國語》、《毛詩》、《爾雅》及他書誶皆譌訊,皆由轉寫形近而誤。"林義光《詩經通解》説:"訊當作誶,《爾雅》:'誶,告也。'《離騷》:'謇朝誶而夕替。'王逸注:'誶,諫也。'訊、誶雙聲對轉,而形又相近。(草書"卒"寫作"卆",與"卂"形近。)故二字諸書多相亂。"[⑤]王叔岷《莊子校詮·外篇山木第二十》"虞人逐而誶之"注亦云:"六朝俗書卒作卆,與卂形近,故訊、誶常相亂。"[⑥]我們認爲,"訊"、"誶"形聲俱近是實,

---

① 王先謙:《詩三家集疏》,北京:中華書局,1987,472頁。

② 高亨纂著:《古序通假會典》,濟南:齊魯書社,1989,83、573頁。

③ 《吐魯番出土文書》,第五册,北京:文物出版社,1983,9頁。

④ 朱起鳳撰:《辭通》,上海古籍出版社,1982,1226頁。

⑤ 《詩經通解》,臺灣中華書局,1986,92頁。

⑥ 《莊子校銓》,中册,中研院史語所專刊之八十八,1986,761頁。

但主要發生相混的原因還是"訊"與"誶"之异寫"諦"形近而誤,段玉裁、林義光、王叔岷的意見是正確的。

現在,除雙古堆漢簡《詩經》例之外,平壤貞柏洞漢簡《論語》又添一例證。值得注意的是,在今本《論語》及河北定州八角廊出土的竹簡本《論語》中,"孔子訊之"與"吾子何訊由也",二"訊"字皆作"哂"。《論語注疏》:"馬曰:哂,笑。""包曰:爲國以禮,禮貴讓,子路言不讓,故笑之。"[①]楊伯峻《論語譯注》遂將"夫子哂之"譯爲"孔子微微一笑",將"夫子何哂由也"譯爲"您爲什麽對仲由微笑呢"。面對子路的大話,夫子是一副寬厚長者的神態,意思當然很好,但是如果"訊"讀爲"誶",訓爲"讓",那麽,味道又不大一樣了。

《説文·言部》:"誶,讓也。"《玉篇》:"駡也。"《漢書·賈誼傳》:"母取箕帚,立而誶語。"服虔曰:"誶猶駡也。"張晏曰:"誶,責讓也。"師古曰:"張説是也。"[②]《列子·力命篇》:"凌誶。"注:"凌誶,謂好陵辱責駡人也。"[③]倘依貞柏洞簡本《論語》"孔子誶之",則夫子對子路的言論,就不僅僅衹是笑笑而已,而是責讓、批評甚或開駡。"誶之"顯然比"哂之",感情色彩更强烈,性格特點更突出,一位喜怒哀樂情感豐富、靈動有趣的智者形象"躍然簡上"。從邏輯上看,假如夫子僅僅衹是對子路微笑了一下,曾皙就追着問"夫子何誶由也",也似乎有點奇怪。而先頭如果是孔夫子批評甚至責駡了子路,後來曾皙要問個爲什麽,則順理成章。而記録孔夫子責讓駡人,在漢武帝獨尊儒術逐漸將孔子聖人化之後,恐怕已經是不可思議了。或者可以推想,在西漢中期以後的《論語》版本中,不可能再出現有損聖人形象的"孔子誶之"了,這也是早期竹簡版本《論語》的魅力吧!

① 《論語注疏》,《十三經注疏》,北京:中華書局影印本,1980,2500頁。

② 《漢書》卷四八《賈誼傳》,北京:中華書局,1962,2244—2245頁。

③ 楊伯峻:《列子集釋》,北京:中華書局,1979,209頁。

懸泉漢簡所見赦令文書初探

甘肅省文物考古研究所　張俊民

内容提要　“赦令”作爲漢代一種獨特的律令形式存在,我們雖然知道一些赦令頒布的方式或背景,但是對它的具體内容和運作方式仍是知之甚少。簡牘文書出土之後,多數學者對這一問題并没有給予足够的重視。作爲懸泉置出土律令文書整理的一部分,本文主要對其中出現的赦令文書進行歸理和檢討,以期爲我們重新認識漢代存在的“赦令”及其相關問題提供一定程度的幫助。

關鍵詞　懸泉漢簡　西漢　赦令　法制史

沈家本的《歷代刑法考》中有《赦考》十二卷,詳述歷代赦例。[①] 其中卷一《原赦》述“赦”之淵源,從卷二《述赦一》始述列具體赦例。首言稱引《漢舊儀》,以爲“《漢舊儀》所述漢代之赦,僅踐阼、改元、立后、建儲四事,其他之因事而赦者尚多”。所述赦例除《漢舊儀》稱引者外,還有“后臨朝”、“大喪”、“帝冠”、“郊”、“祀明堂”、“臨雍”、“封禪”、“立廟”、“巡狩”、“徙宫”、“定都”、“從軍”、“克捷”、“年豐”、“祥瑞”、“災异”、“勸農”、“飲酎”、“遇亂”、“减等”、“特赦”、“曲赦”、“赦徒”、“别赦”等廿五種,加上原來的四種,即漢代赦事有廿九種之多。其後又述漢代諸帝具體的赦令頒布次數,從沈家本所作的統計,我們可以清楚地知道汉代赦令的颁布時間與原因。不過從其迻録的文字,我們可以發現除了有一些具體赦免的令文外,漢代的赦令多數是以“赦天下”或“大赦天下”的記述形式出現的,那麼如此記録的赦令究竟涉及到什麽樣的人呢?赦令的具體内容又是什麽呢?如果僅僅是上述的三個字或四個字恐怕

① 沈家本:《歷代刑法考》(二),北京:中華書局,1985,529頁。

是很難説清楚的。每次赦令頒布都是類似《漢舊儀》的記述嗎?

踐祚、改元、立皇后、太子,赦天下。每赦,自殊死以下,(及)謀反大逆不道諸不當得赦者,皆赦除之。令下丞相御史,復奏可。分遣丞相御史乘傳駕行郡國,解囚徒,布詔書。郡國各分遣吏傳廄車馬行屬縣,解囚徒。①

而這一缺憾似乎可以通過簡牘文書與赦令相關的文書記録反映出來。祇不過目前這一問題似乎并没有得到學術界的足够重視。如大庭脩先生《秦漢法制史研究》并没有專文涉及②,高恒先生《秦漢簡牘中法制文書輯考》并没有這方面的記録③,張晋藩先生主編的《中國法制通史》第二卷僅僅是將沈家本歸理的赦令分爲"有事赦宥"與"無事赦宥"兩大類而已④,李均明先生《秦漢簡牘文書分類輯解》僅僅列一條⑤,祇有冨谷至先生在《秦漢刑罰研究》第二編第三章的最後有專文論述。⑥ 不過冨谷至先生所利用的資料僅僅是已經發表的居延漢簡,而懸泉漢簡中的赦令資料并不爲人所知。這些資料,具體再現了漢代"赦令"的内容和程式,對於我們認識漢代的赦令具有重要的參考價值。本文作爲整理懸泉漢簡律令資料的一部分,權對之進行簡單探討。不足之處,請方家賜教。

簡1 ·鑄僞金錢奴婢犯賊殺傷主主適妻以上律皆不得赦在蠻夷中得毋用期赦前有罪後發覺

勿治奏當上當上勿上諸以赦令免者其死罪令作縣官三歲城旦舂以上二歲鬼新白粲一歲 ⅡT0216②:615

本簡紅柳,完整,横截面是等腰三角形的三棱觚,長23、寬1.5、厚0.4厘米。從文字記録來看,本簡文字屬於當時的赦令。在赦令頒布時,相關的人員應該如何處理。赦令頒布時涉及到什麽樣的人,如什麽樣的人不在赦免之列,赦免之人又當如何按照不同情況采取什麽樣的處理方式等等。如其所記:盗鑄金錢之人不在赦免之列、奴婢賊殺傷主人與主人的適妻也不在赦免之列、在蠻夷中赦令也不適用、赦令之前犯罪而在赦令頒布之後纔發覺的情况不予追究、因赦而免死者改懲處爲勞作三年、城旦舂以上勞作二年、鬼薪白粲之人因赦免改勞作一年的處罰。

在赦令頒布時不同身份的人或囚徒的赦除情況,如果是根據《漢舊儀》似乎就很簡單了。

① 孫星衍等輯、周天游點校:《漢官六種》,北京:中華書局,1990,103—104頁。

② 大庭脩著、林劍鳴等譯:《秦漢法制史研究》,上海人民出版社,1991。

③ 高恒:《秦漢簡牘中法制文書輯考》,北京:社會科學文獻出版社,2008。

④ 張晋藩主編:《中國法制通史》,北京:法律出版社,1999。

⑤ 李均明:《秦漢簡牘文書分類輯解》,北京:文物出版社,2009,213頁。

⑥ 冨谷至:《秦漢刑罰制度研究》,桂林:廣西師範大學出版社,2006,110—116頁。

"每赦,自殊死以下,(及)謀反大逆不道,諸不當得赦者,皆赦除之。"而實際情况并不是這麼簡單,其中還有很多情况是要區别對待的。如本簡赦令所述,什麼樣的人不在赦免之列,而囚徒本身也并不是簡單的"赦除之",而是要有區别對待的。

死罪者免死後改爲勞作三年的刑期。"城旦舂以上"則改作二歲刑期。這裏面的"以上"指的是城旦舂到死刑之間的勞役刑,其中包含有髡鉗城旦刑與完城旦刑兩種。而髡鉗刑又有髡鉗城旦釱左右趾、髡鉗城旦釱右趾、髡鉗城旦釱左趾及髡鉗城旦等四種形式,其刑期都是五年。完城旦刑是四歲刑。鬼薪、白粲的刑期,原是三歲刑。按照本簡赦令的規定,鬼薪、白粲的刑期均改爲一歲。

簡2　三歲城旦舂二歲鬼新白粲一歲故屯作罷者減復作各半前當免日疑者復作☑ A

□□宗廟□□天下非殺人盗宗庙服御物它皆赦除之具爲令·臣請五月乙卯以前諸市☑

未……　　　　　　B　　　　　　　　　　　　ⅡT0216②:437AB

本簡松木,左、右、下殘,長19.6、寬0.8、厚0.4厘米。文字書寫在簡牘的AB兩面上,它的文字與前簡有很多相似之處,其中的"它皆赦除之"是我們判斷其爲赦令的依據。不過,從B面出現的"臣請"二字來看,它應該是臣請的文字。由之可知,本條赦令首先是由某位大臣上書皇帝,得到皇帝的認可後纔頒行全國的。這一點同漢代詔書的頒行過程相類。典型的漢代詔書形式可以參考大庭脩先生復原的《元康五年詔書》。[①] 本簡的A面文字"三歲城旦舂二歲鬼新白粲一歲"應該就是前簡的"三歲城旦舂以上二歲鬼新白粲一歲"。兩者比較可以發現,本簡缺少"以上"二字,其意思也就不是十分完整了,原簡的文字應該是有脱漏。不過,從具體赦免範圍來看,二者的差异是十分明顯的。前簡不得赦的人是"鑄僞金錢奴婢犯賊殺傷主主適妻以上",本簡則是"殺人盗宗庙服御物"。二簡的差异顯示它們不是一個赦令内容。可是這兩個赦令對罪人赦免的情形却是一樣的,都是"三歲,城旦舂(以上)二歲,鬼新白粲一歲"。從二簡文字所記"赦令"的差异,可見《漢舊儀》的文字是很不全面的,并不是單單地"皆赦除之",而是要區别對待的。

簡3　☑□□□以上律皆不得□在蠻夷得毋用□□□有罪後發覺勿治

☑□□□□者其死罪令作縣官三歲城旦舂以上二歲鬼新白粲一歲

ⅡT0215③:197

本簡紅柳,上殘,横截面是等腰三角形的三棱觚,長19.7、寬1.3、厚0.3厘米。從現有的釋文

① 大庭脩著、徐世虹譯:《漢簡研究》,桂林:廣西師範大學出版社,2001,13—20頁。

來看,本簡保存的狀况不是太好,字迹殘泐嚴重,致使從現有的釋文中我們看不到一個“赦”字,不過因爲它的文字與前簡1、2相類,特别是與簡1一樣,我們仍將它看作是赦令文書。并且參照簡1可以對其釋文做大膽地補充:

〼□□□以上律皆不得赦在蠻夷得毋用期赦前有罪後發覺勿治

〼以赦令免者其死罪令作縣官三歲城旦舂以上二歲鬼新白粲一歲

簡文中仍然存在的三個不可釋的“□”,雖可以懷疑是“主適妻”三字,但還是暫缺的好。在前面的三簡中兩簡有“三歲城旦舂以上二歲鬼新白粲一歲”的記述文字,則更可以確認簡2是脱漏了“以上”二字。

簡4 〼史安世丞博德下郡縣官伊循城承書從事下當用者□□

〼令亡人命者盡知之期盡上赦者數大守府罪别之□□□ Ⅰ T0110④:4

本簡松木,觚,上殘,長16.9、寬1.4、厚0.6厘米。從殘存文字來看,本簡的時間屬於宣帝到成帝之時。判斷的依據是伊循城此時歸敦煌太守管轄。[①] “〼史安世丞博德”即敦煌長史安世、丞博德。二人僅此一見,無它簡可以佐證其具體任職時間。本簡文書屬於敦煌太守下發的赦令文書,要求所轄各地將與赦令有關的“亡人命者”情况報告太守府,其中主要采取的方式就是要讓“亡人命者盡知之”,皇帝已經頒發赦令赦免了這些人的罪過,各地要將這些人的情况匯總後,報告給太守府,再按照赦令行事。

“盡知之”的方式應該就是類似懸泉置出土的《使者和中所督察詔書月令五十條》題記[②],在主要通行或交通要道的地方,大書露布“鄉、亭、市、里高顯處”,才能讓人們容易知道并廣爲傳布赦令及赦令内容。此外,在懸泉置的遺址中還出土有很多塊面積比較小的牆皮題記,其中就有“亡人命”的字樣。應該就是傳布此類赦令的文字。

從中可見:一、赦令的形式同詔書一樣,除《漢舊儀》“分遣丞相御史乘傳駕行郡國,解囚徒,布詔書。郡國各分遣吏傳厩車馬行屬縣,解囚徒”外,仍要逐級傳達;二、赦令執行的主要機構是在太守府,地方逐級上報情况給太守府,最後由太守府按照每個人的具體情况“罪别之”再具體裁定。

簡5 五月壬辰敦煌大守彊長史章丞敞下使都護西域騎都尉將田車師戊己校尉部都尉小府官縣承書從事下

當用者書到白大扁書鄉亭市里高顯處令亡人命者盡知之上赦者人數大守府别之如詔書 Ⅱ T0115②:16

① 吴礽驤:《敦煌懸泉置遺址簡牘整理簡介》,《敦煌研究》1999年第4期。

② 中國文物研究所等:《敦煌懸泉月令詔條》,北京:中華書局,2001。

本簡紅柳,完整,横截面是等腰三角形的三棱觚,長23.8、寬0.7、厚0.3厘米。文書性質與前簡4相同,意思比較接近,都是敦煌太守府下發的赦令文書。差异的是文書的經手人不一樣。文書是以敦煌太守府的太守彊、長史章、丞敞三人形式聯名,收文單位没有伊循城與敦煌郡屬縣,而是"都護西域騎都尉、將田車師戊已校尉"和敦煌郡屬縣。而"太守彊"任職的時間是建昭二年到建昭四年,相當於公元前37到公元前35年。[①] 這樣的話,本簡所反映的赦令時間就應該確定在元帝之時。同時,還可以看到,雖説是赦令,仍是要按照詔書的形式辦理。其中應該包括類似詔書的傳布方式和處理方式等。

簡6　四月丙寅丞相玄成下小府車騎將軍將軍中二千石二千石部刺史郡大守諸侯相承書從事下當用者書到

明白布告令亡人命者盡知之上赦者人數丞相御史罪别之以符各一致合置署第數入署所符　　Ⅱ T0115③:207

本簡紅柳,完整,横截面是等腰三角形的三棱觚,長23.4、寬1.3、厚0.5厘米。本文書是以丞相玄成的名義下發的,與前二簡性質一樣,都是轉移公文用語簡,没有涉及到具體的赦令文字。其雖然也是要求各地及相關部門"明白布告,令亡人命者盡知之",不過它要求的是將與赦令相關人員的情況分門别類上報丞相、御史府。赦免的權限却在丞相、御史府,而不是在太守府。這是本簡與簡4的最大區别與差异。按玄成即韋玄成,任丞相的時間是永光二年(前42)二月始,建昭三年(前36)六月終。[②] 則本簡的時間就可以限定在一個比較短的時間空間中。

簡7　丞相臣定國御史大夫臣萬年昧死言

制　曰興故吏一人自□□□諸犯法不當得赦者皆赦除之毋有復作具爲令臣請正月癸亥以前　　Ⅱ T0215④:8

本簡松木,左殘,長24.5、寬1.3厘米。從文書性質來看,本簡屬於丞相定國與御史大夫萬年二人的上書文字部分,二人上書請求皇上赦免正月癸亥以前發生的可以赦免的一些事情與人員。與簡2性質類同,獲得赦免的人員,不再需要"復作",而是直接免爲庶民,即不是類似"(死罪者作)三歲、城旦舂以上二歲、鬼新白粲一歲",而是一律免爲庶民。于定國任丞相的時間在甘露三年(前51)五月始,初元五年(前44)十一月終。《表》作永光元年,實爲初元五

---

① 張俊民:《敦煌懸泉漢簡所見人名研究(三)——以敦煌太守人名爲中心的考察》,《簡帛研究二〇〇五》,桂林:廣西師範大學出版社,2008。

② 張俊民:《敦煌懸泉漢簡所見人名綜述(四)——以中央機構職官爲中心的考察》,《簡帛研究二〇〇七》,桂林:廣西師範大學出版社,2010。

年的十一月。陳萬年任御史大夫的時間是甘露三年(前51)五月到初元五年(前44)六月。[①]二人任職的時間基本吻合,則可以確定本簡的相對時間。

簡8 ☐意其臧天下□錢赦天下自殊死以下非手殺人盜宗廟服御物及吏盜受賕直金十斤

☐赦除之免官徒隸爲令賜天下男子爵人一級女子百户牛一酒十石加賜鰥寡孤獨者 ⅡT0115③:90

本簡紅柳,上殘,横截面是等腰三角形的三棱觚,長21、寬1.5、厚0.3厘米。殘存文字包括了三部分内容:一部分是"其臧天下□錢";一部分是"赦令",什麼樣的人可以赦免,什麼樣的人不得赦;一部分是對普通百姓而言的賜令。其中的"自殊死以下非手殺人、盜宗廟服御物、及吏盜受賕直金十斤"三種情況,正是《漢舊儀》的"諸不當得赦者"。簡牘的文字内容與《漢書·宣帝紀》三月詔書所記文字大體接近,可以旁證簡牘文字。[②] 即:

(五鳳三年)減天下口錢。赦殊死以下。賜民爵一級,女子百户牛酒。大酺五日。加賜鰥寡孤獨高年帛。

頒布詔書的原因,本身説得很清楚。三月宣帝行幸河東,祠后土,感於匈奴内附、甘露降、神爵集。詔"減天下口錢",簡牘釋文作"臧天下□錢",恐釋文有誤。詔書僅記録的"赦殊死以下"徒,涉及面過於寬泛,不如簡牘記録合理。將二者聯繫起來就可以互相補充説明了。簡8的文書時代就可以確定在五鳳三年。

從史書記録的詔書中包括赦令的情况來看,目前簡牘中出現的赦令有可能并不僅僅是赦令,有可能衹是詔書的一部分。因爲簡牘本身所能容納的文字數量限制,我們看到的也許正好是原本詔書中關於赦的内容,可能存在片面的情況。如居延舊簡的簡文:

永光二年二月甲辰赦令賜男子爵一級
□乙丑□□賜爵三級 217·3

這條簡文李均明先生和冨谷至先生都列爲了赦令文書,因爲《漢書·元帝紀》中相關的文字記録,冨穀至先生則直接稱之爲《赦令詔書》。[③] 不知道爲什麼不稱它爲詔書?《漢書》稱詔書,詔書中涉及到的問題多,可以包括赦令部分。而赦令則不應該包括賜爵的文書。簡8就可以很好地説明這一問題。此外,上簡中"賜爵三級"值得懷疑。《甲乙編》作"二級",并且

① 張俊民:《敦煌懸泉漢簡所見人名綜述(四)》,《簡帛研究二〇〇七》。

② 班固:《漢書·宣帝紀》,北京:中華書局,1983,267頁。

③ 李均明、劉軍:《簡牘文書學》,南寧:廣西教育出版社,1999,388頁;李均明:《秦漢簡牘文書分類輯考》,北京:文物出版社,2009,213頁;冨谷至著,柴生芳等譯:《秦漢刑罰制度研究》,111頁。

《漢書》中賜吏爵全部是"二級",并没有"三級"之制。核圖版,本簡左殘,文字筆迹殘存較少,《合校》作"□乙丑□□賜爵三級",可能尚不如《甲乙編》作"□□□□□賜爵二級"穩妥。

簡9　當徙邊未行行未到若亡勿徙赦前有罪後發覺勿治奏當上勿上其當出入關□□□在所縣爲傳疑者讞廷尉它如律令丞相御史分行詔書爲駕各

Ⅱ T0214②:565

本簡紅柳,完整,横截面是等腰三角形的三棱觚,長23.5、寬1.5、厚0.7厘米。本簡文字前半部分應該是屬於赦令部分,赦免的人員包括當徙邊人員,徙邊人員當行還没有出發者、已經出發而没有到達者或者中途逃亡者,因赦令可以不再遷徙他們;赦令頒布前犯罪者,在赦令頒布後發現的不再追究其責任。從"其當出入關"到"讞廷尉",可能是一回事。出入關及行道使用的傳文書如果有疑問,可以將此事報告廷尉,請廷尉論決。丞相與御史還要"分行詔書",檢查與督察詔書的頒布情況。而後面的分行詔書,可能就是《漢舊儀》所説的"分遣丞相御史乘傳駕行郡國,解囚徒,布詔書"。"赦前有罪後發覺"一句,前簡均有"期"字,本簡無,疑有脱字。

從本簡的文字記録來看,赦令與詔書并存,其文書性質與前面的幾條簡文類似,都是在詔書中出現有赦令文字。

簡10　三年閏月乙丑論髡鉗城旦作盡四年三月己卯積作二月十六日未滿日歲九月十日會二月丙辰赦

令當復作二歲三月庚辰赦作盡五鳳二年三月乙丑積作二歲七日書到如律令

Ⅱ T0114④:339

本簡紅柳,完整,横截面是等腰三角形的三棱觚,長23.1、寬1.5、厚0.5厘米。本簡出現的"二月丙辰赦令"是我們將本簡歸爲赦令簡檢討的主要原因。而後面提到的"書到,如律令"顯然是説本簡原來是屬於官文書的一部分,其中提到某個人在三年閏月乙丑日被判處"髡鉗城旦",到四年三月己卯這一天,合計勞作二月十六日,没有作滿應勞作的歲九月十日,因爲遇到二月丙辰赦令,這個人應該勞作二歲。三月庚辰因赦改判這個人勞作到五鳳二年三月乙丑這一天,合計勞作二歲零七天。

從這些文字來看,因爲有勞作時間的最後日期是五鳳二年,則本簡的時間應該比五鳳二年早一定的時間。按宣帝的年號,五鳳之前是神爵,則本簡開始的"三年閏月乙丑"當是神爵三年。即本文書涉及的這個人是在神爵三年犯的罪,判決的時間是神爵三年閏月乙丑這一天。按《二十史朔閏表》,神爵三年閏十二月丙申朔,乙丑日是卅日。從三年閏十二月判決到四年的三月己卯這一天,共計勞作二月十六日。可是按照實際時間應該比二月十六日多,難道中間有休息不成?後面的"未滿日歲九月十日"應該是某人尚缺這些天才够以前判決應該勞作的時間。懷疑"滿日"應是"滿四"。因爲髡鉗城旦的勞作期限是五年時間,才服役二月十六日,尚缺四年零九月十日。因爲赦令關係,此人還需要再服勞役二歲零七天。

如何理解這個期限呢?按照髡鉗城旦五年的期限,某人已服役二月多尚缺二年七天,則合計勞作時間是二歲零三個月。也許簡2的"故屯作罯者減復作各半"可以解釋這一問題。按照減復作各半,即已經被判决并且服役的罪人可以將服役的時間減半計算。這樣的話,就不是前面赦令中提到的"城旦舂以上二歲"那麽簡單。可以這麽理解,即在有赦令之後,應該原本判處城旦舂以上刑期的人,服役期限是二年。而判决比較早的已經服役者則是服役期限減半。

此外,又因爲對囚徒赦免改判的權限并不是在每個具體的服役地點,即如前面的"上大守府"或"丞相御史府",具體的改判權限在很高的機構。而我們今天見到的簡32文書,應該就是上級單位改判的具體文書。要求具體管理刑徒的機構"書到,如律令",按照具體的處理情况對待某個囚徒。

這樣的話,從簡2到簡6,再到簡10,每個囚徒在赦令頒布後的具體處理方式也就很完整了。漢代之時赦令對囚徒的處理程序與經過也就可以再現復原了。

簡11　☐□三年租賦口錢赦天下殊死罪以下諸不當得赦而非□□□□□

廷若它赦除之毋有復作具爲令　　　　　　　　　　ⅤT1812③:7

本簡紅柳,上殘,横截面是等腰三角形的三棱觚,長17.5、寬1.6、厚0.5厘米。本簡文字因爲殘泐不是很好理解,不過,有了上述對赦令的檢討,我們還是可以對之作相應的考察。"赦天下殊死罪以下"、"諸不當得赦"和"它皆赦除之"等用詞,無疑可以看作是當時的赦令。前面"□三年租賦口錢"按照前面簡8所述,應該是"減"之義。減三年租賦和口錢,而租賦的減免用詞《漢書》多作"毋出"。如:本始三年"郡國傷旱甚者,民毋出租賦。"元康三年"其令郡國被災甚者,毋出今年租賦。"由之可見,該簡文字,不僅僅衹有赦令用語,還有減免租賦、口錢的文字。它的性質也應該與前簡8類同是詔書文字。即詔書中含有赦令。赦令主要赦免天下的罪囚"殊死罪以下",并不是所有罪人都可赦免,有"不當得赦"者,被赦免的囚徒不是減刑而已——類似前面的原本應該勞作五年赦令以後減爲二年,而是直接赦免,不再服役"毋有復作"。"具爲令"師古注作"使其備爲條制"[①],後世應該當作"令"執行。

簡12　☐□盗臧論臧皆赦除之吏民没

☐詣治事在竟寧元年前勿聽　　　　A

☐□□……☐　　　　　　　　　　B　　　　ⅠT0116S:38AB

① 《漢書》,113—114頁。

本簡紅柳,上、下殘,長 8.2、寬 1.3、厚 0.3 厘米。本簡文字書寫在簡牘的正背 AB 兩面,其中 B 面文字不可釋,A 面的前幾個字"盗臧論臧"也有問題,估計字體殘泐嚴重。從前面的介紹來看,一般是"它皆赦除之",本簡"臧皆赦除之"文義不是十分通暢。而"赦除之"三字是我們將它列入赦令的主要依據。實際上,本簡也應該是"詔書"文字。與前簡性質相同。前面有罪的人可以赦免的"赦除之",中間有"吏民没"又有何優待,最後是"事在竟寧元年前毋聽",即在竟寧元年以前發生的案件不再追究。從"事在竟寧元年前毋聽"可以判斷本簡的具體時間最早應該是竟寧元年或建始元年,元帝立太子和成帝繼位均有大赦天下的舉措。《漢書·成帝紀》竟寧元年七月成帝繼位"大赦天下",建始元年二月"大赦天下"。本簡文字應該與其中之一有關。

簡 13　制　曰下丞相御史·臣宣臣駿奏林隆使案驗逐捕商等首匿者☐

捕斬渠率一人爲尤异奏可林隆發起商等從迹過樂城侯去疾臧匿在四月甲辰赦令前

臣宣臣駿　　　　Ⅰ T0116②:4

本簡紅柳,右殘,横截面是等腰三角形的三棱觚,長 22.9、寬 1.5、厚 0.7 厘米。文字以"制　曰下"始,類漢代的詔書用語。而後面的"四月甲辰赦令"則是我們引用此簡的原因。不過,由於《漢書》中有太多四月頒布赦令的記録,單單四月甲辰赦令仍然無法判斷本簡的年代。本簡文書雖是以"制　曰下"始,不過從其後面兩處出現的"臣宣臣駿"來看,應該是皇帝對二人上書的轉述,皇帝同意二人的奏表,再以皇帝之名頒行。通過"下丞相、御史"、"臣宣、臣駿",我們懷疑"臣宣、臣駿"二人就是當時的丞相與御史大夫。查《漢書·百官公卿表下》正好與鴻嘉年間的丞相薛宣、御史大夫王駿相合。

簡文中出現的"逐捕商"一事,《漢書·翟方進傳》對事情原委有很好的記録:①

會北地浩商爲義渠長所捕,亡,長取其母,與豭豬連繫都亭下。商兄弟會賓客,自稱司隸掾、長安縣尉,殺義渠長妻子六人,亡。丞相、御史請遣掾史與司隸校尉、部刺史并力逐捕,察無狀者,奏可。司隸校尉涓勳奏言:"《春秋》之義,王人微者序乎諸侯之上,尊王命也。臣幸得奉使,以督察公卿以下爲職,今丞相宣請遣掾史,以宰士督察天子奉使命大夫,甚悖逆順之理。宣本不師受經術,因事以立奸威。案浩商所犯,一家之禍耳,而宣欲專權作威,乃害於乃國,不可之大者。願下中朝特進列侯、將軍以下,正國法度。"議者以爲丞相掾不宜移書督趣司隸。會浩商捕得伏誅,家屬徙合浦。

浩商因某事在被義渠縣長追捕的過程中逃亡,義渠長就將浩商的母親抓住,將她與豭豬(公猪)綁在一起在都亭示眾,浩商的兄弟非常生氣,邀聚賓客,自己冒稱司隸掾和長安縣尉將義

① 《漢書》,3413 頁。

渠長一家六口全部殺死後逃亡。有點類似造反的味道。針對這麽嚴重的惡性事件,時任丞相的薛宣和御史大夫的王駿上奏皇帝,請派掾史與司隸校尉、部刺史一同查處此事,得到了皇上的認可。而時任司隸校尉的涓勳認爲薛宣的辦事方法有點過火,丞相掾史不該督察辦事人員,請求皇上再議此事。結果很多人都認爲薛宣不能派丞相掾督促司隸。原來的舉動似乎是越權了。這裏出現的丞相掾應該就是簡牘文書中的林隆。此段文字僅僅交代薛宣違紀的情况及結果,結果衹是浩商被捕,家屬徙合浦而已。那麽,薛宣、王駿的責任,還有簡牘文書中提到的樂城侯藏匿逃亡的責任,有可能恰逢"四月赦令"就没有再追究。

在懸泉漢簡中,能有與《漢書》中記録的史實相互印證的事情出現,是多麽幸運的事呀!史書中并没有記録此事牽涉到樂城侯去疾,而逐捕商等的主要人員是林隆史書也没有反映。反過來,我們知道這件事的主要時間在鴻嘉年間,而史書記録的在鴻嘉年間的四月頒布赦令者衹有鴻嘉三年四月。"三年夏四月,赦天下。令吏民得買爵,賈級千錢。"[①]

有三年四月的赦令文字,又有丞相宣和御史大夫駿,則本簡的年代應在鴻嘉三年,薛宣免丞相的時間是永始二年,王駿卒年也在永始二年。則簡 13 的時間範圍就可以限定在這個區間内。因爲本簡没有直接出現丞相宣和御史大夫駿,筆者原來完成的《敦煌懸泉漢簡所見人名綜述(四)》没有涉及本簡[②],是應該補充説明的。

樂城侯,漢簡或作樂成侯。《漢書》無樂城侯,衹有"樂成侯"。居延新簡記樂成侯國有:

亭長廿一人受樂成侯國三人凡廿四人

凡亭以下五十人受樂成侯國四人定長吏以下五十四人

鄉八聚卌四户七千九百八十四口萬五千七日百卅五　　E. P. T50:3

筆者曾將這條簡文的年代,初步定在成帝之時。[③] 有關樂成侯國户口人數及吏員的文書在居延地區的出現,可能正好與成帝時樂成侯藏匿逃亡有關。

簡 14　☑□癃不任事者諸産子五人以上在三月丁亥前父母皆免爲庶人

ⅤT1618②:4

本簡松木,上殘,長 13.3、寬 3.2、厚 0.3 厘米。簡文中并没有"赦"字出現,不過根據上述赦令文字與本簡"三月丁亥前父母皆免爲庶人"的文字來看,本簡文字應該是赦令内容。其中的"三月丁亥"應就是"三月丁亥赦令"。在三月丁亥赦令前,能免父母爲庶人的條件是"癃不任事者"與"諸産子五人以上"的囚徒。"□"應是"罷"字,漢代一般作"罷癃"。

① 《漢書》,318 頁。

② 張俊民:《敦煌懸泉漢簡所見人名綜述(四)》,《簡帛研究二〇〇七》。

③ 張俊民:《〈居延新簡〉中"聚"》,《國際簡牘學會會刊》第二號。1996。

簡15 ▨□□命者亡人吏以文徐勿令自出赦前有罪令未到▨ ⅡT0115②:160

本簡紅柳,上下殘,長10.5、寬1、厚0.25厘米。本簡的赦令文字當與"亡人命者"有關。按照赦令文字,"徐"應作"除"字較妥。逃亡的人在赦令前自出當如何,赦令後又當如何。也許對赦前已經自出者的處罰更輕。相類的文書還有:

▨亡人吏以文除勿令自出發前有罪令未到而□▨ ⅡT0114③:426

此簡中作"以文除"恰可證明"以文徐"是誤釋,而本簡的"自出發前"又可以藉助前簡證明應該是"自出赦前"。再進一步而言,參考前簡,本簡雖没有出現"赦"字,也應該是赦令文字。這就是聯繫上下文和漢代文書的具體用語,反證現有懸泉漢簡釋文的最好例子。

簡16 □失亡當負在二月甲辰赦令前□ (削衣) ⅤT1812②:88

簡17 ▨□□二佐董延年失亡一匹馬宣失亡當負在二月甲辰赦令前今以實出
▨□十二其五新一完四可繕補二敝不可用 ⅤT1812②:168

簡18 效穀移三月穀簿出粟百卅七石九斗四升縣泉置嗇夫欣書言故嗇夫趙欣食毋傳者治酒給過客不宜出出當負在二月 ⅤT1812②:251

簡19 ▨月茭簿出茭二千五百石縣泉置嗇夫欣書言校不備故嗇夫趙欣唐霸主當負在二月甲辰 ⅤT1812②:342

簡20 赦令前今以實出校不以時收責猥以赦令出除解何 ⅤT1812②:277

以上五簡均與"二月甲辰赦令"有關,所以放在一起討論。簡16爲削衣,其中的"亡"是指某物品遺失,"當負"即當賠償。因爲事在二月甲辰赦令前,可能不予追究了。簡17屬於器物出入登記簿,佐董延年和馬宣可能都是遺失了某種物品,按照規定當賠償,不過又都是因爲在二月甲辰赦令前,不再追究。其中的"匹"并不是單純的指馬,而作爲器物可能是"縊",它的計算單位也是匹。"出"就是從帳簿中注銷。簡18、19和簡20均與嗇夫趙欣有關,且簡19的文字與簡20相連接。簡18是穀出入簿中的粟少了百卅七石九斗四升,是懸泉置原來的嗇夫招待"毋傳者、治酒、給過客",這一部分不應該注銷,即簡文的"不宜出"。故嗇夫趙欣應該賠償這部分懸泉置的損失。但是因爲這些事情發生在二月甲辰赦令前,按照赦前有罪赦後不予追究的原則,趙欣的責任不再追究。

簡19與簡20的文字,是對免除故嗇夫趙欣責任的疑問。整個文書是以懸泉置嗇夫欣的形式出現的。懸泉置的茭簿中當出茭二千五百石,但是他作爲新來的嗇夫,缺少的原因與責任應該由原來的嗇夫趙欣和唐霸承擔。事發二月赦令前,現在如果按照赦令免除趙欣、唐霸的責任,似乎有點不合適。因爲,其中有當時没有按正常程序校驗的環節存在。即如果按照正常程序,在赦令之前就會發現這一情況,趙欣、唐霸就應該負責賠償;可是,恰恰因爲在人事交接時没有按制度驗核物品,致使因爲赦令而免除趙欣、唐霸的責任,懸泉置還要從帳目中注銷這一部分損失。新來的縣泉置嗇夫欣覺得很不合適,以"解何"二字上報效穀縣,詢問這一處理方式是否合適。

按照已有對懸泉置嗇夫的研究[1],兩個懸泉置嗇夫欣存在的時間是建始元年(前32),正好有一條兩個嗇夫進行交接的簡文,既可以證明他們的交接時間,又可以旁證上述"二月甲辰赦令"是建始元年二月頒布的赦令。即:

> 入校小石千七百九十石又驛騎置馬三匹卒二人穀卌三石　建始元年三月甲子縣泉嗇夫欣受故嗇夫欣　(左齒)　ⅡT0214②:104

按照《二十史朔閏表》,二月是乙未朔,則甲辰是十日。這樣的話,就可以將簡牘文字與史書記録聯繫起來了。《漢書・成帝紀》正好有建始元年二月大赦天下的詔書文字記録。[2] 詔文爲:

> 詔曰:"乃者,火災降於祖廟,有星孛於東方,始正而虧,咎孰大焉!《書》云:'惟先假王正厥事。'群公孜孜,帥先百寮,輔朕不逮。崇寬大,長和睦,凡事恕己,毋行苛刻。其大赦天下,使得自新。"

此段文字顯示,所謂的"二月甲辰赦令",實際上就是"詔書"文字的一部分内容而已。當然,赦令頒行的原因也得到了再現。同樣也符合我們詔書包括赦令的推斷。

> 簡21　神爵四年五月甲子朔壬申縣泉置嗇夫弘敢言之廷司寇大男
> 馮奉世故魏郡内黄共里會二月丙辰赦令免爲庶人當歸故縣□使
> ⅠT0309③:149
>
> 簡22　神爵四年五月甲子朔辛巳縣泉置嗇夫弘移冥安司空大男馬
> ⅠT0309③:198
>
> 簡23　奉世故魏郡内黄共里會二月丙辰赦令免爲庶人當　ⅠT0309③:185
>
> 簡24　處故郡縣書到爲傳遣如律令　ⅠT0309③:195

以上四簡,前一簡是一事,後三簡是一事。有關它們的差异在以前筆者曾經檢討過[3],在此僅僅注意其中出現的"二月丙辰赦令"。因爲是神爵四年五月的文書,所以,其中出現的"二月丙辰赦令"我們可以看作是神爵四年二月丙辰日頒布的赦令。神爵四年二月乙未朔,

---

① 張俊民:《懸泉漢簡所見"置嗇夫"人名綜述》,未刊稿。

② 《漢書》,303頁。

③ 張俊民:《敦煌懸泉置探方T0309出土簡牘概述》,收入《長沙三國吴簡暨百年來簡帛發現與研究國際學術研討會論文集》,北京:中華書局,2005。

丙辰是廿二日。《漢書·宣帝紀》記:[①]

四年春二月,詔曰:"乃者鳳皇甘露降集京師,嘉瑞并見。修興泰一、五帝、后土之祠,祈爲百姓蒙祉福。鸞鳳萬舉,蜚覽翱翔,集止於旁。齋戒之暮,神光顯著。薦鬯之夕,神光交錯。或降於天,或登於地,或從四方來集於壇。上帝嘉嚮,海内承福。其赦天下,賜民爵一級,女子百户牛酒,鰥寡孤獨高年帛。"

由之可見,赦令衹是詔書的一部分而已。從史書僅僅記録的"其赦天下",到簡牘文書具體的懸泉置嗇夫給被赦免囚徒馮奉世發放的具體赦免歸故郡的傳文書,可以爲《漢舊儀》所記"每赦……諸不當得赦者,皆赦除之"提供很好的注釋。"每赦……諸不當得赦者,皆赦除之",并不僅僅是套話而已,而是有所指的。[②]

簡 25　七月甲辰效穀守丞騫告遮要縣泉置寫移書到謹拘校赦以來當傅馬者移名籍會月廿日

毋失期如府書律令　　　掾□嗇夫廣宗　　　　　　ⅡT0115③:85

本簡紅柳,完整,横截面是等腰三角形的三棱觚,長23.1、寬1.5、厚0.5厘米。整體文字是效穀縣守丞騫下發的文書,轉述太守府的指示,要求效穀縣所轄二置(遮要置、懸泉置)認真校核,將"赦"以來當傅馬者的人名,在本月廿日前報告縣廷。"傅"字可能是"負"字,"當傅馬者"應指負責任賠償馬匹損失的人員。其中的"赦"是我們注意本簡的原因。從"效穀守丞騫",我們可以大體知道與此"赦"相關的年代。檢索懸泉漢簡有與"效穀守丞騫"一并出現的效穀長禹,他的任職時間比較明確,是在甘露三年(前51)。具體簡文有:

1)吏持不可用馬詣府如律令 / 七月丙午效穀長禹守丞騫告縣泉置□□謂甘井亭長廣寫移

令擇騎厚輕者二匹易遣騎士尹定送詣□□□□謹養食毋令羸瘦以不可用馬付定如律令□□□□□□□　　　　ⅡT0115③:89

2)甘露三年十一月辛巳朔庚子效穀長禹告縣泉置萬年里男子□□☒

一百已得三百卌三少七百六十七書到爲校計審如禹言遣吏持☒ ⅡT0216③:4A

簡 26　出繼一匹　初元年十一月中廄佐孟廣意亡當負以三月戊子赦令除

ⅤT1311③:63

---

① 《漢書》,263 頁。

② 冨谷至先生在《秦漢刑罰制度研究》112 頁中認爲,這是套話,并没有什麽實際意義。原話是"可見,這是赦令頒布時常用的套話,'諸不當得赦者'没有什麽具體含義,'死刑以下平常不可赦免的服役犯'也是套話。"

本簡紅柳,下殘,長20.4、寬0.9、厚0.2厘米。屬於器物出入簿,而出的原因可能與赦令有關。"緣"即"轡",《釋名・釋車》"拂也,牽引佛戾以制馬也"。[①] 或革把、或韋把。簡文中提到的"緣",原來是在初元年十一月被厩佐孟廣意丟失,厩佐孟廣意應當賠償,恰逢三月赦令,孟廣意可以不負賠償責任,而由懸泉置直接在器物簿中注銷。則三月赦令應該是初元二年的三月頒布的。查《漢書・元帝紀》正好有三月赦天下的舉措。[②] 史書記:

> 天惟降災,震驚朕師。治有大虧,咎至於斯。夙夜兢兢,不通大變,深惟鬱悼,未知其序。間者歲數不登,元元困乏,不勝饑寒,以陷刑辟,朕甚閔之。郡國被地動災甚者無出租賦。赦天下。

史書僅僅記"赦天下"三字,而具體的赦令涉及的社會生活并不清楚。簡牘文書所記似可補充一二。

> 簡27 ☐□□□□者赦令出已訖今還其餘書到以平賈收直言會十月十日如律令
> Ⅰ T0110①:102

本簡紅柳,上殘,長23、寬1厘米。本簡文字以"會十月十日如律令"結束,當是官文書無疑。可能與物品收付有關。物品分兩部分,一部分因赦令頒布而終止,現在僅僅是收取餘下的部分。這部分物品的收取標準是按照當時的"平價"即官價結算,以十月十日爲彙報的截止日期。

> 簡28 出牛車亶軸六枚　其三故嗇夫奉□主
> 三嗇夫遂成主皆當負未入在四月丙寅赦令前今以實出
> Ⅱ T0216②:329

本簡紅柳,完整,長23.6、寬0.8、厚0.2厘米。從簡文的"出"字看似乎是當時的出入簿類文書,而實際上,這個"出"字并不是一般器物出入簿"出"的意思,而是從帳簿中注銷的意思,與秦簡的出除相類。秦簡記:

> 吏坐官以負賞,未而死,及有罪以收,抉出其分。其已分而死,及恒作官府以負責,牧將公畜生而殺、亡之,未賞及居之未備而死,皆出之,毋責妻、同居。金布[③]

這裹的"出"既有免除責任方的意思,也有可以從帳册上注銷除名的意思。用在本條簡文就是懸泉置可以從器物的帳目中注銷提到的這六枚"牛車亶軸",也不再追究二人的賠償

① 畢沅:《釋名疏證》,叢書集成初編本第1154册,北京:中華書局,1985,237頁。
② 《漢書》,281頁。
③ 睡虎地秦墓竹簡整理小組:《睡虎地秦墓竹簡》,北京:文物出版社,1990,40頁。

責任。六枚車軸,三枚是在故嗇夫奉□手中損失的,另外三枚是在現任嗇夫遂成的手中損失的。二人皆當負賠償而實際上都還没有賠,因爲事情均在四月丙寅赦令前,按照赦令前發生的事,赦令頒布後不再追究,二人免責。六枚車軸也就可以因之注銷。因爲簡文中出現有新舊二嗇夫的人名,從二人的任職時間我們也許可以找到本簡所及赦令的具體時間是哪一年。

按照《懸泉漢簡所見置嗇夫人名綜述》,"嗇夫遂成"的任職時間是永光四、五年,其前任是奉光,奉光的任職時間是永光元年到永光四年,則二人的交接時間應該在永光四年。這樣的話,簡文中出現的"奉□"就是"奉光"。而赦令又極有可能是在永光五年,可是查《漢書·元帝紀》并没有在永光五年頒布赦令的記載。這樣的話,豈不是可以補充史書記載的缺漏了嗎!

簡 29　九頭以畀歸何餘馬羊以使者條相犯徼外在赦前不治疑歸何怨恚誣言驢掌等謀反羌人逐水草移徙　　Ⅱ T0114③:440

本簡紅柳,完整,長 23.6、寬 0.9、厚 0.2 厘米。與它簡構成《案歸何誣言驢掌謀反册》[①],對於瞭解當時的社會事件具有重要的參考價值。簡文的"在赦前不治"與赦令前面簡 1 和簡 9 "赦前有罪,後發覺勿治"同理。

簡 30　☐以食行赦使者☐　　Ⅴ T1510②:23

本簡紅柳,上、下殘,殘長 3.9、寬 1 厘米。可釋文字僅僅有六。從保存文字來看,屬於糧食出入簿,懸泉置出糧食"粟"、"米"或肉食招待了"行赦使者"。簡中出現的"行赦使者"顯然就是《漢舊儀》所記的"分遣丞相御史,乘傳駕行郡國,解囚徒,布詔書,郡國各分遣吏,傳厩車馬,行屬縣,解囚徒。"而"分遣丞相、御史"應該是不可能的,衹有分遣丞相史、御史史纔有可能。也許《漢舊儀》脱一"史"字,即原來"史"字下有一個重文號。即赦令頒布後,丞相、御史作爲主管應該派專人督察赦令的執行情況,這類人員就應該是簡牘中出現的"行赦使者"。不僅中央要派人專門督察赦令的頒行情況,郡國也要遣吏所屬各縣,督察赦令的具體執行狀況。

簡 31　☐赦令諸書府教　　☐　　Ⅱ T0214S:59

簡 32　其二人施刑會赦免　　(削衣)　　Ⅱ T0215①:37

簡 33　奴婢畀官主赦前　　(削衣)　　Ⅰ T0109S:213

簡 34　☐自出而赦除之皆以爲　　☐
☐□□□ □□　　Ⅰ T0110②:18

---

① 胡平生等:《敦煌懸泉漢簡釋粹》,上海古籍出版社,2001,167 頁。

簡35 ☐……司御田千秋失亡□……赦令前□□除…… ⅤT1510②:92

以上五簡,二簡殘斷嚴重,二簡屬於削衣,所存文字不多,因均與"赦令"有關,暫附於此。簡33的"奴婢畀官主",似可以理解爲赦令對待官、私奴婢的規定,官奴婢畀官,私奴婢則畀其主。

以上我們例述懸泉漢簡三十五條簡牘文書,就其所反映的赦令文字及其相關問題進行了簡單梳理。通過對這些資料的排列整理,使我們對漢代的赦令有了一個較新的認識。

從史書的記載來看,赦令按照其出現形式可以分爲兩大類:一類是史書僅僅記録"大赦天下"、"赦天下"的情况,并没有具體的赦令内容;另一類赦令特别具體有針對性,指明了赦令赦免的對象,如"民謫作縣官及貸種食未入、入未備者,皆赦之。""鳳皇集魯郡,群鳥從之。大赦天下。""三月,行幸河東,祠后土。赦汾陰徒。"[①]

按照赦令存在的形式也可以分爲兩大類:一類是直接記録的"大赦天下"、"赦天下",另一類則是在詔書中出現的"大赦天下"或"赦天下"。後者因爲它僅僅是詔書的一部分内容而已,嚴格來講應該是詔書文字。而詔書中的赦令,可以看作是皇上對罪犯囚徒的恩典,此外,對天下吏民亦有優撫,常見的有賜吏民爵等。前者如宣帝元平元年九月"大赦天下"、地節二年四月"大赦天下"、本始元年五月"鳳皇集膠東、千乘。赦天下。賜吏二千石、諸侯相、下至中都官、宦吏、六百石爵,各有差,自左更至五大夫。賜天下人爵各一級,孝者二級,女子百户牛酒。租税勿收。"[②]後者的赦令如神爵四年二月,"詔曰:'乃者,鳳皇甘露降集京師,嘉瑞并見。修興泰一、五帝、后土之祠,祈爲百姓蒙祉福。鸞鳳萬舉,蜚覽翱翔,集止於旁。齋戒之暮,神光顯著。薦鬯之夕,神光交錯。或降於天,或登於地,或從四方來集於壇。上帝嘉響,海内承福。其赦天下,賜民爵一級,女子百户牛酒,鰥寡孤獨高年帛。'"五鳳三年三月,行幸河東,祠后土。詔曰"……減天下口錢。赦殊死以下。賜民爵一級,女子百户牛酒。大酺五日。加賜鰥寡孤獨高年帛。"永光元年三月詔曰"其赦天下,令厲精自新,各務農畝。無田者皆假之,貸種、食如貧民。賜吏六百石以上爵五大夫,勤事吏二級,爲父後者民一級,女子百户牛酒,鰥寡孤獨高年帛。"[③]

由於史書載體的原因,其文字對於上述形式記録也比較清楚。相對而言,因爲簡牘載體的限制,多數情况下,我們見到有"赦"或"赦令"的文字才知道是赦令,没有赦令的獨特標誌的文字,是很難區分的;另一方面,出現在詔書中的赦令,因爲簡牘容納文字數量的限制,如果没有出現"如詔書"或"詔書"字樣,我們也無法知道它究竟是不是真的屬於詔書的内容。

① 《漢書》,117、247、285頁。

② 《漢書》,242頁。

③ 《漢書》,263、267、287頁。

這樣就限制了我們對具體某一文書的性質判斷。

不過從前面的介紹可知,漢代的赦令是一個比較小的範疇,而詔書則是一個比較寬泛的範疇,即詔書中可以涵蓋赦令。反之則不然。我們見到的有赦令和賜爵文字并存的簡牘文書嚴格來説應該是詔書文字,并不是單純意義上的赦令。

類似《漢舊儀》對赦令過於簡略的文字記録,它衹能是提供了漢代赦令的粗獷輪廓,而具體的形式,則可以通過簡牘文書來補充。如什麼樣的人可以免罪、又如何免罪,什麼樣的人不得赦免,赦免後被赦免的人如何對待,赦令如何頒布以及赦令的具體執行情况,在簡牘文書中均可以得到補充説明。赦令的頒布除類似詔書的形式外,還有“行赦使者”馳行郡國,督察赦令頒布的具體執行情况。赦令頒布後,不僅僅要逐級傳達,還要逐級上報,或由郡國有針對性地對相關人員進行統計、分類,或由郡太守裁定,或由郡再上報中央再由中央裁決。

後記:2011 年 8 月,蘭州簡牘學研討會期間,得知鄔文玲女士曾以《大赦制度研究》爲題對赦令作過系統研究,作爲《秦汉法律文化研究》的第二章在 2007 年出版。惜未得拜讀。

《肩水金關漢簡(壹)》簡 73EJT3:55 亦有因赦令歸故縣的記載。簡文中的“會五月甲子赦令”應是會正月。《漢書》僅言正月“赦天下徒”,而缺少具體日期,簡牘正好補充其赦令頒布的具體日子是“甲子”11 日。2011 年 9 月 27 日。

西北漢簡中的“葆”[①]

吉林大學古籍研究所　沈　剛

内容提要　西北漢簡中的“葆”爲擔保之意,它出現在兩種格式的文書中,分别對應着個體被“葆”和集體被“葆”兩種情况。“葆”和“私從者”一樣,皆表示漢代在邊塞地區爲出入關隘或其他目的而對相關人員確定連帶責任的身份名詞,但“私從者”更偏重私人屬性。“葆”和關傳制度相關,是漢代政權管理邊塞的重要舉措。

關鍵字　西北漢簡　葆　私從者　關傳

在西北漢簡中,有一個表示身份的名詞“葆”,曾引起簡牘研究者的注意,他們均從不同角度進行了解釋:陳直先生和張政烺先生將它和《墨子·號令篇》、《鹽鐵論·和親篇》中的“葆宫”以及睡虎地秦簡中的“葆子”聯繫起來,認爲“葆”即“人質”。[②] 裘錫圭先生認爲“葆”當讀爲庸保之“保”,将“吏所保”解釋爲爲吏所收養保護的人。[③]《敦煌馬圈灣漢代烽燧遺址發掘報告》作者認爲,“葆”與“私從者”當爲同一身份,即具有依附身份的自由民。[④] 李均明

---

① 本文爲吉林大學基本科研業務費項目成果,項目批准號:2010ZZ043

② 陳直:《居延漢簡研究》,天津古籍出版社,1986,307 頁,《兩漢經濟史料論叢》,北京:中華書局,2008,44 頁;張政烺:《秦律“葆子”釋義》,《文史》第九輯。後來薛英群等先生的觀點也與此相類似,參看薛英群、何雙全、李永良《居延新簡釋粹》,蘭州大學出版社,1988,71—72 頁。

③ 裘錫圭:《關於新發現的居延漢簡的幾個問題》,《中國史研究》1979 年第 4 期。

④ 吴礽驤、李永良、馬建華:《敦煌漢簡釋文》,蘭州:甘肅人民出版社,1991,349 頁。

先生認爲“葆”是“擔保、保證、承保”等。[①] 另外,從形式和功能看,上舉裘先生、李先生和李天虹先生均認爲是出入關名籍或致籍。[②] 這些解釋各有其合理性,但亦有其局限。隨着西北屯戍類文書公布逐漸增多,我們對“葆”的含義認識也變得更爲深入、清晰。本文試結合這些後來公布的文獻對西北屯戍簡牘中的“葆”做進一步的解説。

一、西北簡牘中“葆”字

在討論“葆”字的含義時,我們首先將其放諸相關簡文中。和“葆”相涉的簡文正文主要有這樣兩種格式,先看Ⅰ類的格式和例證:

籍貫+爵位+人名+年齡　葆籍貫+爵位+人名+年齡+體貌特徵

1.☑成漢里公乘章嚴年十九　·葆姑臧休神里任昌年卌五字幼☑　73EJT2:10A[③]

2.□觻得常利里李欽,葆☑　62.26(金)[④]

3.廣田隧長葆　宋以　董辰久

卒四人　　李涀　單信　　160.13[⑤]

4.□□丞葆同里大夫王威年廿七歲黑色☑　73EJT 10:245

5.☑害隧□葆同縣城南嬰□乃丁亥病　EPT56:384[⑥]

6.☑　葆同縣安定里公乘張忠年卌五長七尺　73EJT 2:36

7.☑　葆居延肩水里公乘史樂宗年卌二歲長七尺二寸☑　73EJT 9:228

8.☑　葆妻觻得　　里孫嚴年十八　73EJT 6:51

9.●并葆敦煌壽王里田儀年廿八歲長六尺五寸青白色右頰有　黑子簪權各二　珥一具　D681[⑦]

從簡文看,是前一個人“葆”後一個人。前揭説法中,如果將“葆”解釋成“人質”,則頗爲費解。如果解釋成“庸保”,那麽簡8中“葆妻”也不好理解。在關於葆含義的這些觀點中,“擔保”之意更符合簡文的語境。并且揆諸傳世文獻,亦有此用法,《墨子·號令篇》:“諸卒民居

① 李均明:《漢代屯戍遺簡“葆”解》,《文史》三十八輯,北京:中華書局,1994。《中國簡牘集成》一書也持相同的看法。參看中國簡牘集成編委會《中國簡牘集成》,蘭州:敦煌文藝出版社,2001,第五輯,41頁;第十二輯,261頁。

② 李天虹説見《居延漢簡簿籍分類研究》,北京:科學出版社,2003,160頁。

③ 凡帶此類編號,皆出自甘肅簡牘保護研究中心編《肩水金關漢簡》(壹),上海:中西書局,2011,以下不再出注。

④ 這支簡出自肩水金關,轉引自李天虹《居延漢簡簿籍分類研究》,160頁。

⑤ 凡此類編號,皆出自謝桂華、李均明、朱國炤《居延漢簡釋文合校》,北京:文物出版社,1987,以下不再出注。

⑥ 凡此類編號,皆出自甘肅省文物考古研究所等編《居延新簡:甲渠候官與第四隧》,北京:文物出版社,1990,以下不再出注。

⑦ 凡此類編號,皆出自吴礽驤、李永良、馬建華釋校《敦煌漢簡釋文》,以下不再出注。

城上者,各葆其左右,左右有罪而不智(知)也,其次伍有罪。"孫詒讓《閒詁》:"葆,吴抄本作保。"[①]簡 8 前面没有字,我們從圖版觀察,簡端雖然折斷,但"葆"字前仍然留有空白,"里"字前同樣也有空白,妻説明了親屬關係,這可能是因爲某種原因需要二次填寫保任者以及被葆者的里名。簡 6、7 可以和它類比。簡 9 在中華書局版《敦煌漢簡》中并没有找到對應的圖版,不過從釋文和簡牘的容字規律看,應該是寫滿了一支簡。其格式當不屬於這種類型,但是,但簡端有"•"符號,和簡 1 相似,"并"字如果作爲人名,和下面的類型Ⅱ格式不同。如果解釋成"共同",則和簡 1 吻合。前面没有擔保人,因爲這支簡寫滿格,所以,我們推測擔保人的情况可能寫在前一支簡上,故將其歸爲類型Ⅰ。這一類型簡文的意思是某地某人爲某地具有某種特徵的人進行擔保。就擔保人的身份而言,既有普通百姓,亦有丞、隧長等民政、軍政系統的官吏,更有親屬。從簡 4 看,如果是官員做擔保,似衹要標注出官稱即可。

和這一個格式相類的還有一種格式,即類型Ⅱ:葆籍貫+爵位+人名+年齡+體貌特徵(或省),如下列簡:

10. 葆淮陽國陽夏北陽里公乘張不武年廿三長七尺二寸黑色 ☐ 73EJT 10:118A

11. 葆觻得敬老里王嚴年廿五 62.43

12. 葆觻得安國里大夫韓禹年廿 ☐ 73EJT 10:288

13. 葆　鸞鳥大昌里不更李惲年十六 51.5

14. 葆小張掖有義里☐ 119.67

15. 葆廣德里公乘☐ 73EJT 10:194

16. 葆日勒□…… ☐ 73EJT 10:33,131

17. 葆　王孫記書翁叔幸爲糒
致　肩水厩吏徐少孺所　73EJT 9:13

從形式看,類型Ⅱ是類型Ⅰ的後半部分,那麽能否認爲是和類型Ⅰ中簡 6、7、8 相類似呢?答案似乎是否定的。因爲從圖版看,這幾支簡皆頂格寫,也就是簡端并没有留白,用以書寫擔保者的位置。雖然有可能擔保者的信息寫在另一支簡上,但這種格式在數量上并不遜色於格式Ⅰ,因而我們暫且先認定這是葆的另一種文書内容。

那麽作爲一種承保的文書爲什麽要分成兩種格式書寫呢?從上述簡文本身很難找到突破口,所以我們將目光轉移到與"葆"相關的呈送類文書,從中尋求答案。這樣的文書有這樣的幾支簡:

18. 始建國三年五月庚寅朔壬辰,肩水守城尉萌移肩水金關吏所葆名如牒,書到,出

① 孫詒讓:《墨子閒詁》,《諸子集成》(第四册),上海書店出版社,1986,354 頁。

入如律令。(74EJT3:155)[①]

19. ☐敢言之遣葆氏池大昌鮑順等□□☐　73EJT　8:78

20. 永光五年正月乙巳朔壬申肩水城尉奉世行

成宣等自言遣葆□□之官如牒書到出入如　73EJT 3:109[②]

21. 遣葆觻得安國里韓忠爲☐　334.29

22. ☐爲家私市居延與子男齊葆同縣☐　73EJT 10:370

23. ☐奉葆姑臧西比夜里☐

☐河津金關毋苛留☐　97.9

將卒館陶安樂長

24. ☐葆深上里范安世

國毋留如律令　73EJT 9:69

簡18是一份完整的呈送文書,“所葆名如牒”説明作爲附件的牒是一份包含多個被葆人情況的名册,當然類型Ⅰ和類型Ⅱ皆有可能是名册的具體形式。不過,從這支簡看,衹有可能是類型Ⅱ:

25. 葆鸞鳥息衆里上造顔收年十二長六尺黑色——皆六月丁巳出　不　15.5

簡的前半部是類型Ⅱ,後半部是則是關吏的校驗結果,稱“皆”,説明這六月丁巳出并不是僅僅指本簡前面的顔收,而是包括前面多支格式相同的簡。另外,邢義田先生檢視過臺灣中央研究院史語所藏原簡,指出:“皆六月丁巳出　不”部分字迹與其餘部分不同。[③] 這也可以一个方面印證我們的判斷。這種書寫方式,在西北漢簡中較爲常見,如大庭脩在復原騎士簡册時,就存在過這樣在一組名籍中由一支簡書寫上屬性記録。[④] 簡19有“鮑順等”字樣,説明也是一個名册,從“如律令”、“敢言之”等字樣看,大約有下行、上行文書的區别。

簡20作爲呈送文書則與簡18、19相反,明言是因某事葆某一人,而類型Ⅰ則作爲附件形式存在,以便勾驗,并且我們也的確發現了這樣的簡:

---

① 薛英群、何雙全、李永良:《居延新簡釋粹》,71頁。但《肩水金關漢簡》(壹)探方3無此編號簡。

② 類似的還有一支簡:

元延二年八月庚寅説甲午都鄉嗇夫武敢言☐

褒葆俱送證女子趙佳張掖郡中謹案户☐

留如律令敢言之•八月丁酉居延丞□☐　181.2A

這裏的“俱”字如果作人名,則“葆”字含義和本文討論相同,如果“俱”字做副詞“都”“皆”,那麽“葆”衹能是人名,則本文討論主題無關,故存疑。

③ 邢義田:《中研院史語所藏居延漢簡整理近況簡報(1998——2000)》,《地不愛寶——漢代的簡牘》,北京:中華書局,2011,484頁。

④ 大庭脩著,徐世虹譯:《漢簡研究》,桂林:廣西師範大學出版社,2001,80頁。

26. 萬歲里公乘藉忠年卌八　爲姑臧尉徐嚴葆與嚴俱之官　正月庚午入 丿[①]

73EJT 6:52

它所對應的圖版十分清晰,可以明顯的看出"正月庚午入 丿"爲後書,當爲肩水關吏校驗字樣。它和簡25相對比,缺少了"皆"字,説明關吏校驗的僅僅是這一支簡。單支簡的葆名籍和呈送文書分開書寫畢竟繁瑣,所以也有合二爲一的形式,簡21至24雖然皆有殘泐,但從主體内容看,被葆人的姓名里籍等信息都包含在呈送文書中,這樣書寫也可能意味着承保人就是簽發葆這一文書的嗇夫等基層官吏[②],因而毋須另簡重複書寫。它們可視爲類型Ⅰ的變體。順便指出的是,在簡19、20、21中的"遣葆……",葆則爲名詞,表示一種身份。由此推測,類型Ⅱ的"葆"字,亦與此相同,作爲顯示身份的名詞。

從上面的分析,我們認爲"葆"名籍之所以分爲兩種形式,是因爲一種爲個體被"葆",另一種爲集體被"葆"。個體被葆的事由比較複雜,既有如簡20之公事,也有如簡22之私事。集體被葆的擔保者并没有明確説明,但是分析簡18,似乎也有迹可循。肩水城尉秩級較高,有時可以代行都尉的部分職責,如:

27. 閏月丁巳張掖肩水城尉誼以近次兼行都尉事下候城尉承書從事下當用者如詔書/守卒史義　10.29

肩水守城尉萌向肩水金關吏發送文書,有可能是代表都尉行事,在一定意義上意味着是都尉府承擔葆的責任。從西北漢簡的記述看,都尉府常有在其轄境内調動人員的情況,如省卒等。

二、"葆"與私從者

所謂私從者,在傳世文獻和西北漢簡中均有記載,在敦煌懸泉漢簡中有一支簡:戌校右部中曲士皆後□……(A)故私從者……(B)(Ⅱ0216②:547)注釋者説:私從者:吏士出征時私募之隨從。《漢書·李廣利傳》:"發惡少年及邊騎,歲余而出敦煌六萬人,負私從者不與。"師古曰:"負私糧食及私從者,不在六萬人數中也。"又,《漢書·趙充國傳》:"願罷騎兵,留弛刑應募,及淮陽、汝南步兵與吏私從者,合凡萬二百八十一人。"[③]本文關心的是作爲一種

① 上述簡10背面亦有"丿　已入"字樣,亦可作爲一個例證。

② 研究因私過關符傳的論著經常引用到一條資料即爲明證:永始五年閏月己巳朔丙子北鄉嗇夫忠敢言之義成里崔自當自言爲家私市居延謹案自當毋官獄征事當得取傳謁移肩水金關居延縣索關敢言之閏月丙子觻得丞彭移肩水金關居延縣索關書到如律令掾晏令史建　15.19

③ 胡平生、張德芳:《敦煌懸泉漢簡釋粹》,上海古籍出版社,2001,131頁。凡此類編號,皆出自该书,以下不再出注。

社會身份,這些私從者爲認識“葆”的身份所能提供的幫助。在《敦煌漢簡》中有一組文書,恰好將私從者和葆等名詞組合在一起:

28. 出□□外塞吏子葆使女廿五人　正月己卯盡三月丙子百一
　　十八日積二千九百五十人　D294

29. 外塞吏子私從者奴大男十五人
　　其一人二月戊寅盡六月乙巳百卌八日積百卌八人
　　六人三月戊申盡六月乙巳百一十八日積七百八人
　　四人四月丁丑盡六月乙巳八十九日積三百五十六人☐
　　四人五月丁未盡六月乙巳五十九日積二百卅六人
　　凡積千四百卌八人　D295

30. 出塞吏子葆婢伎女□人
　　其一人三月戊申盡六月乙巳百一十八日積百一十八人
　　一人四月丁丑盡六月乙巳八十九日積八十九人
　　……　D296

31. ……
　一人四月壬辰盡六月乙巳七十四日積七十四人☐
　一人四月甲午盡六月乙巳七十二日積七十二人　D297

32. 出外塞吏子私從者大男廿四人
　　其一人二月戊寅盡六月乙巳百卌八日積百卌八人
　　十五人三月戊申盡六月乙巳百一十八日積千七百七十人
　　一人四月丙戌盡六月乙巳八十日積八十人
　　……　D298

33. ☐□□奴大女□□廿一人☐　D299

34. 其四人五月庚午盡九月癸酉
　☐十二人六月丙子盡九月癸酉☐
　五人七月丙午盡九月癸酉　D300

35. 出塞吏子□□奴小男六人
　其三人六月丙子盡九月癸酉百一十八日積三百五十四人
　三人七月丙午盡九月癸西八十八日積二百六十四人
　凡積六百一十八人　D301、302

36. 凡外塞吏子使女卅三人　積三千六百一十二人　D303

37. 出外塞吏子奴婢小男女二人　凡積二百六人　D304

38. ·凡外塞吏子奴婢小男女廿二人　積千六百六十六人　D305

對於這組簡,我們關心的是其中的身份名詞及其相互關係。這批漢簡的整理者對此的解説是:"私從者"不與"葆"并列,凡"私從者"與"奴婢"并列者,不見"葆",反之,凡"葆"與"奴婢"并列者,不見"私從者"。由此推知,"私從者"與"葆"當爲同一身份,即具有依附身份的自由民。在邊塞簿籍中,"私從者"與"葆",其名籍内容基本相同。[①] 這段話簡而言之,葆即爲私從者,是依附人口。最近,王愛清先生也持私從者和奴婢相并立的解釋,但似乎也有些猶豫,他説:"當然我們也不能斷然否認'從者'、'私從者'可能有奴婢的存在;如果有,這些奴婢被主人臨時賦予了'從者'、或'私從者'的身份。"[②]

其實,我們不妨可以换一個角度思考。從上述簡中,私從者後接"大男"、"奴大男"等。在這組簡之外,還接有"私屬",似爲王莽時簡,因爲私屬爲新莽時對奴婢的稱謂。我們可以將私從者和後面的身份名詞看成是從屬關係,即奴婢或大男是用來修飾私從者。這幾個名詞可以這樣理解:私從者是表示他們在塞外活動以備查驗的身份,奴婢是描述他們的法律身份,漢代的文書中如果涉及到奴婢身份通常都要加以注記。大男、小男在漢簡中是表示服役年齡、廪給糧食的標準。從這組簡的文意看,當是廪給糧食的記録,在西北漢簡中有兩支簡可以明確説明這一問題:

39. 出麥七石五斗　以食吏吏私從者二人六月盡八月　303.9

40. 出米一斗二升,有傳,五月丙午以食金城允吾尉駱建,從者一人、人再食,西。

Ⅱ0216③:57

這一格式是典型的倉支出穀物記録,簡中明言要爲吏及其私從者配給糧食。此外,簡36、37、38作爲總結簡,和簡29、35不同,同一支簡上并没有記載明細,以及人員是否具備私從者這一身份屬性,這是因爲從糧食支出角度,相關機構只關心和支出數量相關的大男女、小男女等項目,其原因大約如論者所言:"凡私從者……皆由官廪食。"[③]這也説明有些私從者就是由奴婢來充任的。從邊塞管理角度,私從者和葆一樣,皆表示漢代邊塞地區對出入關隘或其他目的而對相關人員確定連帶責任的身份名詞。但二者并不同時出現,并非意味着其含義相同,我們也可以理解爲兩種不同形式的被擔保人。前一節中"葆"的身份和這組簡私從者的身份相對比,私從者更偏重于奴婢這些私有屬性,葆雖然也有妻、婢這類私有關係,但更多的被葆者看不出和葆者之間關係,顯示出它更偏重公的一面。

① 吴礽驤、李永良、馬建華:《敦煌漢簡釋文》,349頁。

② 王愛清:《秦漢鄉里控制研究》,濟南:山東大學出版社,2010,174頁。

③ 吴礽驤、李永良、馬建華:《敦煌漢簡釋文》,349頁。

文獻中對於私從者也有迹可循。除了前面所引兩條《漢書》材料外,同書《張騫傳》:"自騫開外國道以尊貴,其吏士爭上言外國奇怪利害,求使。天子爲其絶遠,非人所樂,聽其言,予節,募吏民無問所從來,爲具備人衆遣之,以廣其道。"對"無問所從來"之吏民,顔師古注曰:"不爲限禁遠近,雖家人私隸,并許應募。"從正文及顔注的解釋看,他們當是簡牘中記載的私從者,而非國家爲其配給的吏員。

從簡牘看,這些私從者也不僅僅限於作爲使者的隨從,邊地屯戍的官吏也有私從,而且似乎也僅限於官吏:

41. 五鳳三年三月丁丑朔癸卯士吏帶敢言之候官隧和吏妻子私從者三月廩
名籍一編敢言之　D998

42. 大煎都候長王習私從者持牛車一兩　　　　三月戊申出東門　D526

候長有私從者,私從者不具姓名,大約説明私從者的私有屬性比較强烈。儘管如此,政府還是要將他們著録於名籍以加强管理:

43. 書吏胡豐私從者零縣宜都胡駿年三十長桼尺二寸　D280

44. 相私從者敦煌始昌里陰□年十五　羊皮裘二領
羊皮袴二兩　〼
革履二兩　D1146

這種現象説明,私從者雖已成爲官吏在日常行政過程中的重要補充,但是,政府爲了加强對邊郡人口的控制,還是要將他們記録於政府檔案中,從簡 43 看,他們和葆類名籍有相通之處,或可看成是"葆"的一種特殊形態。

三、西北漢簡中"葆"的功能

漢代西北邊疆實行"葆"制的具體形式如前所述。作爲一種擔保甚至連坐的制度,是秦漢帝國對基層實施控制的一個重要舉措,至少從秦和西漢初年出土的法律文書中可以明顯地看出這一點。就邊境地區而言,這類制度的施行,除了有對基曾民衆加强控制的作用外,它也彰顯出來一些特殊的功用。

在西漢前期,漢廷尚未對邊郡進行有效統治之時,北方邊地逃亡者十分常見,西漢人侯應回應皇帝關於在北部邊疆設置烽燧守備的情況時,曾分析過漢境内人逃亡匈奴的幾種原因:

……自中國尚建關梁以制諸侯,所以絶臣下之覬欲也。設塞徼,置屯戍,非獨爲匈

> 奴而已,亦爲諸屬國降民,本故匈奴之人,恐其思舊逃亡,四也。近西羌保塞,與漢人交通,吏民貪利,侵盗其畜産妻子,以此怨恨,起而背畔,世世不絶。今罷乘塞,則生嫚易分争之漸,五也。往者從軍多没不還者,子孫貧困,一旦亡出,從其親戚,六也。又邊人奴婢愁苦,欲亡者多,曰"聞匈奴中樂,無奈候望急何!"然時有亡出塞者,七也。盗賊桀黠,群輩犯法,如其窘急,亡走北出,則不可制,八也。[①]

這些逃亡人口可以分成四類,一類是居住在漢境的匈奴、西羌屬國降民,第二類是奴婢,第三類是因困苦而出逃者,第四類是罪犯。

人口是漢代國家對社會所要斂取的重要資源,因而加强人口控制,特别是防止他們逃亡到敵對的邊疆部族去是其着力要解决的問題。在邊塞的關隘進行人員的出入管理即爲重要舉措。

對於簡牘中所見邊塞關傳制度,經過學者們的努力,已經比較清楚,我們撮其要者,述之如下:

先由籍貫所在地的基層政權的官吏出具相應的證明資料,如大庭脩言:"一般人所用的棨是通過鄉嗇夫的證明以及縣的長官的認證的形式,由縣一級發給的",通常"需由所屬鄉嗇夫證明没有前科,并經所屬縣長官的認可纔能生效。"[②]對於這些材料在過關時要予以登記,薛英群先生説:"凡持傳出入關道河津之吏民,都要按其身份、事由、出入關時間分别予以登記。登記之册見於漢簡者有《吏妻子及葆出入關名籍》,一般吏民《出入關傳籍》,以及《遠食過關出入簿》等,按規定一式兩份,上報的一份曰'致籍',留關備查的一份曰'副券'。"[③]李均明先生也認爲,"關門處往往留存許多過關人員的名單,這些名單有些可能是'致'的附件,而更多的是官吏對過關人員的登記"。即"録復傳"制度。[④]

在關傳制度中出現的葆,與普通的過關傳致還有所不同,他們不僅需要基層官吏證明其身份,而且還要有相應的官員和機構進行擔保,這大約是由於他們具有特殊的身份和使命所决定的,因而國家對其控制也格外嚴格。

被"葆"者的特殊性,還表現在國家爲他們提供糧食供給,在前一節中的簡28、30所在的一組簡中,李均明先生認爲是"關吏逐月或逐季度統計上報出入關塞人員情况"。[⑤] 我們則認爲它可能和廩食有關。因爲,從這種統計方式爲,"其三人六月丙子盡九月癸酉百一十八日,

① 《漢書·匈奴傳下》。

② 大庭脩著,林劍鳴等譯:《秦漢法制史研究》,上海人民出版社,1991,491,499—500頁。

③ 不過,對於"吏妻子及葆",薛先生認爲這是指有一定身份的人,"葆"即"葆宫",與我們的認識有异。參看薛英群《居延漢簡通論》,蘭州:甘肅教育出版社,1991,427—428頁。

④ 李均明:《漢簡所反映的關津制度》,《歷史研究》2004年第3期,32頁。

⑤ 李均明:《漢簡所反映的關津制度》,32頁。

積三百五十四人,三人七月丙午盡九月癸酉八十八日,積二百六十四人,凡積六百一十八人”。這種天數和人數相結合的統計形式,同西北漢簡中一種廩食記録的形式比較相似:

45.☑十一月以食卒六十三人人卅日積千八百九十人人六升大　EPT17:8

這支簡明確説明是廩食戍卒,所以敦煌漢簡中的那組文書當爲廩食的統計記録無疑。另外,前面簡39、40明確表明吏之私從者是廩給糧食,而28——38簡雖然不是一個簡册,但是無論是從内容、格式,還是字體等角度看,其間有着密切的關係,既然私從者是由國家來供應口糧,那麽記載形式一樣的“葆”没有理由不由國家供應糧食。

另外,對“葆”意義的討論,還應放在西北漢簡中對身份記述的角度去觀察。我們注意到,在西北漢簡中,涉及到具體的人時,在其之前總要加上具體的身份,比如戍卒、官稱等,而這些具有“葆”身份的人,和士卒等軍事系統中的人不同,他們在通過邊塞時,爲了有效地對其進行控制,就要給予他們“葆”這種臨時身份。一旦出現逃亡等變故,可以有迹可循,有責可問。

葆這種制度的出現應該是對傳統葆宫、質任制度的發展,對邊塞地區的特殊情况而有針對性實施的。它説明西漢時期在西北邊塞除了構築塞防,分置吏卒以備候望外,還在邊境地區實行了嚴密的日常動態管理措施,它們共同爲鞏固西北邊防起到了積極作用。

附記:匿名評審專家曾提出寶貴修改意見,謹致謝忱。

西北漢簡所見廩鹽制度蠡測

北京大學歷史學系　李　斯

内容提要　秦漢時期的廩食制度是政府主導的固定配給制。邊地吏卒的廩鹽定量有專門的供應渠道和發放規定,不會受市場鹽價波動的影響,也與河西地區鹽産資源豐富和吏卒勞動强度無關。對照律文和簡牘記載可知,從秦到漢初的廩鹽定量并没有明顯變化。西北漢簡所見"鹽三升"的食鹽定額,可能是一個普通吏卒家庭的月配給量,其原因當與邊地常見以夫妻兩人爲主的家庭結構有關。

關鍵詞　漢簡　廩食制度　食鹽配給

俗話説:開門七件事,柴米油鹽醬醋茶。自古以來,鹽就是重要的調味品之一,社會各階層都需要消費。如《管子·海王》曰:"十口之家,十人食鹽,百口之家,百人食鹽。"[①]上至王公貴戚,下至平民百姓,鹽都是不可或缺的生活必需品,其在經濟生活中的重要意義不言而喻。故東漢章帝時尚書張林上言:"鹽,食之急者,雖貴,人不得不須,官可自鬻。"[②]漢武帝時大興征伐,財用匱乏,於是實行鹽鐵官營政策,雖不免招致"與民争利"[③]之類的非議,但也反映出國家控制鹽業生産的特殊戰略意義。《漢書·食貨志下》:"昭帝即位六年,詔郡國舉賢良文學之士,問以民所疾苦,教化之要。皆對願罷鹽鐵酒榷均輸官,毋與天下争利,視以儉

① 《管子》注釋組:《管子選注》,長春:吉林人民出版社,1975,162 頁。

② 《後漢書》卷四三《朱暉傳》,北京:中華書局,1965,1460 頁。

③ 《漢書·食貨志上》載董仲舒曰:"田租口賦,鹽鐵之利,二十倍於古。"如淳注曰:"秦賣鹽鐵貴,故下民受其困也。"顔師古注曰:"既收田租,又出口賦,而官更奪鹽鐵之利。率計今人一歲之中,失其資産,二十倍多於古也。"《漢書》卷二四上《食貨志上》,北京:中華書局,1962,1137 頁。

節,然後教化可興。弘羊難,以爲此國家大業,所以制四夷,安邊足用之本,不可廢也。”又曰:“宣、元、成、哀、平五世,亡所變改。元帝時嘗罷鹽鐵官,三年而復之。”[①]可見鹽作爲重要的戰略物資,對於“制四夷”和“安邊足用”確實具有關鍵作用。故終西漢一朝,國家對鹽業生産的控制總是比較强力的。

西漢自武帝時爲了抗擊匈奴,在西北邊境上相繼設置了河西四郡(酒泉、張掖、敦煌、武威),建立了一整套完備的烽燧系統和屯戍機構。二十世紀初以來,漢代烽燧和屯戍機構的遺址屢有簡牘出土,其内容豐富,數量巨大,涉及當時政治、軍事、經濟和文化等各個層面。這些簡文雖然大多衹是斷簡殘篇,但畢竟是反映漢代社會歷史的第一手資料,由此不難想見當年徙邊民眾和屯戍吏卒的真實生活情狀[②],更可以補正史記載之缺失。西北漢簡中有若干反映食鹽配給情況的簡文,如所謂《鹽出入簿》和《廩鹽名籍》等。這些文書是政府統一調撥、發放和吏卒領取食鹽的官方檔案留存,因而對研究邊地屯戍機構的食鹽配給制度具有重要參考價值。對此,已有學者作了一系列相關研究。[③] 然而,對這種食鹽配給制度(本文稱爲廩鹽制度)的探討,似乎不應忽視“廩”的本義與制度存在的具體時代背景,本文將嘗試以此爲基礎來討論廩鹽制度的特徵,進而可由此管窺漢代邊地屯戍機構的日常管理與軍政運作之實態。

一、廩食制度的淵源及其主要特徵

《後漢書·光武帝紀下》記建武六年詔曰:“往歲水旱蝗蟲爲災,穀價騰躍,人用困乏。朕惟百姓無以自贍,惻然愍之。其命郡國有穀者,給廩高年、鰥、寡、孤、獨及篤癃,無家屬貧不能自存者,如律。二千石勉加循撫,無令失職。”[④]李賢注引《説文》:“廩,賜穀也”。《字彙·廣部》:“廩,歐陽氏曰:古者給人以食,取之於倉廩,故因稱廩給、廩食。”[⑤]可見所謂“廩食”,可指由官府供給糧食。如《漢書·貢禹傳》:“至,拜爲諫大夫,秩八百石,奉錢月九千二百。

① 《漢書》卷二四下《食貨志下》,1176頁。

② 本文所謂“吏卒”,指邊地屯戍機構中的吏和卒,但不包括刑徒。“吏卒”是簡文中原有稱謂,其身份并不能完全以軍人或戍卒視之,更詳細的定義參見趙寵亮:《河西漢塞吏卒生活研究》,中國人民大學博士學位論文,2011,5頁。

③ 謝桂華:《漢簡與漢代西北屯戍鹽政考述》,《鹽業史研究》1994年第1期,另見《秦漢史論叢》第6輯,南昌:江西教育出版社,1994。李天虹:《居延漢簡簿籍分類研究》,北京:科學出版社,2003,51—89頁。李均明:《秦漢簡牘文書分類輯解》,北京:文物出版社,2009,300頁。在2011年8月召開的甘肅省第二屆簡牘學國際學術研討會上,王子今先生提交的會議論文又更爲細緻地考察了邊塞食鹽管理文書,對漢塞軍人食鹽定量偏高的現象提出了獨到見解,有助於增進人們對於漢塞軍人生活情狀以及西北邊地社會風貌的了解。參見王子今《居延〈鹽出入簿〉〈廩鹽名籍〉研究:漢塞軍人食鹽定量問題》,《甘肅省第二屆簡牘學國際學術研討會會議論文集(上)》,31—40頁。

④ 《後漢書》卷一下《光武帝紀下》,47頁。

⑤ 《漢語大字典》編輯委員會編纂:《漢語大字典(第二版)》第二卷,成都:四川辭書出版社,2010,971頁。

廩食太官,又蒙賞賜四時雜繒綿絮衣服酒肉諸果物,德厚甚深。"顏師古注曰:"謂太官給其食。"[①]又如《漢書·蘇武傳》:"武既至海上,廩食不至,掘野鼠去中實而食之。"顏師古注曰:"無人給飼之。"[②]

但是,"廩食"一詞并非僅指供給糧食。如《漢書·晁錯傳》記晁錯建議募民徙塞下:"不足,乃募民之欲往者。皆賜高爵,復其家。予冬夏衣,廩食,能自給而止。"顏師古注曰:"初徙之時,縣官且廩給其衣食,於後能自供贍乃止也。"[③]可見"廩食"至少還包括"予冬夏衣"等內容。《史記·淮南衡山列傳》在提到如何處置謀反的淮南厲王劉長時説得更爲明白:"臣請處蜀郡嚴道邛郵,遣其子母從居,縣爲築蓋家室,皆廩食給薪菜鹽豉炊食器席蓐。"[④]説明"廩食"的內容還包括燃料、調味品、炊具、餐具和坐卧具等。在年代稍晚的長沙走馬樓吴簡中也可見若干與廩食相關的簡文,有學者已經對此作了較爲細緻深入的研究,認爲此類簡文與西北漢簡中的"月食"在性質上大體相同,其稱謂來源於秦漢時期的廩給制,但在發放對象和具體定額方面有所區别。[⑤] 對於這種由官府提供各種生活必需品的配給制度,有學者也稱之爲"廩給制度"[⑥],但考慮到文獻中已經存在的諸多證據,恐怕還是應該稱之爲"廩食制度"更加恰當。其定義當如薛宗正先生所總結的:"官府對包括屯田軍家屬的口糧、器用、衣服等生活消費實行全面供給制,稱爲'廩食'制,當然,這種供給制是建立在最低生活保證基礎上的。"[⑦]顯而易見,本文將要著重探討的"廩鹽制度",也是廩食制度的一部分。

秦漢時期廩食制度的淵源,最早大概可以追溯到周代的"稍食"。《周禮·夏官·司士》:"以德詔爵,以功詔禄,以能詔事,以久奠食"。鄭玄注:"食,稍食也。賢者既爵乃禄之,能者事成乃食之。"孫詒讓《周禮正義》:"稍食謂不命之士及庶人在官者之廩食,與命士以上之正禄异。"[⑧]儘管關於《周禮》各部分的成書年代學界尚存争議,但閻步克先生經過細緻周密的考證,論證了周代"稍食"是按月發放的,并且要通過考功計勞來定其額度,這已經具備了後世"月俸"的雛形。領取"稍食"的人,既包括未命而服役於朝廷的士庶子,也包括府史

① 《漢書》卷七二《貢禹傳》,3073頁。

② 《漢書》卷五四《蘇武傳》,2463頁。

③ 《漢書》卷四九《晁錯傳》,2286頁。

④ 《史記》卷一一八《淮南衡山列傳》,3079頁。

⑤ 參見戴衛紅《長沙走馬樓吴簡所見"直"、"稟"簡及相關問題初探》,《簡帛研究二〇〇八》,桂林:廣西師範大學出版社,2010,251—267頁。

⑥ 高敏:《從雲夢秦簡看秦的若干制度》"(十一)關於廩給的制度",《雲夢秦簡初探》(增訂本),鄭州:河南人民出版社,1981,216頁;楊聯陞:《漢代丁中、廩給、米粟、大小石之制——勞榦〈居延漢簡考釋〉錢穀類跋》,《楊聯陞文集》,北京:中國社會科學出版社,1992,1—8頁;邵正坤:《漢代邊郡軍糧廩給問題探討》,《南都學壇(人文社會科學學報)》2005年第3期。

⑦ 薛宗正:《絲綢之路北庭研究》,烏魯木齊:新疆人民出版社,2009,90頁。

⑧ [清]孫詒讓著,王文錦、陳玉霞點校:《周禮正義》卷五九,北京:中華書局,1987,2457—2458頁。

胥徒這一"胥吏"階層,以及宫廷中的服役者等。[①] 戰國器物銘文又可見"廩人"之名稱[②],裘錫圭先生結合《周禮》關於"稍食"的記載,認爲壺銘的"廩人""意即廩取糧食之人,廩食於公之人,詞例與後世所謂'廩生'相似。"[③]這些在官府中勞作的工匠,由於没有正式的禄秩,因此普遍享有廩食的待遇。

秦簡中也有類似的法律規定,如《秦律十八種·倉律》:"月食者已致稟而公使有傳食,及告歸盡月不來者,止其後朔食,而以其來日致其食,有秩吏不止。"整理小組注曰:"月食者,按月領取口糧的人。"[④]説明領取"月食"者,若糧食已經發給,而因公出差或休假到月底仍不歸來的,應停發其下月口糧,直到回來的時候再行發給,有秩的吏則不停發。這説明"廩食"發放的基本標準是按等級和勞績,是一種以"職"或"事"爲中心的酬報和定等方式。[⑤] "廩食"是政府主導的官方行爲,必須嚴格地遵循法律程式執行,其數額亦有明確的規定,以求最大限度地防止因欺騙瞞報或官吏瀆職等各種人爲因素而造成的公家財産損失。《秦律十八種·金布律》有這樣一條律文:"官嗇夫免,復爲嗇夫,而坐其故官以貲償及有它債,貧窶毋以償者,稍減其秩、月食以償之,弗得居。"[⑥]可見律文規定嗇夫在無力償還債務時,應通過扣除"月食"來進行賠償。"月食"即"廩食",官府可以根據法律將配給數額予以變更(如用作懲罰方式),充分説明了廩食制度所藴含的公權力性質,廩食者衹能被動接受。不僅如此,《秦律雜抄》還規定:

> 不當稟軍中而稟者,皆貲二甲,廢;非吏也,戍二歲;徒食、屯長、僕射弗告,貲戍一歲;令、尉、士吏弗得,貲一甲。·軍人賣稟稟所及過縣,貲戍二歲;同車食、屯長、僕射弗告,戍一歲;縣司空、司空佐史、士吏將者弗得,貲一甲;邦司空一盾。軍人稟所、所過縣百姓買其稟,貲二甲,入粟公;吏部弗得,及令、丞貲各一甲。稟卒兵,不完繕,丞、庫嗇夫、吏貲二甲,廢。[⑦]

可見軍隊系統發放廩食的目標有很强的針對性,只限本人使用,不得冒領和私自買賣。如果對發放的武器保養不善,主管官吏也要受到懲罰。由此至少可以明確,秦代法律對軍中物資管理和使用有着相當嚴格和細緻的規定。那麽,漢代的情况是否也是如此呢?

---

① 閻步克:《略談漢代禄秩的特點與傾向》,《杭州師範學院學報》1999年第1期。閻步克:《從稍食到月俸——戰國秦漢禄秩等級制新探》,《學術界》2002年第2期。閻步克:《品位與職位——秦漢魏晋南北朝官階制度研究》,北京:中華書局,2001,129—167頁。

② 王輝:《二年寺工壺、雍工敃壺銘文新釋》,《人文雜誌》1987年第3期。

③ 裘錫圭:《"廩人"别解》,《人文雜誌》1988年第1期。

④ 睡虎地秦墓竹簡整理小組編:《睡虎地秦墓竹簡》,北京:文物出版社,1990,31頁。

⑤ 閻步克:《從爵本位到官本位——秦漢官僚品位結構研究》,北京:三聯書店,2009,44頁。

⑥ 睡虎地秦墓竹簡整理小組編:《睡虎地秦墓竹簡》,39—40頁。

⑦ 睡虎地秦墓竹簡整理小組編:《睡虎地秦墓竹簡》,82頁。

二、廩鹽定量與邊塞屯戍機構物資管理

西北漢簡中有不少關於“廩鹽”的記録,例如在較爲完整的“建平五年十二月官吏卒名籍”中有如下簡文①:

(1)鄣卒張竟鹽三升　十二月食三石三斗三升少　十一月庚申自取(203.14)

(2)鄣卒李就鹽三升　十二月食三石三斗三升少　十一月庚申自取(254.24)

(3)鄣卒□□鹽三升　十一月庚申自取(286.12)

(4)鄣卒史賜　鹽三升　十二月食三石三斗三升少　十一月☐(292.1)

(5)第九鄣卒九人　用鹽二斗七升　用粟卅石(286.9)

(6)●右省卒四人鹽一斗二升　用粟□三石三斗三升少(176.18,176.45)

(7)●凡吏卒十七人　凡用鹽五斗九升　用粟五十六石六斗六升　大(254.25)

簡文所見邊地吏卒食鹽配給量爲每月三升,謝桂華先生指出此當爲一個大月的定量,小月或閏月則爲2.9升②,這一資料與文獻記載基本相符。如《漢書·趙充國傳》:“願罷騎兵,留弛刑應募,及淮陽、汝南步兵與吏私從者,合凡萬二百八十一人,用穀月二萬七千三百六十三斛,鹽三百八斛,分屯要害處。”③若以此推算,則每月人均用鹽亦爲三升左右。王子今先生認爲此定量偏高,即使以間隙較大、密度較小的粗鹽計算,月三升則合每天攝入鹽24.2克,此數額超過現今城區居民一般食鹽消費量甚多。④ 對此,王先生的解釋是:“應當注意普通軍人日常生活中副食品的有限和河西鹽産資源提供的方便。此外,一個非常重要的因素很可能是超常的勞動强度。”⑤不過,考慮到廩食制度的基本特徵,邊地吏卒的廩鹽定量恐怕不會受市場鹽價波動的影響,也與河西地區鹽産資源豐富和吏卒勞動强度無關。

漢初國家對鹽鐵實行放任政策,允許私人經營,僅僅設官收税而已。有的人憑藉煮海制鹽,不僅富比人君,甚至成爲威脅中央的割據隱患。如《鹽鐵論·禁耕》:“异時,鹽鐵未籠,布衣有朐邴,人君有吴王,皆鹽鐵初議也。吴王專山澤之饒,薄賦其民,賑贍窮乏,以成私威。

---

① 此簡册由謝桂華先生復原,參見謝桂華《居延漢簡的斷簡綴合和册書復原》,《簡帛研究》第二輯,北京:法律出版社,1996,248—255頁。釋文另參李天虹《居延漢簡簿籍分類研究》,51頁。

② 謝桂華:《漢簡與漢代西北屯戍鹽政考述》,《鹽業史研究》1994年第1期。

③ 《漢書》卷六九《趙充國傳》,2986頁。

④ 以北京市的調查數據爲例,有報導稱“城區居民每日攝鹽量達13.4克,農村地區高於16克”。參見雷波《少吃鹽不會體力不濟》,《北京日報》2011年1月14日第17版。

⑤ 王子今:《居延〈鹽出入簿〉〈廩鹽名籍〉研究:漢塞軍人食鹽定量問題》,《甘肅省第二届簡牘學國際學術研討會會議論文集(上)》,38頁。

私威積而逆節之心作。”[①]《史記・吴王濞列傳》:“會孝惠、高后時,天下初定,郡國諸侯各務自拊循其民。吴有豫章郡銅山,濞則招致天下亡命者益鑄錢,煮海水爲鹽,以故無賦,國用富饒。”[②]爲了解决財政危機,加强中央集權,武帝時開始實行鹽鐵官營政策,所得收入以補充中央財政,同時嚴禁私自鑄鐵煮鹽。即《史記・平准書》所載:“敢私鑄鐵器煮鹽者,釱左趾,没入其器物。”[③]又在各地設立鹽鐵均輸官,在京師設立“平准”機構,以求調劑到中央政府所需要的各種物品,還可平抑物價,打擊不法商人。這幾項經濟措施得以全面實施以後,不僅解决了財政困難,而且對軍事行動提供了强有力的支持。如《鹽鐵論・力耕》:“往者財用不足,戰士或不得禄,而山東被災,齊趙大饑,賴均輸之蓄,倉廪之積,戰士以奉,饑民以賑。”[④]

西北邊地屯戍機構的廩鹽管理,有一套嚴密的程式和度支系統,如謝桂華先生指出的:“爲了供應和發給吏卒應配給的食鹽,從朝廷的大司農至郡、都尉府、候官部(候)、鄣、隧等各級機構,曾經建立和施行過一整套行之有效的帳簿和文書制度。”[⑤]李天虹先生認爲:“食鹽應該也是由大司農統一調撥到烽燧的”,“食鹽平時貯存於候官的閣裏,每月廩食時,以部爲單位,派人到閣領取”。但廩鹽發放也會有不及時的情況,例如:“卒胡朝等廿一人自言不得鹽言府•一事集封　八月庚申尉史常封(136.44)”李先生據此指出,“食鹽并不總是能够正常地發到戍卒手中的”,“胡朝等 21 名戍卒就因爲没有得到食鹽而上書至都尉府。”[⑥]如果這種情況是因爲儲存量不够而引起的,則可由大司農管轄的倉庫系統予以調撥,例如:“三年調鹽九十石□(E. P. T31:9)”也正因爲如此,大司農會派遣其屬吏來邊地檢查錢、穀、鹽、鐵的儲備情況,例如:“□月甲寅大司農守屬閎别案校錢穀鹽鐵□”(455.11)。也有吏卒因有過失而受到輸鹽於官的懲罰,例如:“坐勞邊使者過郡飲適鹽卌石輸官”(E. P. T51:323)。額濟納漢簡也有輸鹽於倉的記録,例如:“隧給□ 廿石致官載居延鹽廿石致吞遠隧倉”(2000ES9SF4:21)。敦煌漢簡中可見“鹽臨泉二千五百積稚卿(1125)”的簡文,反映出邊地食鹽儲備的一定規模。邊地屯戍機構會定期檢查食鹽庫存,并記録存檔,例如:“永始三年計餘鹽五千四百一石四斗三龠”(E. P. T50:29)。

在《勞邊使者過界中費》[⑦]册中,招待勞邊使者所用鹽菜等費用,據謝桂華先生説是肩水官吏各出俸禄購買[⑧],但鹽的支出應當是當地鹽倉。因爲“廩鹽”是專爲供應吏卒日常生活而

① 王利器:《〈鹽鐵論〉校注(定本)》,北京:中華書局,1992,67 頁。
② 《史記》卷一〇六《吴王濞列傳》,2822 頁。
③ 《史記》卷三〇《平准書》,1429 頁。
④ 王利器:《〈鹽鐵論〉校注(定本)》,27 頁。
⑤ 謝桂華:《漢簡與漢代西北屯戍鹽政考述》,《鹽業史研究》1994 年第 1 期。
⑥ 李天虹:《居延漢簡簿籍分類研究》,70 頁。
⑦ 圖版及介紹見甘肅居延考古隊《居延漢代遺址的發掘和新出土的簡册文物》,《文物》1978 年第 1 期。
⑧ 謝桂華:《漢簡與漢代西北屯戍鹽政考述》,《鹽業史研究》1994 年第 1 期。

發放,所以當遇到臨時接待需要支出時,必須另行支付費用并記帳。在文獻中可以看到,軍事費用的支出多由大司農系統承擔,如《史記·平准書》:"漢連兵三歲,誅羌,滅南越,番禺以西至蜀南者置初郡十七,且以其故俗治,毋賦税。南陽、漢中以往郡,各以地比給初郡,吏卒奉食幣物,傳車馬被具。而初郡時時小反,殺吏,漢發南方吏卒往誅之,間歲萬余人,費皆仰給大農。大農以均輸調鹽鐵助賦,故能贍之。"①

有學者注意到文獻中西北邊地的鹽價十分低廉,與簡牘所記載的有較大差别,故認爲這正是"專賣與由商賈操縱,所導致的不同結果"。② 此説有一定道理,但無論市場鹽價如何變動,吏卒所獲得的廩鹽定額當不會受到影響。王子今先生認爲:"河西鹽價低廉,應主要還是因出産的優勢。""或許正是河西地方鹽業産量的豐盛,使得漢代邊塞戍守人員的食鹽供應似乎享受了某種優遇。""分析漢代河西戍防軍人食鹽攝入量過大這一現象發生的原因,應當注意普通軍人日常生活中副食品的有限和河西鹽産資源提供的方便。此外,一個非常重要的因素很可能是超常的勞動强度。"③然而,就目前所見"廩鹽"來看,食鹽配給似乎是無差别的定量供應。這意味着食鹽配給與口糧配給不同,其份額不會因吏卒身份、地位、性别和職守等差别而有所增減,也與季節變化和勞動强度無關。試看下面一組按月份排序的吏卒領取食鹽記録:

(8)七月食三石三斗三升少鹽三升　六月癸巳高霸取　卪(257.26)

(9)[鹽]三升　十二月食三石三斗三升少　十一月庚申自取(27.10)

(10)執胡隧卒張平　[鹽三升]　十二月食☑(55.8)

(11)[鹽三升]　十二月食三石三斗三升少　十一月庚申自取(137.22)

(12)鄣卒張竟鹽三升　十二月食三石三斗三升少　十一月庚申自取(203.14)

(13)鄣卒李就鹽三升　十二月食三石三斗三升少　十一月庚申自取(254.24)

(14)鄣卒□□鹽三升　十一月庚申自取(286.12)

(15)鄣卒史賜　鹽三升　十二月食三石三斗三升少　十一月☑(292.1)④

由簡(8)對照其以下各簡可知,在夏季的七月和冬季的十二月,吏卒所獲得的食鹽配給量完全相同。如果食鹽定量和口糧配給一樣,會因勞動性質和强度的區别而有所不同,那麽我們

① 《史記》卷三〇《平准書》,1440 頁。

② 盧瑞琴:《漢代河西地區的食鹽問題——居延漢簡讀後記》,《簡牘學報》第 14 期"中國簡牘學國際學術研討會議"專號,臺北:蘭臺出版社,1992,79—89 頁。另見《簡牘學研究》第 2 輯,蘭州:甘肅人民出版社,1998,107—116 頁。

③ 王子今:《居延〈鹽出入簿〉〈廩鹽名籍〉研究:漢塞軍人食鹽定量問題》,《甘肅省第二屆簡牘學國際學術研討會會議論文集(上)》,37—38 頁。

④ 有三枚簡中"鹽三升"過去漏釋,據謝桂華先生意見予以補正。參見謝桂華《漢簡與漢代西北屯戍鹽政考述》,《鹽業史研究》1994 年第 1 期。

應該能看到吏卒在不同季節領取分量不等食鹽的記録。如秦代的情况就是如此,《秦律十八種·倉律》規定:

> 隸臣妾其從事公,隸臣月禾二石,隸妾一石半;其不從事,勿稟。小城旦、隸臣作者,月禾一石半石;未能作者,月禾一石。小妾、舂作者,月禾一石二斗半斗;未能作者,月禾一石。嬰兒之毋(無)母者各半石;雖有母而與其母冗居公者,亦稟之,禾月半石。隸臣田者,以二月月稟二石半石,到九月盡而止其半石。舂,月一石半石。隸臣、城旦高不盈六尺五寸,隸妾、舂高不盈六尺二寸,皆爲小;高五尺二寸,皆作之。[①]

這説明當時官府將勞動能力視爲發放口糧的基本標準。例如,隸臣妾爲官府服役,隸臣每月發糧二石,隸妾一石半;如不服役,不得發給。小城旦或隸臣勞作的,每月發糧一石半,不能勞作的,每月發糧一石。由於勞動性質不同,其口糧配給也會有所區别。例如,隸臣作農業勞動的,從二月起每月發糧二石半,到九月底停發其中加發的半石。而"舂"每月只發一石半。考慮到因季節變化造成晝夜長短不同,進而影響勞動時間和效率的情况,其口糧配給也會相應地有所增減。還比如《秦律十八種·金布律》關於"廩衣"的規定:

> 稟衣者,隸臣、府隸之毋(無)妻者及城旦,冬人百一十錢,夏五十五錢;其小者冬七十七錢,夏卌四錢。舂冬人五十五錢,夏卌四錢;其小者冬卌四錢,夏卅三錢。隸臣妾之老及小不能自衣者,如舂衣。·亡、不仁其主及官者,衣如隸臣妾。[②]

高恒先生指出,"至於隸臣妾的衣服,一般由官府供給。"[③]閻步克先生認爲《金布律》此項規定"實際上是依不同標準發給衣錢,使無妻的隸臣妾、城旦舂等自己購買"[④]。值得注意的是,夏季和冬季發放衣錢的數額相差一倍,未成年人所得衣錢也少於成年人,這種差别應該是季節和勞動能力的差异所造成的結果。這種多勞多得,少勞少得,不勞者不得食的規定,不僅與商鞅變法以來所確立的公平原則一脈相承,而且體現了制度設計中的"理性行政因素"。

秦代官府會根據工作性質和勞動强度的不同而有所區别地發放口糧,還見於《秦律十八種·倉律》規定:"城旦之垣及它事而勞與垣等者,旦半夕參;其守署及爲它事者,參食之。其病者,稱議食之,令吏主。城旦舂、舂司寇、白粲操土攻(功),參食之;不操土攻(功),以律食之。"[⑤]此律文中提到的刑徒築牆、站崗、作土工及其他雜事的,正好可以與西北漢簡所見吏卒所從事的各種不同勞作相參照。除了常見的候望、舉表、日迹等,還有諸如除沙、塗泥、伐茭、

---

① 睡虎地秦墓竹簡整理小組編:《睡虎地秦墓竹簡》,32 頁。
② 睡虎地秦墓竹簡整理小組編:《睡虎地秦墓竹簡》,42 頁。
③ 高恒:《秦律中"隸臣妾"問題的探討》,《文物》1977 年第 7 期。
④ 閻步克:《品位與職位——秦漢魏晋南北朝官階制度研究》,148 頁。
⑤ 睡虎地秦墓竹簡整理小組編:《睡虎地秦墓竹簡》,33 頁。

治炭以及臨時指派的各種雜事等。[①] 但兩者的區别在於,吏卒所領取的食鹽份額總是固定不變的。這意味着當時邊地吏卒較之今人明顯偏高的食鹽配給量可能與劇烈的勞作無關,因爲據前引"廩鹽"諸簡,從事不同勞作的吏卒所獲得的食鹽都是一樣的。這樣偏高的食鹽配給量,其用意并不是爲了補充因所謂"劇作"而大量流失的體内鹽分,而是應該另有原因。

三、廩鹽簡所反映的邊地吏卒家庭生活情狀

除了西北邊地的出土材料,是否還有其他與"廩鹽"相關的記載呢?考察地下出土的古代官方檔案文書,不應忽視其與當時法律條文的密切聯繫。也就是説,這些記録并非僵死的斷簡殘篇,其撰寫和製作必定有相應的律文作爲依據,也正是反映當時行政運作和社會風貌的第一手珍貴資料。不妨先看《秦律十八種·傳食律》:"上造以下到官佐、史毋(無)爵者,及卜、史、司御、寺、府,糲(糲)米一斗,有采(菜)羹,鹽廿二分升二。"[②]這條律文可以和《二年律令·傳食律》對照來看:"車大夫醬四分升一,鹽及從者人各廿二分升一。"[③]傳食律是關於驛傳供給飯食的規定,包括主食和調味品。由此可見,漢初較之秦代,其《傳食律》所見食鹽配給量正好減少了一半。至於具體原因,目前尚不能明瞭。而更值得注意的是《二年律令·賜律》:"毋爵者,飯一斗、肉五斤、酒大半斗、醬少半升。司寇、徒隸,飯一斗,肉三斤,酒少半斗,鹽廿分升一。"[④]《傳食律》所載每天飯食標準是爲那些旅途中不勞作的人而定,而《賜律》的標準要比平時高一個等級,但即使是刑徒,每人每天的食鹽定量也爲"廿分升一",每月合一升半。而西北漢簡所見吏卒廩鹽爲每月三升,恰好爲《賜律》所規定的兩倍,確實是顯得偏高了。

但是,從秦代到漢初爲什麽會有如此大的變化呢?按理來説,法律條文所規定的標準一般是比較固定的,短期内當不至於有較大改變。那麽,是否還存在另外一種可能,即從《賜律》頒行以後到西北邊地"廩鹽"簡製作的年代,食鹽配給量其實并没有變化?西北漢簡所見每月三升的食鹽配給量,恰爲當時律文規定的兩人之定額。這似乎暗示我們,所謂"鹽三升"是否就是官府依據邊地吏卒最常見的家庭結構(即夫妻兩人)所制定的食鹽配給量呢?

---

① 關於吏卒日常工作更爲詳細的分類和研究可參看趙寵亮《河西漢塞吏卒生活研究》,中國人民大學博士學位論文,2011,第二章"吏卒的工作與休假"第一節"日常工作",67—81頁;孫聞博:《河西漢塞軍人的生活時間表》,《甘肅省第二届簡牘學國際學術研討會會議論文集(上)》,321—330頁。

② 睡虎地秦墓竹簡整理小組編:《睡虎地秦墓竹簡》,60頁。

③ 張家山二四七號漢墓竹簡整理小組:《張家山漢墓竹簡[二四七號墓]》(釋文修訂本),北京:文物出版社,2006,40頁。

④ 張家山二四七號漢墓竹簡整理小組:《張家山漢墓竹簡[二四七號墓]》(釋文修訂本),49頁。

當時吏卒多帶有家屬,其家屬也由官府廩食,這有大量出土的"卒家屬廩名籍"爲證。[①]森鹿三先生曾據此將家屬的廩食量按勞動能力分爲四個等級[②],李天虹先生指出:"敦煌簡中所記吏私從、家屬等的廩食量略低於居延簡的卒家屬廩食量。"[③]然而,與口糧發放不同的是,目前并没有看到吏卒家屬領取食鹽的記録,而且食鹽配給也不會因勞動能力或工作性質的差异而有所差别。那麽,合乎邏輯的推測就是,作爲生活必需品的食鹽,每月三升的配給量是供應一個家庭日常飲食的定額。前引《賜律》已經説明,漢初從有爵的吏民到無爵的刑徒都按照爵位等級享受廩食待遇,每人最低廩鹽定量是每月一升半。《二年律令·置後律》又曰:"女子比其夫爵",可見"漢初婦女還可以享受其丈夫所得爵位的待遇"[④],故吏卒之妻應該也獲得同樣的食鹽配給,則夫妻兩人合計正好爲西北漢簡所見每月"鹽三升"之定量。

衆所周知,漢代最常見的家庭規模爲"五口之家",如《漢書·食貨志上》引晁錯説:"今農夫五口之家,其服役者不下二人,其能耕者不過百畮,百畮之收不過百石。"[⑤]有學者根據《漢書·地理志》所載數據,計算出西漢全國平均每户有 4.67 口,但地區之間還存在一定差异。[⑥] 這種情況一直延續到三國時期,有學者通過對走馬樓吴簡中户籍類簡牘的考察,認爲孫吴初年臨湘地區下層民衆家庭結構與漢代相近,以 3–5 人的小規模爲主。[⑦] 不過,西北漢簡所見邊地家庭規模略小,中日學者一系列相關研究都表明,邊地家庭結構中以三口之家的"核心家庭"居多。[⑧] 施偉青先生通過對居延簡中載有吏卒家庭人口情況的 58 條資料的整理和分析,計算出 2 人户的比例爲 27.59%,3 人户的比例爲 32.76%,兩者合計達 60.35%,遠遠高於其他規模的家庭類型。雖然由於簡文記載有限,統計樣本或有偏小之嫌,但這一結論也許至少可以説明,簡文所見邊地家庭規模比文獻所見内郡家庭規模略小。根據施先生的研究,邊地家庭中衹有 21–30 歲男女比例相去較大,爲 36:15。這説明適婚年齡的青年男女比例不均,也是造成邊地小户型家庭偏多的原因。另外,吏卒家庭人口的平均年齡較低,衹有 22.44 歲,而 30 歲以下的青少年和兒童占總人口的 78.23%,這一比例較之全國平均水平

---

① [日]永田英正著,張學鋒譯:《居延漢簡研究》(上),桂林:廣西師範大學出版社,2007,134—139 頁。李天虹:《居延漢簡簿籍分類研究》,66—70 頁。

② [日]森鹿三著,金立新譯:《論居延出土的卒家屬廩名籍》,《簡牘研究譯叢》第一輯,北京:中國社會科學出版社,1983,107 頁。

③ 李天虹:《居延漢簡簿籍分類研究》,69 頁。

④ 朱紹侯:《軍功爵制考論》,北京:商務印書館,2008,262 頁。

⑤ 《漢書》卷二四《食貨志上》,1132 頁。

⑥ 周振鶴:《西漢人口地理》,北京:人民出版社,1986,46 頁。

⑦ 孫聞博:《走馬樓簡"吏民簿"所見孫吴家庭結構研究》,《簡帛研究二〇〇七》,桂林:廣西師範大學出版社,2010,246—261 頁。

⑧ 岳慶平:《漢代家庭與家族》,鄭州:大象出版社,1997,9—10 頁。

而言也是偏高的。[①] 正因爲漢代邊地吏卒家庭結構多爲夫妻子女的"核心家庭",對於不具備足够勞動能力的家屬(主要是未成年人),政府除了供應少許口糧,就不會再配給食鹽了。而妻子依據法律規定得以享有與其夫相同標準的廩鹽待遇,這不僅反映出漢代婦女較高的社會地位,也可能與傳統家庭生活觀念中婦人"主中饋"有關。如張衡《同聲歌》:"邂逅承際會,得充君後房。情好新交接,恐栗若探湯。不才勉自竭,賤妾職所當。綢繆主中饋,奉禮助蒸嘗。"[②]《顔氏家訓・治家》亦曰:"婦主中饋,惟事酒食衣服之禮耳,國不可使預政,家不可使幹蠱;如有聰明才智,識達古今,正當輔佐君子,助其不足,必無牝雞晨鳴,以致禍也。"[③]若以此爲背景來理解西北漢簡中所見"鹽三升"配給定量,也許是比較適宜的。

《晋書・皇甫謐傳》:"送迎不出門,食不過鹽菜,貧者不以酒肉爲禮。"[④]王子今先生據此指出:"使用'鹽菜'是'貧者'的一般調味方式。漢代人也以食用'鹽菜'作爲最簡易的佐食形式。"[⑤]由於吏卒一般在家的日子較少,作爲當時主要日常副食品之一的鹽,其消費理應是由其妻子來支配的。劉邦和吕后早年"攻苦食啖"即是一個生動的例證,《史記・劉敬叔孫通列傳》曰:"叔孫通諫上曰:'太子仁孝,天下皆聞之。吕后與陛下攻苦食啖,其可背哉!'"裴駰《集解》:"徐廣曰:'……啖一作淡。'駰案:如淳曰:食無菜茹爲啖。"司馬貞《索隱》:"案:孔文祥云:與帝共攻冒苦難,俱食淡也。案:《説文》云:淡,薄味也。"[⑥]《漢書・叔孫通傳》亦作"攻苦食啖",如淳曰:"食無菜茹爲啖。"師古曰:"啖,當作淡。淡,謂無味之食也。言共攻擊勤苦之事,而食無味之食也。"[⑦]王子今先生説:"'食淡',即食用'無味之食'。所謂'食淡',即以極少食用鹽的情形表現其生活極其艱難。"[⑧]此言甚是。而根據邢義田先生的研究,普通吏卒在執行任務後的十天或十五天可以回家一次[⑨],大概他們就是趁這個機會把領取的食鹽帶回家中,再交給妻子來掌控和支配,這可能就是爲什麽食鹽要提前一月發放的主要原因。

如前所述,食鹽配給是由國家控制、統一調撥的政府行爲,其供應一般不會受市場和物

---

① 施偉青:《漢代居延隨軍戍卒家庭人口的若干問題》,原刊《中國經濟史研究》1998 年第 3 期,后收入《中國古代史論叢》,長沙:岳麓書社,2004,236—247 頁。

② 曹道衡選注:《樂府詩選》,北京:人民文學出版社,2000,120 頁。

③ 王利器:《〈顔氏家訓〉集解(增補本)》,北京:中華書局,1993,47 頁。

④ 《晋書》卷五一《皇甫謐傳》,1411 頁。

⑤ 王子今:《漢代人飲食生活中的"鹽菜""醬""豉"消費》,《秦漢社會史論考》,北京:商務印書館,2006,281—282 頁。

⑥ 《史記》卷九九《劉敬叔孫通列傳》,2725 頁。

⑦ 《漢書》卷四三《叔孫通傳》,2129 頁。

⑧ 王子今:《居延〈鹽出入簿〉〈廩鹽名籍〉研究:漢塞軍人食鹽定量問題》,《甘肅省第二屆簡牘學國際學術研討會會議論文集(上)》,38 頁。

⑨ 邢義田:《漢代邊塞軍隊的給假、休沐與功勞制》,原刊《簡帛研究》,北京:法律出版社,1994,192—205 頁;后收入《治國安邦——法制、行政與軍事》,北京:中華書局,2011,568—584 頁。

價的影響。也正因爲如此,西北漢簡所見邊地吏卒偏高的食鹽配計量,應該與居延及其鄰近地區的鹽産優勢無關。"廩鹽"簡反映的食鹽配給制度是一種自上而下的政府行政行爲,而非市場經濟行爲。而參照秦漢律有關"廩鹽"的規定,將西北漢簡所見"鹽三升"的配給量視爲以夫妻兩人爲主的一户家庭的固定份額,應該是比較適宜的。不過,雖然目前所見西北漢簡中有關"廩鹽"記録多爲每月三升,但也有特殊情況,例如:

(16)•凡吏卒十七人　凡用鹽五斗九升　用粟五十六石六斗六升　大(254.25)

在最近出版的《肩水金關漢簡(壹)》中,亦有一條簡文:

(17)出鹽一斗七升　　四月丙令拓以廩止虜隧卒部賢爲張定刑留取三月四月食

73EJT1:23

這似乎意味着當時的廩鹽制度遠比想像的要複雜,但由於目前此類簡文數量太少,不便討論,只得期待今後能發現更多相關内容後再作研究。本文在既有研究基礎上,結合具體律文對西北漢簡所見廩鹽制度的制定背景和實行情況試作推測,衹是抛磚引玉,尚祈海内外賢達不吝指正。

本文寫作得到北京大學歷史學系蔣非非教授的幫助與指正,又蒙匿名审稿专家提出宝贵修改意见,并致謝忱!

漢代“塢壁”再探

渤海大學歷史學系　王　海

内容提要　提到“塢壁”,人們容易將其與漢代豪强地主勢力的崛起與發展聯繫起來。實際上,“塢”與“壁”并不相同。“塢”最早出現於漢代西北邊塞,具有保護亭燧,傳遞信息、預警應和,爲亭燧吏卒提供居住生活場所的性能,是“亭隧”的一個組成部分。大約從東漢時期開始,“塢”在軍事之外的功用愈加明顯,如保聚族衆吏民。而在河西漢簡中,“壁”於多數情况下寫作“辟”。“辟”不僅具備軍事功能,同樣也是邊民、戍卒家屬生活的場所,具有經濟、社會等多方面多樣化的性能,是“縣城以下的聚落”。“塢壁”,特别是豪强大族所建造者,必須具備較强的防禦功能、較大的人員物資容納功能和較爲嚴密的内部組織功能等,這些功能应是從“塢”和“壁”的某些特性中繼承發展而來。

關鍵詞　漢代　塢壁　河西漢簡　塢　壁

提到“塢壁”,特别是“塢壁”之源起,人們容易將其與漢代豪强地主勢力的崛起與發展聯繫起來。學界對此業已有所關注和研究。[①] 實際上,考諸傳世文獻與出土簡牘,“塢”與“壁”并不相同,而兩者出現的時間也似乎均要早於“塢壁”。那麽,原本獨立的“塢”與“壁”爲何會聯稱爲“塢壁”?“塢壁”之詞源中藴含着怎樣的社會歷史文化信息?我們理應對此深入思索,以填補相關研究之不足。

① 如,胡肇椿:《樓櫓塢壁與東漢的階級鬥争》,《考古》1962 年第 9 期;劉華祝:《試論兩漢豪强地主塢壁》,《歷史研究》1985 年第 5 期;具聖姬:《兩漢魏晋南北朝的塢壁》,北京:民族出版社,2004。另外,金發根《塢堡溯源及兩漢的塢堡》(《中研院歷史語言研究所集刊論文類編·歷史編·秦漢卷》,北京:中華書局,2009)、黎虎《漢魏晋北朝中原大宅、塢堡與客家民居》(《文史哲》2002 年第 3 期)等文,雖未明言“塢壁”,但仔細讀來,其中之“塢堡”當即“塢壁”之意。

一、傳世文獻所見之“塢”與“壁”

塢,《説文》曰:“小障也。一曰庳城也。”[①]服虔在《通俗文》中釋其義爲:“營居曰塢,一曰庳城。”[②]《字林》對該字的解釋是:“小障也,一曰小城。字或作‘隝’,音一古反。”[③]

正史有關“塢”的較早記載多集中於《後漢書》、《三國志》。如:

(馬)援奏爲置長吏,繕城郭,起塢候,開導水田,勸以耕牧,郡中樂業。[④]

九月,令扶風、漢陽築隴道塢三百所,置屯兵。[⑤]

(貫)友乃遣兵出塞,攻迷唐於大、小榆穀,獲首虜八百餘人,收麥數萬斛,遂夾逢留大河築城塢,作大航,造河橋,欲度兵擊迷唐……使北軍中候朱寵將五營士屯孟津,詔魏郡、趙國、常山、中山繕作塢候六百一十六所……秋,築馮翊北界候塢五百所。[⑥]

明年春,餘羌復與燒何大豪寇張掖,攻没巨鹿塢,殺屬國吏民,又招同種千餘落,并兵晨奔熲軍……羌遂陸梁,覆没營塢,轉相招結,唐突諸郡,於是吏人守闕訟熲以千數。[⑦]

(趙)彦推遁甲,教以時進兵,一戰破賊,燔燒屯塢,徐兗二州一時平夷。[⑧]

又築塢于郿,高厚七丈,號曰“萬歲塢”……使皇甫嵩攻卓弟旻於郿塢,殺其母妻男女,盡滅其族。[⑨]

聞曹公將來侵,作濡須塢。[⑩]

後從權拒曹公於濡須,數進奇計,又勸權夾水口立塢,所以備禦甚精,曹公不能下而退。[⑪]

(鄧)艾在西時,修治障塞,築起城塢。泰始中,羌虜大叛,頻殺刺史,凉州道斷。吏民安全者,皆保艾所築塢焉。[⑫]

始(張)嶷以郡郛宇頹壞,更築小塢。[⑬]

---

① 《後漢書》卷六五《皇甫規傳》,北京:中華書局,1965,2133頁李賢注引。
② 《後漢書》卷九《獻帝紀》,378頁李賢注引。
③ 《後漢書》卷二四《馬援傳》,836頁李賢注引。
④ 《後漢書》卷二四《馬援傳》,836頁。
⑤ 《後漢書》卷六《順帝紀》,269頁。
⑥ 《後漢書》卷八七《西羌傳》,2883、2887、2890頁。
⑦ 《後漢書》卷六五《段熲傳》,2146、2147頁。
⑧ 《後漢書》卷八二下《方術傳下·趙彦》,2732頁。
⑨ 《後漢書》卷七二《董卓傳》,2329、2332頁。
⑩ 《三國志》卷四七《吳書·吳主傳》,北京:中華書局,1982,1118頁。
⑪ 《三國志》卷五四《吳書·吕蒙傳》,1275頁。
⑫ 《三國志》卷二八《魏書·鄧艾傳》,783頁。
⑬ 《三國志》卷四三《蜀書·張嶷傳》,1053頁。

可見,"塢"的地域分布較爲廣泛,既可設立於扶風、漢陽等邊疆地區,又能建置在三輔、魏郡諸内地。"塢"也似乎具備多種用途,稱爲"候塢"、"塢候"者當主要發揮候望預警功能,稱爲"城塢"、"營塢"、"屯塢"者則可能偏重於駐軍屯兵。除軍事用途外,"塢"還具有保聚族衆吏民的作用,如董卓之"郿塢"和鄧艾所築之塢;而在一些特殊情況下,"塢"還可能發揮城市的多樣化功能,如張嶷修築的"小塢"。當然,"塢"的這些功用終究還是以其突出的軍事防禦能力爲依托的。

從文獻記載看,"壁"的出現要早於"塢"。如:

(郤)克欲還入壁,其御曰:"我始入,再傷,不敢言疾,恐懼士卒,願子忍之。"①

另,《周禮·夏官·量人》説:"營軍之壘舍"。注曰:"軍壁曰壘。"疏曰:"軍行之所旋停之處皆爲壘壁,恐有非常,故云軍壁曰壘也。"②《左傳》"文公十二年"條記"秦伯伐晋"事,"晋大夫臾駢曰:'秦不能久,請深壘固軍以待之。'"注曰:"深壘,高其壁壘也。軍營所處,築土自衛,謂之壘也。"③有學者據此認爲,先秦時人所説的"壘"就是後來的"壁"。④

戰國秦漢時期,與"壁"相關的稱謂更多地出現在史籍中。如:

趙使廉頗將攻秦,秦數敗趙軍,趙軍固壁不戰。⑤

當是時,楚兵冠諸侯。諸侯軍救巨鹿下者十余壁,莫敢縱兵。及楚擊秦,諸將皆從壁上觀。⑥

(劉邦)自稱使者,晨馳入張耳、韓信壁,而奪之軍。⑦

至吴,吴楚兵已攻梁壁矣……吴糧絶,卒飢,數挑戰,遂夜犇條侯壁,驚東南。⑧

(灌夫)募軍中壯士所善願從數十人。及出壁門,莫敢前。獨兩人及從奴十餘騎馳入吴軍,至戲下,所殺傷數十人。不得前,復還走漢壁,亡其奴,獨與一騎歸。⑨

(韓)安國壁乃有七百餘人,出與戰,不勝,復入壁。⑩

(趙)充國常以遠斥候爲務,行必爲戰備,止必堅營壁,尤能持重,愛士卒,先計而後戰。⑪

即馳突出高昌壁,入匈奴……史終帶取糧食,司馬丞韓玄領諸壁,右曲候任商領諸

---

① 《史記》卷三二《齊太公世家》,北京:中華書局,1982,1497頁。

② 《周禮注疏》,[清]阮元校刻《十三經注疏》,北京:中華書局(影印本),1980,842頁。

③ 楊伯峻編著:《春秋左傳注》(修訂本),北京:中華書局,1990,590頁。

④ 劉華祝:《試論兩漢豪强地主塢壁》;具聖姬:《兩漢魏晋南北朝的塢壁》,7頁。

⑤ 《史記》卷八一《廉頗藺相如列傳》,2446頁。

⑥ 《史記》卷七《項羽本紀》,307頁。

⑦ 《漢書》卷一《高帝紀上》,北京:中華書局,1962,42頁。

⑧ 《史記》卷一〇六《吴王濞列傳》,2831、2834頁。

⑨ 《漢書》卷五二《灌夫傳》,2382頁。

⑩ 《史記》卷一〇八《韓長孺列傳》,2864頁。

⑪ 《漢書》卷六九《趙充國傳》,2976頁。

壘,相與謀曰:"西域諸國頗背叛,匈奴欲大侵,要死。可殺校尉,將人衆降匈奴。"即將數千騎至校尉府,脅諸亭令燔積薪,分告諸壁曰:"匈奴十萬騎來入,吏士皆持兵,後者斬!"①

(吴)漢與大戰一日,兵敗,走入壁,豐因圍之。②

諸營既引兵,(張)宗方勒厲軍士,堅壘壁,以死當之。③

(第五)倫乃依險固築營壁,有賊,輒奮厲其衆,引彊持滿以拒之,銅馬、赤眉之屬前後數十輩,皆不能下。④

復置戊己校尉,領兵五百人,居車師前部高昌壁,又置戊部候,居車師後部候城,相去五百里。⑤

(馬)超等屯潼關,公敕諸將:"關西兵精悍,堅壁勿與戰。"⑥

以上諸例中,無論是泛指的"壁"、"營壁"、"諸壁"、"壘壁",還是特指的"張耳、韓信壁"、"條侯壁"、"安國壁"、"高昌壁"等,都具有明顯的軍事色彩。此外,文獻中還有一些關於"壁"的記載應引起我們的重視。如:

又數虜暴吏民,百姓保壁,由是皆復固守。⑦

(陳)俊言於光武曰:"宜令輕騎出賊前,使百姓各自堅壁,以絶其食,可不戰而殄也。"光武然之,遣俊將輕騎馳出賊前。視人保壁堅完者,敕令固守;放散在野者,因掠取之。⑧

鐘城人聞祝阿已潰,大恐懼,遂空壁亡去。⑨

吏民不欲内憙,憙乃告譬,呼城中大人,示以國家威信,其帥即開門面縛自歸,由是諸營壁悉降。⑩

(虞)詡乃占相地埶,築營壁百八十所,招還流亡,假賑貧人,郡遂以安。⑪

百姓戀土,不樂去舊,遂乃刈其禾稼,發徹室屋,夷營壁,破積聚。⑫

漢末,聚少年及宗族數千家,共堅壁以禦寇。時汝南葛陂賊萬餘人攻褚壁,褚衆少

① 《漢書》卷九六《西域傳下》,3924、3926頁。
② 《後漢書》卷一八《吴漢傳》,682頁。
③ 《後漢書》卷三八《張宗傳》,1275頁。
④ 《後漢書》卷四一《第五倫傳》,1395頁。
⑤ 《後漢書》卷八八《西域傳》,2910頁。
⑥ 《三國志》卷一《魏書·武帝紀》,34頁。
⑦ 《後漢書》卷一一《劉盆子傳》,481頁。
⑧ 《後漢書》卷一八《陳俊傳》,690頁。
⑨ 《後漢書》卷一九《耿弇傳》,709頁。
⑩ 《後漢書》卷二六《趙憙傳》,913頁。
⑪ 《後漢書》卷五八《虞詡傳》,1869頁。
⑫ 《後漢書》卷八七《西羌傳》,2888頁。

不敵，力戰疲極。兵矢盡，乃令壁中男女，聚治石如杅斗者置四隅。[①]

(常林)依故河間太守陳延壁……見圍六十餘日，卒全堡壁。[②]

(滿)寵募其服從者五百人，率攻下二十餘壁，誘其未降渠帥，於坐上殺十餘人，一時皆平。[③]

上述這些"壁"、"保(堡)壁"、"營壁"并非僅是出於軍事目的而建，壁中之人也并非皆爲軍人，從"百姓"、"人"、"吏民"、"流亡"、"貧人"、"宗族"、"男女"等與"壁"相關的用語來看，這些"壁"還是吏民衆庶宗族姻親聚集而居的場所，壁中具有一定的社會組織性，"大人"、"渠帥"當爲其管治者。

從以上有關"塢"、"壁"的介紹分析來看，兩者都曾以軍事設施的面貌出現，也都具有一定的社會功用。"塢"、"壁"之所以能够合成爲一個專用稱謂，應與它們的共性密不可分。當然，"塢"與"壁"并不相同，不僅出現時間有早晚之差，相比之下，似乎"塢"的軍事色彩始終比較濃重，而"壁"從東漢時期起的社會功用則越發突出。可見，若要搞清"塢壁"的歷史源起，更加科學地研究與"塢壁"相關的歷史文化，探索"塢"與"壁"各自的性質并比較分析兩者之同异是很有必要的。而借助近幾十年來出土的大量的漢代簡牘資料，我們可以對漢代的"塢"、"壁"，進而對"塢壁"得出更加全面、準確的認識。

二、"塢"、"壁"的性質——以簡牘資料爲中心的考察

目前，有關"塢"的最早的文字記載見於居延漢簡，其中紀年明確且時間最早的一則爲：

(1)五鳳二年八月辛巳朔乙酉甲渠萬歲隧長成敢言之乃七月戊寅夜隨塢陡傷要有廖即日視事敢言之　　6·8[④]

① 《三國志》卷一八《魏書·許褚傳》，542頁。

② 《三國志》卷二三《魏書·常林傳》，659頁。

③ 《三國志》卷二六《魏書·滿寵傳》，722頁。

④ 出自謝桂華、李均明、朱國炤主編《居延漢簡釋文合校》，北京：文物出版社，1987。下文凡格式相同者，均出於此書。在居延漢簡中，我們還可以看到這樣一條簡，"入糜小石十五石始元三年六月□□朔甲子第三塢長舒受代田倉驗見都丞臨"(7173/p. 147，273·14/p. 440)一條。據此，有學者認爲："已發現的漢簡中記塢最早的是西漢昭帝始元三年(84B.C.)的七一七三簡"(金發根：《塢堡溯源及兩漢的塢堡》，1327頁)。對此，韓國學者具聖姬持相同意見(《兩漢魏晋南北朝的塢壁》，8頁)。不過，對於該簡，《居延漢簡釋文合校》釋讀爲"入糜小石十五石始元三年六月甲子朔甲子第二亭長舒受代田倉監都丞臨"。陳夢家先生也曾注意過居延簡中的"塢"，他説："文獻稱塢見於《後漢書》，然甲44五鳳二年簡已有塢名，是西漢已有塢"(《漢簡綴述》，北京：中華書局，1980，154頁)。可見，在論及漢簡所見最早的"塢"的時候，陳先生并未采用上述"始元三年"那條簡。同樣，劉華祝先生在《試論兩漢豪强地主塢壁》一文中認爲，有關"塢"的記載最早見於西漢中後期的漢簡，其論據便是甲44"五鳳二年"簡。鑒于文字釋讀方面的分歧，本文暫將"五鳳二年"簡視爲目前可見的載有"塢"字的最早的紀年簡。

“五鳳”是西漢宣帝年號,“五鳳二年”即公元前56年。這明顯比“塢”在文獻中出現的時代要早。

對於“塢”的始名,陳寅恪先生已懷疑其始於西北[①],勞榦也主張塢名始於西北[②],具聖姬則帶有總結性的認爲“‘塢’之名稱起於西北邊塞一事似已成爲定論”。[③]

關於“塢”的性質,有很多著名學者曾做過考證,代表性的觀點如:

王國維:服虔《通俗文》:“營居爲塢。”蓋即謂亭也。[④]

賀昌群:營塢爲屯兵防禦之所,亭隧所在,必築營塢……塢非謂亭……蓋塞上亭塢所在,必築防禦工事,圍以城垣,謂之塢壁。大者爲障爲塞,小者爲塢。[⑤]

勞榦:塢却是一個比較薄的牆壁。在漢代的邊塞上我們已經發現的,凡障或烽臺的外面,大都又圍了一層較薄的塢……塢的位置,有時是在亭的外面的,有時還有在障的外面的……如果駐兵較多,非障所能容,那就祇好在障外再修一圈的塢。[⑥] 雖塢隧相關愈多明證,而塢隧同物,反難定言……蓋塢者,於烽燧之外,築壁環之,以資據守之謂也。[⑦]

陳夢家:塢、塢壁、營塢及塢候之塢皆指亭隧。[⑧]

以上四位先生的看法具有共同之處,即“塢”是漢代西北邊塞上的一種軍事防禦設施。不過,這些看法中又存在着差异,王、陳二位先生認爲“塢”即“亭”、“亭隧”,賀、勞二位先生的觀點相近,認爲“塢”與亭隧雖然相關却并非一物,“塢”乃亭隧之外的屯兵、防禦工事。對於這樣的分歧,有學者曾進一步做出分析判斷,如,金發根先生便認爲“王陳二家‘塢即亭隧’之説却甚難成立……勞賀二先生之説自然比較近於史實”,并具體舉例論證:

望禁姦㸂塢上蓬火

蓬火　　(2318/p. 47,288. 11/p. 113)

□積薪東頃十四㸂長房井塢上北面新傷不補　　(5344/p. 111,104. 42B/p. 323)

凌胡□塢乙亥已成□謹罷卒,候長候史傳送衛　　(66(221)敦煌簡下、烽隧41)

如果塢即亭㸂(隧),則㸂塢連書如首條“禁姦㸂塢”毫無意義,而漢簡中此類例子甚多,

---

① 陳寅恪:《桃花源記旁證》,《清華大學學報(自然科學版)》1936年第1期。

② 勞榦:《居延漢簡考證》,《中研院歷史語言研究所集刊論文類編·歷史編·秦漢卷》,1057頁。

③ 具聖姬:《兩漢魏晋南北朝的塢壁》,8頁。

④ 羅振玉、王國維編著:《流沙墜簡》,北京:中華書局,1993,152頁。

⑤ 賀昌群:《烽燧考》,《國立北京大學四十周年紀念論文集(乙編上)》,國立北京大學出版組,1940,62—64頁。

⑥ 勞榦:《釋漢代之亭障與烽燧》,《中研院歷史語言研究所集刊論文類編·歷史編·秦漢卷》,594、608頁。

⑦ 勞榦:《居延漢簡考證》,1055—1056頁。

⑧ 陳夢家:《漢簡綴述》,56頁。

如"并山隧塢"、"迹虜隧塢"及"凌胡隧塢"。第二條爲"十四隧長"之記事或其上級對其工作考核之記載,但無論爲何,"十四隧"必非"房井塢",且"房井塢"可能是屬於"十四隧"所管轄的。所以塢與亭隧雖然相關,但絶非一物……不僅漢簡可爲之證明:障有塢的如甲渠候障,隧有塢的如察微隧、望虜隧、萬歲隧、餅庭隧、臨莫隧、臨木隧和樂昌隧;而且勞先生曾親自到塞上作實地的勘察,見到殘存的遺址。[①]

"塢"的性質究竟爲何?上述諸家論説孰是?對此,從簡牘記載與考古勘察所見"塢"與"亭隧"間的關係上去分析,不失爲一個好的辦法。[②] 如下簡:

(2)長十丈七尺塢

塢高丈四尺五寸按高六尺御□高二尺五寸任高二丈三尺

陽城塢寛高袤厚上下舉

齋候長候史治名葆塞延袤道里

塢高　　175·19A

在目前已公布的簡牘資料中,應數此簡對"塢"之大小、尺度的記載最爲清楚。漢代的"十丈七尺"、"丈四尺五寸"换算成今天的長度,分别約爲24.72、3.35米。上世紀,曾有學者對河西的漢代烽隧進行實地勘察,獲得了一些實際數據。如,T25(沙石墩),高爲7.6米,臺基每面爲7.6米,臺上方屋四面各爲4.5米,臺南有垣;其長度,東垣24.7,南垣25.5,西垣28.4,東垣距臺東南角8.4,西垣距臺西南角10.7米。[③] T25烽隧遺址垣牆的長度與簡(2)中所記"十丈七尺"(24.72米)的塢牆的長度大致相當。或許正因爲如此,陳夢家先生認爲,T25的垣便是塢。[④]

烽隧是負責候望預警的軍事設施,而孤立的烽臺、亭隧很容易受到攻擊,所以有必要在其外圍或近旁修築類似於"小障"、"小城"、"庳城"的防禦工事,此即"塢"。邊長二十余米、高三米餘的塢牆對烽臺、亭隧的防衛作用,對烽臺、亭隧内戍邊吏卒的保護作用不言而喻。"塢者,於烽燧之外築壁環之,以資據守之謂也",這是"塢"的主要性能之一。除塢牆外,

---

① 金發根:《塢堡溯源及兩漢的塢堡》,1315—1316頁。具聖姬持有與之相同的看法(參見《兩漢魏晋南北朝的塢壁》,28—29頁)。

② 黄今言先生在《漢代西北邊塞的"塢"》(《江西師範大學學報(哲學社會科學版)》2012年第2期)一文中認爲,塢是邊塞的基層單位,在建置上塢與堠緊密相聯,其功能作用主要是瞭望敵情,傳遞信息;屯駐吏卒,抵禦邊寇;防備盜賊,打擊不法等,在軍事上具有重要意義。不過,黄文將"塢"與"壁"類同視之,認爲,在文獻、簡牘中,有時"塢"又稱"壁"、"堡",或將"塢壁"、"塢堡"連稱,其義類同,均爲守衛邊塞的防禦工事。實際上,"塢"與"壁"不宜類同,類同視之不利於科學準確地認清"塢"的性質。另外,黄文利用簡牘資料對"塢"的探討似乎并不十分深入透徹。所以,對於漢代的"塢",我們有必要進行更加細緻的分析。

③ 閻文儒:《河西考古雜記》,《文物參考資料》1953年第12期。

④ 陳夢家:《漢簡綴述》,156頁。

“塢”的防禦性能還有更爲具體的表現。簡(2)中有“御□高二尺五寸”的記載。“御”,勞榦認爲“與禦同,應爲塢上之短垣,以抵禦敵人之箭者”。[①] “塢”上還安裝有轉射、深目。初師賓先生將兩者歸入“塢堠射擊、觀測裝置類”的守禦器中,分析説,“居延簡凡言轉射,多注明位置爲‘塢上’、‘堠上’,并多與弩臂并論,其特點是承受弩長臂轉動發射,故稱轉射。……結合出土時,所有轉射均位於塢牆脚下,又可斷定它們原來均嵌砌在塢牆埤堄之上”,“深目爲轉射構造的一部分……指塢壁垣堞上的視孔、垛眼……每一轉射必築於一深目即垛眼之中”。[②] 文獻所述東漢末年的一些“塢”,如,董卓所築“高厚七丈”的“萬歲塢”、孫吴爲抵禦曹操修築的“濡須塢”,即應繼承并强化了漢代邊地的“塢”的這種防禦功能。

然而,“塢”的性能并不限於保護烽燧。“堠”、“墲”乃時人對烽臺、望樓的稱呼[③]。“表”、“苣火”、“蓬(烽)火”乃烽隧間傳遞信息、預警應和的烽號、用具。漢簡中可見“堠上蓬”(E. P. T7:33[④]、E. P. T44:33A)、“堠上一蓬”(E. P. T27:28、E. P. F22:529)、“堠上二蓬”(E. P. T6:18)、“堠上苣火”(332·13)、“堠上一苣火”(E. P. T43:96)、“堠上二苣火”(2000ES7S:20)、“墲上一苣火”(428·6)等記載,這是烽臺、望樓預警應和、傳遞信息情况的反映。而修築於烽臺、望樓外圍的“塢”同樣具有上述性能。諸如下列簡文:

(3)臨莫燧長留人戊申日西中時受止虜燧塢上表再通塢上苣火三通☑126·40,536·4

(4)望虜隧長充光

積薪八毋持□不塗土惡	塢上樽虜少二	
大積薪二未更積	塢上大表一古惡	
小積薪二未更	堠上不騷除不馬矢塗	
毋卒卧□蓋席	毋候蘭	
諸水罌少二□	毋干馬牛矢内毋屋	
汲桐少一	狗少一見一不入籠	
沙少三石見一石又多土	毋角火苣五十	264·32

① 金發根:《塢堡溯源及兩漢的塢堡》,1319頁。

② 初師賓:《漢邊塞守禦器備考略》,甘肅省文物工作隊、甘肅省博物館編:《漢簡研究文集》,蘭州:甘肅人民出版社,1984,190—192頁。

③ 如,“堠高四丈上堞高五尺爲四陬埤堄堞埤堄反□☑”(E. P. T52:27),簡(4)中説到望虜隧“堠上不騷除不馬矢塗”。此外,我們還可以見到寫有“墲上候樓”(E. P. T59:661)、“二十日晦日舉墲上一苣火一通乃　中三十井□□☑”(428·6)、“☑□□□□上墲望寇舉蓬如品約☑”(2000ES9S:24,凡此格式之簡牘均出自孫家洲主編:《額濟納漢簡釋文校本》,北京:文物出版社,2007。後不再注出)的簡文。有學者認爲:亭或燧(隧)都是邊塞視察哨的單位,有土築烽墩爲中心,該烽墩稱爲“堠”。(陳公柔、徐蘋芳:《關於居延漢簡的發現和研究》,《考古》1960年第1期。)墲,就是譙樓的“譙”,所謂烽臺,一般是版築的或用墼壘成的土臺,當時上面一定還有供瞭望的樓,所以稱爲“譙”。(裘錫圭:《漢簡零拾》,《文史》第十二輯。)

④ 凡此格式之簡牘,均出自甘肅省文物考古研究所、甘肅省博物館、文化部古文獻研究室、中國社會科學院歷史研究所編《居延新簡——甲渠候官與第四燧》,北京:文物出版社,1990。後不再注出。

(5)●望禁姦燧塢上
蓬　火　　288·11

(6)樂昌隧長己戊申日西中時受并山燧塢上表再通夜人定時苣火三通己酉日□☑　332·5

"止虜□塢上表再通塢上苣火三通"、"(望虜隧)塢上大表一古惡"、"禁姦燧塢上蓬火"、"并山燧塢上表再通夜人定時苣火三通"等記載表明,"塢"同樣具備傳遞信息、聯絡溝通的功用。可見,"塢"與烽臺、望樓具有類似的性能。我們甚至能够看到"塢"與烽臺、望樓密切配合、共同發送信息的現象。如:

(7)迺今月十一日辛巳日且入時胡虜入甲渠木中隧塞天田攻木中隧隧隊長陳陽爲舉堠上二蓬塢上大表一燔一積薪……　E. P. T68:83-85

而前引史籍中提到的"塢候"、"候塢",尤其是以一次數百所之規模修築於内地者,很可能便主要發揮着漢代邊地的"塢"的上述性能。

另外,"塢"内包括房屋等建築。比如,被陳夢家先生認定爲凌胡隧所在的T6B,塢内便有内部面積爲3.65×5.18米的房屋一座。[①] 再如,敦煌馬圈灣漢代烽燧遺址包括多個堡屋建築,僅以第一期爲例,堡牆夯築,北牆長6.20米,東牆長11.10米,南牆長8.70米,牆寬1.20米,殘高0.87米,堡内建築有過廳和套房三間,房屋的面積分别是4.0×1.97米、4.50×2.70米、2.92×2.23米。[②] 簡牘所見漢代西北地區烽隧中的屯戍吏卒員數多爲三至五人不等,秩級、規模較大的候官障塞至多有吏卒十餘人。考古所見的烽臺基本爲土墼與蘆葦、紅柳等物夾築而成的實心建築物,不能供人居住,而堠樓之上似乎亦不宜居。如此看來,"塢"内的房屋很可能作爲亭燧吏卒的住處。從考古發現的"塢"内房屋的數量、大小看,除了專門負責候望警戒的亭燧吏卒外,"塢"内并不能容納過多的人員,尤其是爲數衆多的屯兵、駐兵。亭燧的守衛任務由本亭隧的吏卒擔任,這一點從簡牘中的"守禦器簿"及候長、隧長的"秋射"記録中便可看出。"營塢"是亭障烽隧中的吏卒居住生活的場所,這是"塢"的又一性能。而傳世文獻中"城塢"、"屯塢"等記載的出現,似乎表明"塢"的人員物資容納能力在日後得到了較大幅度的提升。

"塢"具備衛護烽臺、望樓的性能,與烽臺、望樓一樣,"塢"還發揮着傳遞信息、預警應和

① 陳夢家:《漢簡綴述》,156—157頁。

② 吴礽驤、岳邦湖、李永良、馬建華:《敦煌馬圈灣漢代烽燧遺址發掘報告》,吴礽驤、李永良、馬建華釋校:《敦煌漢簡釋文》,蘭州:甘肅人民出版社,1991,274—275頁。該報告還提到,在第三期堡屋建築牆燧的西南角,"有一殘長5米的東西向牆基,牆厚1.0米",但不能肯定"是否爲塢牆遺迹"。筆者以爲,此"堡牆"有可能便是塢,"殘長5米的東西向牆基"遺迹很可能也是塢,這一外一内的兩個"塢"很可能便是漢簡中常見的"外塢"、"内塢"。

的作用,此外,“塢”還爲亭障烽燧中的吏卒提供居住生活的空間。簡牘資料中的“障”、“隧”、甚至於“亭”[①],乃是對邊疆地區候望預警軍事設施的總稱,而從上述“塢”與亭障烽隧間的關係看,“塢”與烽臺、望樓(“堠”、“樵”)以及“塢”内的房屋等都是“障”、“隧”或“亭”的組成部分。這樣看來,無論是王、陳二位先生的塢即亭隧的觀點,還是賀、勞二位先生的塢與亭隧雖然相關却并非一物,塢乃亭隧之外的屯兵、防禦工事的觀點,都忽視了塢與亭隧間存在的這種部分與整體的關係,前一種觀點把部分當成了整體而忽視了兩者間的差异,後一種觀點則將部分與整體割裂開來而忽視了兩者間的共性、聯繫。

明確了“塢”與亭隧之間的關係後,我們再來看上文提到的金發根等人的分析論述。金先生認爲:“如果塢即亭㸂,則㸂塢連書如首條‘禁姦㸂塢’毫無意義,而漢簡中此類例子甚多,如并山㸂塢、迹虜㸂塢及凌胡㸂塢。”實際上,“禁姦㸂塢”很可能指的是“禁姦㸂的塢牆”,“望禁姦㸂塢上蓬火”的意思是“瞭望禁姦㸂的塢牆上發出的烽火信號”。金先生還將“凌胡㸂塢乙亥已成謹罷卒候長候史傳送衛”一簡作爲相關論據之一。實際上,該簡記述的正是官方修築凌胡㸂的塢牆一事。以上兩則簡文分别反映了“塢”的第二個、第一個性能,更好地詮釋了“塢”與亭隧之間部分與整體的關係。“并山㸂塢”、“迹虜㸂塢”表示的意思當與“禁姦㸂塢”、“凌胡㸂塢”相同。金先生又認爲:“第二條爲十四㸂長之記事或其上級對其工作考核之記載,但無論爲何,十四㸂必非房井塢,且房井塢可能是屬於十四㸂所管轄的。”對於此簡,先生的斷句值得商榷。“房井”似乎更像是“十四㸂長”的姓名,“塢上北面新傷不補”則是上級對這位㸂(隧)長工作的考核記載,而從另一方面,此例説明第十四㸂也修築有塢牆。至於該塢牆的名稱,“十四㸂塢”的可能性似乎比“房井塢”更大些。

需要指出的是,并非所有的亭㸂(燧)都修築有塢牆。比如,在對今敦煌境内的漢代長城烽㸂的實地調查中,工作人員發現小方盤城以西的漢代烽㸂,如2號、3號、4號、5號烽燧均衹有烽臺、房屋建築遺址,周圍不見任何的塢牆遺迹。[②] 可見,亭燧築“塢”并非漢代經營邊疆的固定制度。

此外,金發根先生懷疑當時尚有單獨的塢,舉例論證説:

乙巳,晨時都吏葛卿從南方來出塢巳塢舍里葛卿去二送巳,主倉錢校錢□得□今日下餔時軍候到出塢□□□(甲編2438號)

入穈小石十五石,始元三年六月□□朔甲子第三塢長舒受代田倉驗見都丞臨。(7173/p.147,273.14/p.440)

---

① 很多學者曾就“亭”與“障”、“隧”的關係進行過考證,如,王子今先生便認爲,“‘亭’逐漸與障、隧、候、塞等意義混同,由交通系統演化爲軍事組織的名稱”(《秦漢區域文化研究》,成都:四川人民出版社,1998,143頁)。

② 甘肅省文物局編,岳邦湖、鐘聖祖著:《疏勒河流域漢代長城考察報告》,北京:文物出版社,2001,13—17頁。

第三隧卒橋建省治萬歲塢。　(7314/p. 150,214. 118/p. 448)

建平三年閏月辛亥朔丙寅,禄福倉丞敞移肩水金關居延塢長王攻,所乘用馬各如牒書,到出如律令。(2098/p. 43,15. 18/p. 102)

□令史光敢言之,遣中部塢長始昌送詔獄所還。(6665/p. 138,218. 3/p. 418)

勞先生《居延漢簡考證》"居延城"及"塢堡"二條中説:"兩漢邊塞之亭燧爲書寫便捷計,有本名,也有數名。"此并可就漢簡本身的記載證明。如:

東望燧第卅三(甲編32)

宜禾部烽第:廣漢第一、美稷第二、昆侖第三、魚澤第四、宜禾第五。敦煌61(151及173)(王、烽燧七)

《甲編》32簡非常清晰,而且"三"之後確已無字,故可證東望燧之數名爲卅三。所以7173簡的"第三塢"自然也可以作這樣的解釋。如果塢僅是小的城圈,且都是附設在亭隧或障的外面,則其所在之亭隧既有亭長,隧長、障尉或候官,便没有同時在架床疊屋地設置塢長的必要;禄福倉丞更没有向居延塢直接移書的理由;《甲編》2438簡也没有把都吏與軍候到塢記得這樣清楚的必要。所以我推想在兩漢邊塞尚有一些單獨的塢,可能是亭隧間的距離遠了,或者是某一亭隧負責的區域過大了,遂再設置一些小規模的塢來補充。從下簡很清楚的可以看出此塢不在亭隧或障的外面:

到北界,舉塢上旁蓬一通,夜塢上。(793/p. 17,13. 2/p. 39)

不過,塢是隸屬於亭隧或障的,前引5344簡"十四燧"的"房井塢"就是一個很好的例子,"居延塢"也可以解釋爲屬於"肩水隊(燧)","萬歲塢"可能就是屬"第三隊(燧)"的。所以塢上發生的事情或器物的短缺損壞,都由隧長或障尉記録及向上報告。因此兩漢邊塞的職官系統中,隧長之下尚有塢長一職。①

金先生所舉的第二簡(7173/p. 147,273. 14/p. 440)在釋文上存在分歧,前文對此已有説明,故暫不擬對該簡中的"第三塢"進行討論。《居延新簡》中可見有關"第三塢"的記載:

(8)第三隊卒幹威 絮巾一直廿
不五十

(以上爲第一欄)

謹驗問威辭迺二年十月中所屬候史成遂徙補居延第三塢長威以▨

至今年三月中廿三日遂復以錢廿予威曰以償威所送遂絮錢▨

① 金發根:《塢堡溯源及兩漢的塢堡》,1317頁。

(以上爲第二欄)　　　　　　　　　　　　　　　E. P. T51:301

此簡反映的是"第三隊(隧)卒榦威"與"居延第三塢長"成遂之間的債務糾紛,其中的"第三隊(隧)"與"第三塢"指代是否相同,目前尚難判斷,但也不能排除這種可能。7173 簡出土於A10 瓦因托尼,陳夢家先生以爲該處可能爲殄北候官治所[①],第(8)簡出土于甲渠候官。兩者中的"第三塢"指代是否相同,亦難判斷,不排除兩候官各轄有"第三塢"的可能。

金先生根據第三簡認爲,"'萬歲塢'可能就是屬'第三燧'的"。該簡出土於 A8 破城子,即甲渠候官治所,故"第三燧"、"萬歲塢"當屬甲渠候官所轄。李均明先生曾對甲渠候官的規模進行過細緻的考察,該候官下轄的十個部中便包括萬歲部,也稱作第三部,該部轄有萬歲、却適、臨之、第一、第二、第三共七個隧。[②] 所以,"第三燧卒橋建省治萬歲塢"可以理解爲"第三燧名叫橋建的戍卒爲萬歲燧修治塢牆"。實際上,"省治"二字已明確表示出這個意思。此簡中,橋建的身份乃"省卒",即被臨時徵調去做某事的戍卒。修治塢牆是個較大的工程,故需要臨時徵調其他隧的戍卒前來協助,與萬歲隧同屬一部的第三隧戍卒橋建便是其中一員。"萬歲塢"并不屬於"第三燧",而是指代"萬歲燧的塢牆"。

前文有言,作爲亭隧組成部分的"塢"具有護衛亭隧和傳遞信息、預警應和的性能。由於"塢"位於亭隧的最外圍,所以,離開亭隧的行爲很可能被説成"出塢",同樣,"舉塢上旁蓬"很可能是某亭隧發送信號的行爲。金先生所舉的第一例(甲編 2438 號)、最後一例(793 簡)中的"塢",很可能隸屬於某個亭隧。金先生雖然也認爲"塢是隸屬於亭燧或障的",但是,他所説的隸屬乃不同個體之間的隸屬,猶如士兵隸屬于所部軍官管轄,而本文所説的隸屬乃就某一個體而言,好比四肢隸屬於人體,受其支配,形成部分與整體的關係。

金先生對第四簡的解讀值得商榷,相比之下,斷句爲"建平三年閏月辛亥朔丙寅,禄福倉丞敞移肩水金關,居延塢長王攻所乘用馬各如牒,書到出,如律令"似乎更加貼切。居延、肩水金關、禄福三地大致沿東北-西南向排列[③],該簡的大意是,"居延塢長王攻"要自禄福返回居延,"禄福倉丞敞"爲他開具了通關文書,要求中途經過的"肩水金關"予以放行,而并非是"禄福倉丞敞"向"居延塢"直接移書,"'居延塢'也可以解釋爲屬於'肩水燧'"的看法,完全誤解了該簡的意思,相關的推論自然難以成立。

那麽,"居延塢長"、"第三塢長"、"中部塢長"所指爲何?從簡文看,將它們理解爲隸屬于居延隧、第三隧、中部隧的塢長似乎并不合適,這與把"萬歲塢"、"陽城塢"解釋爲隸屬於萬歲隧、陽城隧的塢牆并不相同,後者在具體名稱中省略了"燧"字。金先生看出了這種省略

① 陳夢家:《漢簡綴述》,34 頁。

② 李均明:《漢代甲渠候官規模考》,《文史》第三十四、三十五輯。

③ 譚其驤主編:《中國歷史地圖集》第二册《秦·西漢·東漢時期》,北京:中國地圖出版社,1982,33—34 頁。

關係，不過，他的理解出現了偏差，搞錯了隸屬關係發生的範圍。與記載“𤎼長”的成百上千的簡牘資料相比，寫有“某某塢”、“某某塢長”的簡文僅此幾條，可見，這種稱謂在當時似乎并不具有普遍性，據此得出“兩漢邊塞尚有一些單獨的塢”的結論略顯唐突，况且相關的論證也并不能使人信服。如果是“亭𤎼間的距離遠了，或者是某一亭𤎼負責的區域過大了，遂再設置一些小規模的塢來補充”，那麽，這些“塢”便要具備亭隧的候望預警性能。不過，塢牆的高度與烽臺、望樓的高度相差很多，候望能力大打折扣，而候望預警系統對“烽火品約”要求甚爲嚴格，如果僅有塢牆没有烽臺、望樓，那麽，所謂“單獨的塢”便很難完整地傳遞亭燧發送來的信息，信息、軍情的傳遞便會出現遺漏甚至是錯誤，這種情形是難以想像的。建置單獨的“塢”的設想不僅不能滿足現實需要，反而會對邊疆的經營造成不必要的麻煩。如此看來，“𤎼長之下尚有塢長一職”的判斷就更加缺乏立論基礎了。那麽，是否可以像把離開亭隧（出隧）寫成“出塢”那般，將“𤎼長”稱爲“塢長”、用“塢”來指代其所隸屬的“𤎼”呢？與“兩漢邊塞尚有一些單獨的塢”的論斷相比，這種可能性似乎更大些。

總之，就目前已知的簡牘資料來看，“塢”最早出現於漢代西北邊塞，具有保護亭燧，傳遞信息、預警應和，爲亭燧吏卒提供居住生活場所的性能。“塢”服務於負責候望預警的軍事防禦設施——“亭隧”，是它的一個組成部分。不過，并非所有漢代西北邊塞的亭隧外圍都修築有“塢”。那種認爲“當時尚有單獨的塢”、“𤎼長之下尚有塢長一職”的觀點很難成立。可能是由於“塢”與亭隧之間部分與整體的緊密關係，當時社會上存在着一些用“某某塢”指代“某某𤎼”、將“某某𤎼長”稱爲“某某塢長”的情況。

“壁”，在漢簡中也常被寫作“辟”。對此，前輩學者已有所注意。如，金發根先生曾説：

至於堡壁，我的推想是既有附屬於障燧的，也有獨立設置的。如：

□□障壁 (2308/p. 57，238. 3/p. 136)

寫□□□候三

甲渠前卅七隊長李 (3593/p. 72，68. 81/p. 182)

其亭甚苦可爲辟□

畜産詣近所亭隊障壁，收葆止行。 (261/p. 6，539. 2/p. 14)

徐子禹自言家居延西第五辟，用田作爲事。 (2106/p. 43，401. 7A/p. 103)

上引各簡除首條外，都有獨立的意味，堡壁也都是隸屬於障隊（隧）的，居延簡與敦煌簡關於堡壁的記載遠没有塢多，不過從有關於塢的記載，對於堡壁也可以推測到一個大致。[①]

堡壁“既有附屬於障𤎼的，也有獨立設置的”的推想略顯粗淺，且未談及堡壁的性質功

① 金發根：《塢堡溯源及兩漢的塢堡》，1318 頁。

能。此外,陳夢家先生也曾注意到居延地區某些“辟”在軍事以外的功用,但他認爲這些“辟”僅是“田作所居”而未展開詳細分析。[①] 陳直先生也對居延漢簡中的“辟”有所留意,認爲“辟爲壁塢之壁,居延木簡中家居第幾辟,爲習見之文”[②],遺憾的是,先生的研究亦未深入。

近年來,有學者通過對簡牘資料的細心梳理和分析,進一步深入了有關於“辟”的研究,認爲:在漢政府開發經營邊地之初,河西地區的某些“辟”不僅已具備軍事功能,同樣也是邊民、戍卒家屬生活的場所,它還與邊地候望系統之間存在着一定的關係,具有經濟、社會等多方面、多樣化的功能,是“縣城以下的聚落”。而該情形還存在於北部邊地的很多地方。[③]

三、“塢壁”探源

關於“塢壁”的較早的文獻記載當屬《後漢書》。如:

唯置弛刑徒二千餘人,分以屯田,爲貧人耕種,修理城郭塢壁而已。[④]

時羌復屢入郡界,準輒將兵討逐,修理塢壁,威名大行。[⑤]

時趙、魏豪右往往屯聚,清河大姓趙綱遂於縣界起塢壁,繕甲兵,爲在所害。……章與對讌飲,有頃,手劒斬綱,伏兵亦悉殺其從者,因馳詣塢壁,掩擊破之,吏人遂安。[⑥]

元初元年春,遣兵屯河内,通谷衝要三十三所,皆作塢壁,設鳴鼓。……又於扶風、漢陽、隴道作塢壁三百所,置屯兵,以保聚百姓。[⑦]

此外,簡牘資料中也可見“塢”“壁”連稱的現象。如:

(9)元始元年九月丙辰朔乙丑甲渠守候政移過所遣萬歲隧長王遷爲□載土惡門亭塢辟市里毋苛留止如律令　　/掾〼　　E. P. T50:171

(10)掾庭謹責問第四候史敞第八隧長宗迺癸未私歸塢壁田舍　　E. P. T51:74

(11)〼城倉庫延水居延農甲渠殄北卅井候官督蓬
及省卒徒繕治城郭塢辟令丞候尉史遂等三老　　E. P. T57:15

(12)●匈奴人即入塞千騎以上舉蓬燔二積薪其攻亭鄣塢壁田舍舉蓬燔二積薪和如

① 陳夢家:《漢簡綴述》,224—225頁。

② 陳直:《居延漢簡研究》,天津古籍出版社,1986,318頁。

③ 王海:《河西漢簡所見“辟”及相關問題》,《簡帛研究二〇〇八》,桂林:廣西師範大學出版社,2010。

④ 《後漢書》卷一六《鄧禹傳》,611頁。

⑤ 《後漢書》卷三二《樊宏傳》,1129頁。

⑥ 《後漢書》卷七七《酷吏傳·李章》,2492頁。

⑦ 《後漢書》卷八七《西羌傳》,2889、2895頁。

品　　E. P. F16:14

如此而言,“塢壁”一稱當最早出現在漢代。

“塢”最初是漢代邊地負責候望預警的軍事防禦設施——“亭隧”的組成部分。而上述諸例中“塢壁”、“城郭塢壁”、“門亭塢壁市里”、“塢壁田舍”、“亭鄣塢壁田舍”的“塢”,應該并非説的是以部分指代整體的“亭隧”。若非如此,“門亭塢壁”、“亭鄣塢壁”之説豈不有重復之嫌?簡(10)中“第八隧長宗”的行爲又豈可謂之“私歸”?看來,上述諸“塢壁”應當即通常概念之“塢壁”。對此,清河豪右大姓趙綱“屯聚”之“塢壁”,扶風、漢陽、隴道“置屯兵,以保聚百姓”之“塢壁”皆爲明證,而“城郭”與“塢壁”連用的現象似乎也給人這方面的提示。

關於“塢”“壁”連稱的原因,有學者曾分析説:“‘塢’是用於守衛的‘小城’,其中建有館舍等設施,與‘壘’或‘壁’的基本性質和作用大致相同。因之在實際的軍事鬥争中,大概很早就塢與壁互稱或連稱了。”[①]實際上,在明確“塢”與“壁”各自性能的基礎上,相關的解釋可以更加具體準確。

“塢壁”,特别是豪强大族所建造者,必須具備一些功能,如,較强的防禦功能,較大的人員物資容納功能和較爲嚴密的内部組織功能等等。如此,在社會動蕩、國家分裂的特定背景下,各地的豪强大族方能憑藉“塢壁”這個相對獨立封閉的小社會自救自保,甚至有所發展壯大。而“塢壁”的這些功能很可能就是從“塢”和“壁”的某些特性中繼承發展來的。

第一,“塢”與“壁”較爲出色的防禦功能應該是“塢壁”出現的主要原因。簡(2)有“塢”“長十丈七尺”、“高丈四尺五寸”的記載。文獻中也有董卓之“萬歲塢”“高厚七丈”的記載。無論是邊塞地區長二十餘米、高三米餘之塢牆,還是京畿地區“高厚七丈”的“萬歲塢”,顯然均具有一定的防衛作用。而“塢”上之“御”和安裝的轉射、深目等設施,無疑更加强化了“塢”的禦敵功能。相比之下,“壁”的防禦功能則更加突出。無論是先秦時期的“壁”,還是秦漢時期的“張耳、韓信壁”、“條侯壁”、“安國壁”,都爲相應的駐軍提供了安全保障。即便是民間營建的“壁”也具有相當的防禦能力,如“(許)褚壁”、“陳延壁”。

“塢”“壁”出色的防禦能力在墓葬壁畫中亦有所體現。如,嘉峪關魏晋壁畫墓出土多幅有關“塢”的畫像磚,其四周爲高牆厚壁,有的“塢”内設有高層碉樓,有的“塢”上設有望樓或敵樓。[②] 再如,内蒙古和林格爾漢墓壁畫之牧羊圖中繪有一建築,其右面有一朱墨書的“壁”字,該建築四周有圍牆,其中一牆上開有一門,圍牆内有一高高的望樓。[③]

第二,“塢”,特别是“壁”較爲巨大的人員物資容納能力,應該是“塢壁”出現的又一原

① 劉華祝:《試論兩漢豪强地主塢壁》。

② 嘉峪關市文物清理小組:《嘉峪關漢畫像磚墓》,《文物》1972 年第 12 期。

③ 内蒙古自治區博物館文物工作隊:《和林格爾漢墓壁畫》,北京:文物出版社,1978,78 頁。

因。從考古發現的漢代西北邊塞“塢”牆遺迹和“塢”内房屋遺址看,“塢”能够爲候望警戒之戍卒提供居住生活的空間。從文獻記載來看,漢代的一些“塢”似乎具備更大的人員物資容納能力。如,董卓之“萬歲塢”,文後案語曰“塢舊基高一丈,周迴一里一百步”,而塢中“積穀爲三十年儲”,“珍藏有金二三萬斤,銀八九萬斤,錦綺繢縠紈素奇玩,積如丘山”的描述[①],也側面説明該“塢”面積之可觀。而“營塢”、“屯塢”,尤其是“城塢”等記載,也反映出後來的“塢”的規模容量似乎遠不止邊塞戍所之三五人或十餘人,如,鄧艾主持修築的“城塢”便保全了相當數量的吏民。

在漢政府開發經營邊地之初,河西地區的某些“辟”便是邊民生活的場所,具有多樣化的功能,是“縣城以下的聚落”。這意味着“壁”應當具備不小的人員物資容納能力。考古勘察表明,河西地區分布有許多漢代城障,如,額濟納河流域的 A1、A8、A24、A35、A37、A38、A39、K688、K710、K749、K789、F30、F84 等等[②],疏勒河流域的西沙窩城、五棵樹井城、巴州一號城、巴州二號城、老師兔城、草城、旱湖腦城、小宛破城等等。[③] 這些城障邊長多爲數十米,少數可達百十米,大多數的性質尚不明確,或許某些便是漢簡中的“某辟”、“某某辟”,空間面積雖不能與考古所見漢代邊地郡城、縣城相比,但其規模亦不算小。

漢代“壁”較爲巨大的人員物資容納能力在文獻中也有所反映。如,漢武帝時,“(韓)安國爲材官將軍,屯漁陽,捕生口虜,言匈奴遠去。即上言方佃作時,請且罷屯。罷屯月餘,匈奴大入上谷、漁陽。安國壁乃有七百餘人,出與戰,安國傷,入壁”[④]。又如,漢和帝時“復置戊己校尉,領兵五百人,居車師前部高昌壁”。“壁”中能够容納“七百餘人”、“五百人”,可見其規模之大。除“安國壁”、“高昌壁”之類的軍“壁”外,一些民“壁”的規模更爲驚人。如,東漢末年,許褚“聚少年及宗族數千家,共堅壁以禦寇”。身爲地方豪右的許褚,其“壁”中可容納“數千家”之衆,規模當遠超過上述軍“壁”。

第三,“塢”與“壁”中的人際組織關係有助於“塢壁”的出現。作爲“亭隧”組成部分的“塢”,爲戍邊吏卒提供生活居住的場所,這些吏卒按照軍事組織關係工作生活,從“候”、“候長”、“隧長”直至“戍卒”,層級分明,尊卑隸屬關係明確。漢末三國時期,内地設立的一些“塢”中也具有特定的人際組織關係。如,皇甫嵩曾率軍“攻卓弟旻于郿塢,殺其母妻男女,盡滅其族”。杜畿之子杜恕“遂去京師,營宜陽一泉塢,因其壘塹之固,小大家焉”。[⑤] “郿塢”、“一泉塢”之中當主要采用以宗族血緣關係爲紐帶的人際組織關係。

---

① 《後漢書》卷七二《董卓列傳》,2330、2329、2332 頁。

② 陳夢家:《漢簡綴述》,5—6 頁。

③ 岳邦湖、鐘聖祖:《疏勒河流域漢代長城考察報告》,107—112 頁。

④ 《漢書》卷五二《韓安國傳》,2406 頁。

⑤ 《三國志》卷一六《魏書·杜畿傳附子恕傳》注引《杜氏新書》,505 頁。

“壁”中的人際組織關係更加值得重視。前文曾介紹了一些并非僅是出於軍事目的建築的“壁”、“保(堡)壁”、“營壁”。“壁”中之人并非皆爲軍人,從“百姓”、“人”、“吏民”、“流亡”、“貧人”、“宗族”、“男女”等與“壁”相關的用語來看,這些“壁”還是吏民衆庶宗族姻親聚集而居的場所,“壁”中具有一定的社會組織性,“大人”、“渠帥”當爲其管治者。這種社會組織關係在簡牘資料中也有所反映。

尚子春十斤直二斛
肖子少十斤直二斛
鄭子任十斤直二斛
(13)宜農辟取肉名　孟子房十斤直二斛
陳伯十斤直二斛
許子臤十斤直二斛

(以上爲第一欄)

鄭昭十斤直二斛　•凡肉百二十斤直二十三斛
胡羿十斤直二斛清黍•凡付夫人粟二十黍斛
田子柳十斤直二斛清黍十二斛黍斗其三
翟大伯十斤直二斛清☐
楊子任二十斤直三☐

(以上爲第二欄)　E. P. T40:76A

有學者認爲,將該簡中的十一人視爲戍卒、將“宜農辟”看作戍所似乎并不合適,因爲戍卒的衣食住行有既定的制度,相比之下,“取肉”的行爲更像是鄉里之人“社祭”活動中的一環。而其他“辟”中發生的一些經濟行爲,也能够將“辟”中之人較爲有序地組合在一起。[①]

此外,“塢”傳遞信息、預警應和的性能或許對“塢壁”的出現有所推動。某些情況下,豪强大族建造的“塢壁”并非單獨一所。如,前燕時,“張平跨有新興、雁門、西河、太原、上黨、上郡之地,壘壁三百余,胡晋十餘萬户,遂拜置征、鎮,爲鼎跱之勢”[②]。這三百多個統屬于張平的“壘壁”之間,當存在着較爲密切的聯繫,地理位置相近者是否會利用“塢”所具備的傳遞信息、預警應和的性能,建立協調彼此之間的聯繫?這是耐人尋味的。另一方面,“辟”與烽燧之間的某種對應關係或許也有助於“塢壁”的出現。有學者以額濟納河流域漢代亭障分布情況爲例,認爲:

① 王海:《河西漢簡所見“辟”及相關問題》。
② 《晋書》卷一一〇《慕容儁載記》,北京:中華書局,1974,2839 頁。

一方面,分布在外圍的烽燧、障塞會對屯田區内的辟、田舍起到預警、保護的作用;另一方面,辟、田舍能够安置邊民和烽燧戍卒的家屬,辟的多樣化功能可以滿足烽燧經營、戍卒生活等的需要。我們還可以將這種關係具體化一些。由於空間距離接近,辟、田舍與烽隧可能建立對應關係。如,第五辟位於居延地區的西部,而被陳夢家先生標定爲 T19 的甲渠候官下轄的第五隧恰好與居延區域的西部隔河相望,所以,兩者之間便極有可能建立對應關係,其中一者的命名很可能源自另一者的名稱。[①]

在某種特定情況下,比如政府對邊地的經營力量減弱,類似“第五辟”與“第五隧”這種空間距離接近的“辟”與烽隧是否會并於一處,通過優勢互補提高邊疆經營效益?這同樣值得思考。

綜上所述,“塢”最早出現於漢代西北邊塞,具有保護亭燧,傳遞信息、預警應和,爲亭燧吏卒提供居住生活場所的性能,是“亭隧”的一個組成部分。大約從東漢時期開始,“塢”在軍事之外的功用愈加明顯起來,如保聚族衆吏民。在河西漢簡中,“壁”于多數情況下寫作“辟”。“辟”不僅具備軍事功能,同樣也是邊民、戍卒家屬生活的場所,具有經濟、社會等多方面多樣化的功能,是“縣城以下的聚落”。“塢壁”,特别是豪强大族建造者,必須具備較强的防禦功能、較大的人員物資容納功能和較爲嚴密的内部組織功能等,這些功能很可能就是從“塢”和“壁”的某些特性中繼承發展來的。探索“塢壁”之源起和其中藴含的社會歷史文化信息,或許會對漢代邊疆史、社會史等領域的研究有所幫助。

① 王海:《河西漢簡所見“辟”及相關問題》。

走馬樓吴簡師佐家屬籍注記“屯將行”及“單身”與孫吴軍法

北京大學歷史學系　蔣非非

内容提要　《長沙走馬樓三國吴簡・竹簡[壹]》與《竹簡[叁]》均有師佐及家屬名籍簡，經整理後可見兩套師佐及家屬籍簿，兩套籍簿的製作時間與管轄地域存在對應關係，爲探討孫吴政權管理調動師佐及家屬制度提供了第一手行政運作史料。吴簡師佐家屬名籍注記中的“屯將行”應是爲防止師佐亡叛而强制家屬隨行以作人質的連坐制度。三國時代普遍實行扣押家屬作人質的軍法，司法淵源可上溯至戰國秦。秦漢連坐制規定戰争中亡叛士卒的父母妻子同産皆處弃市，孫吴則首連坐與師佐同行的母妻子，父兄姪等直系親屬爲人質後補者。吴簡名籍登記項目包含“單身”的簡，目前所見多是師佐簡，登記目的是爲了説明該師佐衹有本人在孫吴政權控制之下、或確實無父母妻子兄弟等家屬可做人質。

關鍵詞　吴簡　師佐及家屬籍　屯將行　單身　連坐制

長沙走馬樓出土的三國吴簡中首次發現了以手工業專項技能作爲名籍登記項目的師佐籍，《長沙走馬樓三國吴簡・竹簡[壹]》[①]（以下簡稱《竹簡[壹]》）發表的單支師佐及家屬籍簡（以下簡稱“籍Ⅰ”）出版後，學界對這批數量較多且登記項目規整劃一的名籍簡進行了具

① 長沙文物考古研究所/長沙簡牘博物館、中國文物研究所、北京大學歷史學系走馬樓簡牘整理組編著：《長沙走馬樓三國吴簡・竹簡》（壹、貳、叁、肆），北京：文物出版社，2003、2007、2008、2011。文中所引簡文均出自上書。

有開創性的研究并取得諸多成果。[①] 其後出版的《長沙走馬樓三國吴簡·竹簡[叁]》(以下簡稱《竹簡[叁]》)又發表了大量師佐及家屬籍簡,凌文超依據《竹簡[叁]》附録的師佐及家屬籍“竹簡揭剥位置示意圖”與出土師佐及家屬簡的内容格式及筆迹編痕等特徵初步整理復原了《竹簡[叁]》中殘存的師佐及家屬籍簡册,歸類和整理出師佐及家屬籍Ⅱ(以下簡稱“籍Ⅱ”),并參照籍Ⅱ編排復原出師佐及家屬籍Ⅰ。[②] 第二批師佐及家屬籍簡與《竹簡[壹]》中發表的師佐及家屬籍簡除文字注記外登記格式基本相同,且明顯存在對應關係。兩批年代地域相同的師佐及家屬籍簡集中出土,爲探討孫吴時期郡縣政府機構管理調動師佐及家屬制度之具體行政運作提供了第一手史料,整理復原而成的兩套郡縣政府登録師佐及家屬籍簿亦爲重新檢視此前學界對師佐籍注記内容及功用的研究論點提供了更多依據與思考空間。筆者曾撰文考釋師佐家屬籍注記“見”之文義[③],本文接繼前文,以凌文超整理與校釋文字的兩套師佐及家屬籍簿研究成果爲基礎[④],對如何解讀集中出現於籍Ⅰ的文字注記“屯將行”的法規含義及相關孫吴軍法,以及與該法規有關的師佐名籍注記“單身”所包含的户籍信息,試提出若干粗淺意見,就教於諸位方家。

一、關於師佐及家屬籍的命名

對於集中出現在《竹簡[壹]》中的師佐及家屬名籍簡,目前學界使用兩種命名方式,一是竹簡整理者根據簡文有“師”、“佐”名稱的記録而稱該類文書爲“師佐籍”[⑤],羅新根據簽牌“兵曹徙作部工師及妻子本事”,認爲“‘師佐’其實就是簽牌中所標明的‘作部工師’。工師是總稱,師和佐則是作部工匠們具體的稱謂”。[⑥] 凌文超認同該主張:“根據簽牌的記録,以及吴簡中簡册標題一般稱‘簿’而不稱‘籍’,將該簿書擬名爲‘作部工師簿’。簿書内各簡是關

① 羅新:《吴簡中的“作部工師”問題》,長沙市文物考古研究所編《長沙三國吴簡暨百年來簡帛發現與研究國際學術研討會論文集》,北京:中華書局,2005,57—63頁。韓樹峰:《長沙走馬樓所見師佐籍考》,北京吴簡研討班編《吴簡研究》[第一輯],武漢:崇文書局,2004,167—189頁。于振波:《走馬樓吴簡師佐籍蠡測》,《漢學研究》24卷2期,2006,收入氏著《走馬樓吴簡續探》,臺北:文津出版社,2007,73—110頁。沈剛:《長沙走馬樓三國吴簡(竹簡[壹])所見師佐籍格式復原及相關問題探討》,《文史雜誌》2008年第6期,152—157頁。

② 凌文超:《走馬樓吴簡兩套作部工師簿比對復原整理與研究》,卜憲群、楊振紅主編《簡帛研究二〇〇九》,桂林:廣西師範大學出版社,2011,163—237頁。

③ 蔣非非:《走馬樓吴簡師佐家屬籍簿注記“見”考》,北京吴簡研討班編《吴簡研究》第3輯,北京:中華書局,2010,167—189頁。

④ 凌文超:《走馬樓吴簡兩套作部工師簿比對復原整理與研究》,本文引用简文凡與《竹簡》壹、貳、叁释文不同處,均采用凌文超於該文中所作改訂,以下各簡出注時不再一一説明。

⑤ 王素、宋少華、羅新:《長沙走馬樓簡牘整理的新收穫》,《文物》1999年第5期,32頁。

⑥ 羅新:《吴簡中的“作部工師”問題》,長沙市文物考古研究所編《長沙三國吴簡暨百年來簡帛發現與研究國際學術研討會論文集》,北京:中華書局,2005,59頁。

於各類師、佐的具體記録，仍稱作‘師佐簡’。”[①]

以上兩種命名方式均具合理性，仔細考察，分歧可能出現在各家對於該類簡的出土後狀態與文書原始狀態、製作機構、使用途徑等采取的側重點不同。爲區别於紙質傳世文獻，一般將考古出土的竹木材質文書根據尺寸稱爲簡或牘，前綴以該文書製作年代稱爲秦簡、漢簡、吴簡等，對簡牘的命名則首先考慮該文書出土時帶有的原始名稱標記。吴簡[肆]中可見幾支關於臨湘縣言吏民條列家口食年紀爲簿、録著户籍的文書簡：

1. 臨湘言條列連年懸□□□舉言畢□籍簿答善書詣□(肆·1164)
2. ☑列部界有方遠吏民□條列家口食年紀爲簿言☑(肆·4458)
3. ☑□生字受居比郡縣者□□□□☑著户籍與眾☑(肆·4460)
4. ☑□□列□數如記(?)書書到言(肆·4470)
5. ☑□牒列鄉界方遠聚居民占上户牒成别☑(肆·4474)
6. ☑□□著户籍督條列人名年紀爲簿忠等文書[到]☑(肆·4482)
7. ☑大[常]府丁卯書曰諸郡生子□受居比郡縣者及方遠客人(肆·4483)
8. ☑諸郡生子受居比郡縣者[及]方遠客人皆應上户籍(肆·4490)
9. ☑書　詣　右　户　曹(肆·4491)
10. ☑□受居方遠應占著户籍督條列人姓名(肆·4492)
11. ☑□書到促依書録著户籍□眾民爲例[録] ☑(肆·4493)

考慮到以上11支簡係考古發掘順序出土，第一支簡因出土位置較遠，可能屬另外的文書，其餘的10支簡中間有缺失，原編排位置亦可能被打亂，地下狀態原爲一部簡册的可能性頗大。第1簡中可見“籍簿”，第3、8、10、11簡出現“户籍”，從第2、6、10簡文可知户籍録著基礎内容是吏民姓名年紀及每家户的口食數。孫吴編制户口文書使用的名稱有“籍”、“簿”兩種，録著一户内成員姓名年紀、親屬關係、爵位身份等資料的若干支簡組成一組文書，稱爲“户籍”。以户籍爲基礎，按照里、鄉等行政單位將幾組户籍編制爲一組文書，各里户籍最後有該里的總計簡，彙集各里户籍的各鄉户籍標題是“簿”，内容則是各里具體户籍資料。走馬樓吴簡中所見户籍應是各鄉將所轄各里吏民户籍編制爲簿後上報給臨湘縣户曹的文書：

12. 右高遷里領吏民卅八户口食一百八十人(壹·10229·14)
13. 右平陽里領吏民卅六户口食百人(壹·10248·14)
14. 南鄉謹列嘉禾四年吏民户數(?)口食人名年紀簿(壹·9088·14)

① 凌文超：《走馬樓吴簡兩套作部工師簿比對復原整理與研究》，162頁注①。

15. 小武陵鄉嘉禾四年吏民人名妻子年紀簿(壹·10153·14)

參照鄉里户籍的編制方法,登録有師佐及家屬人名年紀等資料的簡相當於吏民户籍,師佐直屬各縣,所以該户籍資料平時應由各縣户曹製作及保管,從縣户曹吏的職掌來看,這些人就是該縣所領的某師某佐,走馬樓吴簡中的師佐及家屬籍Ⅰ系被徵召各縣將平時由縣管理的師佐户籍抄録後轉交給長沙郡兵曹的一份,所以可見各縣對所領師佐及家屬人數的小計簡:

16. ·凡吴昌領師佐十四人弟妻子卅七人合五十一人(壹·5908/12)

17. ·右永新領師佐五人妻子七人合十二人(壹·5915/12)

·18. 凡下雋領師佐十八人母妻子卅七人合五十五人(壹·6727/12)

19. □劉陽領師佐一十二人母兄妻子廿九人合卌一人(壹·6757/12)

20. 凡醴陵領師佐廿六人母弟妻子六十二人合八十八人(壹·7470/13)

《竹簡[壹]》中有一支簡文"鑪師□師□師[①]錦師母妻子人名年紀爲簿如牒　見"(壹·5948/12),考慮文字文義與考古位置因素,推測應當是簿Ⅰ的標題簡,長沙郡兵曹將簿Ⅰ中有"見"字注記的師佐及家屬名籍編製成簿Ⅱ,抄録一份與師佐及家屬一起送往潘濬軍府兵曹及作部,這時對於該批師佐及家屬的管轄權由長沙郡下各縣轉給潘濬軍府兵曹,文書文字部分亦隨之發生變化,隨調徙師佐及家屬送至潘濬軍府兵曹作部的簿Ⅱ中,師佐前綴的某縣已經改成了"作部",對師佐的稱呼則循舊未改,簿Ⅱ結尾4支總計簡如下:

21. 集凡作部師佐□見□□[人]合[五][百]人(叁·2345·55)

22. 其一百六十六人丁男(叁·2354·64)

23. 其二百卌三人妻子(叁·2355·65)

24. 其廿四人□□[姑](?)妻(叁·2351·61)

關於簽牌"兵曹徙作部工師及妻子本事"(J22-2580正)與兩套師佐及家屬籍的關係,筆者推測有兩種可能,吴簡帳簿簽牌中常見"本事",一部分以"事"結尾,另一部分以"本事"結尾,也有以"本簿"結尾的。這三者應是同一個意思,就是指"存根"、"原始帳簿"。這些簽牌在帳簿製作完畢後就有可能掛在簡册上,因爲衆多官文書簿册在平時使用或存檔時堆在一起、平放在架子上,不便查看首尾標題簡。[②] 具體到兩套師佐及家屬簿,如果是在討伐武陵蠻戰爭進行期間,簽牌可能掛在長沙郡兵曹手中的簿Ⅰ上,作爲隨時補充調配師佐及家屬去潘

① 核對圖版,此六字殘缺難辨識。

② 關於帳簿"本事"與簽牌的知識受教於凌文超。

濬軍府兵曹作部勞作的依據。第二種可能是戰爭結束後,辦事吏爲了説明該兩套簿册的内容,在該事件結束後(嘉禾三年底)寫好簽牌、掛在捆成一捆的竹簡外,留待總計、勾校時便於查找。吴簡中目前可見嘉禾六年簡,可知該地收録文書的下限在討伐武陵蠻事件結束後,相關資料可以總結爲一件,吴簡中還有若干支内容一致的簡,應當也是年末"計"時核校過後放置在一起的。目前發表的吴簡中"工師"稱呼并不常見,《竹簡[肆]》中僅見"領工師一户下品⧄"(5182),稱師佐爲"作部工師",與簿Ⅱ結尾處總計簡文"作部師佐"不合,推測似有可能是事件結束後經手吏製作標記時寫就,尚待更多吴簡公布後,可能出現新史料以釋疑。

綜上所述,依據吴簡命名原始簡文標題慣例,似可稱單支師佐簡爲"師佐籍"、一組師佐及家屬簡爲"師佐及母妻子籍",稱該兩套簡册爲"師佐母妻子人名年紀簿"或"作部工師及妻子簿"。依照現代漢語習慣,稱單支簡爲"師佐簡"、"師佐家屬簡",稱簡册爲"師佐及家屬簿",文意亦通。

二、師佐家屬籍文字注記"屯將行"的含義

《竹簡[壹]》發表的師佐家屬籍文字注記中有若干例文字注記爲"屯將行":

25. □子男生年九歲在本縣　屯將行(壹·5924/12)
26. 小妻姑年廿七在本縣　屯將行(壹·6705/12)
27. □子男水年廿一別使行　屯將行(壹·6715/12)
28. ⧄　□子男弟年四歲□□□　屯將行(壹·6735/12)[①]
29. ⧄　□妻□年卅一在本縣　屯將行(壹·6766/12)
30. ⧄男□年十九在本縣　屯將行(壹·8958)[②]

目前學界傾向於將"屯"理解爲屯田,凌文超認爲上述師佐家屬籍中的"在本縣/屯將行","即不被征調而留在本縣,這些在本縣的師佐家屬,我臆以爲,他們可能要從事屯田,'屯將行'似是屯田區域的轉移而導致師佐家屬的遷徙。"[③]

《竹簡[壹]》師佐家屬籍中尚殘存有數十支注記爲"在本縣/留"的名籍簡:

31. ⧄女養年十二在本縣　留(壹·5682/12)
32. 相母聿年卌二在本縣　留(壹·5820/12)

① 【注】簡下有朱筆塗痕。
② 【注】"年"上左半殘缺,右半爲"艮"。
③ 凌文超:《走馬樓吴簡兩套作部工師簿比對復原整理與研究》,187頁。

33. 新子女鼠年二歲在本縣　留(壹·5888/12)
34. 新子女姑年六歲在本縣　留(壹·5890/12)
35. 碭子男甲年廿七在本縣　[留](壹·5891/12)
36. 硌子男長年十歲在本縣　留(壹·5893/12)
37. 表妻汝年卌在本縣　留(壹·5896/12)
38. □子女逢年十三在本縣　留(壹·5901/12)
39. □母汝年五十六在本縣　留(壹·5975/12)
40. 正子男奇年十三在本縣　留(壹·5986/12)
41. ▨□年十四在本[縣]　留(壹·6035/12)
42. [乾][鍛][師][下][雋]□□[子][男]□年卅二在本縣　[留](壹·6046/12)
43. ▨□年卌八在本縣　留(壹·6071/12)
44. ▨[子]女囊年八歲在本縣　留(壹·6154/12)
45. □男弟根年卅在本縣　留(壹·6613/12)
46. □子男曰年廿九在本縣　留(壹·6677/12)
47. □其子女了年十一在本縣　留(壹·6619/12)
48. ▨　羅妻汝年卌六在本縣　留(壹·6628/12)
49. 員子女汝年十四在本縣　留(壹·6669/12)
50. 農子男尉年十八在本縣　留(壹·6712/12)
51. 懇兄明年卅四在本縣　留(壹·6717/12)
52. ▨　怒子女萌年十一在本縣　[留](壹·6772/12)
53. ▨　□男弟□年十五在本縣　留(壹·6797/12)
54. 昌子男鼠(?)年十八在本縣　留(壹·6801/12)
55. □男弟取年十五在本縣　留(壹·7505/13)
56. 龍子男□年十二歲在本縣　留(壹·7517/13)
57. □[妻]□年廿二在本[縣]　留(壹·7614/13)
58. ▨　[留]兄[令]年卅二[在][本][縣]　留(壹·8276/13)
59. ▨　嵩父王年五十一在本縣　留(壹·8409/13)

觀察以上各簡文字格式,“在本縣/屯將行”與“在本縣/留”表達的不是同一意思,前半部的“在本縣”均表示該人當時身在本縣,後續的“屯將行”與“留”應該是二者擇一,否則不必分爲兩種文字各自注記,注記意思應是在本縣的名籍登記者遇到某種特定情形時,按照

“在本縣”後的注記或繼續留在本縣,或執行“屯將行”。

吴簡中有許多關於屯田的記録,目前所見,未有將屯田省略寫作“屯”的事例,公文與帳簿用語有“屯田民”、“屯田司馬”。

60. 黄龍元年文入郡屯田民吴平斛米一百六斛二斗料校不見前已列言詭責負者(壹·6227·12)

61. 入屯田司馬黄升黄龍二年限米卌四斛(壹·3159·9)

62. 入司馬黄升黄龍三年屯田[限]米二百六十二斛一斗五升　中(壹·1739·6)

63. 入嘉禾元年屯田民限米廿二斛六斗　　中　　☑(貳·8961)

《三國志》中關於孫吴屯田的記載同於吴簡用語,駱統上疏“屯田貧兵,亦多弃子”[①]。孫權爲嘉獎吕蒙戰功,“别賜尋陽屯田六百户”[②]。赤烏八年八月,孫吴“遣校尉陳勳將屯田及作士三萬人鑿句容中道”[③]。從出土材料及文獻實例來看,將“屯”做“屯田”解,忽略二者區别似與簡文文義不合。

筆者認爲《三國志》中一段關於陸遜的記載可以解釋“屯”與“屯田”的區别,陸遜曾“出爲海昌屯田都尉,……鄱陽賊帥尤突作亂,復往討之,拜定威校尉,軍屯利浦”[④]。吴簡中的“屯”應是軍屯,即軍隊屯駐地、作戰前綫的省稱,常見於《三國志》等文獻中,“于禁屯潁陰,樂進屯陽翟,張遼屯長社”[⑤]。漢初傅寬“以相國代丞相噲擊豨,一月,徙爲代相國,將屯。二歲,爲代丞相,將屯。”《史記集解》“律謂勒兵而守曰屯”[⑥]。軍隊以車輛相互連接圍成駐地或建造防禦工事屯駐某地,該駐地或工事亦可稱爲“屯”。黄龍三年,孫吴“以南土清定,召(吕)岱還屯長沙漚口,會武陵蠻夷蠢動,岱與太常潘濬共討定之”[⑦]。吴簡中有“大屯”,應是駐屯軍隊、存放軍用物資及維修製作兵器的大本營。

64. 廿八斛九斗一升運送大屯及給稟諸將吏士米一萬三千卌六斛(壹·1737·6)

65. 大屯及給稟諸將吏餘米一萬三千[六][百][七][十][三][斛](壹·2304·6)

“將”一般是帶領、率領之義,惟秦漢法律用語中另有看管、監管之意,如秦律“毋令居貲贖責

① 《三國志》卷五七《吴書·虞陸張駱陸吾朱傳》,北京:中華書局,1959,1336頁。

② 《三國志》卷五四《吴書·周瑜魯肅吕蒙傳》,1276頁。

③ 《三國志》卷四七《吴書·吴主傳》,1146頁。

④ 《三國志》卷五八《吴書·陸遜傳》,1343頁。

⑤ 《三國志》卷二三《魏書·和常楊杜趙裴傳》,668頁。

⑥ 《史記》卷九八《傅靳蒯成列傳》,北京:中華書局,1959,2708頁。

⑦ 《三國志》卷六〇《吴書·賀全吕周鍾離傳》,1385頁。

(債)將城旦舂,城旦司寇不足以將,令隸臣妾將”[1]。目前所見數例名籍有“屯將行”注記者均爲師佐家屬,兩人係幼兒,他們不應是被政府徵召去軍隊駐屯地的勞作者,這裏的“屯”應該指師佐,“屯將行”的完整意思是,當身爲師佐的其夫、其父被徵召到軍隊駐屯地或作戰前綫服役時,政府强制送師佐的妻兒至其家長服役處,師佐一家都處於監管之下,以防師佐逃叛。三國時代,孫吴士吏卒逃叛并非鮮見,“魏廬江太守文欽營住六安,多設屯砦,置諸道要,以招誘亡叛,爲邊寇害。”[2]陳脩爲别部司馬,“授兵五百人,時諸新兵多有逃叛,而(陳)脩撫循得意,不失一人。”[3]吴簡中亦可見吏士叛逃記載:

66. 補叛兵　(壹·5656·12)

67. 右鄉郡縣吏兄弟合十五人前後各叛走趣劉陽吴昌醴陵(壹·7454·13)

68. 諸鄉謹列郡縣吏兄弟叛走人名簿(壹·7849·13)

爲防止部下士卒叛逃而强制妻子家屬作人質是三國時各將領通行做法,《三國志·蜀書·先主傳》:“先主徑至關中,質諸將并士卒妻子,引兵與(黄)忠、(卓)膺等進到涪,據其城。”[4]亦有主動納質稱臣者,“魏征東大將軍諸葛誕以淮南之衆保壽春城,遣將軍朱成稱臣上疏,又遣子靚、長史吴綱諸牙門子弟爲質”[5]。戰國秦以降,國家法令對戰場叛亡士卒及家屬均處以極刑,秦末項羽諸將率領秦降卒西攻關中至新安,秦吏卒竊言如攻秦不勝,“諸侯虜吾屬而東,秦必盡誅吾父母妻子”[6]。漢初《二年律令·賊律》:“以城邑亭障反、降諸侯,及守乘城亭障,諸侯人來攻盜,不堅守而弃去之若降之,及謀反者,皆要(腰)斬。其父母、妻子、同産,無少長皆弃市。”[7]“不堅守而弃去之”指從戰場逃亡,軍法規定其家屬三族皆處死刑。詳細記載三國時强制士卒妻子家屬作人質事,見曹操部下理曹掾高柔諫不殺逃亡鼓吹宋金母弟,“鼓吹宋金等在合肥亡逃。舊法,軍征士亡,考竟其妻子。太祖患猶不息,更重其刑。金有母妻及二弟皆給官,主者奏盡殺之。柔啓曰:‘士卒亡軍,誠在可疾,然竊聞其中時有悔者。愚謂乃宜貸其妻子,一可使賊中不信,二可使誘其還心。正如前科,固已絶其意望,而猥復重之,柔恐自今在軍之士,見一人亡逃,誅將及己,亦且相隨而走,不可復得殺也。此重刑非所以止亡,乃所以益走耳。’太祖曰:‘善,’即止不殺金母、弟,蒙活者甚衆”[8]。高柔所説“舊法”

① 睡虎地秦墓竹簡整理小組編:《睡虎地秦墓竹簡》,北京:文物出版社,1990,53頁。
② 《三國志》卷五六《吴書·朱治朱然吕範朱桓傳》,1315頁。
③ 《三國志》卷五五《吴書·程黄韓蔣周陳董甘凌徐潘丁傳》,1289頁。
④ 《三國志》卷三二《蜀書·先主傳》,882頁。
⑤ 《三國志》卷四八《吴書·三嗣主傳》,1154頁。
⑥ 《史記》卷七《項羽本紀》,310頁。
⑦ 張家山二四七號漢墓竹簡整理小組:《張家山漢墓竹簡[二四七號墓]》,北京:文物出版社,2006,7頁。
⑧ 《三國志》卷二四《魏書·韓崔高孫王傳》,684頁。

應指漢律,依漢法處戰場逃亡士卒連坐其妻子死刑。“考竟”原意爲嚴刑拷打,觀《三國志》所載,宋金母弟得活、妻子實不免死刑,陳壽諱魏惡而作“考竟”。從“蒙活者甚衆”可知此前曹操軍中普遍執行處死逃亡士卒妻子母弟家屬之連坐軍法,高柔建議之後,曹操暫停重刑而恢復早前士卒逃亡連坐妻子之漢軍法。三國混戰之際,軍法寬鬆一方逃亡必衆,師佐掌握的手工技藝非一般民衆所能,製作維修兵器裝備關乎戰争成敗,所以孫吴對前往屯駐地或前綫的師佐采取與士卒同等的軍法,防止他們萌生逃亡之念。

三、依據師佐家屬簿Ⅰ製作簿Ⅱ時處理家屬名籍的方法

師佐家屬簿Ⅱ乃是將簿Ⅰ中注記爲“見”者抄録編制而成,製作簿Ⅱ時郡吏并非簡單照録單支名籍簡,而是依照連坐師佐母妻子的軍法,分爲四種不同的抄寫類型。第一類是在簿Ⅰ家屬籍上寫“見”、“留”等注記,以確定隨同師佐前往勞作地或屯駐前綫的兩名家屬,將注記爲“見”的隨行家屬名單通知本縣,并將二人名字抄在一支簡上,以便三人共同移動,簿Ⅱ中可見簿Ⅰ原本各寫一支名籍簡的兩名家屬抄録成一支名籍簡。簿Ⅱ中一般是將師佐的妻與子女兩名家屬的名字年齡寫在一支簡上,或許可以間接説明人質最少需有二人。按照親緣關係人質依次爲妻、子、母,如無子女或子女已長大成年,則可能以妻、母二人爲質,還有將師佐母親與子女名字登録於一支簡上,應該是祖孫二人隨師佐同行。以下列出《竹簡[壹]》復原出的簿Ⅰ與《竹簡[叁]》復原出的簿Ⅱ對照組,及簿Ⅱ中寫有兩名家屬名字年齡的簡。

69. 錢佐羅朱驚年卅　見(壹·6603/12)
70. 驚子男金年二歲　見(壹·7415/13)
71. 驚妻隻年廿三　子男金年二歲(叁·2450/25)

72. 長妻市年卅　見(壹·7527/13)
73. □妻市年冊一　□子女□年六歲(叁·2229/25)

74. 會妻金年十五　見(壹·8571/13)
75. 會妻金年十五　子男攴年八歲(叁·2369·79/25)

76. 機妻汝年卅五　見 (叁·2210/25)
77. 機妻汝年卅五　機子男頭年三歲(叁·2550/25)

78. 客妻非年卅五　見(壹·5913/12)
79. 客子女强年二歲　見(壹·5818/12)
80. 客妻非年卅五　客子女强年二歲(叁·1535/24)

81. 鑪佐劉陽五累年卌一　見(壹·7447/13)
82. 累子男囊年三歲　見(壹·7523/13)
83. 累妻姑年卌　累子男囊年三歲(叁·2513/25)

84. 剛師臨湘楊櫟[①]年□三　見(壹·6006/12)
85. 櫟妻巨年卌五　見(壹·5961/12)
86. 櫟子男經年十六　見(壹·5966/12)
87. 剛師臨湘楊櫟年□三(叁·1461/24)
88. 櫟妻巨年卅五　櫟子男經年十八(叁·1334/24)

89. 〼佐醴陵□長[②]客年卅三　見(壹·7458/13)
90. 客妻鼠年卌二　見(壹·5929/12)
91. 剛佐醴陵張客年卅二(叁·2488/25)
92. 客妻鼠[③]年廿二　子男連年八歲(叁·2465/25)[④]

93. 龍妻□年卅六　見(壹·8474/13)
94. □龍子女婢年五歲　見(壹·8341/13)
95. 都師安成李龍年卅八(叁·2298·8/25)
96. ……　龍妻姑年卅六　□子女婢年五歲(叁·2297·7/25)

97. 剛師攸監寒年卅六(叁·2261/25)
98. 寒妻葉年卌　寒子男〼(叁·2573/25)

---

① “櫟”,原釋作“棣”,據圖版及對應關係改。

② “□長”,原闕釋,核對圖版,該字左邊爲“長”,據補。

③ “鼠”,原釋作“肯”,據圖版改。

④ 該簡另有叁·2586和2536,1535以“客”爲關聯。然而,此兩簡整理號靠近,筆迹相同,相接處内側編痕間距爲8.5cm,爲成組家庭簡。

99. 鎌佐廣興吴甫年卅四(叁·2306·16/25)
100. 甫妻姑年廿　甫子男虎年二歲(叁·2309·19/25)

101. 鑢佐廣興☐[1]孫年卌八(叁·2322·32/25)
102. 孫母耒年六十五　孫妻汝年廿七(叁·2332·42/25)

103. 觚慰師攸盧供年卅☐(叁·2395·105/25)
104. 供母姑年五十三　供妻綺年廿七(叁·2386·96/25)

105. 貫連師下雋黄横年卅(叁·2420·130/25)
106. 横母汝年五十五　横妻旦年卅四(叁·2427·137/25)

107. 緅母止年六十七　緅妻☐年卌六(叁·2552/25)

當隨行家屬名單不確定或因爲生活等原因有兩名以上隨行者時,在簿Ⅰ中注記爲"見"的家屬名籍照原樣一人一簡抄録後成爲簿Ⅱ,同行的家屬可能最低需保持二人與師佐隨行,簿Ⅰ中有一支總計簡"·凡送新領師佐五人父母妻子十人合十五人"(壹·8231/13),父母妻子等隨行家屬的人數恰好是師佐人數的二倍,雖然僅此不能確定每名師佐都有兩名家屬隨行,亦可知家屬的人數多於師佐人數。固定的二名隨行家屬之外,如果還有其他家屬隨行,這些隨行家屬的名籍簿Ⅱ也采用與簿Ⅰ一致的一人一簡形式,以下是《竹簡[叁]》中的三組師佐及家屬籍,每個家庭獨立編號。

108. 觚慰師醴陵黄鼠年卅一(叁·2259/25)
109. 鼠[2]妻制年廿四(叁·2392·102/25)
110. 鼠男弟湖年九歲(叁·2399·109/25)
111. 鼠子男奴年三歲(叁·2407·117/25)
112. 剛師建寧趙脈年卌一(叁·2178/25)
113. 脈妻婢年卅六(叁·2194/25)
114. 脈子男櫟年九歲(叁·2457/25)

① 核對圖版,簡叁·2244和2322該字皆從"氵",右邊上方似爲"曲",當爲同一字。
② "鼠",原釋作"胥",據圖版改。

115. 脤子女婢年三歲(叁·2443/25)

第二種類型是幼小子女一直隨母或祖母二人共同行動,縣吏製作簿Ⅰ時已經登録在一支簡上,郡吏應是加“見”注記後照簿Ⅰ原樣抄録製作簿Ⅱ:

116. □妻綺年十八　見　□子男郡年一歲　見(壹·6007/12)

117. 子男……級妻綺年十□　已(叁·2225/25)

118. 唐妻汝年廿七　見　唐子女處年一歲　見(壹·6796/12)

119. 阿母汝年卌　見　阿子女婢年四歲　見(壹·6606/12)

120. 廣妻年十九　見　廣子男蓋年五歲　見(壹·7595/13)

第三種情形應是師佐從所在縣出發時并未確定該人是否去軍隊屯駐地,無家屬或衹有妻、母一人隨行,後因前綫人員需要,該師佐被派往屯駐地,縣吏接到上級命令後再運送二名人質或增補一名,將原在本縣的家屬兩人或一名子女家屬送往師佐所在地,簿Ⅰ名籍中有注記“屯將行”的師佐子女家屬,應該屬於這種情況。簿Ⅱ靠近簡册收尾處有四支比較特殊的師佐子女簡,簡下方年紀後面注明所屬縣名,其中簡1可以找到對應的父母名籍簡5和簡6,簡6於子男年齡之後注記“新上”,説明該兒童在父母之後單獨到達。簡4可以找到父母名籍簡7和簡8。還有一例簿Ⅰ師佐子女名籍簡10,在簿Ⅰ簡9注記爲“在本縣/留”,却出現在從《竹簡[叁]》整理出的簿Ⅱ中,這五名幼兒不可能本人自主前往駐地,應該是父母出發之後因爲父親服役地點臨時變動而從家鄉縣送到父母身邊,補足人質所需的二人名額:

121. 佐吴謈子男萬年五歲　吴昌(叁·2336·46)

122. 佐□□子男被年四歲　劉陽(叁·2337·47)

123. 佐鄧物子男郡年四歲　醴陵(叁·2342·52)

124. 佐袁[1]毛子女兒年五歲　攸(叁·2343·53)

125. 鑢佐吴昌吴謈年廿(叁·2436/25)

126. 謈妻汝年十九謈子男萬年五歲新[2]上(叁·2438/25)

127. 剛攸袁毛年卌五(叁·2393·103)【注】“剛”下脱“師”或“佐”字。

128. 毛妻汝年卅四(叁·2394·104)

129. 新子女姑年六歲在本縣　留(壹·5890/12)

130. 佐張新子女姑年六歲(叁·2335·45)

① “袁”,原闕釋,據圖版補。

② “新”,原闕釋,據圖版補。

第四種類型是郡吏已知因該師佐年老或同業師佐人員充足等原因暫不去軍隊屯駐地，妻子女留在本縣，簿Ⅰ師佐本人名籍簡上加注記“見”，製作簿Ⅱ時則特别標注“妻子在本縣”。

131. 鑢佐吴昌五碩[①]年五十六　見（壹・5947/12）

132. 鑢佐吴昌五碩年五十六　妻在本縣（叁・2474/25）

133. 鎌佐吴昌金孟年卌六　妻子在本縣（叁・2414・124/25）【注】“子”爲補字。

另外一種類型是師佐已有妻子母等二人隨行，其他成年及未成年子女、小妻、父、兄、弟侄等作爲連坐家屬候補，暫不去屯駐地，加注記“留”，這批人衹出現於簿Ⅰ，簿Ⅱ不再抄録，簿Ⅰ中名籍上注記爲“在本縣/留”者，多數應屬此類。

134. 乾鍛師劉陽（新陽）鄧橋子男連年廿四在本縣（壹・7431/13）

135. 物故綃白佐攸□（新陽）□□妻□年卌一在本縣（壹・7465/13）

136. 碭子男甲年廿七在本縣　留（壹・5891/12）

137. 物故□□佐□□□子男俗年廿五在本縣（壹・8198/13）

138. 物故乾鍛師劉恕妻細年卅六在本縣（壹・8224/13）

139. □男弟根年卅在本縣　留（壹・6613/12）

140. 盉妻□□年卌五在本縣　□□□☑（壹・7506/13）

141. 紀妻女年六十八在本縣　☑（壹・7464/13）

142. 懇兄明年卅四在本縣　留（壹・6717/12）

143. ☑　留兄令年卅二在本縣　留（壹・8276/13）

144. 傖子男龍年廿六在本縣（壹・6799/12）

145. 默妻□年卅三在本縣（壹・7909/13）

146. 農子男尉年十八在本縣　留（壹・6712/12）

147. 章男弟�店年十五在本縣章姪子男□年廿七在本縣（壹・5830/12）

148. 胳子男長年十歲在本縣　留（壹・5893/12）

149. 恕子女萌年十一在本縣　留（壹・6772/12）

150. □佐臨湘□岑子女□年九歲在本縣（壹・6698/12）

孫吴討武陵蠻戰爭進行中如遇師佐留在本縣的妻子家屬物故，應由本縣户曹吏行文上

① “碩”，原釋作“碣”，核對圖版，該字右邊之“畐”不清晰，今據對應關係改。

報離世日期，郡吏據此於簿Ⅰ上注明，以下簡1至簡6均爲家屬物故時間記載，時長跨度達三年多，可知是郡吏製作名籍時的規定項目，表示的意思應該是注銷該師佐家屬的名籍，物故家屬不再作爲師佐人質的備員。

151. ☑□子男郡年十六在本縣　黄龍三年七月廿日物故(壹・8968/14)

152. 冉姪子男取年廿四在本縣　嘉禾元年十一月十日物故(壹・6023/12)

153. 侍子男陽年廿一在本縣　嘉禾二年二月一日物故(壹・8232/13)

154. □子女客年八歲在本縣　嘉禾二年三月十日物□(壹・7469/13)

155. 碩妻汝年五十五在本縣　嘉禾二年十二月五日物故(壹・6070/12)

156. 啓男弟敦年廿二在本縣　敦以[1]過三年正月十二日物故(壹・5936/12)

四、師佐名籍中的文字注記“單身”

殘存師佐簡中另外一個數量較多的文字注記是“單身”，在簿Ⅰ與簿Ⅱ中均可見數十支，將這些有文字注記“單身”的簡按照考古信息及書寫格式分别列出，可以看到兩者的區别僅限於簿Ⅰ中的師佐籍在“單身”之後又加了注記“見”，推測長沙郡吏收到各縣户曹傳送來的這类樣式的名籍之後，衹需加注“見”，不需考慮家屬中何人“行”或者“留”，原樣抄録籍Ⅰ信息製作成簿Ⅱ，因爲他們并無妻子母兄父姪等家屬可隨行做人質。比對殘存簿Ⅰ與簿Ⅱ中的師佐名籍，可知兩部名籍除了“見”之外，書寫格式完全一致。

以下爲簿Ⅰ中的“單身”師佐簡：

157. 乾鍛佐臨湘勇頭年廿　單身　見(壹・6614/12)

158. 觚慰佐醴陵蔡束年廿六　單身　見(壹・6687/12)[2]

159. 鑢佐劉陽謝香年卅一　單身　見(壹・7455/13)

160. ☑下雋監軍年廿四　單身(壹・6710/12)

161. 觚慰佐醴陵[3]□□年十七　單身　見(壹・6724/12)

162. 乾鍛佐建寗黄□年卅四　單身　見(壹・5963/12)

---

① “敦以”，原釋作“□□”，今據書寫格式和圖版改。

② “觚慰”、“蔡”，原闕釋；“束”，原釋作“武”，核對圖版，“觚慰”、“蔡束”筆迹漫漶，依稀可辨，今據圖版及對應關係補、改。

③ “醴陵”，原釋作“益陽”，核對圖版，左半殘存，“醴”之“酉”旁和“陵”之“阝”旁皆可辨識，且存在對應簡，今據改。

163. 觚慰師醴陵傒曹年廿八　單身　見(壹・6720/12)
164. 鎌佐建寧黄㮚年卌五[①]　單身　見(壹・6604/12)
165. 建寧黄仨[②]年廿一　單身　見(壹・6656/12)
166. 建寧唐市[③]年廿二　單身　見(壹・6668/12)
167. □師[④]攸利碩年卅四　單身　見(壹・6632/12)
168. 鎌佐攸羅睾年卅五　見(壹・7531/13)
169. 乾鍛佐攸張元年卅一　單身　見(壹・6602/12)
170. □鍛攸張生年廿一　單身　見(壹・6641/12)
171. □佐攸潘□……　單身　見(壹・8201)
172. 剛佐永新利班年廿　單身　▨(壹・6615/12)
173. 觚慰佐永新雷齊年廿二　單身　▨(壹・6601/12)
174. 乾鍛佐吴昌這□年廿五　單身　見(壹・7463/13)
175. ▨琥年卅八　單身(壹・6779/12)
176. ▨　　□年六十　單身(壹・6434/12)

以下爲簿Ⅱ中的"單身"師佐簡：

177. 觚慰佐醴陵蔡束年十六　單身(叁・2379・89/25)
178. 觚慰師醴陵傒曹年廿一　單身(叁・2387・97/25)
179. 乾鍛佐建寧黄仨年廿一單身(叁・2397・107/25)
180. 鎌師建寧李棋年卅八　單身(叁・2479/25)
181. 鎌佐建寧黄㮚年卅五單身(叁・2285/25)
182. 乾鍛佐建寧黄炷年廿四單身(叁・2255/25)
183. 乾鍛佐建寧監□年廿四單身(叁・2220/25)
184. 乾鍛佐建寧唐市年廿二單身(叁・2492/25)
185. 鎌師攸謝佳年廿一　單身(叁・2365・75/25)
186. 鎌佐攸利碩年卅四　單身(叁・2385・95/25)
187. 鎌佐攸羅睾年卅五(叁・2390・100/25)

① "鎌",原釋作"錢";"㮚",原釋作"取",據圖版及對應關係改。
② "仨",原釋作"民",據圖版及對應關係改。
③ "唐市",原闕釋,據圖版及對應關係補。
④ "師",核對圖版,筆迹模糊不清,簡叁・2385"佐"清晰,疑此"師"應爲"佐"。

188. 乾鍛佐攸陳禿年廿□　單身(叁·2377·87/25)

189. 乾鍛佐攸□長[①]□年卅二　單身(叁·2384·94/25)

190. 乾鍛佐攸唐蔦年十六　單身(叁·2482/25)

191. 剛佐永新利玫年廿一　單身(叁·2305/25)

192. 觚慰[②]佐永新□□年……　單身(叁·2317/25)

簿Ⅰ與簿Ⅱ中記載基本相同的對應“單身”師佐簡分列如下,各組單獨編號:

193. 觚慰佐醴陵蔡朿年廿六　單身　見(壹·6687/12)

194. 觚慰佐醴陵蔡朿年十六　單身(叁·2379·89/25)[③]

195. 建寗黄仨年廿一　單身　見(壹·6656/12)

196. 乾鍛佐建寗黄仨年廿一單身(叁·2397·107/25)

197. 乾鍛佐建寗黄□年卅四　單身　見(壹·5963/12)

198. 乾鍛佐建寗黄炷年廿四單身(叁·2255/25)[④]

199. 觚慰師醴陵侯曹年廿八　單身　見(壹·6720/12)

200. 觚慰師醴陵侯曹年廿一　單身(叁·2387·97/25)[⑤]

201. 鎌佐建寗黄㮕年卌五　單身　見(壹·6604/12)

202. 鎌佐建寗黄㮕年卅五單身(叁·2285/25)

203. 建寗唐市年廿二　單身　見(壹·6668/12)

204. 乾鍛佐建寗唐市年廿二單身(叁·2492/25)

---

① “□長”,原釋作“粻”,核對圖版,該字右邊“長”可辨識,左邊漫漶不清,“粻”“張”易訛,疑當作“張”字,據圖版及對應關係改。

② “觚慰”,原釋作“乾鍛”,據圖版改。

③ 這兩支單身師佐簡中書寫的工種、所屬縣、名字均相同,僅年齡一爲“廿六”、一爲“十六”,字形相近,推測是郡吏抄寫時出現錯誤,所以將兩支簡作爲對照組列出。

④ 這兩支單身師佐簡中籍Ⅰ的名字漫漶不可釋讀,但兩者的工種、所屬縣、姓均相同,年齡一爲“卅四”、一爲“廿四”,“卅”“廿”字形相近,推測是郡吏抄寫時出現錯誤,所以將兩支簡作爲對照組列出。

⑤ 這兩支單身師佐簡中書寫的工種、所屬縣、姓名均相同,年齡一爲“廿八”、一爲“廿一”,“八”“一”字形相近,推測是郡吏抄寫時出現錯誤,所以將兩支簡作爲對照組列出。

205. □師攸利碩年卅四　單身　見(壹·6632/12)

206. 鎌佐攸利碩年卅四　單身(叁·2385·95/25)

207. 鎌佐攸羅睾年卅五　見(壹·7531/13)

208. 鎌佐攸羅睾年卅五(叁·2390·100/25)

209. 乾鍛佐攸張元年卅一　單身　見(壹·6602/12)

210. 乾鍛佐攸長□年卅二　單身(叁·2384·94/25)①

211. 剛佐永新利班年廿　單身　☐(壹·6615/12)

212. 剛佐永新利玫年廿一　單身(叁·2305/25)②

王子今曾撰文研究走馬樓名籍中的"單身"身份,③氏認爲簿Ⅰ師佐名籍簡"☐下雋監軍年廿四　單身"(壹·6710/12)中的"監軍"是孫吴官職,即"負有責任的軍官",此説似可再加討論。從名籍抄寫格式來看,縣名與年紀之間一般抄寫師佐名字,目前所見,尚無例外。據《三國志》可知孫吴確有監軍一職,如孫吴末期何邈爲武陵監軍,但監軍爲朝廷高官,從考古信息來考慮,長沙郡吏似不可能將朝廷官吏的名籍混雜於師佐名籍中。吴簡中可見當地有"監"姓人家,將"監軍"作爲人名理解,似無大礙。

213. 郡吏監訓兄帛年卅八　嘉禾四年四月十五日叛走(壹·7975/13)

214. ☐廿七斛二斗四升付州中邸閣李嵩倉吏監賢□(叁·163)

215. ☐　　·其四斛付郡倉吏監賢(叁·415)

216. □　郡吏監賢　卒(叁·1095)

吴簡師佐籍製作於討伐武陵蠻戰争中,料選人員支持前綫軍需武備之外,長沙郡還承擔着運輸糧食的後勤供應任務,監督軍糧運輸的吏員稱"監運掾",多見於走馬樓簡,未見有稱"監軍"者。

① 這兩支單身師佐簡中籍Ⅱ書寫的名字不可釋讀,姓僅可見右半邊,考慮工種、所屬縣相同,年齡"一"、"二"字形相近,所以將兩支簡作爲對照組列出。

② 這兩支單身師佐簡中書寫的工種、所屬縣、師佐姓均相同,"班"與"玫"字形相近,年齡"廿"與"廿一"轉抄時易錯,所以將兩支簡作爲對照組列出。

③ 王子今:《説走馬樓名籍"單身"身份》,武漢大學簡帛研究中心《簡帛》第6輯,上海古籍出版社,2011,457—463頁。

217. 四斛五斗被督軍糧都尉嘉禾元年九月廿四日丙戌書給監運掾謝慎所(貳·6700)

218. ☑嘉禾二年五月十二日辛未書給監運掾(貳·4009)

走馬樓《竹簡[貳]》中有一支與師佐籍格式用語不同的文書簡,"□……地僦錢月五百簿以過年□一月十被病物故妻汝單身□"(貳·7612)[①],王著將此簡亦歸入"單身"名籍簡,似可再考慮妥當與否。從此簡的書寫方式看,應是管事吏向上級報告徵收"地僦錢"時某户户主病故拖欠未繳納、其妻爲單身一人,不同於常見的登記吏民姓名、年齡、與户主親屬關係、身體狀況等内容的名籍簡書寫格式。

漢三國時代文獻史料中使用"單身"表述的意思一般指該人與家屬分離獨自在某地,并不涉及該人是否有母妻子家屬在世,《論衡·紀妖篇》:"人君之使,車騎備具,天帝之使,單身當道,非其狀也。"[②]亦寫作"獨身",如"右將軍蘇建亡軍,獨身脱還"[③]。個人書信中使用"獨身"有血親家屬無在世者之義,如司馬遷《報任少卿書》:"今僕不幸,早失父母,無兄弟之親,獨身孤立。"[④]亦有獨自一人離家在外之義,見敦煌漢簡"元月十一日具記細君報春叩頭獨身辨職久"(MC.500A)。[⑤] 目前所見漢代文獻中多使用"獨身",少見使用"單身"事例,推測原因大概與漢代户籍登記用語有關。漢代户籍登記將無子男之老人稱爲"獨",與無父母之孤兒并稱爲"孤獨",是國家賑恤的對象,常見於文獻及簡牘,如甘肅武威漢墓出土《王杖詔書令册》:

219. 夫妻俱毋子男爲獨寡田毋租市毋賦。(《散》146)[⑥]

漢宣帝地節三年(前67)春三月詔:"鰥寡孤獨高年貧困之民,朕所憐也。前下詔假公田,貸種食。其加賜鰥寡孤獨高年帛。二千石嚴教吏謹視遇,毋令失職。"[⑦]東漢光武帝建武六年(30)正月下詔:"其命郡國有穀者,給稟高年、鰥寡孤獨及篤癃無家屬貧不能自存者,如律。"注:"大戴禮曰:'六十無妻曰鰥,五十無夫曰寡。'禮記曰:'幼而無父曰孤,老而無子曰獨。'"[⑧]國家發放賑恤物資以户籍登記爲依據,吴簡中按照户籍標準將這些特殊貧窮户登記爲"老頓窮獨女戸":

① 整理組注:"'十'下似脱'日'字。"《長沙走馬樓三國吴簡 竹簡[貳]》,872頁。
② 王充:《論衡》,上海人民出版社,1974,336頁。
③ 《漢書》卷六《武帝紀》,北京:中華書局,1962,172頁。
④ 《漢書》卷六二《司馬遷傳》,2733頁。
⑤ 吴礽驤、李永良、馬建華釋校:《敦煌漢簡釋文》,蘭州:甘肅人民出版社,1991,51頁。
⑥ 李均明、何雙全:《散見簡牘合輯》,北京:文物出版社,1990,16頁。
⑦ 《漢書》卷八《宣帝紀》,248頁。
⑧ 《後漢書》卷一下《光武帝紀》,47頁。

220. 其十六戶老頓窮獨女戶下品(貳·634)

221. ☑右一人單蜀(獨)窮老☑(貳·7835)

推測爲了區别於户籍用語中的"獨",防止户曹吏轉抄户籍時出錯,師佐籍避開前代常用詞"獨身"而改用"單身",雖然文獻史料中二者詞義可通,作爲户籍登記用語所指的狀態却不同。《竹簡[壹]》中的户籍簡"老男謝[堅]年　單[身]"(壹·5152/12)可能是户曹吏將"獨"字錯寫爲"單",因爲日常使用時兩者意義相同。吴簡中名籍登記項目包含"單身"的簡,目前所見多是師佐簡,登記目的爲了説明該師佐衹有本人在孫吴政權控制之下、或確實無父母妻子兄弟等家屬,因缺乏資料,無法知曉該名師佐是自然原因造成單身,還是獨自逃亡[1]或被擄至孫吴控制地區,及這兩種情况中哪種占多數,但師佐籍登記的"單身"與吏民户籍登記名籍中的"單身"户意義不同,這種認識應該無大礙。

目前已發表的吴簡中還有一支注記爲"單身"的軍吏名籍簡,"軍吏雷贊年廿六　單身"(叁·2970),"軍吏"可能是爲軍隊服役的"給軍吏"之簡稱,漢代常見"給事"、"給吏"的用法。孫吴爲了防止他們逃亡及補充人員,鄉縣户曹吏製作户籍時於各家户籍之外另將其"父兄子弟"登記在一起,軍吏雷贊被登記爲"單身",應該是他無父兄子弟,但不能確認他和單身師佐一樣無母妻。吴簡中常見登記"軍吏"類吏民的籍簿及總計簡,可見將妻登記於"軍吏"本人户籍簡上,似可説明軍吏户籍與吏民户籍一樣,妻不在質任連坐人員之内,軍吏父兄子弟則與軍吏本人另外登記製作籍簿。

222. 東陽里户人公乘翁確年卅筭一　給軍吏(壹·8671/13)

223. 軍吏朱謙年卅五　　謙妻大女壹年廿六算一(貳·1723)

224. ☑子女□年□　　禮弟公　乘□年廿三給軍吏(肆·32551)

225. ☑□□□□軍吏父兄子弟人名年紀簿(貳·7091)

226. 集凡中鄉州軍吏四人父子兄弟三人　中(叁·3012)

227. 集凡南鄉領軍吏父兄弟合十九人　中(叁·464)

綜合各項研究結果可以初步認爲,孫吴郡縣户曹及兵曹吏製作使用師佐及家屬籍簿的主要功用有四:首先是爲了討伐武陵蠻戰争需要而抽調各縣所領的師佐提供給潘濬軍府兵曹及作部,師佐名籍前綴的各項手工技能名稱使潘濬軍府兵曹及作部的吏可以據此調配屯駐地工場所需的專業師佐,隨行家屬亦可以據此名籍安排勞作。第二是長沙郡户曹依據名籍人數從儲備糧食的各倉調配運送廪食供應身在潘濬軍府兵曹作部的師佐及家屬,可以看

① 步騭因"世亂,避難江東,單身窮困",知當時有自他地獨自逃亡至孫吴控制地區者。見《三國志》卷五二《吴書·張顧諸葛步傳》,1236 頁。

作倉曹支出糧食的依據和長沙郡爲該次戰争消耗的總計糧食數量憑證。從上年度餘糧與該年度入倉糧食數量之和中扣除師佐及家屬支出的部分,再扣除其他各項支出,就是該倉本年度應有的餘糧數量。吴簡中常見“料校不見詭責負者”,即年度校計時發現倉中儲糧數額與帳簿不符,要求倉吏及家屬“負”,賠償不足數額的簡文,所依據的帳簿應該是郡縣倉曹發出的各項調撥儲糧命令,而調撥儲糧命令的依據是有資格消耗政府儲糧人員的名籍。第三項功用是執行孫吴對前綫軍隊士卒施行的强制家屬爲人質的連坐制,按照師佐與家屬的親緣關係指令符合軍法要求的家屬隨行,如果隨行家屬有物故,再選擇師佐名籍中的其他家庭成員補充,并由政府組織運送到屯駐地。第四項功用是各縣户曹倉曹吏依據師佐及家屬名籍製作繼續提供廩食的在本縣家屬名籍,并隨時變更,與潘濬軍府兵曹作部反饋給長沙郡户曹兵曹的文書保持一致。討伐武陵蠻戰争期間,由於師佐及部分家屬外出或物故、返鄉,各縣管理的支付給師佐及家屬的廩食數量與其他年度數量不同,在年終料校、計時,由縣户曹製作保管的在本縣師佐及家屬名籍是重要的財務帳簿,該財政年度結束後,依據行政慣例繼續保存名籍帳簿,作爲考核地方長吏治績的依據。古代中華帝國的帳簿文書行政傳統起自戰國時代,至秦統一已經成型,里耶秦簡中已可見縣級政府轄下財務支出與收入對應的分項帳簿。復原考古出土的帳簿名籍簡册爲瞭解與探究當時政府的行政運作及法律法規的具體實施步驟提供了真實的第一手資料,隨着里耶秦簡與長沙走馬樓吴簡這兩項縣級及部分郡級行政文書考古成果的逐步發表,會有更多史料以助研究者揭示該時期的歷史真相。

漢、吴簡官牛簿整理與研究[①]

中國社會科學院歷史研究所　凌文超

内容提要　居延漢簡官牛簿是西北邊塞屯田區的材料。走馬樓吴簡官牛簿是江南地區臨湘侯國的用牛記録。兩份官牛簿皆具體記載了官牛的毛色、性别、年齒、識物、出生等,但在腰圍、識物方式、用途、差養者方面存在差异。這既是牛政管理歷史發展的結果,也是地域、官府行政職能差异的産物。漢、吴簡官牛簿對於認識漢魏時期牛耕在西北邊塞和江南地區的推廣具有重要的價值。

關鍵詞　居延漢簡　走馬樓吴簡　官牛簿　牛耕

"牛"作爲古代重要的生産、生活資料,其用途十分廣泛,如祭祀、食用、交通運輸、農耕等。中國很早就設置了專門的職官來管理牛政,如《周禮》"牛人,掌養國之公牛以待國之政令"[②],基層的牛政則流傳着井田制"匹馬丘牛"之法。[③] 隨着秦漢時期牛耕的推廣[④],牛在農業生産生活中的重要性愈發突出。在睡虎地秦簡、龍崗秦簡和張家山漢簡律令中即有一些

① 本文爲國家社科基金青年項目"長沙走馬樓三國吴簡簿書整理與研究"(12CZS006)的階段性成果。

② 孫詒讓撰:《周禮正義》卷二三《地官・牛人》,北京:中華書局,1987,923頁。

③ "丘,十六井也,有戎馬一匹,牛三頭。四丘爲甸。甸,六十四井也,有戎馬四匹,兵車一乘,牛十二頭,甲士三人,卒七十二人,干戈備具,是謂乘馬之法。"《漢書》卷三二《刑法志》,北京:中華書局,1962,1081頁。

④ 參見楊振紅《兩漢時期鐵犁和牛耕的推廣》,《農業考古》1988年第1期,166-173頁。

針對用牛管理的相關規定。[①] 新出里耶秦簡縣"倉曹計録"中有"畜官牛計"(481/8)[②],"畜官課志"中有"畜牛死亡課"和"畜牛産子(課)"(490/8),可見,秦地方官府不僅對畜官牛有具體的規定,還以其蕃息作爲相關官吏考課的依據。對於管理和使用官牛的具體情況,居延漢簡中的屯田牛簡有相關記録,過去學界對其内容進行了考釋[③],而最近刊布的《長沙走馬樓三國吴簡·竹簡[肆]》中保留了一份臨湘侯國的官牛簿[④],是迄今所見數量較多且較爲集中的官牛簡册,這又爲我們考察孫吴的相關情況提供了寶貴的材料。居延漢簡和走馬樓吴簡官牛簿,一份出現在漢代西北居延屯田區,一份在孫吴内地臨湘侯國,它們之間有何异同,又給我們展現了怎樣的社會現象呢?本文在先行研究的基礎上,嘗試對漢、吴簡"官牛簿"進行整理和比較分析[⑤],對現有研究中的薄弱環節作進一步的探討。

一、居延漢簡官牛簿補考

先來分析居延漢簡官牛簿。兹列舉簡例,并試加標點如下:

1. ☑一[⑥],黑,牝,左斬,齒(120.29)[⑦]
2. 力牛一,黑,特[⑧],左斬,齒八歲,絜七尺八寸(491.8)
3. 牛一,黄[⑨],☑(510.12)
4. 牛一,黑,牝[⑩],左斬,齒三歲,久左□☑(510.28)
5. 牛一,黑,牝,白頭,左斬,齒四歲☑(512.6)

① 學界利用這些材料探討了秦漢時期牛的用途和養牛業,如呼林貴《秦的養牛業》(《農業考古》1986年第2期,274—276頁),袁延勝《從雲夢秦簡看秦國牛的用途》(《文博》2002年第5期,42—44、76頁),温樂平《論秦漢養牛業的發展及相關問題》(《中國社會經濟史研究》2007年第3期,90—102頁)等。

② 湖南省文物考古研究所編著:《里耶秦簡[壹]》,北京:文物出版社,2012。編號481/8中481爲簡號,8爲層號,下同。

③ 沈元:《居延漢簡牛籍校釋》,《考古》1962年第8期,426—428頁。

④ 李均明、宋少華《〈長沙走馬樓三國吴簡〉竹簡[四]内容解析八則》(中國文物研究所編《出土文獻研究》第8輯,上海古籍出版社,2007,189-190頁)曾對此官牛簿進行了介紹。

⑤ 對於漢、吴簡官牛簿書之名,居延漢簡文書中雖有"牛籍"(合36.2)之稱,但未見標題簡,而走馬樓吴簡記作"臨湘謹列官領(?)牛頭數齒色養者數簿"(肆·1435),爲論述方便,本文統稱爲"官牛簿"。

⑥ "一",原闕釋,今據圖版補。

⑦ 釋文參見謝桂華、李均明、朱國炤《居延漢簡釋文合校》,北京:文物出版社,1987。

⑧ "特",合校釋作"犉",今據圖版及沈元意見改。"特"又見於肩水金關漢簡"牛一,青,特……"(73EJT1:45)。

⑨ "黄",原闕釋,今據圖版補。

⑩ "牝",合校釋作"牡",今據圖版及魯惟一意見改。

6. ▨[犢][1],黑,牡,左斬,毋久(512.34)

7. ▨[特],左斬,齒二歲▨(514.41)

8. ▨一,黑,牝,左斬,齒▨(515.19)

9. 牛一,黑,特,左斬,齒八歲,絜七尺三寸▨(517.14)

10. ▨尺七寸,久左肩□(517.16)

11. 産犢一,白,牡,左斬,毋久(520.2)

疑似簡例還有"▨□,久左肩,□,齒九歲▨"(149.29)、"▨絜七尺▨"(247.21)、"▨齒五歲,左角□"(512.25)。這些都是官牛的記録。首先,正如沈元所指出的,這些簡例是大灣所特有的,是領導屯田機構所在遺址出土的屯田資料的一部分,且同出的還有養牛的官文書"▨積廿九人養牛"(512.1)[2],可見,這是官方飼養,主要用於屯田的耕牛。其次,漢代官方日常登記私牛時,一般會記録所有者之姓名,且登記的内容相對簡易,如"昭武萬歲里男子吕未央年卅四——五月丙申入,用牛二"(15.20),著名的徐宗、禮忠簡則分别記作"用牛二直五千"(24.1B)、"服牛二六千"(37.35),與上述官牛簡相比,登記的情况明顯不同。

上列官牛簡皆出土於 A35 大灣,簡文格式、内容大致相同,應屬同類簡。然而,從字迹來看,簡 1、5、7、8 筆劃較瘦,簡 3、4、6、9、10、11 文字隸意更濃,而簡 2 書寫相對潦草,且與其他簡牘不同,未頂格書寫,由此看來,這些官牛簡可能分屬於多個官牛簿。不過,其中,簡 9 和 10 殘存編痕,字迹基本一致,編號接近,他們很可能來自同一簿書。

沈元最早校釋這些官牛簡,極大地推進了我們對漢代官牛簿及相關問題的理解,不過,仍留有一些疑問:在釋文方面,簡 4 之"牝",勞榦、沈元和合校都釋作"牡",今核對圖版,魯惟一釋作"牝"無誤;簡 6 和 11 的"犢"字沈元闕釋。在考釋方面,他未對"特"與"牡"作區分,亦未解釋"絜"和"久",雖然指出"斬"與"剽"的意思應當相近,但未作進一步探討。後來,魯惟一對這些遺留問題進行了研究,他認爲,"特"與"牡"兩字中的一字,可能指已閹割的公牛,并推測"久"即"灸",指烙印,而"斬"可能是割牛角。[3] 魯氏的推測對進一步認識這些官牛簡很有啓發,其觀點有的可獲確證,有的則并不可取。

關於"特"與"牡"的區分,按《説文》牛部"特,朴特,牛父也","牡,畜父也"[4],"特"、"牡"皆可指公牛。"朴特"何解?《楚辭·天問》"恒秉季德,焉得夫朴牛?"王逸注"朴,大

① "[犢]",原闕釋,今據圖版補。

② 沈元:《居延漢簡牛籍校釋》,第 428 頁。

③ 邁克爾·魯惟一著,于振波、車今花譯:《漢代行政記録(下)》,桂林:廣西師範大學出版社,2005,408 頁。

④ 許慎撰,徐鉉校定:《説文解字》,北京:中華書局,1963,29 頁。

也”。[①] 據之,“特”指大公牛。居延官牛簡中“特”的最小年齒爲二歲(簡7),公牛兩歲基本發育成熟,確實是大公牛。而居延官牛簡6和11記録的“犢”、“産犢”,其性别則記作“牡”。《集韻·唐韻》“犢,牛名”[②],後世多因襲此解釋。不過,從犢未注明年齒,且“毋久”(尚未烙印,解釋詳後)來看,應是出生不久的牛犢。“犢”,按《淮南子·天文訓》“蟲蝱不食駒犢,鷙鳥不搏黄口”[③],“黄口”與“駒犢”相對,皆指幼仔,“犢”字似可訓爲“犢”。由此看來,居延官牛簡中的“特”指大公牛,“牡”則指公牛犢、小公牛。“特”“牡”有大小之分,這在傳統文獻中也有旁證,如《詩經·伐檀》傳曰“三歲曰特”,《廣雅·釋獸》“(獸)四歲爲特”,而“吴羊牡一歲曰牡羜”。[④]

魯惟一提及“特”或“牡”可能指已閹割的公牛。由於牲畜閹割年齡一般選在接近性成熟時,此時體格發育基本成熟,抵抗力較强,而太小時閹割則會影響其發育,甚至引發其他疾病,據此,“牡”應未閹割。那麽,是否“特”指已閹割的公牛呢?筆者并不這麽認爲。《周禮·夏官·校人》“夏祭先牧,頒馬,攻特”,鄭司農云“攻特謂騬之”[⑤],“攻”有閹割的意思,“特”當僅指大公牛。而去勢的公牛在漢簡中稱作“犗”,《説文》牛部“犗,騬牛也”[⑥],又《後漢書·陳忠傳》“又上除蠶室刑”,李賢注“蠶室,宫刑名也,或云犗刑也”[⑦],《廣雅·釋獸》王念孫疏證“犗之言割也,割去其勢,故謂之犗”。[⑧] 其簡例如居延漢簡:

12. ☑所乘□黄犗[⑨]牛二頭(288.34)

13. 月中失根假牛一,黑,犗(E.P.W:4)[⑩]

14. 牛一,黄,勞犗,齒十二歲,絜九尺。其一牛,黑,犗,齒八歲。車一兩☑(73EJT6:59)

15. 牛二,黑,勞犗,齒十二歲,絜八尺,其一,黑,犗,齒☑(73EJT8:70)[⑪]

又如敦煌漢簡:

---

① 黄靈庚撰:《楚辭章句疏證》,北京:中華書局,2007,1159頁。
② 丁度等編:《宋刻集韻》,北京:中華書局,1989,66頁。
③ 何寧撰:《淮南子集釋》,北京:中華書局,1998,211頁。
④ 王念孫撰:《廣雅疏證》,北京:中華書局,1983,388、390頁。
⑤ 孫詒讓撰:《周禮正義》卷六二《夏官·校人》,2615頁。
⑥ 許慎撰,徐鉉校定:《説文解字》,29頁。
⑦ 《後漢書》卷四六《陳忠傳》,北京:中華書局,1965,1556頁。
⑧ 王念孫撰:《廣雅疏證》,386頁。
⑨ “犗”,原釋文作“轄”,今據圖版改。
⑩ 甘肅省文物考古研究所等編:《居延新簡:甲渠候官與第四燧》,北京:文物出版社,1990。
⑪ 甘肅簡牘保護研究中心等編:《肩水金關漢簡(壹)》下册,上海:中西書局,2011。

16. 牛一,黑,犅犗[①],耳左剽,齒八歲,絜八尺(1166)[②]

17. 鴻嘉四年十月丁亥,臨泉亭長褒敢言之:謹案,亭官牛一,黑,犗,齒八歲,夬(決)鼻,車一兩(輛)……(Ⅰ0110①:1)[③]

另外,還有"犗特"的用法,如《世説新語·排調》:

明帝問周伯仁:"真長何如人?"答曰:"故是千斤犗特。"王公笑其言。伯仁曰:"不如卷角牸,有盤辟之好。"[④]

"犗特"即指去勢大公牛。由此看來,"犗"指去勢公牛,"特"本身并無去勢之意。從居延官牛簡來看,牝牛明顯多於特牛,又有犢的生産,這些特牛可能是留作種用。

"絜"何解? 永田英正解釋爲"體高"。[⑤] 漢簡登記馬的簿書中,馬的身高一般記作"高"幾尺幾寸,如居延漢簡:

18. □官□驛馬一匹,驪,駮,牡,左剽,齒十四歲,高五尺八寸　中(231.20)[⑥]

從懸泉置漢簡"傳馬名籍"來看,傳馬身高一般約六尺,如:

19. 傳馬一匹,騩,乘,白鼻,左剽,齒八歲,高六尺,駕,翟聖,名曰全(?)厩。厶卩(V1610②:12)

而牛"絜"一般約八尺,牛的身高不會普遍比馬高,以秦川牛爲例,成年公牛平均體高140cm以上,母牛124cm以上[⑦],約漢代5-6尺,因而,"絜"指牛之"體高"的觀點不可取。按睡虎地秦簡《厩苑律》"其以牛田,牛減絜,治(笞)主者寸十","絜",整理者注云"《文選·過秦論》注引《莊子·人間世》司馬注'匝也',《管子·幼官》注'圍度也',此處指牛的腰圍",并認爲牛"絜"與此同例。[⑧] 按秦川公牛平均胸圍200.5cm[⑨],簡2特牛絜七尺八寸,約180.18cm,簡9特牛絜七尺三寸,約168.63cm,雖比現代秦川公牛的胸圍小,但超過了牛的身高太多,"絜"指牛的腰圍,其説可從。

"久",魯惟一推測即"灸",指烙印,此説可獲確證。《説文》久部"久,以後灸之,象人

① "犅犗",原釋文作"摎舍",今據圖版改。
② 甘肅省文物考古研究所編:《敦煌漢簡》,北京:中華書局,1991。
③ 胡平生、張德芳:《敦煌懸泉漢簡釋粹》,上海古籍出版社,2001。
④ 劉義慶撰、劉孝標注:《世説新語》,北京:中華書局,1999,496-497頁。
⑤ 永田英正著,張學鋒譯:《居延漢簡研究(上)》,桂林:廣西師範大學出版社,2007,242頁。
⑥ 謝桂華、李均明、朱國炤:《居延漢簡釋文合校》,375頁。
⑦ 邱懷主編:《中國黄牛》附録Ⅰ《中華人民共和國國家標準——秦川牛》,北京:農業出版社,1992,226頁。
⑧ 睡虎地秦墓竹簡整理小組:《睡虎地秦墓竹簡》,北京:文物出版社,1990,22-23頁。
⑨ 邱懷主編:《中國黄牛》,8頁。

兩脛後有距也"[①],"久"爲"灸"的古字,在睡虎地秦簡《封診式·賊死爰書》和張家山漢簡《脈書》中即作"久"[②],在居延漢簡仍是如此:

20. 當曲卒屈樊子 正月 □日病四日官不□□□□後三日萬歲隧長 久背□□二所□□後數日府醫來到藥一齊置□ ☑(49.31,49.13)

"久背"即是對病卒背部的灸療。至東漢早期,"久""灸"通用,如《武威漢代醫簡》"人生五歲毋久足,人生六歲毋灸手"[③],在同一支簡中,一作"久",另一作"灸"。

秦漢簡牘中常見公器"久刻職(識)物"的規定[④],這甚至作爲對官吏的要求而被記入睡虎地秦簡《爲吏之道》。另外,《效律》規定:"公器不久刻者,官嗇夫貲一盾。"[⑤]整理者認爲:"久,讀爲記,記識指官有器物上的標誌題識。"[⑥]《工律》又規定:

> 公甲兵各以其官名刻久之,其不可刻久者,以丹若漆書之。其叚(假)百姓甲兵,必書其久,受之以久。入叚(假)而而毋(無)久及非其官之久也,皆没入公,以齎律責之。工[⑦]

"久"作名詞時,指標志、記號,一般刻畫、漆畫或烙印爲之。[⑧]"久"作動詞時,當爲"灸"的引申義,主要指烙鐵火印。那麽,"久"的内容一般是什麽呢?按"公甲兵各以其官名刻久之","官名"爲這些器物的烙印内容之一。又張家山漢簡《二年律令·津關令》規定:

> 其買騎、輕車馬、吏乘、置傳馬者,縣各以所買名匹數告買所内史、郡守,内史、郡守各以馬所補名爲久,久馬,爲致告津關,津關謹以藉(籍)久案閲,出。[⑨]

關外縣向關中買馬時,須將先擬定的馬名和匹數通報給賣出地内史或郡守,賣出地内史或郡守將擬定的馬名作爲標記在馬身上烙印,然後向津關發出致籍,衹有馬身上烙印的馬名與致

① 許慎撰,徐鉉校定:《説文解字》,114頁。

② "其腹有久故瘢二所",睡虎地秦墓竹簡整理小組:《睡虎地秦墓竹簡》,158頁;"當環而久(灸)之,病甚而上於環二寸益爲一久(灸)",張家山二四七號漢墓竹簡整理小組:《張家山漢墓竹簡[二四七號墓]》(釋文修訂本),北京:文物出版社,2006,125頁。

③ 甘肅省博物館、武威縣文化館合編:《武威漢代醫簡》,北京:文物出版社,1975,4頁。

④ 參見陳偉《張家山漢簡〈津關令〉涉馬諸令研究》,《考古學報》2003年第1期,33-34頁;王三峽:《秦簡"久刻職物"相關文字的解讀》,《江漢考古》2006年第1期,87-90頁。

⑤ 睡虎地秦墓竹簡整理小組:《睡虎地秦墓竹簡》,170-171,59頁。

⑥ 睡虎地秦墓竹簡整理小組:《睡虎地秦墓竹簡》,40-41頁。

⑦ 睡虎地秦墓竹簡整理小組:《睡虎地秦墓竹簡》,44頁。

⑧ 李天虹:《漢簡"致籍"考辨——讀張家山漢簡〈津關令〉札記》,《文史》2004年第2輯。

⑨ 張家山二四七號漢墓竹簡整理小組:《張家山漢墓竹簡[二四七號墓]》(釋文修訂本),85-86頁。

籍上的登記一致,方可出關。[①] 懸泉置漢簡"傳馬名籍"中一般登記了馬名,如簡19"名曰全(?)厩",此外還有"名曰葆橐"、"名曰黄爵(雀)"、"名曰倉(蒼)波"、"名曰佳□"、"名曰鐵柱"、"名曰完幸"等[②],可能就是烙印馬名。但牛名在簡牘材料中不常見,江陵鳳凰山八號漢墓遣策云"牛一匹名黑"[③],該墓出土有黑色木牛一件。至唐代,牲畜烙印很複雜,唐《天聖令·厩牧令》規定:

> 諸雜畜印,爲"官"字、"驛"字、"傳"字者,在尚書省;爲州名者,在州;爲衛名、府名者,各在府、衛;爲龍形、年辰、小"官"[字]印者,小,[謂]字形(謂)小者。在[太]僕寺;爲監名者,在本監;爲"風"字、"飛"字及"三華(花)"者,在殿中省;爲"農"字者,在司農寺;互市印在互市監。其須分道遣使送印者,聽每印同一樣,准道數造之。[④]

同時,對不同的牲畜,烙印及烙印的部位也有相應的規定。如官牧牛,"以'官'[字]印印右膊,以監名依左、右厢印印右髀","屯、監牛以'官'字印印左頰,以'農'字印印。諸州鎮戍營田牛以'官'字印印右膊,以州名印印右髀",唐代規定屯田牛之烙印在左頰、左膊,這與居延官牛簡4"久左□"、簡10"久左肩□"以及"久左肩"(149.29)的烙印部位大致相同。唐《天聖令·厩牧令》還規定:"諸在牧駒、犢及羔,每年遣使共牧監官封(對)印",[⑤]官牛在牛犢時烙印,漢代可能就已如此,登記牛犢的簡6和11了注明"毋久",細審圖版,簡文中唯獨"毋久"兩字筆迹較淡,書寫隨意,應爲後來準備灸印前的補記。[⑥] 宋《天聖令·厩牧令》還規定了官、私牲畜分别有"官印"、"私記"。[⑦] "官印"和"私記"烙印部位可能有所不同,如敦煌漢簡:

> 21.☑□鐘政 | 私驢一匹,騅,牡,兩抾,齒六歲,久在尻□(536)

私驢的烙印在其臀部,與簡10官牛"久左肩□"不同。總之,從秦漢至唐宋,官牛馬等牲畜都有烙印(久)的規定。居延官牛簡所記之"久"確指烙鐵火印。

---

① 參見陳偉著:《張家山漢簡〈津關令〉涉馬諸令研究》,33頁;李天虹著:《漢簡"致籍"考辨——讀張家山漢簡〈津關令〉札記》,《文史》2004年第2輯。

② 胡平生、張德芳著:《敦煌懸泉漢簡釋粹》,81–82頁。

③ 金立著:《江陵鳳凰山八號漢墓竹簡試釋》,《文物》1976年第6期,71頁。

④ 天一閣博物館、中國社會科學院歷史研究所天聖令整理課題組校證:《天一閣藏明抄本天聖令校證附唐令復原研究》卷二四《厩牧令》,北京:中華書局,2006,401頁。

⑤ 天一閣博物館、中國社會科學院歷史研究所天聖令整理課題組校證:《天一閣藏明抄本天聖令校證附唐令復原研究》卷二四《厩牧令》,401頁。

⑥ 李天虹:"推測牛籍編制完畢,主管人員還要根據牛籍核對實物,發現没有久識的牛,就在此條牛籍的後面注記'毋久'",《居延汉简簿籍分类研究》,北京:科学出版社,2003,151页。

⑦ 天一閣博物館、中國社會科學院歷史研究所天聖令整理課題組校證:《天一閣藏明抄本天聖令校證附唐令復原研究》卷二四《厩牧令》,399頁。

"斬"何解？魯惟一推測"斬"可能是割牛角，然而，簡6、11"産犢"即記録有"左斬"，這些初生牛犢無角可割，割牛角之説不可取。沈元則推測官牛簡之"左斬"與官馬簡之"左剽"意義應當是相近的。從簡16來看，敦煌漢簡記録有牛"耳左剽"，該簡的登録格式與居延官牛簡相同，"耳左剽"與"左斬"的確應有關聯。"剽"，《説文》刀部"砭刺也"，意指針刺。[①] 除此之外，"剽"還與"表"、"標"通假。按《周禮·春官·肆師》"表齍盛"，鄭玄注："故書'表'爲'剽'。剽、表皆謂徽識也。"孫詒讓云："此經'剽'字似當作'標'，或古字通用。"[②]《後漢書·崔寔傳》"剽賣田宅"，"剽"，李賢注："一作'標'。"[③]據此，"剽"也有徽識、標誌的含義。簡16"耳左剽"當指在牛耳上穿刺、穿孔或作其他標識。在牲畜耳朵上做標識應是秦漢時期的普遍做法，如睡虎地秦簡《效律》規定"馬牛誤職(識)耳，及物之不能相易者，貲官嗇夫一盾"[④]，秦代規定官馬牛應在耳朵上作標識，如果標識失誤，還要處罰其負責人。"馬牛誤職(識)耳"，可能是指"職(識)耳"左右失當或方式失誤。又如睡虎地秦簡《封診式·盜馬爰書》云："市南街亭求盜才(在)某里曰甲縛詣男子丙，及馬一匹，騅，牝，右剽"，此"右剽"與漢簡中常見的官馬牛"左剽"相反，兩者可能具有不同的標識作用。又如漢簡中馬牛驢標識的用詞各有不同，既有"剽"、"斬"，又有簡21的"括"，還有"攦"，如居延新簡：

22. ☐馬，驪，乘，齒十六歲，攦右耳，决有(?)鼻，收頭革齒耳臧(E. P. T59:81)

這些用詞可能代表着不同的"職(識)耳"方式。那麽，"左斬"究竟是怎樣一種標識方式呢？由上述分析來看，我推測"左斬"可能是"割耳"標識，即破損左耳以作標識。割耳標識的方式在唐代猶存，唐《天聖令·厩牧令》規定："其駝、羊皆以"官"守(字)印印右頰。羊仍割耳"，諸牧"羔春秋二時印及割耳"。[⑤] 之所以會出現"羊仍割耳"的規定，或許是因爲，割耳標識的方式存在局限性，如果割耳太小，則標識功能不强；割耳太大，又對牲畜生理有害。因是之故，割耳這種方式後來可能逐漸被其他方式取代，或者不再運用到重要的牲畜諸如牛馬身上。

此外，A35大灣出土的漢簡還有關於牛的記載：

23. 積廿九人養牛(512.1)

24. □□十石六斗　以食田牛六頭六月食(303.51)

① 許慎撰，徐鉉校定：《説文解字》，92頁。

② 孫詒讓撰：《周禮正義》卷三七《春官·肆師》，1472-1473頁。

③ 《後漢書》卷五二《崔寔傳》，1731頁。

④ 整理者注："耳，疑讀爲佴，《廣雅·釋詁三》：'次也'。識佴當即標記次第。"睡虎地秦墓竹簡整理小組編：《睡虎地秦墓竹簡》，74頁。王三峽認爲，耳，當讀如字，指耳朵。其説可從。王三峽著：《秦簡"久刻職物"相關文字的解讀》，89頁。

⑤ 天一閣博物館、中國社會科學院歷史研究所天聖令整理課題組校證：《天一閣藏明抄本天聖令校證附唐令復原研究》卷二四《厩牧令》，400—401頁。

25.服牛當日食六升大,用谷四石,詐增□□(509.20)

26.☑牛六升☑(582.17)

從這些記載來看,當時官牛應安排了專人餵養,飼養穀物數量有規定,服牛日食6升大,從簡24來看,田牛六頭六月食十石六斗,按29天計算,每牛日食6.1升;按30天計算,日食5.9升。又《漢書·匈奴傳下》云"計一人三百日食,用糒十八斛,非牛力不能勝;牛又當自齎食,加二十斛,重矣"[①],服牛日食約六升六合多。總的看來,6升多穀應即漢代規定的官牛日食穀量。

簡24和簡25明確記録了"田牛"和"服牛",大灣漢簡中還有"牛車一兩"(187.14)的記載,那麽,這些官牛簡所記録的牛主要是用來耕作還是駕車呢?這批官牛簡出土地點大灣,還出土了很多有關"騂馬田官"的簡牘,以及田卒名籍、田卒衣物簿、廩食田卒簡、田事文書簡等,其附近又有古代田渠的遺迹,是個適合於農作的地方,這裏應即"騂馬"屯田區。[②] 沈元通過分析官牛簡的出土地點,并指出服牛一般與牛車并提,如簡14、17,其登記格式與此官牛簡不同,進而認定這批官牛簡是屯田資料的一部分,此"牛籍"是官府登記屯田耕牛的簿籍。[③] 這一觀點還可獲得傳世文獻記載的佐證。漢武帝時期,伴隨着開邊屯田,將趙過推行的代田法、二牛三人耦犂推廣到邊郡及居延城。[④] 居延地區屯田之耕牛由官府統一管理和配給,《漢書·昭帝紀》云"邊郡受牛者勿收責",注引應劭曰:"武帝始開三邊,徙民屯田,皆與犂牛。"[⑤] 與這批官牛簡同出的大灣漢簡中多見昭帝時期的屯田文書,如"·謹案居延始元二年(前85)戍田卒千五百人爲騂馬田官穿涇渠"(303.15,513.17)、"騂馬田官元鳳六年(前75)三月辟除"(187.16),由此看來,這些官牛簡所記之牛極有可能是邊郡屯田的犂牛。

二、吴簡官牛簿整理

《長沙走馬樓三國吴簡·竹簡[肆]》中也出現了數量較多的官牛簡。《竹簡[肆]》雖然是首批公布的發掘吴簡,系發掘清理Ⅰ區的一部分,但是,由於"該卷所録簡牘位於堆積體的較上層,它既受過井壁塌垮的衝壓,亦受過施工挖掘的破壞","從嚴格意義上講,仍屬於擾亂後散落的部分",這部分散落簡約半數爲揭剥簡、半數爲散亂簡,[⑥]而官牛簡基本上都屬於散亂簡,缺少揭剥位置示意圖等可供簿書復原的考古學整理信息。下面我們嘗試綜合其他考

① 《漢書》卷九四《匈奴傳下》,3824頁。

② 中國社會科學院考古研究所編:《居延漢簡甲乙編》下册,北京:中華書局,1980,317頁。

③ 參見沈元著:《居延漢簡牛籍校釋》,427—428頁;唐曉軍著:《河西走廊農業考古概述》,《農業考古》1994年第1期,91頁。

④ 《漢書》卷二四《食貨志上》,北京:中華書局,1962,1138—1139頁。

⑤ 《漢書》卷七《昭帝紀》,229頁。

⑥ 《長沙走馬樓吴簡·竹簡[肆]》,《前言》、附録一《總説明》,北京:文物出版社,2011,1、756頁。

古學整理信息和簡牘自身遺存信息對吴簡官牛簿進行編排整理。

孫吴官牛簡大多在編繩處留空,上編繩處遺存的編痕較爲明顯,它們原本應編連爲簡册。經測量圖版,這類簡完簡長23.5-23.9cm,寬約1.1cm,編痕間距約8.5cm,形制較爲齊整。同時,這類簡絶大部分出現在發掘簡第2盆,少數在第4盆中。從吴簡采集簿書整理經驗來看,同一簿書中的簡牘一般聚集出現在單個盆或相鄰盆中,户籍簿、作部工師簿、隱核波田簿、倉庫帳簿等皆如此,發掘簡的保存情况優於采集簡,這些在單盆中聚集出現的形制較齊整的官牛簡有可能屬於一個簿書。在這批官牛簡中僅見1枚標題簡:

27. 臨湘謹列官領(?)牛頭數齒色養者[數](爲)[①]簿(肆·1435/2)

由上述情形看來,這批官牛簡很可能來自同一簿書,記録的應是臨湘侯國官牛的基本情况。

吴簡官牛簡文格式大致可分爲兩類,一類頂格書寫,以"○○牛"起始書寫,其簡例如下:

28. 黄牯牛一頭,齒[二](三)[②]歲一月日,左角長一尺,民婁道養(肆·1388/2)

29. 黄□牸牛一頭,齒四歲,二月□日左角長六寸,民謝[佑](祐)[③]養(肆·1390/2)

30. 黄牸牛一頭,齒三歲(□□日)[⑤],左角長□□,盲左目,民謝便養(肆·1413/2)

31. 黄牯牛一頭,齒三歲九月日,左角長八寸,變烏色,民□☑(肆·1427/2)

32. 黄牯牛一頭,齒四歲七月日,左角長一尺,民婁道養(肆·1439/2)

33. 黄牯牛一頭,齒四歲四月廿日,左角長一尺五寸,民胡□養(肆·1440/2)

34. 黄牯牛一頭,齒四歲六月日,左角長八寸,民王[⑥]☑(肆·1442/2)

35. 黄牯牛一頭,齒六歲四月(日)[⑥],左角長一尺,變烏色,任耕,本蔡長牛,差民張客養(肆·1444/2)

36. 黄牸牛一頭,齒三歲(□□□)[⑦],左角長九寸,民王吴養(肆·1445/2)

37. 烏栗牸牛一頭,齒十七歲十月日,左角長一尺二寸,民□□□(肆·1446/2)

38. 黄牸牛一頭,齒四歲五月廿日,左角長七寸,變烝栗色,民(—)[⑧]吕尾養(肆·1447/2)

39. 黄牸牛一頭,齒九歲一□□,左角長一尺二寸,本趙可牛,可被病物故,差民唐定

① "爲",原釋作"數",今據圖版改。[ ]中爲原釋文,( )爲修訂釋文,下同。

② "三",原釋作"二",筆迹殘缺,今據圖版改。

③ "祐",原釋作"佑",今據圖版改。

⑤ "□□日",核對圖版,筆迹漫漶,"日"字約略可辨識,今據圖版及簡文格式補。

⑥ "王",原闕釋,今據圖版補。

⑥ "日",原闕釋,今據圖版及格式補。

⑦ "□□□"核對圖版,"歲"後留空,字迹磨滅,依格式當爲"○月日",據補。

⑧ "—",核對圖版,"民"下有分隔號,今據圖版補。

養(肆·1450/2)【注】"九"旁補寫"七"字,當爲更改意。又"□□"處原有字迹[①],已被濃墨覆蓋。

40. 黄牸一頭,齒五歲九月日,左角長九寸,變烝栗色,任耕,本趙可牛,可被病物故,差民陳成養(肆·1451/2)

41. 黄牯牛一頭,齒四歲(□)[②]月日,左角長一尺,變烝栗色,任耕,民謝張養(肆·3594/4)

42. 黄□牛一頭,齒□歲八月日,左角長一尺,變烝栗色,……[民]張造養(肆·3874/4)

43. [董□](黄牸)[③]牛一頭,齒五歲六月日,左角長七寸,[……](變烝栗色)[④](叁·7335)

另一類天頭留空,或以"年月日"起始,或以"從"起始書寫,其簡例如下:

44. ☐年八月廿九日[死](乳)[⑤],黄牯牛[⑥]一頭,齒一歲一月一日,左角長半,民文春養(肆·1389/2)【注】"半"下或脱"尺"字。

45. 嘉禾二年七月卅日□,黄牸犢一頭,齒六月[一日](日)[⑦],左角長一寸,民王龍養(肆·1392/2)

46. 嘉禾二年五月十日□,黄牸犢牛一頭,齒二歲八月[一日](日)[⑧],左角長二寸一分,本蔡可牛,可物故,差民謝□[養](肆·1412/2)

47. 嘉禾三年四月二日[字](乳)[⑨],黄牯犢一頭,齒一歲六月卅日,左角長四寸,變栗佐色,民吕民養(肆·1417/2)

48. 從黄牯,齒四歲[⑩]□□,左角長四寸五,□　☐(肆·1374/2)

49. [……]([從])[⑪]黄牸犯一頭,二歲六月日,左角長五寸,變烝栗色,民區□養☐(肆·3883/4)

還有一些殘缺簡:

---

① "□□",當爲"月日"二字。

② "□",簡文未見省略月份者,核對圖版,疑作"一"字。

③ "黄牸",原釋作"董□",今據圖版改。

④ "變烝栗色",原釋作"……",今據圖版補。

⑤ "乳",原釋作"死",今據圖版改。

⑥ "牯牛",核對圖版,字迹漫漶,不可辨識,疑誤。

⑦ "日",原釋作"一日","一",今據圖版删。

⑧ "日",原釋作"一日","一",今據圖版删。

⑨ "乳",原釋作"字",今據圖版改。

⑩ "齒四歲",核對圖版,筆迹漫漶,不可辨識。

⑪ "[從]",原釋作"……",核對圖版,其簡文格式與簡48相同,據補。

50.▨頭,齒五歲十一月[一日](日)[①],左角長三寸,變烝栗色,民文春養(肆·1352/2)

51.▨角長一尺一寸三分,民蔡李養(肆·1491/2)

52.▨□色,[夬](决)[②]鼻,本蔡劉牛,差民張客養(肆·1529/2)

53.▨角長二寸五分,變烝栗色,本張可牛,差民謝民謝[③]張養(肆·1604/2)

54.▨□,左角長一尺一寸,變▨(肆·1639/2)

55.▨三月日,左角▨(肆·1666/2)

56.▨頭,齒四歲五月日,左角長一尺七寸,市卿乘,任耕,民蔡李▨(肆·3475/4)

57.▨齒二歲六月日,左角長九寸五分,變栗色,民蔡劉養(肆·3580/4)

58.▨六寸,左尉乘,任耕,民吕尾養,不見(肆·3617/4)【注】"不見"書於"民"字右下側。

59.▨……,民張[傎](須)[④]養(肆·3674/4)

60.▨□□廿日,左角長一尺,民張須養(肆·3825/4)

此外,有三枚帶有統計意義的行政文書簡:

61. ·右五頭將軍張承遺牛,府曹以别取養,不見(肆·1426/2)

62. □[收](核)[⑥]嘉禾三年起六月一日訖九月卅日簿食牛卅頭(肆·1431/2)

63.▨及新字(乳)[⑥]大小合卅三頭(肆·1375/2)

簡61應是小計簡,從"不見"的記録來看,該簡與簡58應有對應關係。簡62云"簿食牛卅頭",而簡63云"新乳大小合卅三頭",兩者頭數有增減。在筆者看來,簡62記録的是嘉禾三年六月至九月登記在册的官牛數,後來,"五頭將軍張承遺牛"不見,[⑦]又增添了"新乳"之牛,如簡44-47,於是,官牛數有所增加,簡63記録的應是新造册後的官牛數。如果此説不誤,該

① "日",原釋作"一日","一",今據圖版删。

② "决",原釋作"夬",今據圖版改。

③ 後一"民謝"疑爲衍文。

④ "須",原釋作"傎",今據圖版及同名簡簡60改。

⑥ "核",原釋作"收",今據圖版改。

⑥ "乳",原釋作"字",今據圖版改。

⑦ 熊曲女士告知,此"將軍張承"當爲張昭之子。《三國志》卷五二《吴書·張承傳》云:"(孫)權爲驃騎將軍,辟西曹掾,出爲長沙西部都尉。討平山寇,得精兵萬五千。後爲濡須都督、奮威將軍,封都鄉侯,領部曲五千人。"(1224頁)按《吴主傳》,建安二十四年(219),孫吴襲奪荆州,曹操表孫權爲驃騎將軍,假節領荆州牧,張承很可能在此局勢驟然緊張之時受孫權派遣出爲長沙西部都尉。嘉禾三年(234)夏五月,孫權派遣张承等出兵广陵、淮阳,此時,張承已離開長沙,遷任濡須都督、奮威將軍,故該年六月後的簿書會記作"將軍張承遺牛"。因張承原任長沙西部都尉,簡61所記"府曹"應爲長沙郡府屬曹。吴簡與《吴書》的記載相契合。

官牛簿就應記録有38頭牛,而現存官牛簡33枚,其中,記録牛角長度的達31枚,可見,該官牛簿絶大部分内容遺存了下來。兹將其基本格式總結如下:

臨湘謹列官領(?)牛頭數齒色養者[數](爲)簿(肆·1435/2)

○牛一頭,齒○歲,○月(○)[①]日,左角長○,(變○色),(牛殘疾貌),(○乘),(任耕),(本○○牛),(差)民○養,(不見)

嘉禾○年○月○日[字](乳),○犢一頭,齒○歲,○月(○)日,左角長○,(變○色),(本○○牛),(差)民○養

從○牛一頭,齒○歲,○月(○)日,左角長○,(變○色),民○養

·右五頭將軍張承遺牛,府曹以别取養,不見(肆·1426/2)

□[收](核)嘉禾三年起六月一日訖九月卅日簿食牛卅頭(肆·1431/2)

▨及新字(乳)大小合卅三頭(肆·1375/2)

還值得説明的是,原釋文中的"死"(簡44)、"字"(簡47、63)本文統一改釋作"乳"。該字圖版如下:

(乳)
肆·1375

(乳)
肆·1389

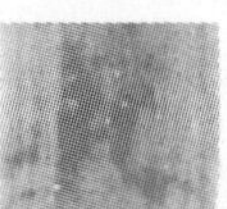
(乳)
肆·1417

左從"孚",右從"乚"或"匕",與"死"(肆·1763①)、"字"(J22-2697)的字形(如下)迥异,

(死)
肆·1763①

(字)
J22-2697

均應改釋作"乳"。"乳"、"字"同義,皆有生育、生産之意。《説文》子部"字,乳也",[②]《廣雅·釋詁》"字、乳,生也",[③]《後漢書·劉陶傳》"虎豹窟於麑場,豺狼乳於春囿",李賢注"乳,産也",[④]皆可證。簡63所記録的"新乳"當即簡44-47記録的"犢",其年齒皆在二歲以下,牛角也較短,與簡28-43這類成年牛明顯不同。居延官牛簿中似乎也以"齒二歲"區分大、小公牛"特"與"牡"。綜合來看,"齒二歲"應是漢、吴時期大、小牛的分界。

① 括弧裏的内容,或有或無。

② 許慎撰,徐鉉校定:《説文解字》,207頁。

③ 王念孫撰:《廣雅疏證》,30頁。

④ 《後漢書》卷五七《劉陶傳》,1843頁。

三、吴簡官牛簿解析

整理者初步分析了吴簡官牛簿登記的毛色、性别、年齒、用途和差養者等[①],本文在該研究的基礎上,結合居延漢簡官牛簿和吴簡相關内容對吴簡官牛簿作進一步考釋。

居延漢簡官牛簿記録了牛的毛色、性别、年齒、識物(斬、剽、久)、腰圍以及新生牛,除腰圍外,吴簡官牛簿的登記事項基本涵蓋了漢簡官牛簿的内容。如毛色。漢簡中牛的毛色大都登記爲黑色,偶見白色;而吴簡官牛簿登記牛毛色的方式是,或直接記作"黄牯/牸牛"[②]、"烏栗牸牛",或在"黄牯/牸牛"後記有"變烏色"(簡 31、35)、"變烝栗色"(簡 38、40、41、42、43、49、50、53)、"變栗色"(簡 57)等。整理者認爲,這些"變烝栗色"之類,乃指黄牛之有雜色者。可是,雜色黄牛并不常見。南方黄牛最爲常見的毛色是黄色,另外還有棕黄、黑、棕黑、褐、草白等色,個别品種被毛還有白色帶碎黑色的。[③]《晋書·王獻之傳》:"桓温嘗使書扇,筆誤落,因畫作烏駁牸牛,甚妙"[④],"烏駁牸牛"即黑白雜色的母牛。而吴簡官牛簿中記録"變○色"的官牛簡達 12 枚,約占現存官牛簡數的 2/5,雜色黄牛的比例不至於如此之高,"變色"似乎并非指雜色。筆者認爲,黄牛以黄色最爲常見,黄色的黄牛似乎并不需要另外再記毛色。如果是其他毛色,登記方式似乎存在兩種,一種是直接列出他色記在"牯/牸牛"之前,如簡 37"烏栗牸牛";另一種是仍先記録"黄牯/牸牛",之後,再登記"變○色"。因黄牛的常見色爲黄色,"變○色"似即非黄色、而是他色的意思,易言之,"變"表達與黄色不同之義,相關簡例中"變"之後的顔色爲黄牛的毛色。值得一提的還有"烝栗色",《急就篇》"烝栗絹紺縉紅繎",顔師古注:"烝栗,黄色,若烝熟之栗也。"[⑤]《太平御覽》卷九六四引《魏略》曰:"《太子(曹丕)與鍾繇書》曰:竊見玉書稱美玉,赤擬雞冠,黄侔蒸栗。"[⑥]"烝"通"蒸","烝栗色",即如蒸熟栗子的黄色。[⑦]

如性别。漢簡官牛簿一般記爲"牝、牡、特",閹割的公牛則稱作"犗",而吴簡官牛簿記爲"牸、牯"。整理者認爲"牸"指母牛,而"牯"或謂爲經閹割之公牛。然而,與"特"一樣,早

① 李均明、宋少華著:《〈長沙走馬樓三國吴簡〉竹簡[四]内容解析八則》,189-190 頁。

② "黄牸牛"這種登記格式在此時期的史書中有出現,如《三國志》卷二三《魏書·常林傳》:"又其始之官,乘薄軬車,黄牸牛,布被囊。居官歲餘,牛生一犢",北京:中華書局,1959,663 頁。

③ 邱懷主編:《中國黄牛》,5、12 頁。

④ 《晋書》卷八○《王獻之傳》,北京:中華書局,1974,2105 頁。

⑤ 《急就篇》,叢書集成初編本,上海:商務印書館,1936,30 頁。

⑥ 《太平御覽》卷九六四《果部一·栗》,北京:中華書局,1960,4278 頁。

⑦ 參見馬怡《西郭寶墓衣物疏所見漢代織物考》,卜憲群、楊振紅主編:《簡帛研究二○○四》,桂林:廣西師範大學出版社,2006,248-249 頁。

期史料中“牯”并無“犗”之去勢的含義。不過,從孫吴官牛簿所記“牯牛”比例約近半數來看,似乎不必留有如此之多的種牛,又從此時期業已掌握閹割術來推測,吴簡官牛簿中的牯牛應大多已閹割。漢簡官牛簿又有“牡”、“特”大小公牛之别,而在吴簡官牛簿中,小牛一般稱作“犢”,如前所論,似仍以齒二歲爲界。

如年齒。漢簡官牛簿一般記爲“齒○歲”,郴州吴簡私牛簡也是如此(簡76),并不具體到月日。而吴簡官牛簿記作“齒○歲○月(○)日”,有的還準確到某日。因孫吴臨湘官牛差民餵養,爲了更好地掌控官牛,官府就需要密切關注官牛的基本情况,尤其是官牛的生産、遺失、死亡等,因而會出現簡44-47具體記録牛犢生産日期的情况。既然生産日期有記録,官牛年齡也就可以精確到月日了。

如識物。漢簡官牛簿主要登記烙印位置和割左耳,而吴簡官牛簿則登記左角長度。整理者認爲牛“左角的長度往往也與年齡成正比,即牛越老則角越長。角的長短亦是區别各個個體的外在標誌”。從吴簡官牛簿來看,左角的長度與年齡成正比的關係并不明顯,如齒二歲(簡28)、齒四歲(簡32)、齒六歲(簡35)牛左角皆長一尺。中國古代鑒别牛年齡的根據是牙齒,而不是角輪[①],漢、吴官牛簡也都記作“齒○歲”。吴簡官牛簿登記左角長度主要起標識作用,郴州私牛簡(簡76)也是登記角長,這應是孫吴時期的普遍做法。漢代官牛一般通過“左斬”、“左剽”的方式作標識,但割耳等對牛有損傷,因是之故,割耳識牛後來可能逐漸被其他方式取代,吴簡官牛簿中登記左角長度方式即是一種新做法。此外,吴簡官牛簿簡還記録有“决鼻”(簡52),漢官牛簡也有這類記録(簡17)。“决鼻”,如《世説新語·文學》云:

> 孫安國往殷中軍許共論,往反精苦,客主無間。左右進食,冷而復煗者數四。彼我奮擲麈尾,悉脱落滿餐飯中,賓主遂至莫忘食。殷乃語孫曰:“卿莫作强口馬,我當穿卿鼻!”孫曰:“卿不見决鼻牛,人當穿卿頰!”[②]

决鼻牛難穿繩子,從而對用牛有影響,以及簡30所記録的“盲左目”也是如此,因而這些會作爲官牛的重要特徵記録下來。值得注意的是,吴簡官牛簿中并無烙印的記録,或許,這可能是因爲差養者通常只負責一兩頭官牛的餵養,一般不至於混淆,因而没必要對官牛進行嚴格的區分,也就不再烙印了。

如新生牛。漢簡官牛簿以“産犢”起始(簡11),而吴簡官牛簿則稱作“犢”,并以其出生日期“嘉禾○年○月○日乳”起始(簡44-47),另外,還有也是天頭留空,以“從”起始的官牛簡(簡48、49),可能是失記出生日期新生牛的記録方式。

與漢簡官牛簿不同,吴簡官牛簿還具體登記了牛的用途和差養者。關於牛的用途,簡

① 角輪主要用來鑒别母牛的年齡,一般不適應于公牛。參見邱懷主編《中國黄牛》,70頁。

② 劉義慶撰,劉孝標注:《世説新語》,135頁。

35、40、41 記録有"任耕",簡 56、58 分別記録有"市卿乘,任耕"、"左尉乘、任耕"。"乘"指的是服牛,役牛駕車。而"任耕",整理者認爲指經馴化能承擔農耕所需,其説可從。《三國志·吴書·吴主傳》:"今孤父子親自受田,車中八牛以爲四耦"[①],孫吴時期的主要牛耕方式可能是二牛抬杠。[②] 值得注意的是,該官牛簿中"任耕"的記録僅有 5 例,大灣漢簡記録的犁牛皆無"任耕"之類的記録,筆者以爲,吴簡官牛簿中似乎衹有記録了"任耕"的官牛的纔是耕牛,其他的可能是服牛,供交通運輸之用。有研究將吴簡所見的"鋘"理解爲犁鏵,與簡文所見的"牛"結合起來,認爲孫吴時期長沙地區牛耕逐漸普及。[③] 筆者并不這麽認爲。一者,吴簡所見的"鋘"并非犁鏵[④],按《太平御覽》卷七六四引《淮南子·齊俗訓》"故伊尹之興土功也,修脚者使之蹠鏵(即鋘,筆者按)",高誘注"長脚者蹠得土多,鍤入土深也"[⑤],沈瑩《臨海异物志》"其木剛,作鋘鋤利如鐵"[⑥],《梁書·康絢傳》"因是引東西二冶鐵器,大則釜鬵,小則鋘鋤",[⑦]孫吴前後"鋘"衹是小型的人力翻土工具。二者,漢晋之際,耕牛稀少,不僅官牛簿所記的耕牛少,西晋初,杜預亦云:"東南以水田爲業,人無牛犢。"[⑧]由此看來,我們對孫吴長沙地區牛耕的普及似乎不應估計過高。這些"任耕"的官牛可能與吴簡中較爲常見的"四六佃吏"有關聯:

64. ▨□田霸助四六佃吏嘉禾二年限米二斛二斗‖嘉禾三年四月廿四日▨(貳·445)

65. ▨□四六佃吏限米五斛‖嘉禾五年十一月廿八日周陵丘蒠捐關▨(貳·8381)

66. 入嘉禾三年四六佃吏限米六斛五升(叁·1797)

67. 入運三州倉嘉禾二年四六佃吏限米十斛[已](叁·1887)

68. ▨□□[貸][食]黄龍三年四六佃吏限米廿斛五斗(叁·2024)

可能主要用於屯田。曹魏在興立屯田時,曾議論徵收租税的辦法,大多數人主張"計牛輸穀,佃科以定",但在棗祗的計畫和堅持下,采取了"分田之術"[⑨],即所謂"又舊兵持官牛者,官得六分,士得四分;自持私牛者,與官中分,施行來久,衆心安之"[⑩]。"四六佃吏"應當就是使用官牛屯田的佃吏。

---

① 《三國志》卷四七《吴書·吴主傳》,1132 頁。

② "二牛抬杠"耕作方式可參見張傳璽《兩漢大鐵犁研究》,《北京大學學報(哲學社會科學版)》1985 年第 1 期,收入《秦漢問題研究(增訂本)》,北京大學出版社,1995,281-190 頁。

③ 方高峰著:《從走馬樓吴簡看長沙地區的牛耕推廣》,《中國社會經濟史研究》2009 年第 3 期,12-14 頁。

④ 參見侯旭東《三國吴簡中的"鋘"》,《吴簡研究》第 1 輯,武漢:崇文書局,2004,230—235 頁。

⑤ 《太平御覽》卷七六四引《淮南子·齊俗訓》,北京:中華書局,1960,3391 頁

⑥ 《後漢書》卷八六《南蠻西夷列傳》注引《臨海异物志》,2845 頁。

⑦ 《梁書》卷一八《康絢傳》,北京:中華書局,1973,291 頁。

⑧ 《晋書》卷二六《食貨志》,788 頁。

⑨ 《三國志》卷一六《魏書·任峻傳》,490 頁。

⑩ 《晋書》卷四七《傅玄傳》,1321 頁。

如登記差養牛者。漢簡官牛簿中雖然也有“積廿九人養牛”(合512.1)的文書,但官牛簡中并未記録差養者。而吴簡官牛簿中具體記録了差養者的姓名,其官牛差編户民餵養,官牛似分散到民户由專人負責,有多位差養者負責飼養兩頭官牛,如婁道(簡28、32)、張客(簡35、52)、吕尾(簡38、58)、趙可(簡39、40)、謝張(簡41、52)、文春(簡44、50)、蔡李(簡51、56)、蔡劉(簡52、57)、張須(簡59、60)。其中,“張客”和“謝張”在吴簡中有對應的注記“養官牛”的户籍簡:

69. 民男子張客年五十二刑右足養官牛　客妻大女愁(?)年卌五(貳·2448/16)

70. 民男子謝張年卅八養官牛　妻大女泓年卅八(貳·2280/16)

他們應是同一人。在采集簡第16盆中還有一些格式相同,同樣注記“養官牛”的户籍簡,如下:

71. 民男子蔡典年卅六養官牛　典妻大女針年☐(貳·1887/16)

72. 民男子蔡棠年廿五盲左目養官牛　□母萇年六十三(貳·1956/16)

73. 民男子蔡指(?)年六十四刑手養官牛　妻大女枚年五十五刑左手(貳·2011/16)

74. 盲右目養官牛　狶妻大女思年卅五(貳·2437/16)

75. □□烝勤年六十八苦腹心病給養官牛(貳·2498/16)

這些户籍簡都屬於廣成鄉户籍簿。[①] 廣成鄉應是臨湘侯國餵養官牛的地方之一。上述7名差養官牛者中,5人有殘疾,殘疾率相當高,甚至64、68歲老人仍負責此項差事,差養官牛當屬較輕的力役。按《天聖令·厩牧令》,官牛餵養有“繫飼”和“牧養”之别,“諸繫飼,(在京三棧)牛三頭,給兵士一人”[②],孫吴編户民一人差養官牛一兩頭,其勞動强度較“繫飼”兵士爲輕。從簡39、40、58等簡來看,如果差養者去世,或其他緣故,則另差人餵養,如果官牛遺失,就在牛簿中注明“不見”。

簡62云“簿食牛卅頭”,“簿食”應是登記在册餵養的意思。孫吴官牛差人餵養,應由官府給料,但日常供應量,吴簡中未見相關記載,可能與漢代官牛日食量差不多。如果餵養草料,張家山漢簡《二年律令·金布律》規定:“馬牛當食縣官者,犙以上牛日芻二鈞八斤,㸬、玄食之各半其馬牛食。僕牛日芻三鈞六斤,犢半之。以冬十一月稟之,盡三月止。其有縣官事不得芻牧者,夏稟之如冬,各半之。”[③]居延簡中有“出茭八束食牛”(合32.15)、“七束食官

① 參見侯旭東《長沙走馬樓吴簡〈竹簡〉[貳]“吏民人名年紀口食簿”復原的初步研究》,《中華文史論叢》2009年第1期,57-93頁;拙作《走馬樓吴簡所見“士伍”辨析》,《吴簡研究》第3輯,北京:中華書局,2011,153—154頁。

② 天一閣博物館、中國社會科學院歷史研究所天聖令整理課題組校證:《天一閣藏明抄本天聖令校證附唐令復原研究》卷二四《厩牧令》,第398-399頁。

③ 張家山二四七號漢墓竹簡整理小組編:《張家山漢墓竹簡[二四七號墓]》(釋文修訂本),66頁。

牛"(E. P. T51:253)的記録。至宋代,"諸繫飼,給乾者,牛一頭,日給稾一圍"。[①] 如果餵養糧食,如前所論,漢代官牛日食穀約6升多。至唐代,每日青麥"牛一頭四升"[②],宋代"諸繫飼,牛一頭,日給大豆五升"[③]。考慮漢至唐宋量制的變化,漢代1升約200毫升,唐代1升約600毫升,宋代1升約670毫升[④],則漢代官牛一日給1200毫升穀,唐代官牛2400毫升青麥,宋代官牛3350毫升大豆,唐《天聖令・倉庫令》規定:"黍穀、穈穀、秫穀、麥飯、小麥、青稞麥、大豆、麻子一斗,各當粟一斗給"[⑤],給料時,穀、麥與大豆差别不大。總的看來,從漢代至唐宋官牛的日常給料量大致呈現增長的趨勢。

值得留意的是,郴州吴簡中的私牛簡:

76. 男子陳受以赤烏二年七月卅日畜水牸牛一頭,齒十歲,角長二尺九寸(J4-2正)
一千七百八十七萬五千(J4-2背)[⑥]

與走馬樓吴簡官牛簡相比較,簡76也登録了牛的種類、性别、年齒、角長和養者。不同之處是:郴州簡因水牛基本上是黑色而無須記録毛色,未記用途,但記載了開始畜養的日期。此外,簡背面還記録有"一千七百八十七萬五千",整理者考察發現古今米價與牛價比值相差太大,從而認爲此數字"不應是簡正面所記的牛的價值"。筆者對此有疑義:一者,古今米價與牛價的比值并不恒定;二者,走馬樓吴簡中有"市牛"的記録,如"□二日收責悉畢付庫吏殷連領□留市牛□□□布到□月□□□□"(壹・3078),也有"牛價米"(貳・3866)的記録,牛的買賣應當存在。走馬樓吴簡所記牛價爲我們提供了參考:

77. 其四萬五千准入牛一頭,於庫朱七吏潘清傳與諸鄉收□,未有入☐(肆・4693・86)

簡77所記"四萬五千准入牛"應即該牛的價格。這兩頭牛的價格比值約1:397。簡77所在揭剥圖圖23中,其簡牘所記年份皆在嘉禾三年之前,此時,孫吴尚未鑄大錢。而簡76所記年份爲赤烏二年,此前,孫權嘉禾"五年(236)春,鑄大錢,一當五百","赤烏元年(238)春,鑄當千大錢"[⑦],這兩次鑄大錢造成了貨幣極大的貶值,也因此造成了簡76所記牛價的虚高。

---

① 天一閣博物館、中國社會科學院歷史研究所天聖令整理課題組校證:《天一閣藏明抄本天聖令校證附唐令復原研究》卷二四《厩牧令》,398頁。

② 參見"唐天寶十三載(754)長行坊申勘十至閏十一月支牛驢馬料帳曆",唐長孺主編《吐魯番出土文書[肆]》,467-479頁。

③ 天一閣博物館、中國社會科學院歷史研究所天聖令整理課題組校證:《天一閣藏明抄本天聖令校證附唐令復原研究》卷二四《厩牧令》,398頁。

④ 丘光明編著:《中國歷代度量衡考》,北京:科學出版社,1992,244-262頁。

⑤ 天一閣博物館、中國社會科學院歷史研究所天聖令整理課題組校證:《天一閣藏明抄本天聖令校證附唐令復原研究》卷二四《厩牧令》,396頁。

⑥ 湖南省文物考古研究所、郴州市文物處:《湖南郴州蘇仙橋J4三國吴簡》,中國文物研究所編《出土文獻研究》第7輯,上海古籍出版社,2005,152頁。

⑦ 《三國志》卷四七《吴書・吴主傳》,1140頁。

走馬樓吴簡官牛簿中是清一色的黄牛,而郴州吴簡中男子所畜的則是水牛。水牛在南方較爲常見,走馬樓吴簡中有“水牛皮”的記録:

78. 平出錢二百廿一萬一千七百六十五錢雇元年所調布麻水牛皮并□(壹·1144)

79. ▨年[水](?)[牛](?)皮▨(叁·1074)

水牛皮主要用來製造戰具如船艦等:

80. 言戰具十種事
言入水牛皮二枚事 [七]月[七]日倉曹史□□白(柒·總50823)

簡78所記出錢甚多,所調水牛皮應該不少,可見孫吴臨湘地區應有相當多的水牛。而吴簡官牛簿專門登記黄牛,官府對黄牛、水牛應是分别登記的。

此外,走馬樓吴簡中還透露有私牛的信息,如“▨□□調牯牛二頭□□▨”(壹·2667),應即官府從吏民那裏調牛。當官方用牛不足時,則會從民間徵調用牛。

結　語

居延漢簡、走馬樓吴簡官牛簿的内容大同小异,皆具體記載了官牛的毛色、性别、年齒、識物、生産等,漢簡官牛簿記録的腰圍、左斬和久在吴簡官牛簿中未見登記,而吴簡官牛簿中則新出現了左角長、用途、差養者的記録。這些記載的不同,一方面是牛政管理不斷發展的結果,如孫吴以角長識牛,比起漢代左斬的方式,更加注重對牛生理功能的保護,無疑是一大進步;另一方面,也是地域、官府行政職能差异的産物。居延漢簡官牛簿是西北邊塞屯田區的材料,登記的官牛是供屯田的犁牛,統一餵養;而走馬樓吴簡官牛簿是江南内地臨湘侯國的用牛記録,既有供民屯的耕牛,又有供交通運輸的服牛,由民户散養。官牛管理和使用情况的不同,對官牛簿的登記格式和内容會有影響。居延漢簡、走馬樓吴簡官牛簿對於認識漢魏時期牛耕在西北邊塞和江南内地的推廣具有重要的價值,特别是有助於分析孫吴時期江南農業經濟的開發,以及江南農業生産中的牛耕與火耕水耨的地位問題。

日本的中國簡帛研究的課題與展望

——以中國思想史研究爲中心

［日］大東文化大學　池田知久撰
中國社會科學院歷史研究所　楊振紅譯

一

首先想做一下自我介紹。筆者是將出土資料（簡牘與帛書）作爲資料使用，研究中國古代思想史的學者。雖然寫的是"將出土資料作爲資料使用"，但準確地説，是以并用出土資料與通行文獻爲旨趣（關於這一問題見後述）。以這一方法爲基礎，筆者出版了若干著作，并主編或編集了若干叢書、譯注集和論文集（詳見後文）。1995 年 4 月，筆者爲了推進日本的中國出土資料研究的興盛，和數位同道一起創立了"中國出土資料學會"。該學會現在擁有約 260 名會員（包括 45 名外國會員），主辦了學術雜誌《中國出土資料研究》15 期（1997 年 3 月——2011 年 3 月）。

從戰國、秦、漢、三國（下文稱"古代"）時期的墳墓等新出土的簡帛資料，有可能在很大程度上改變以往僅僅依靠通行文獻對中國古代文化（下文將思想、歷史、語言文學等稱作"文化"）的認識。中國出土資料研究的前途不可限量，這一點應不容置疑。但是，爲了利用出土資料真正改變我們對中國古代文化的認識，還留有不少課題。這裏從期望將來世界（中國、日本、歐美等）的中國出土資料研究進一步發展的角度，以筆者淺薄的經驗爲背景，介紹日本的中國出土資料研究，并談一下今後的課題。

二

現在以中國大陸爲震源地，臺灣、日本、歐美等許多國家和地區，都在以强烈的態勢重新評價以往關於中國古代文化的研究成果，摸索新的研究方法。其主要原因、理由，首先是1970年代以降的約40年間，中國陸續出土了數量龐大且内容珍貴的新的中國古代文化資料，爲了順利地開展對這些材料的研究，就産生了對以往僅僅利用通行文獻取得的研究成果，現在是否仍行之有效進行再考察的必要性。其次，中國文化大革命結束後，伴隨著由政治主導的改革開放政策的進展，中國的中國古代文化研究不再像以前那樣是以單一的固定模式（stereotype）進行的，而是不斷開展接近中國古代文化真實的新嘗試。

關於第二點所説新的中國古代文化的研究方法，筆者想提出認爲重要的若干問題。——截至中國文化大革命結束的中國古代文化（特别是中國思想史）的研究方法，正如周知的那樣，是特殊中國形態的馬克思主義的辯證法唯物論和歷史唯物論。但引人注目的是，時至21世紀十餘年後的今天，這兩種方法幾乎都已消失，取而代之的是新研究方法的探索。即一方面，將中國所有的思想兩分爲唯物主義和唯心主義，以它們的對立、鬥争來叙述中國思想史發展的“唯物、唯心公式”（即辯證唯物論方法），在今天已經完全看不到了。另一方面，與此相關，將中國所有的文化都看作是人民與統治階級之間階級鬥争的反映，即無論什麽都是首先探討各文化的階級屬性，重視其中人民文化的文化階級鬥争史觀（即歷史唯物論方法），在今日也變得不再流行。但是，由於至今還未出現取而代之的有力的新研究方法，因此，目前是研究者們分别用各自相信的方法進行自由嘗試的階段。

若列舉這些嘗試中所表現出來的多數研究者所擁有的共通、一致的最大公約數的（位於各種方法基底）的問題意識，其中最重要的就是，從悠久的遠古時代開始的優秀的中國文化的歷史諸事實中，發掘出能够賦予現代中國人民族自豪感的材料，取代存在價值（raison d'être）日漸貧乏的馬克思主義，將這一自豪感作爲現代中國人新的内在、精神統一的核心所在的文化民族主義（今天儒學尊崇或國學熱等便是其例）。現代中國的文化民族主義問題將另文論及，在中國出現的對上述新研究方法的探索，實際上在中國以外的許多國家和地區的研究者以前也曾進行過探索。例如，實證主義、馬克斯·韋伯、年鑒學派等等，對世界研究者而言并不陌生。但是，中國這樣的新嘗試，近年來對世界的中國古代文化研究的重構産生了相當的刺激，却也是事實。

作爲較爲具體的新研究方法的模索，現在有一點引人注目，即認爲應當完全相信古書、古史傳承的記載，標榜“信古主義”的流行。這種“信古主義”，批判曾支撑發展現代中國的中國古代文化研究、以顧頡剛爲代表的“古史辯”學派的“疑古主義”，是從1990年代中期開始在中國學界提倡的。這一現象的深層貫穿著這樣的問題意識，即想很好地處理近年來新發現、新發掘的數量龐大的出土資料,同時推進上述文化自豪感。而且,近年來"信古主義"不僅在中國,在韓國、臺灣、歐美等學術積累較少的年輕研究者中也有擴大的趨勢,在日本學界的年輕研究者中也開始産生影響。關於這一問題,筆者在《出土資料研究同樣需要"古史辨"派的科學精神——池田知久教授訪談録》(《文史哲》2006 年第 4 期)中,已有詳細論述。

三

關於中國古代文化,是以各種分科(discipline)——例如哲學、思想史研究,歷史學、地區史研究,古文字學、音韻學、方言研究、文學研究等等——爲基礎,從多種多樣的方向對其進行研究,自 1970 年代以降,隨著中國簡帛資料的出土和公布,在世界學術界也取得了飛躍發展。

日本的中國出土資料研究,除了甲骨文、金文研究外,以往歷史學科在簡牘研究中起著主導作用。思想史研究和文學研究,至多只起着從屬的作用。因此,在日本普遍存在一種偏見,即把簡牘研究看作是中國史學(東洋史學)範疇内的事情。(由於歷史學不是筆者的專業,因此下文的論述難免有謬誤之處,對此請讀者諒解。)

實際上,對於 20 世紀初出土的敦煌漢簡,1930 年出土的居延漢簡(舊簡),1957 年出土的武威漢簡等等,日本迅速做出反映的就是中國史學(東洋史學)的研究者們。他們的研究成果主要有:森鹿三《東洋學研究　居延漢簡編》(同朋舍,1975),大庭脩《秦漢法制史研究》(創文社,1982),永田英正《居延漢簡研究》(同朋舍,1989)等。這些著作研究的主題,有秦代、漢代的法制史,漢代的官僚制度,漢代的文書行政,漢代的地方行政,特别是邊境行政,戰國至秦漢都市與國家的形成等等。此後,關於秦代、漢代的地方行政,針對 1973 年出土的鳳凰山漢簡、1975 年出土的睡虎地秦簡、[①]1983 年出土的張家山漢簡、1993 年出土的尹灣漢簡,[②]分别展開了研究。此外,在以漢代居延爲中心的邊境行政方面,對 1973 年出土的居延新簡進行了研究;以敦煌爲中心的邊境行政方面,則對 1979 年出土的馬圈灣漢簡、1990 年出土的懸泉漢簡、懸泉月令詔展開了研究。而以樓蘭、尼雅爲中心的邊境行政方面,則對 20 世

---

① 關於其中《編年記》和《語書》的譯注,出版了高橋庸一郎《睡虎地秦簡〈編年記〉〈語書〉釋文注解》(朋友書店,2004)。另外,江村治樹《春秋戰國秦漢時代出土文字資料研究》(汲古書院,2000)、同氏《戰國秦漢時代的都市與國家——考古學與文獻史學的視角》(白帝社,2005),以 1965 年出土的《侯馬盟書》、睡虎地秦簡等爲資料,論述了戰國至秦漢都市和國家的形成。

② 利用睡虎地秦簡、尹灣漢簡等資料的研究有:堀敏一《中國古代的家和聚落》(汲古書院,1990)、池田雄一《中國古代的聚落與地方行政》(汲古書院,2002)、冨谷至《邊境出土木簡研究》(朋友書店,2003)、高村武幸《漢代的地方官吏與地域社會》(汲古書院,2008)、紙屋正和《漢代郡縣制的發展》(朋友書店,2009)等。

紀初出土的樓蘭、尼雅文書進行了研究。[①] 可以説,日本簡牘研究的基礎通過上述研究,至1980年代末已經確立。主導這一研究的是中國史學(東洋史學)。而關於三國時期吴的地方行政,就1996年出土的長沙走馬樓三國吴簡,正積極探討秦漢至魏晋南北朝地方行政的歷史發展過程,開展著研究。

此外,列舉中國史學(東洋史學)者開展的出土資料研究中特别突出的成果進行介紹。

自1965年望山楚簡出土以來,戰國時代楚簡的出土日益增多。在1978年出土的九店楚簡、1987年出土的包山楚簡、1994年出土的新蔡葛陵楚簡等中,包含有《卜筮祭禱簡》。對這類簡不是從宗教學而是從歷史學進行研究,取得突出業績的工藤元男,是這方面的第一人。

秦代的出土資料有睡虎地秦簡、1986年出土的天水放馬灘秦簡、1989年出土的龍崗秦簡、1991年出土的楊家山秦簡、1992年出土的周家臺秦簡、1993年出土的王家臺秦簡、2002年出土的里耶秦簡、2007年購入的岳麓書院藏秦簡等等。在利用這些資料對秦代法制、地方行政進行具體、詳細探讨的同時,也開始糾正以往僅依靠通行文獻對秦代史的認識,特别是推進了對秦律到漢律的繼承與中斷的探討研究。[②]

《日書》方面,工藤元男的《從睡虎地秦簡看秦代的國家與社會》(創文社,1998,中文版上海古籍出版社,2010)以睡虎地秦簡爲中心,此外還涉及1973年出土的定州漢簡、1977年出土的阜陽漢簡、九店楚簡、張家山漢簡、天水放馬灘秦簡、王家臺秦簡等戰國楚、秦、漢的衆多《日書》,在秦的法治主義是如何納入到當地社會習俗這一假説下,通過歷史學方法進行了系統性研究。此後,隨著周家臺秦簡、1999年出土的虎溪山漢簡、2000年出土的隨州孔家坡漢簡等陸續發現、發掘,對《日書》的關注和研究也越來越多。但遺憾的是,對與幾乎同時代的類似占筮書《天文氣象雜占》、《陰陽五行》、《周易》、《歸藏》等之間的相互比較尚未充分展開。

1972年出土的銀雀山漢簡《守法守令等十三篇》反映了戰國時代齊的法制,張家山漢簡《二年律令》是西漢初期的漢律、同墓出土的《奏讞書》遺留了西漢初期的判案例,利用這些以及其他資料進行的法制史[③]、特别是刑罰制度[④]、裁判制度[⑤]研究,也在切實地進行。

---

① 參見冨谷至編著《流沙出土的文字資料——以樓蘭、尼雅文書爲中心》(京都大學學術出版會,2001)。

② 利用以睡虎地秦簡爲代表的秦簡研究,有松崎常子《睡虎地秦簡》(明德出版社,2000)、鶴間和幸《秦的始皇帝》(吉川弘文館,2001)、同氏《始皇帝陵和兵馬俑》(講談社,2004)、同氏《第一任皇帝的遺産　秦漢帝國》(講談社,2004)、廣瀨薰雄《秦漢律令研究》(汲古書院,2010)。

③ 參見冨谷至编《江陵張家山二四七號墓出土漢律令研究——譯注篇、論考篇》(朋友書店,2006)、水間大輔《秦簡刑法研究》(知泉書館,2007)、池田雄一《中國古代的律令與社會》(汲古書院,2008)、前揭廣瀨薰雄《秦漢律令研究》。

④ 參見冨谷至《秦漢刑罰制度研究》(同朋舍,1998)。

⑤ 參見池田雄一編《奏讞書——中國古代的裁判記録》(刀水書房,2002)、籾山明《中國古代訴訟制度研究》(京都大學學術出版會,2006)。

而美術史學方面,也在利用1930年代出土的子彈庫戰國楚帛書、1957年出土的信陽楚簡《彩繪錦瑟》、1973年出土的馬王堆漢墓帛畫《升仙圖》[①]等開展著研究。地理學、地圖學方面,則在利用馬王堆漢墓帛書《駐軍圖》、《地形圖》等進行研究。

如上所述,在歷史學領域開展的簡牘研究,的確主導了日本的中國出土資料研究。但同時,簡帛研究也不是歷史學的獨占物,如下所述它也擴展到更廣闊的世界。

在本節結束之際,從期望出土資料研究進一步發展的角度,對日本以及中國的歷史學領域開展的簡牘研究,想談兩點希望。

第一,簡帛研究的基礎是考古學發掘墳墓或古井或烽燧等遺址時所進行的科學調查、分析。但是,這一領域對外國研究者基本不開放,外國人除了聽取中國方面的調查結果之外别無他法。這種狀况聽説最近有了少許改善,但還不够。希望將來這一狀况能得到較大改善,中國方面對日本和世界研究者,從簡帛的考古學發掘、調查階段開始就敞開大門。若不如此,簡帛研究是不可能發展到世界水平的。此外,日本方面也有必要向中國方面明確提出如下要求,即充分注意不要再陷入以往的掠奪性考古,不斷提高自身發掘、調查的能力。

第二,日本歷史學領域所進行的簡牘研究,如我們所見,其重點是中國古代的法制、審判、訴訟、官僚制度、文書行政、地方行政特别是邊境行政、卜筮等社會習俗等等。不客氣地説,一定程度上不可避免地受到了現代日本知識界細碎化(trivialism)的影響。但是,歷史學科必須解决的課題,是否有更重要的東西呢?例如,筆者非常希望今天的研究者能够以出土資料爲基礎,對中國古代的社會和國家到底具有怎樣的性質,特别是對西嶋定生提出的秦漢帝國爲個别人身統治的專制國家的觀點提出自己的看法。在這一意義上,藤田勝久《中國古代國家與郡縣社會》(汲古書院,2005)、同氏《中國古代國家與社會結構》(汲古書院,2009)、太田幸男《中國古代與歷史認識》(名著刊行會,2006)、同氏《中國古代國家形成史論》(汲古書院,2007),雖然探討的内容不同,但都是回應這一問題的爲數不多的實貴嘗試。

四

日本思想史研究領域進行的中國出土資料研究,由於是筆者的專業,本應做詳細的介紹、評論,但因近年來成果數量非常多,這裏衹介紹主要的研究趨勢。

日本的出土資料研究中,若按照傳統的學科分類,則有經學、諸子學、術數學、方技學等領域的研究;若按照歐美的學科分類,則有哲學、宗教學等領域進行的研究。本文對後者略而不談。

---

① 參見曾布川寬《崑崙山的升仙》,中央公論社,1981。

經學(六藝)是中國傳統文化中受到特殊對待的領域,無視它是不允許的。日本自古以來就有經學研究的傳統,但關於出土資料的經學研究却出乎意料得少。

例如,關於《周易》,三浦國雄《易經》(角川書店,1988)將馬王堆帛書《周易》的研究成果吸收到譯注之中。此外,池田知久主編的《上海博楚簡研究》(一)—(五)(大東文化大學大學院事務室,2007—2011)正在連續出版1994年以來購入的上海博物館藏戰國楚簡《周易》的譯注,同時參考了馬王堆帛書《周易》、阜陽漢簡《周易》、王家臺秦簡《歸藏》[①]。其研究方法并不是經學研究而是思想史研究的方法。此外,辛賢《漢易術數論研究》(汲古書院,2002),探討了截止揚雄《太玄》的象數易的發展過程中,如何給馬王堆帛書《周易》定位的問題。

《詩經》方面,出土有阜陽漢簡《詩經》、上海博物館藏楚簡《孔子詩論》、《逸詩》等,但却没有突出的研究成果。《儀禮》出土了武威漢簡《儀禮》[②],但應當説也没有取得突出的研究業績。

《禮記》中的一篇《緇衣篇》有若干章出現在出土資料中,引起了研究者的關注,圍繞《禮記》諸篇的形成、編纂開展了研究。即1993年出土的郭店楚簡《緇衣》、上海博物館藏楚簡《緇衣》、通行本《禮記・緇衣篇》,内容幾乎相同。因此,通過對它們進行比較、對照,有可能解決各自的作爲文本的性質、特徵、抄寫年代等,特别是從實證的角度把握通行本《禮記》各篇的形成、編纂過程。[③] 進言之,今天若不對郭店楚簡《緇衣》、上海博楚簡《緇衣》進行考察,就不可能推進對通行本《禮記・緇衣篇》的有意義研究。這無疑也適用於探討馬王堆帛書《周易》、阜陽漢簡《周易》、王家臺秦簡《歸藏》、上博簡《周易》與通行本《周易》之間的關係,馬王堆帛書《老子》、郭店楚簡《老子》、2009年捐贈的北京大學漢簡《老子》與通行本《老子》之間的關係等。

《春秋》方面,出土了馬王堆帛書《春秋事語》,出版有野間文史《馬王堆出土文獻譯注叢書　春秋事語》(東方書店,2007)。野間文史是現代日本爲數不多的經學研究者中研究春秋學的大家。關於1987年出土的慈利戰國楚簡《國語》、定州漢簡《論語》、2010年公布的朝鮮平壤貞柏洞竹簡《論語》[④]等,也分别有若干研究成果。通過這些出土資料研究,可以更具體地

---

① 關於王家臺秦簡《歸藏》,參見近藤浩之《王家臺秦墓竹簡〈歸藏〉初探》(北海道中國哲學會《中國哲學》第29號,2000)、同氏《王家臺秦墓竹簡〈歸藏〉研究》(郭店楚簡研究會編《楚地出土資料與中國古代文化》,汲古書院,2002)。

② 池田末利《儀禮》Ⅰ—Ⅴ(東海大學出版會,1973—1977)將胡氏正義本和武威漢簡本進行了對校。

③ 池田知久等《郭店楚簡〈緇衣〉譯注》(上、下)(東京大學郭店楚簡研究會《郭店楚簡的思想史研究》第三卷、第四卷,2000)、西山尚志《〈子思子〉與〈禮記〉四篇的關係——以楚簡本〈緇衣〉爲起點》(出土資料與漢字文化研究會《出土文獻與秦楚文化》第5號,2010)。

④ 參見李成市等《平壤貞柏洞三六四號墳出土竹簡〈論語〉》(中國出土資料學會《中國出土資料研究》第14號,2010)。

解明戰國、秦、漢時期各種經典的整理、編纂與經學形成的過程,在日本也引發了熱烈的討論。

不僅僅是上述經學,即使是一般出土資料與現存通行文獻之間,若談到其异同,也可分爲以下三種情況:第一,現存相同文本,衹是内容上有若干差异,出土資料是最早的文本之一;第二,同一文本已經散佚,現已無存,但有可能是中國最早的圖書目録《漢書·藝文志》記録的文本;第三,同一文本已經散佚,現無存,而且無法認定它是《漢書·藝文志》著録的文本。

第一種情況,通過對最古老的《周易》、《詩經》、《禮記》、《老子》等出土資料進行考察,可以對現存通行本《周易》、《詩經》、《禮記》、《老子》等進行文本批判(textual criticism)。它使得如下事情變得可能,即對以往各種通行本和利用這些本子描摹的經學等内容中所包含的誤解、偏向之處,有疑問、不清楚之處,空白、無法解釋之處,進行更正、補充或解决。

試舉一例。定縣40號漢墓據推測墓主人是死於西漢宣帝五鳳三年(前55)的中山懷王劉脩,從中出土的竹簡中包含有《論語》(現在通稱爲"定州漢墓竹簡《論語》")。毫無疑問,這是現存最早的《論語》。其《述而篇》有:

[子曰:"加我數年,五十]以學,亦可以毋大過矣。

而通行本《論語》作:

子曰:"加我數年,五十以學易,可以無大過矣。"

兩者不同。冷静地將兩者進行比較、對照來考慮,"易"字在古《論語》文本中作"亦",從語言學上來看,作"亦"字在文氣上也更自然。[①] 由此可推測,這個字在最初的《論語》文本中作"亦",後來在經學史、儒學史的發展過程中被改作"易"。此事乍看之下是圍繞一字之差即本來作"亦"是正確的作"易"是錯誤的文本批判(textual criticism)問題,但事實上却并非僅僅如此。它同時還牽涉到高等批判(higher criticism)問題,即可以由此確定,關於儒學始祖孔子學習《易》的故事,并不一定是當時(real time)出現的歷史事實,而是戰國末開始的《易》經學化、儒學化的産物,是牽强地將《易》與孔子聯繫在一起的一種附會。

而且,《經典釋文》的《論語·述而篇》談到"易學"時也説:

如字。魯讀易爲亦。今從古。

據此,《經典釋文》所見《魯論語》,文字雖然已改爲"易",但却應當讀作"亦"之意。大概即使到了《易》經學化、儒學化相當發展的西漢後期,像定州漢簡《論語》那樣也還殘存著一些仍

① 關於這一問題的詳細探討,參見池田知久《孔子的宗教批判》(《紀念孔子誕辰2560周年國際學術研討會暨國際儒聯第四届會員大會論文集》之一,國際儒學聯合會,2009,收入滕文生《儒學的當代使命》卷一,九州出版社,2010)。

作"亦"的文本,這些文本的文字是否反映了後代《魯論語》的讀法呢?

第二種情況,通過考察《寧越》、《黄帝四經》、《孫臏兵法》等,使已散佚無存,但我們已注意到其存在的各種文獻的再現,以及古代文化多角度的復原成爲可能。

第三種情況,通過研究《五行》、《五十二病方》、《歸藏》等,使已經散佚無存,而且人們未曾注意其曾經存在的各種文獻的再現,以及進一步豐富、多角度認識古代文化整體面貌成爲可能。

無論屬於上述何種情況,這些無疑都是對中國古代文化研究提供新認識的極其重要的資料。無視或輕視這些數量龐大和内容珍貴的資料,是不可能進行有意義的中國古代文化研究的。因此,現在想從事春秋、戰國到東漢、三國時代中國文化研究的人,對想探討其整體面貌的研究者自不必言,即使對想分析個别年代這樣那樣具體課題的學者而言,脱離這些出土資料研究就無法前行。

但是,這并不是説對以往通行文獻或以此爲基礎的研究就變得没有意義和没有必要。它們當然是有意義和必要的。衹是,其意義和必要性不得不加上這樣那樣若干的限定。因此,對於這一時代的中國文化研究來説,正是將這些出土資料與以往的通行文獻進行比較,才是今天最緊要的課題。即一方面,在利用傳世的通行文獻或以其爲資料構建的中國古代文化史整體中,準確地給出土資料定位的工作是必要的。與此同時,另一方面,以出土資料爲基礎站在今天的觀點上,對以往通行文獻或利用它們構建的中國古代文化史的内容進行全面的檢討糾正工作也是必要的。最終,將以上相對的二者進行所謂辯證法的統一工作,是目前最爲迫切需要的。

五

諸子學研究(爲了方便起見這裏也收入兵書、兵家)領域,作爲思想史學科開展的研究,和經學研究一樣處於核心地位。

關於銀雀山漢簡的《晏子春秋》,有谷中信一《晏子春秋》上、下(明治書院,2000、2001),將其研究成果融入譯注之中;及同氏《齊地思想文化的發展與古代中國的形成》(汲古書院,2008)。谷中信一是現代日本從事《晏子春秋》和齊文化研究的第一人。

馬王堆帛書《五行》是西漢初期儒家所作,對它的研究有池田知久《馬王堆漢墓帛書五行篇研究》(汲古書院,1993,中譯本,王啓發譯,中國社會科學出版社,2005)。而對包括《五行》在内的儒家、法家等佚書進行的研究,有齋木哲郎《馬王堆出土文獻譯注叢書 五行、九主、明君、德聖》(東方書店,2007)。對定州漢簡《儒家者言》也有若干研究成果。

此外,研究郭店楚簡《儒家佚書》中包含的《窮達以時》、《性自命出》、《忠信之道》等文獻的譯注和論文,有連續出版的大東文化大學郭店楚簡研究班主辦的雜誌《郭店楚簡研究》(一)—(七)(大東文化大學郭店楚簡研究班,1999—2006)、東京大學郭店楚簡研究會主辦的雜誌《郭店楚簡思想史研究》第一卷—第六卷(東京大學郭店楚簡研究會,1999—2003)。大阪大學中國哲學研究室主辦的雜誌《中國研究集刊》從第 26 號(2000)開始刊登郭店楚簡等論文,第 33 號(2003)、第 36 號(2004)、第 41 號(2006)組織了郭店楚簡特刊。北海道大學中國哲學會主辦的雜誌《中國哲學》也時常刊登研究郭店楚簡思想史資料的論文。中國出土資料學會主辦的雜誌《中國出土資料研究》,自第 6 號(2002)開始幾乎連續刊登了郭店楚簡、上博楚簡等思想史論文。收録這些雜誌論文的單行本著作有,池田知久編《郭店楚簡儒教研究》(汲古書院,2003)、淺野裕一編《古代思想史與郭店楚簡》(汲古書院,2005)、李承律《郭店楚簡儒教研究》(汲古書院,2007)。

上海博物館藏楚簡第一卷在 2001 年出版,及至以後各卷相繼出版,不僅是對儒家文獻,對其社會思想、道德思想、政治思想的介紹、研究也在積極推進。學術雜誌方面,大阪大學中國哲學研究室主辦的《中國研究集刊》自第 33 號(2003)以來幾乎每期都刊登資料介紹、譯注、論文,直至現在(第 52 號,2011),起著引導日本的上博楚簡研究的作用。[①] 此外,上博楚簡研究會主辦的《出土文獻與秦楚文化》創刊號—第 5 號(2004—2010,以下續刊)也每期都刊登譯注或論文。專著出版有淺野裕一編《竹簡反映的古代中國思想—上博楚簡研究》、(二)、(三)(汲古書院,2005、2008、2010),湯淺邦弘《上博楚簡研究》(汲古書院,2007)、谷中信一編《出土資料與漢字文化圈》(汲古書院,2011)。

關於馬王堆帛書《老子》與郭店楚簡《老子》,有非常多的論文、著作問世。福永光司《老子》上、下(朝日新聞社,1978)、齋藤晌《老子》(集英社,1979)、木村英一《老子》(講談社,1984)、鈴木喜一《馬王堆老子》(明德出版社,1987)、金谷治《老子》(講談社,1988)等等,是將馬王堆帛書《老子》的研究成果融入其中的譯注。池田知久《老莊思想》(放送大學教育振興會,1996)也屬於此類著作。此外,研究馬王堆帛書《老子》和郭店楚簡《老子》,并將其成果注入其譯注的著作有蜂屋邦夫《老子》(岩波書店,2008)。研究這些簡帛《老子》專著的有池田知久《馬王堆出土文獻譯注叢書　老子》(東方書店,2006)、同氏《郭店楚簡老子研究》(東京大學文學部中國思想文化學研究室,1999)、同氏《郭店楚簡老子新研究》(汲古書院,2011)、澤田多喜男《〈老子〉考索》(汲古書院,2005)。注入簡帛《老子》研究成果的著作有楠山春樹《老子其人與思想》(汲古書院,2002)、同氏《老子入門》(講談社,2002)、淺野裕一、湯淺邦弘編《諸子百家"再發現"　挖出的古代中國思想》(岩波書店,2004)、淺野裕一《諸子百

① 此外,該刊也最早向日本的研究者介紹了北京大學漢簡(前引第 52 號)、2008 年購入的清華大學藏戰國竹簡(第 50 號,2010;第 53 號,2011)。

家》(講談社,2004)、神塚淑子《老子》(岩波書店,2009)。此外,對定州漢簡《文子》也有若干研究。

由於郭店楚簡《大一生水》和郭店楚簡《老子》丙本形制相同、字體相同,叙述的思想類似,因此是《老子》丙本一部分的可能性很大。對此,谷中信一《從郭店楚簡〈老子〉及〈太一生水〉看今本〈老子〉的形成》(《楚地出土資料與中國古代文化》)、西山尚志《關於郭店楚簡〈老子〉三篇、〈太一生水〉抄者的關係》(《郭店楚簡的思想史研究》第六卷,2003)進行了出色的考證。此外,池田知久等《譯注編〈大一生水〉》(《郭店楚簡研究(一)》),和淺野裕一《古代中國的宇宙論》(岩波書店,2006)分析了它的宇宙觀。

就馬王堆帛書《黄帝四經》,内山俊彦《馬王堆帛書〈經法〉〈十大經〉〈稱〉〈道原〉小考》(《東方學》第56輯,東方學會,1978)、金谷治《關於古佚書〈經法〉等四篇》(《加賀博士退官記念中國文史哲學論集》,講談社,1979),對其進行了初步分析。此後,池田知久出版了《馬王堆帛書經法》的《四度篇譯注》(1997)、《論篇譯注》(1998)、《亡論篇、論約篇譯注》(1999),均由東京大學馬王堆帛書研究會出版。澤田多喜男《黄帝四經》(知泉書館,2006)也是優秀的譯注。此外,芳賀良信《禮與法的間隙》(汲古書院,2000)、有馬卓也《淮南子的政治思想》(汲古書院,1998),都在自己的研究中收入了《黄帝四經》的研究成果。而淺野裕一《黄老道的形成和發展》(創文社,1992)將整個黄老思想作爲"黄老道"的歷史進行了系統性論述。

關於信陽楚簡是否包含《墨子》佚篇存在争議。此外,也有説法提出上海博物館藏楚簡《鬼神之明》屬墨家系文獻。對此,在日本也有若干討論。

關於馬王堆帛書《戰國縱横家書》,中國史學(東洋史學)者對《史記》或《戰國策》之間的關係方面傾注了很大的熱情。藤田勝久《史記戰國史料研究》(東京大學出版會,1997)、小南一郎《〈戰國策〉的基礎性研究——探求説服文藝的性質》(京都大學人文科學研究所,1987)是融入這一研究成果的著作。此外,佐藤武敏監修《馬王堆帛書　戰國縱横家書》(朋友書店,1993)是優秀的譯注。歷史學科和思想史學科兩方面相繼在推進研究。

兵書、兵家在《漢書·藝文志》中不屬"諸子",别立一項,但這裏爲了方便放在"諸子"最後。這方面的出土資料有銀雀山漢簡《孫子兵法》、《孫臏兵法》、《尉繚子》、《六韜》、定州漢簡《六韜》、1967年出土的大通縣上孫家寨漢墓《兵法類》、張家山漢簡《蓋廬》等等。過去日本研究者就有喜歡研究兵書、兵家的嗜好,因此對這方面的出土資料傾注了很大熱情推進研究。其結果産生了衆多成果。例如,山井涌《孫子、呉子》(集英社,1975)收入了銀雀山漢簡《孫子兵法》的研究成果,金谷治《孫臏兵法》(東方書店,1976)收録了銀雀山漢簡《孫臏兵法》的譯注和自己及他人的論文。上述成果均是在出土、公布后立即做出反應的著作。其後,有河野收《竹簡孫子入門》(大學教育社,1982)、淺野裕一《孫子》(講談社,1997)、金谷治

《新訂孫子》(岩波書店,2000)等譯書。利用包含上述兵書出土資料研究兵法、軍事思想史的著作,有湯淺邦弘《中國古代軍事思想史研究》(研文出版,1999)、同氏《復活的中國兵法》(大修館書店,2003)、同氏《戰神——中國古代兵學的發展》(研文出版,2007)、平田昌司《孫子　没有解答的兵法》(岩波書店,2009)。

如上所述,關於中國出土資料反映的古代文化,按照歷史學、思想史研究(關於術數學、方技研究將在後述)等學科進行的多種多樣研究取得了世界性的飛躍發展,這確實是值得慶賀之事。

試舉一個《老子》的例子。1970年代以降,隨著馬王堆帛書《老子》、郭店楚簡《老子》、北京大學漢簡《老子》(公布了一部分)的出土和刊布,其研究取得飛躍性發展。這是因爲,通過對戰國末期至西漢初期成書的馬王堆《老子》,以及戰國末期成書的郭店《老子》進行研究,使我們有可能更爲接近不像各種通行本那樣在後代修飾過的古《老子》本來的樣子。説到《老子》的文本、表達、思想,通過以出土資料爲基礎的新研究,也使糾正、補充、解決以往各種通行本或其研究構建的《老子》形象中所包含的誤解、偏向、疑問、不清楚、空白、不能解釋等切實變得可能。

但與此同時,其反面,近年由於不適當地利用馬王堆《老子》或郭店《老子》,在學界也開始出現不少錯誤的解釋。誤釋的典型例子之一,有如下説法,即在郭店《老子》這樣的古老《老子》階段,還未出現對儒學的批判,或者雖然已開始對儒學進行批判,但還不像通行本《老子》那樣强烈。

爲了對上述誤解進行批判性探討,筆者最近撰寫了《〈老子〉對於儒學的批判——以郭店〈老子〉第十八章的“仁義”批判爲中心》(曹峰譯,《宗教哲學》第53期,“中華民國”宗教哲學研究社,2010);《〈老子〉的儒教批判——圍繞郭店〈老子〉第十八章的“仁義”批判》(《大東文化大學紀要·人文科學》第49號,大東文化大學,2011)、《郭店楚簡老子新研究》第六編“郭店楚墓竹簡《老子》的儒教批判”。在這些論著中證明了郭店《老子》階段已經開始對儒學進行强烈的批判。

上述研究證明,郭店《老子》中的儒學批判實際上是從多方面展開的。郭店《老子》對儒學的各種思想,例如“聖人”、“君子”的形象,“不知足”的欲望追求的姿態,重視“學”的主知主義作風,重視“爲”、“事”的作爲、人爲中心主義,追求“美”、“善”的上進精神,與《禮記·大學篇》“八條目”相同的政治思想,肯定“孝慈”的倫理思想,重視“仁義”的倫理思想等等,都分别明確了批判觀點,進行了嚴厲的批判。的確,關於第十九章,通行本作:

> 絶聖弃智,民利百倍。絶仁弃義,民復孝慈。絶巧弃利,盜賊無有。

的句子,在馬王堆甲本中作:

絶聲(聖)弃知(智),民利百負(倍)。絶仁弃義,民復畜(孝)慈(慈)。絶巧弃利,盗賊无有。(乙本也基本相同。)

而在郭店甲本中作:

医(絶)智弃卞(辯),民利百休(倍)。医(絶)考(巧)弃利,覜(盗)惻(賊)亡(無)又(有)。医(絶)急(僞)弃慮,民复(復)季〈孝〉子(慈)。

這裏没有出現"聖"、"仁義"這樣的詞彙,因此或許可以看作不存在對它們的批判。正因爲如此,丁原植和谷中信一等才提出上述那樣的誤解、謬説。雖然如此,郭店本是最接近原本的《老子》文本,它的經文還没有固定下來,其後成書的馬王堆本和通行本被改的文句甚多。第十九章也是代表性例子,這裏没有出現"仁義"的詞彙,應當認爲是很偶然的事情。僅僅因爲這裏没有出現"仁義",就馬上主張郭店《老子》全書中不存在"仁義"批判,是衹見樹木不見森林。在郭店《老子》丙本第十八章中有:

古(故)大道發(廢),安(焉)又(有)息(仁)義。六新(親)不和,安(焉)又(有)孝孳(慈)。邦豪(家)緍(昏)[亂,安(焉)]又(有)正臣。

不就是對"仁義"的批判吗?[①]

爲什麽會産生這樣的誤解、謬説?肯定有多種原因、理由,但筆者認爲其中一個不能忽視的問題,即在中國古代文化研究學界,存在很强的無視或者輕視傳世文獻、通行本以及以此爲基礎的以往研究的傾向。被擁有龐大數量和珍貴内容的出土資料所吸引,從而不能將其放在傳世文獻、通行本和以此爲基礎的以往研究的整體之中進行正確的定位。

本文第四部分已經談了對這一問題的基本觀點[②],這裏想進一步列舉具體的例子,談兩點希望。

首先,在出土了郭店本、馬王堆本、北大本等簡帛的今天,推進對通行本《老子》的版本研究是必要、不可缺少的。將出土資料《老子》作爲文獻的性質和思想上的内容、特徵等置於更廣闊的視野之下,即放在《老子》文本發展史的整體之中、《老子》解釋史的整體之中、《老子》思想史的整體之中,給予合理的清楚的定位工作是必要、不可缺的。這是因爲對於出土資料《老子》所擁有的意義、價值,是不能脱離這樣的工作來討論的。在推進這一目的的研究方面,山城喜憲《河上公章句〈老子道德經〉研究》(汲古書院,2006)是近年重要的研究成果。但遺憾的是,筆者尚未聽到研究出土資料《老子》的學者利用這一資料的例子。深切希望能

① 筆者對丁原植和谷中信一誤解的詳細分析,參見上引各論文。

② 更詳細的論述有前揭池田知久《楚地出土資料與中國古代文化·序》。

有不限於河上公本,還包括對嚴遵本、王弼本、想爾注本等學問深厚的文獻學的研究成果面世。

其次,今天我們研究者應當最大限度地汲取以通行諸本《老子》爲基礎的以往研究成果。這是因爲數量眾多且内容珍貴的出土《老子》等的急劇出現,使我們迷失其中。因此未經過扎實的學科訓練,没有實證的根據和深入的思考,就發表形式新奇議論的情況變得越來很多。的確,以以往的傳世文獻和通行諸本爲基礎的研究,没有見到出土資料《老子》。因此,僅就我們目睹了出土資料這一點來説,顯然有利於取得正確的認識。但即便如此,也不能就因此將以往的研究、甚至其中優秀的研究成果價值歸爲烏有。讓我們來看看近代日本具有代表性的《老子》研究,如武内義雄《老子原始》(《武内義雄全集》第五卷,角川書店,1926)、津田左右吉《道家的思想及開展》(《津田左右吉全集》第十三卷,岩波書店,1927)、木村英一《老子的新研究》(創文社,1959),我們深爲直至今日仍有新鮮感的先學的深刻思索所震驚,而且從中也一定會獲取意外的收穫。

六

術數學領域是由各學科展開研究的,其中天文學、曆法研究、數學、占筮研究等占有重要地位。

天文學、曆法研究中,以馬王堆帛書《五星占》、《天文氣象雜占》、《彗星圖》爲基礎,有以藪内清《從科學史看中國文明》(日本放送出版協會,1982)爲代表的相當多的成果。例如,山田慶兒《新發現中國科學史資料研究　譯注篇、論考篇》(京都大學人文科學研究所,1985)是最基礎性的成果,在此基礎上出版了坂出祥伸《中國古代的占法　技術和巫術的周邊》(研文出版,1991)、同氏《"氣"與道教、方術的世界》(角川書店,1996)、橋本敬造《中國占星術的世界》(東方書店,1993)等。此外,《侯馬盟書》、1979 年出土的《温縣盟書》,主要用於研究春秋時代的會盟,但也用於研究古代紀年和曆法,平勢隆郎《新編史記東周年表——中國古代紀年研究序章》(東京大學東洋文化研究所,1995)、同氏《中國古代紀年研究——從天文與曆的檢討開始》(汲古書院,1996),是利用這些資料以及馬王堆帛書《春秋事語》、《戰國縱横家書》等探討古代紀年的大膽嘗試之作。此外,關於睡虎地秦簡《編年紀》,如第三部分所述,有高橋庸一郎《睡虎地秦簡〈編年記〉〈語書〉釋文注解》。張家山漢簡《算數書》方面,有張家山漢簡《算數書》研究會編《漢簡〈算數書〉——中國最古的數學書》(朋友書店,2006)。它不僅是中國文化研究者也是數學專家參與共同研究的譯注,因此比中國同類著作更爲優秀。此外,大川俊隆《張家山漢簡〈算數書〉的綜合研究》(大阪産業大學産業研究所,2007),是旨在復原中國數學原型的論文集。占筮研究將在後文述及。

方技研究方面,有醫學、藥學、性學、食物學、神仙術等研究。出土有1972年發現的武威旱灘坡漢簡《醫藥簡》,馬王堆帛書《五十二病方》、《陰陽十一脈灸經》、《導引圖》等,阜陽漢簡《雜方》,張家山漢簡《脈書》、《引書》,周家臺秦簡《病方及其他》,虎溪山漢簡《美食方》等。其中,在馬王堆帛書醫學研究中,前述山田慶兒《新發現中國科學史資料的研究　譯注篇、論考篇》是這一領域最基礎性的成果。譯注方面出版了前述《馬王堆出土文獻譯注叢書》(東方書店)中的小曾户洋、長谷部英一、町泉壽郎《五十二病方》(2007)和坂内榮夫、白杉悦雄《却穀食氣、導引圖、養生方、雜療法》(2011)。研究著作出版有坂出祥伸編《中國古代養生思想的綜合研究》(平河出版社,1988)、丸山敏秋《黄帝内經與中國古代醫學——其形成與思想背景及特質》(東京美術,1988)、山田慶兒《夜鳴鳥　醫學、巫術、傳説》(岩波書店,1990)、石田秀美《中國醫學思想史　另一種醫學》(東京大學出版會,1992)、吉元昭治《養生外史　不老長壽的思想史及其周邊》(中國篇)(醫道之日本社,1994)等。而張家山漢簡方面的研究,有坂出祥伸編《新出土資料的中國古代醫學研究——以張家山出土漢簡爲中心》(關西大學文學部,1995)。利用這些出土資料,探究中國醫學原型的研究很興盛。

關於中國語言學、中國文學的研究,或許應當將語言學納入到"經學(六藝)"的"小學"範圍内,將文學放在"諸子學"下的"詩賦"類。但本文爲了方便起見,這裏將兩者合在一起叙述。

利用出土資料的中國語言學研究,有古文字學、音韻論、語彙論、語法論、方言研究、字書研究等,綜合各領域的著作有宫本徹、大西克也《亞洲與漢字文化》(放送大學教育振興會,2009)。古文字學方面,日本主要是參考、利用中國已有研究推進自身的歷史學、思想史研究,因此不像中國那樣有衆多研究者熱心於古文字研究。但是,出於解釋出土資料的需要,討論一個個漢字的情况也不少。阿辻哲次《圖説　漢字的歷史(普及版)》(大修館書店,1989)是這一領域的入門書,此外大川俊隆、大西克也、戸内俊介等專家也很活躍。音韻論方面,有古屋昭弘《出土文獻與上古中國語的音韻》(早稻田大學中國文學會《中國文學研究》第29期,2003)、同氏《儒教與中國語學——出土文獻與上古音》(《近世儒學研究的方法與課題》,汲古書院,2006)、同氏《上古音的開合與戰國楚簡的通假例》(《早稻田大學大學院文學研究科紀要》第54號,2009)。方言研究方面,大西克也《作爲語言學資料的簡牘帛書》(《東方》第285號,東方書店,2004),推動了對秦簡與楚簡中出現的語言差异的關注。字書研究方面,《蒼頡篇》在敦煌漢簡、居延漢簡、阜陽漢簡及之後的斯坦因文書《英國國家圖書館藏斯坦因所獲未刊漢文簡牘》(上海辭書出版社,2007)與北京大學漢簡均有發現,因此在日本也引起了高度關注,著有福田哲之《説文以前小學書研究》(創文社,2004)、大西克也《"史書"是什麽——以英藏敦煌漢簡及秦漢楚地出土資料爲中心》(《出土文獻與秦楚文化》第5號)。此外,對敦煌漢簡、居延漢簡中發現的《急就篇》也很關注。

中國文學研究方面,與通行本《詩經》和《楚辭》有關的出土資料十分重要。與《詩經》有關的出土資料,在第四部分已作略述。《楚辭》方面,石川三佐男《楚辭新研究》(汲古書院,2002),利用楚地的出土資料(主要是馬王堆帛畫《升仙圖》)推進新《楚辭》的解釋。石川三佐男是日本代表性的《楚辭》研究者。利用出土資料進行的書法研究,由於日本的書法愛好者極多,因此極爲興盛。但由於這一領域在筆者的專業之外,這裏從略。

1970 年代以後,幾乎每年都在中國各地陸續發現、發掘數量衆多、内容珍貴的出土資料,進入 21 世紀這一態勢也没有終止。利用這些資料的研究,極大地擴展了學術的領域,現在不僅在中國、日本,在世界上也成爲最熱門的學問之一。對於研究中國和亞洲古代文化的學者而言,出土資料所具有的價值在今後一定會越來越高,而不會減少。

對於這樣的出土現狀,還像過去一樣分歷史學或思想史研究這樣一個個學科進行研究是否不够呢?不同學科、多種領域的研究者彙聚一堂共同合作,通過對同一個新出土資料進行多角度的學際間的(multi-disciplinary 或 inter-disciplinary)研究,增長知識,提高研究的水平應是必要的。如第一部分所述,筆者曾經和數位同志共同策劃創立了"中國出土資料學會",實際上就是爲了回應這樣的必要性。而且,這一必要性今日不僅没有一點減少,反而衹有增加。——因此,爲了進一步發展出土資料研究,就不得不進一步大力推動上述各學科的共同合作。

舉一個例子,即上文涉及的占筮研究問題。在這一領域,一方面,各種《周易》、王家臺秦簡《歸藏》等研究,主要是在經學研究或思想史研究領域進行。另一方面,各種《卜筮祭禱簡》、各種《日書》研究,則主要是在歷史學領域展開。像這樣,將兩者分在兩個不同的學科之下進行研究,是現代日本學術的現狀。但這顯然不是推進這一研究的方法,對這些出土資料,必須通過經學研究、思想史研究、歷史學、宗教學、占筮研究等各學科進行多視角的跨學科研究。作爲占筮的出土資料,除了前述資料外,還有馬王堆帛書《五星占》、《式法》、《陰陽五行》、尹湾漢簡《神龜占》、《六甲占雨》、《博局占》等。若以這些資料爲基礎來考慮,中國古代人則不管社會地位高低,都在利用各種各樣的占筮經營日常生活,在正確地把握這一事實的内容與意義的基礎上,推動多角度的學科间的共同合作研究應當具有決定性意義。

那麽,上述的出土資料研究是在怎樣的學科分類下進行的呢?可以看到無論是日本還是世界,截至目前,大多數都限於在該專業領域内進行個别的具體的研究階段。但是,停留在這一階段是不行的,我們在不遠的將來不得不將其發展爲概括性的理論性研究。其中感到特别需要做的有以下兩點:

第一,推進以上各領域的共同合作研究,有必要在一定階段將各學科的研究成果進行全面綜合,同時對由思想、歷史、語言學、文學等分别構築的中國古代文化的整體,到底具有怎樣的形態、内容,勾畫出其整體的形象。以及有必要搞清楚思想、歷史、語言學、文學等各學科,在上述構建的中國古代文化的整體中,到底居於怎樣的地位、具有怎樣的意義這一整體性構造。

第二,有必要解明通過上述出土資料研究搞清楚的中國古代文化,與時代更早的殷、周文化(思想、歷史、語言學、文學等),以及之後的三國、六朝以降的文化,到底有什麽不同,在中國史的發展中到底具有怎樣的歷史特質。换言之,有必要對曾經争論的中國史的時代分期論和中國古代史的歷史特質論,利用出土資料,在包括思想、語言學、文學等在内的文化整體中建立新的觀點,重新進行探討修正。從根本上否定"中國古代專制國家論"等的新理論,不正是應當從這樣的再探討中産生的嗎?

長沙吴簡研究的新視野
——中日長沙吴簡學術研討會論文評述

故宫博物院　王　素

2011年3月15日,在湖南長沙簡牘博物館,舉行了一次"中日長沙吴簡學術研討會"。此次會議由長沙簡牘博物館、北京吴簡研討班、日本長沙吴簡研究會共同主辦,長沙市文化局、長沙簡牘博物館具體承辦。日本長沙吴簡研究會原定有五位專家參加,由於地震和海嘯的影響,僅來了伊藤敏雄、鷲尾祐子、谷口建速三位專家,阿部幸信、佐川英治兩位專家未到。北京吴簡研討班除我之外,來了羅新、孟彦弘、侯旭東、戴衛紅、蔡敏、孫正軍、凌文超、孫聞博、李斯九位專家。長沙方面的簡牘專家幾乎悉數到場,除長沙簡牘博物館的宋少華、李鄂權、馬代忠、孫東波、金平、蔣維、楊芬、雷長巍、龍臻偉、熊曲、管震、萬婧、駱黄海等專家外,岳麓書院的陳松長、于振波,湖南省考古研究所的張春龍,長沙市博物館的邱東聯,長沙市文物考古研究所的何旭紅、黄樸華、黎石生等專家也都來了。真可謂"群賢畢至,少長咸集"。會議原定有九位專家宣讀論文,由於阿部幸信先生未到,他的論文被暫時撤下,改爲八位專家宣讀論文。我受會議主辦方的委托,擔任會議論文總評議人。這裏根據宣讀論文的次序,逐一評述如下。

第一篇:宋少華《長沙三國吴簡的現場揭取與室内揭剥——兼談揭剥圖的相關問題》

本文的主要目的,是希望通過對長沙吴簡現場揭取與室内揭剥的情況介紹,向研究者説明吴簡《竹簡》各卷附録"揭剥示意圖"製作的根據以及過程、方法及意義,爲研究者更好地利用揭剥圖進行研究提供方便。[①] 因而寫得很精細，值得關注之處不少，對於研究者最爲有用者有二：

一是提供了吴簡《竹簡》[貳]簡號與盆號的對應表。我們知道：吴簡《竹簡》[壹]至[叁]均爲經過擾亂的采集簡，原裝39盆，各盆之中的竹簡彼此存在關聯，弄清簡號與盆號的對應關係，對於研究會有較大幫助。[②] 因此，《竹簡》[壹]和[叁]都特别在"凡例"中注明了簡號與盆號的對應關係，給學者保留了較多的研究信息。但《竹簡》[貳]没有注明簡號與盆號的對應關係。爲此，本文特别製作了《竹簡》[貳]的簡號與盆號對應表，彌補了這個缺憾。

一是説明了吴簡《竹簡》各卷附録"揭剥示意圖"製作的根據以及過程、方法及意義。因爲吴簡《竹簡》各卷，無論是采集簡，還是發掘簡，其中都有不少未被打亂的編聯成卷的"册書"，現場如何揭取，室内如何揭剥，不僅是一個技術問題，同時也是一個學術問題。而本文對這些問題都進行了解答。此前，侯旭東先生已根據宋少華先生口述的辦法，對"揭剥示意圖"中的"吏民人名年紀口食簿"進行過復原，取得不錯的成果。[③] 現在，根據本文所説"册書"的收卷方式[④]，对"揭剥示意圖"中的其他"册書"進行復原，一定會取得更重要的成果。

第二篇：伊藤敏雄《長沙吴簡中の邸閣、倉吏》

伊藤敏雄先生是研究長沙吴簡邸閣、倉及倉吏的專家，對於吴簡邸閣、倉及倉吏的研究已有十年歷史。[⑤] 伊藤敏雄先生研究的特點是關注新材料，不忘舊問題，常附大量統計表格，探索不同文書的不同行文規律，也就是所謂的"書式"。本文也是如此。本文主要圍繞伊藤

---

① 按：到目前爲止，吴簡《竹簡》僅出版三卷，爲：長沙市文物考古研究所、中國文物研究所、北京大學歷史學系走馬樓簡牘整理組：《長沙走馬樓三國吴簡・竹簡》[壹]，北京：文物出版社，2003；長沙簡牘博物館、中國文物研究所、北京大學歷史學系：走馬樓簡牘整理組：《長沙走馬樓三國吴簡・竹簡》[貳]，北京：文物出版社，2007；同作者《長沙走馬樓三國吴簡・竹簡》[叁]，北京：文物出版社，2008。包括《竹簡》[肆]在内的以下各卷尚未出版。

② 按：日本谷口建速最早注意到簡號與盆號的對應關係，并利用《竹簡》[壹]所收第6盆簡（1717—2503）和第12盆簡（5136—7135）集中探討"月旦簿"與"四時簿"等問題。見《長沙走馬樓吴簡よりみる孫吴政權の穀物搬出システム》，《中國出土資料研究》第10號，2006，23—27頁。另参王素《長沙吴簡中的"月旦簿"與"四時簿"》，《文物》2010年第2期，63—68、95頁。

③ 参閲侯旭東《長沙走馬樓吴簡〈竹簡〉[貳]"吏民人名年紀口食簿"復原的初步研究》，《中華文史論叢》2009年第1輯，57—93頁。此外，本文下面將要評述的鷲尾祐子、凌文超的論文，均參考了侯旭東的這篇文章，故亦屬此類成果之一。

④ 按：本文談到兩種收卷方式：第一種是按反時針方向自右（起始端）向左（末端）收卷方式；第二種是按順時針方向自左（末端）向右（首端）收卷方式。安部聰一郎最早推測名籍應是從前向後編綴，收卷順序亦如此，屬於第一種收卷方式。見《試論走馬樓吴簡所見名籍之體式》，《吴簡研究》第2輯，武漢：崇文書局，2006，21—23頁。前揭侯旭東的研究成果，采用的也是第一種收卷方式。

⑤ 伊藤敏雄最早的一篇研究長沙吴簡邸閣、倉及倉吏的論文曾在2001年8月16～19日召開的"長沙三國吴簡暨百年來簡帛發現與研究國際學術研討會"口頭發表。該文後來有日、中兩種文本：日文本名爲《長沙走馬樓簡牘中の邸閣・州中倉・三州倉について》，《九州大學東洋史論集》第31號，2003，67—89頁；中文本名爲《關於長沙走馬樓簡牘中的邸閣、州中倉、三州倉》，《長沙三國吴簡暨百年來簡帛發現與研究國際學術研討會論文集》，北京：中華書局，2005，113—123頁。距今已有十年。

先生的舊論文談到的舊問題和戴衛紅女士的新論文披露的新材料展開。[1] 具體而言,就是伊藤先生在舊論文中歸納入米(穀物)簡的"書式"時,對其中黄龍二年至嘉禾五年的邸閣、倉吏、庫吏的擔任者進行過編年,指出三州倉對應於邸閣董基,州中倉對應於邸閣郭據、李嵩,其各自對應的邸閣是確定的,認爲所謂"邸閣右郎中李嵩"云云,實際是説李嵩在嘉禾二年左右,任邸閣的同時,還兼任了右郎中。而本文根據戴衛紅女士的新論文披露的新材料"邸閣左郎中郭據"、"邸閣郎中董基"(《竹簡》[柒])云云,修訂了自己的見解,認爲:邸閣與郎中不能分開。當時,"邸閣左郎中"、"邸閣右郎中"、"邸閣郎中"都是由州派遣(或任命)監督米的納入和轉移的官員,對應州中倉的爲"邸閣左郎中"、"邸閣右郎中"二名(郭據、李嵩),對應三州倉的爲"邸閣郎中"一名(董基),都略稱爲"邸閣"。還有一些重要見解,這裏不一一介紹。總之,可以看出,本文在戴衛紅女士披露的新材料的研究基礎上又將邸閣官員的研究向前推進了一步。

第三篇:戴衛紅《長沙走馬樓吴簡所見三州倉出米簡初探》

本文主要是對吴簡出米簡中的兩枚一組的出米簡進行探討。這種兩枚一組的出米簡,《竹簡》[貳]也有,但主要見於《竹簡》[叁]。我們在整理《竹簡》[叁]時,對此類出米簡已經做了不少拼合復原工作。本文利用這些成果,復原出 38 組完整的出米簡,并對其形制、格式、作用等進行了研究。認爲:這種兩枚一組的出米簡,其第一枚基本格式爲"出某年某米+數量+支出憑證+付大男+某+運詣(州中倉)",第二枚基本格式爲"(州中倉)某+以其年月日+關邸閣李嵩付掾黄諱史潘慮"。第一枚中所謂"支出憑證",具體指"被縣某日書"、"被吏黄階敕"、"被邸閣董基敕"等用語。根據已公布竹簡中所見"員口倉"、"重安倉"、"東部烝口倉"與州中倉均無業務往來,可以判斷,這種出米簡所出之米均爲一倉之米,而這個倉就是三州倉。這種出米簡是三州倉吏在大男將米運詣州中倉返回三州倉後製作的。認爲這種出米簡所出之米均來自三州倉,均運往州中倉,可以説是本文的最大貢獻。

第四篇:熊曲《吴簡折咸米、漬米、没溺米及相關問題》

長沙吴簡中,有很多米的名稱,不太容易理解,其中討論較多的有"限米"、"鹽米"、"折咸米"等,但并非都已做到題無剩義。譬如"折咸米",王子今先生較早進行研究,認爲"折咸米"實際就是"折減米",屬於與儲糧損耗有關的納米名目;侯旭東先生接着進行研究,通過對"折咸米"簡中常見"備"字的解讀,認爲這種納米名目的産生,與倉米的轉運及吏的職務行

① 伊藤敏雄:《長沙走馬樓吴簡中の"邸閣"再檢討——米納入簡の書式と并せて》,《中國前近代史論集》,東京:汲古書院,2007,301—326 頁;同作者《長沙吴簡における米納入狀况再考》,《歷史研究》第 47 號,2010,69—97 頁。戴衛紅:《長沙走馬樓吴簡中軍糧調配問題初探》,《簡帛研究二〇〇七》,桂林:廣西師範大學出版社,2010,204—224 頁。

爲過失補償有關。[①] 本文則認爲應將"折咸米"與"漬米"、"没溺米"放在一起進行探討,因爲從吴簡的相關記録來看,"漬米"、"没溺米"與"折咸米"存在一些异同之處。本文認爲:這三種米都是轉運過程中産生的。這是相同之處。折咸米是因盤糧等客觀損耗而交的米,主要由船師交納;漬米是因潮濕或被水浸漬産生的客觀損耗而交的米,主要由監運掾交納;没溺米是因主觀疏忽造成米被水浸漬或沉没而交的米,主要由轉運吏或大男交納。這是差异之處。此外,還對"折咸米"簡中常見"備"字的含義,進行了不同於前人的解説。值得注意的是,王子今先生文章僅利用了"發掘簡報"、"發掘報告"和"新收穫"的材料[②],侯旭東先生也僅利用了《竹簡》[壹]的材料,而本文在他们的基礎上還利用了《竹簡》[貳]和《竹簡》[叁]的材料。可以看出,本文的主要旨趣,與前揭伊藤敏雄先生文章相似,也是關注新材料,不忘舊問題,力圖利用新材料,解决舊問題。

第五篇:鷲尾祐子《長沙走馬樓吴簡連記式名籍簡的探討——關於家族的記録》

本文所謂"連記式名籍簡",是指一枚簡上連記兩人以上人名的名籍簡。[③] 我們知道:户籍的内涵與定義,長期以來人言人殊。本文認爲:户籍應該是以户爲單位製作并將居住和財産合而爲一的名籍。本文指出:户籍在戰國之後形成,但在簡牘時代,秦漢時期尚不存在可以確定爲户籍實物的材料,衹有長沙吴簡符合户籍的内涵與定義。但認爲:從目前整理出版的三卷竹簡來看,由於都是采集簡,原有次序均已打亂,除了極個别的情况外,想要以户爲單位進行户籍復原幾乎是不可能的。因而本文的研究主要限於其中的"連記式名籍簡"。本文認爲前揭侯旭東先生對《竹簡》[貳]"揭剥示意圖"進行的研究僅限於簡册的復原,對於格式探討不多。而本文通過對竹簡的格式等進行的探討,得出如下結論:《竹簡》[貳]"揭剥示意圖"所見竹簡群,是嘉禾六年對廣成鄉等多數鄉的吏民的户的各個成員的姓名、年齡等進行基礎性調查而製作的簿。這也是本文的主要見解。還值得一提的是,本文對於長沙吴簡户籍研究的學術史的梳理十分細緻,没有放過任何信息,《竹簡》[壹]的"前言"也得到充分利用。反觀中國的研究者,似乎從未注意過《竹簡》各卷的"前言",這是十分令人遺憾的。

第六篇:凌文超《走馬樓吴簡采集"户籍簿"復原整理與研究——兼論"户籍簿"的類型與功能》

---

① 王子今:《走馬樓簡"折咸米"釋義》,《國際簡牘學會會刊》第3號,臺北:蘭臺出版社,2001,75—80頁;侯旭東:《吴簡所見"折咸米"補釋——兼論倉米的轉運與吏的職務行爲過失補償》,《吴簡研究》第2輯,176—191頁。

② 長沙市文物工作隊、長沙市文物考古研究所(宋少華、何旭紅執筆):《長沙走馬樓J22發掘簡報》,《文物》1999年第5期,4—25頁;同作者《長沙走馬樓二十二號井發掘報告》,《長沙走馬樓三國吴簡·嘉禾吏民田家莂》上册,北京:文物出版社,1999,1—60頁;王素、宋少華、羅新:《長沙走馬樓簡牘整理的新收穫》,《文物》1999年第5期,26—44頁。

③ 按:將一枚簡上連記兩人以上人名的簡稱爲"連記簡",始于安部聰一郎,見《長沙吴簡にみえる名籍の初步的檢討》,《長沙吴簡研究報告》第2集,東京,2004,39—53頁。

本文是關於長沙吴簡户籍簡復原的大文章。此前我們常稱吴簡户籍簡爲“吏民簿”。[①]本文則先通過對吴簡中屢見“户籍”一詞的分析,認爲秦漢魏晋時期,“籍”一般專指名籍簡册,“簿”一般指代較爲寬泛,而將“吏民簿”中以登録鄉里吏民人名、年紀、口食等信息爲主的簿籍稱爲“户籍簿”。這是一個有别於“吏民簿”的新概念。接着參照相關成果,從學術史入手,詳細介紹了中日關於吴簡户籍簡研究的情況。此後,根據侯旭東先生對《竹簡》[貳]“揭剥示意圖”的復原經驗,特别是侯旭東先生發現嘉禾六年廣成里不少居民與《田家莂》[②]嘉禾五年里中丘、弦丘居民聯繫密切(即“里”的編户民與“丘”的居民存在對應關係)的啓示,對《竹簡》[壹]“揭剥示意圖”進行復原,也發現嘉禾四年吉陽里不少居民與《田家莂》嘉禾四年下伍丘居民可以對應。這是一項十分重要的研究成果。本文復原了三個“户籍簿”,并探討了它們的功用。主張目前所見的吴簡“户籍簿”,按其功能可粗分爲兩大類:一類爲征賦而製作,另一類爲派役而製作。并對户籍簡的内涵與定義進行了與此前不同的探討與闡釋。

第七篇:孫正軍《走馬樓吴簡中的左、右郎中》

本文主要是從東漢初期中央三署郎開始遠離具體職事逐漸淪爲散官的角度對吴簡所見“郎中”進行探討。認爲漢末魏晋之際,中央無復三署郎,是作者的固有見解。[③] 本文認爲:當時三署郎居於地方較爲普遍。三署郎居於地方,無疑是三署郎散階化的結果。而另一方面,三署郎居於地方,必然又會反過來促進、强化三署郎的散階化,使三署郎成爲標示個人身份等級的位階。吴簡所見“郎中”情況與此相同。值得一提的是,本文認爲吴簡所見“右郎中何宗所督别部司馬”(壹·2171)和“右郎中何宗所督武猛司馬陳陽所領吏□□”(壹·2095)等等,其“右郎中”作爲臨時性的差遣官,可能并非統兵將領,而是“監軍”。這一認識十分重要。因爲如前所説,當時邸閣董基、郭據、李嵩等都帶有郎中官,而我曾經指出:“實際上,‘邸閣’既没有收入糧食,也没有付出糧食,不像一個中介機構,更像一個監督機構。”[④]可以説,本文的認識,印證了我的見解。

---

① 汪小烜:《走馬樓吴簡户籍初論》,《吴簡研究》第1輯,武漢:崇文書局,2004,143—144頁;王素:《説“吏民”——讀長沙走馬樓三國吴簡札記》,《中國文物報》2002年9月27日第7版。此外,黎虎關於“吏民”有四篇論文,分載《文史哲》2007年第2期、《中華文史論叢》2007年第2輯、《中國經濟史研究》2007年第3期及《歷史文獻研究》總第27輯(2008),此處不一一具名。近作還有劉敏《秦漢時期“吏民”的一體性和等級特點》,《中國史研究》2008年第3期,3—15頁。

② 長沙市文物考古研究所、中國文物研究所、北京大學歷史學系走馬樓簡牘整理組:《長沙走馬樓三國吴簡·嘉禾吏民田家莂》。

③ 孫正軍:《魏晋無復三署郎》,《漢唐儲官制度研究》第四章,北京大學博士研究生學位論文,2010,87—97頁。

④ 王素:《中日における長沙吴簡研究の現段階》(日文,市來弘志譯),《長沙吴簡研究報告》第3集,東京,2007,74頁;《中日長沙吴簡研究述評》(中文),《故宫學刊》第3輯,北京:紫禁城出版社,2007,550頁。

第八篇:楊芬《孫吴嘉禾年間臨湘中鄉所轄里初步研究》

本文通過對尚未出版的《竹簡》[肆]、《竹簡》[伍]中的九坨户籍簡進行的分析,認爲當時臨湘中鄉可能包括七個里,即東扶里、小赤里、緒中里、曼溲里、五唐里、梨下里、平[illegible]里。其中,東扶里與東扶丘,小赤里與小赤丘,緒中里與緒中丘,曼溲里與郭渚丘,五唐里與五唐丘、湛上丘,梨下里與湛龍丘、梨下丘,平眃里與平眃丘,其人名均存在一定的對應關係。通過對丘、里人名對應關係的分析,進一步認爲"丘"可能是"邑下"之外耕地的劃分。還認爲:吴簡中的户籍簡主要是登録國家正户民,除了豪强大族擁有的大量的蔭户、部曲以及兵户不在登記範圍外,還有如師佐、私學等也均不在登記範圍。史籍和吴簡中記載的三國時期人口資料遠比前代少,説明當時政府掌握的編户民,比之前代,大大縮水了。這一見解,是與魏晋封建説相符合的。

這次中日長沙吴簡學術研討會,是一個小型學術研討會。這種小型學術研討會,在日本名爲"ワークショップ",也就是英文的"workshop",指小型工作會議。這樣的小型工作會議,宣讀論文的人不多,聽宣讀論文的人不少,成本較低,效率較高,是一種值得推廣的會議模式。而此次參會的論文,總體來看也都是具有較高質量的。特别值得注意的是,隨着吴簡《竹簡》的不斷整理出版,吴簡研究也呈現出了一種新的視野。這種新視野主要表現在兩個方面:

(一)復原工作成爲新方向

我在此次會議期間,接受當地媒體采訪,曾指出:長沙吴簡中的有字簡,大約有八萬多枚,絶大部分爲竹簡,因爲種種原因,次序都被打亂。這就像一部八萬多頁的書,全被打散,且没有頁碼。顯然,如何復原,理清彼此關係,成爲每個研究者都必須面對的問題。其實,復原的工作,一直都有研究者在做,譬如前面提到的汪小烜君與侯旭東先生的文章,還有町田隆吉等先生的文章。[①] 但像此次參會論文八篇,五篇(一、三、五、六、八)都與復原工作有關,如此集中,却是前所未見的。這與吴簡《竹簡》的不斷整理出版,復原條件逐漸具備應該不無關係。相信在今後很長一段時間,復原工作都是吴簡研究的新方向。

(二)新材料與舊問題引領新潮流

著名史家陳寅恪先生關於新材料與新問題引領新潮流的見解,學術界應該盡人皆知。[②] 但我感覺:新材料與舊問題也能引領新潮流。譬如"清華簡"雖是新材料,但引起了關於《古

① 町田隆吉:《長沙吴簡よりみた"戸"について——三國吴の家族構成に關する初步的考察》,《長沙吴簡研究報告》第3集(國際シンポジウム"長沙吴簡の世界——三國志を超えて"專輯),東京,2007,27—47頁。

② 按:陳寅恪原文爲:"一時代之學術,必有其新材料與新問題。取用此材料,以研求問題,則爲此時代學術之新潮流。"見《陳垣敦煌劫餘録序》,原載《中研院歷史語言研究所集刊》第1本第2分,1930,收入《金明館叢稿二編》,上海古籍出版社,1980,236頁。

文尚書》等舊問題的討論。從長沙吴簡而言,恐怕更是如此。因爲長沙吴簡雖有八萬多枚,但内容却比較單一,基本都是有關社會經濟方面的檔案材料。已經出版的《竹簡》三卷([壹]至[叁]),不僅都是采集簡,而且主要都是殘簡。利用這些采集簡和殘簡進行研究,希望做到題無剩義自然非常困難。這樣,一旦有新材料公布,難免就會引起研究者對舊問題的關注。我與宋少華先生就曾合寫文章對吴簡中的新材料與舊問題進行過探討。① 此次參會論文八篇,實際都是有關新材料與舊問題的論文。② 相信在今後很長一段時間,新材料與舊問題都會引領吴簡研究的新潮流。

① 王素、宋少華:《長沙走馬樓三國吴簡的新材料與舊問題——以邸閣、許迪案、私學身份爲中心》,《中華文史論叢》2009年第1輯,1—26頁。

② 原第九篇論文爲阿部幸信《長沙走馬樓吴簡所見的"調"——以出納記録的檢討爲中心》。本文是作者以舊作《長沙走馬樓吴簡所見調納入簡初探》(《立正史學》第103號,2008,31—50頁)爲基礎,根據新材料大幅修改而成,故而也屬新材料與舊問題論文。尤其值得注意的是,本文關於"調"的見解,與我的見解較爲接近。

簡帛整理研究的佳作
——《尹灣漢墓簡牘校理》評介

中國人民大學文學院　王貴元

1993年2月至4月,在江蘇省連雲港市東海縣温泉鎮尹灣村的編號爲M1和M6的兩座漢墓中出土了大量簡牘,這就是有名的"尹灣漢墓簡牘",簡稱"尹灣漢簡"。這批簡牘内容十分豐富,涉及漢代政治、經濟、文化、軍事和社會生活等各方面,并且各種文獻均不見於傳世文獻,而且在出土漢代簡帛中獨具特色,顯得尤爲珍貴,是研究漢代有關歷史領域的絶好材料。1997年9月,由中華書局出版了連雲港市博物館、中國社科院簡帛研究中心、東海縣博物館和中國文物研究所共同撰寫的整理報告《尹灣漢墓簡牘》,正式公布了這批簡牘,但是,除其中的《神烏傅》作了標點外,其餘各種衹對簡牘文字作了楷定工作,既未標點,也未注釋。所以,對這批簡牘進行進一步整理研究還有很多工作需要做。

張顯成先生對尹灣漢簡的研究積有多年,前期成果不少,僅就其中編號爲YM6D6的《武庫永始四年兵車器集簿》而言,就發表過如下論文:《釋尹灣漢簡的"薰毐"——兼論"薰陸"一藥的輸入》(《文史》第57輯,中華書局,2001);《西漢遺址發掘所見"熏毐"、"熏力"考釋》(《中華醫史雜誌》2001年4期);《尹灣漢簡〈武庫永始四年兵車器集簿〉名物釋讀札記》(《簡帛研究二〇〇一》,廣西師大出版社,2001);《尹灣漢簡釋讀札記——讀〈武庫永始四年兵車器集簿〉》(《古籍整理研究學刊》1999年4期);《從〈武庫永始四年兵車器集簿〉看尹灣漢簡在歷史詞彙學上價值》(《簡牘學研究》第3輯,甘肅人民出版社,2002),等等。現在,張顯成先生與他的學生周群麗一道,在他研究尹灣漢簡前期成果以及吸納學界有關成果基礎上,出版了《尹灣漢墓簡牘校理》(天津古籍出版社2011年3月,以下簡稱《校理》)。該書屬國家古籍整理出版專項經費資助項目和全國高等院校古籍整理研究工作委員會直接資助項目成果。爲16開軟精裝,共439頁。正文前是《尹灣漢墓簡牘概論》(以下簡稱《概論》)和《校理説明》,共50頁。正文另行編頁,共374頁,分爲上下兩編,上編是《尹灣漢墓簡牘校釋》,下編是《尹灣漢墓簡牘字表》。末附《主要參考文獻》和《後記》。《概論》先概述了尹灣漢墓簡牘的出土及其内容,然後分别論述了這批簡牘在所涉有關學科方面的研究價值。上編《校釋》將尹灣漢墓簡牘分爲22種文獻,逐一進行校釋,這22種文獻分别爲:《集簿》、《東海郡吏員簿》、《東海郡下轄長吏名籍》、《東海郡吏員不在署、未到官者名籍》、《東海郡屬吏設置簿》、《武庫永始四年兵車器集簿》、《賻贈名籍》、《神龜占》、《六甲占雨》、《博局占》、《元延元年曆譜》、《借貸書》、《元延三年五月曆譜》、《君兄衣物疏》、《君兄繒方緹中物》、《君兄節司小物疏》、《名謁》、《元延二年視事日記》、《刑德行時》、《行道吉凶》、《神烏傅》、《無名氏衣物疏》。下編《字表》分"凡例"、"檢字表"、"正文"三部分。"正文"含"單字"和"存疑字"兩部分,"單字"是字表的主體,共有字頭829個,"存疑字"含釋讀不確定和暫未能釋讀之字,共有字頭5個。單字部分各字頭見於《説文》者,其排序悉依大徐本《説文》,始一終亥,分别部居;未見於《説文》者,依字形酌歸各部末。《校理》是簡帛整理研究的佳作,其特色大致有以下幾點。

一、整理研究全面深入

如上所述,《校理》一書實分爲三大部分,一是正文前的《概論》,二是正文之上編《校釋》,三是正文之下編《字表》。《概論》在論述這批簡牘的研究價值時并非屬於泛泛而論,僅篇幅就達40多頁,分别論述了這批簡牘在歷史學、語言學、文學、文獻學、書法學、民俗學、文書檔案學、軍事學等學科方面的研究價值,這些論述既全面又具有深度,表現出極强的學術性。例如:

在論述歷史學方面的研究價值時指出,"尹灣漢墓簡牘在歷史學方面的確具有重要的研究價值",如指出:這批簡彌補了《漢書·地理志》"東海郡"條下關於西漢東海郡行政建置記載不確之不足;填補了漢東海郡所置的鄉、里和亭、郵的數量以及漢東海郡吏員設置情况傳世典籍没有記載的空白;訂正了漢代縣丞、尉之具體職掌内容,并非如《續漢書·百官志》本注所言,僅是"丞署文書,典知倉獄,尉主盜賊",而是還有其他職掌内容,如輸錢都内、送罰戍、送徒民、市物、上計,等等(6—12頁)。

在論述語言學方面的研究價值時,着重以這批簡文可以訂正一些詞語的傳統訓釋爲例來説明。如指出:"原來以爲,由於'乘輿'本指皇帝、諸侯乘的車子,故其引申義爲'專指皇帝所用的東西'",《辭源》、《漢語大詞典》即然。而通過簡文可知,"對'乘輿'一詞的傳統訓釋應當修正,正確的訓釋應該是:'本指皇帝或諸侯所乘坐的車子,泛指皇帝或皇室所用器物。'"(12—17頁)

在論述文學方面的研究價值時説:“長期以來,談中國文學史的俗文學作品産生時代時,都是説傳奇作品産生於唐宋,即所謂‘唐宋傳奇’,而尹灣漢墓簡牘的傳奇作品俗賦《神烏傅(賦)》却有力地否定了此傳統定論。”“這是一篇俗賦,按尹灣漢墓的下葬年代(西漢晚期)來推測,此賦應是創作於西漢中期甚至更早的佚賦。”“原來以爲,這類俗文學作品的産生,最早祇能早到六朝早期,其後纔逐漸有了志怪傳奇、白話小説。現在,即使將《神烏賦》與成書於東漢末或漢亡以後的講了一個完整故事的《孔雀東南飛》相比,也至少要早三百來年。”(18—19 頁)

在論述民俗學方面的研究價值時,在分析闡述這批漢簡中的大量名刺的内容形制後説,“這些名刺説明,至少在秦漢六朝時期,官吏之間盛行着以名刺這種形式相互交往,或請謁問疾,或彼此幫忙的社會交往活動。同時,從簡帛名刺可知,我國很早就有使用名刺的習俗,遠早於傳世文獻的記載。”(37 頁)

在論述文書檔案學方面的研究價值時説:“中國先秦兩漢的人事檔案制度及其具體内容到底是個什麽樣,過去是不太清楚的,而現在隨着大量簡帛文書檔案文獻的問世,這一問題就越來越清楚了。尹灣漢墓簡牘中有好幾種漢朝當時的人事檔案文獻,它們是:《集簿》、《東海郡吏員簿》、《東海郡下轄長吏名籍》、《東海郡下轄長吏不在署、未到官者名籍》、《東海郡屬吏設置簿》,等等。僅從以上尹灣漢簡的材料可知,西漢晚期時人事檔案制度已較健全,各類人員的檔案材料已比較齊備,這些無論是對中國人事檔案制度史的研究,還是對中國文書檔案史的研究,無疑均具有重要價值。”(39—43 頁)

《校理》的下編《字表》,以整理報告《尹灣漢墓簡牘》的圖版爲基本材料,以形體完整、特徵鮮明、筆畫清晰爲收字原則,嚴格按照原整理報告圖版取樣,經電腦處理,盡量保持文字原形原貌。爲便於排版,字形大小按原比例進行了適當調整。同一字頭下凡字形相同者,祇取一個爲代表,凡構形有差异者,則盡量録入。每一字頭内容包括:字頭上是四位阿拉伯數字,爲其序號,供檢索之用;凡屬《説文》之重文或新附字,在序號右側分别以“重”或“新”注出。字頭下一欄出《説文》小篆或重文;若《説文》無,則此欄空缺,以示區别。小篆或重文欄下爲字形及其辭例和出處;爲便於檢索和比較,俗寫异體字歸於同一字頭之下,另起一列,并於辭例出處前出示其楷定形體。由此可知,《字表》内容是豐富的,比較全面反映了這批簡文字形的原貌,是漢字史、書法學、簡帛學不可多得的字形表。

總之,《校理》不光有對簡文的校釋,而且深入論述了這批漢簡的研究價值,還精心製作了字形表,所以,謂《校理》對《尹灣漢簡》進行了全面深入的整理研究,爲確。

二、整理研究方法值得提倡

《校理》最具特色的研究方法,就是善於運用不同學科的方法來整理研究這批漢簡。這批漢簡共有 20 多種文獻,不光文獻形式多樣,而且内容涉及歷史、文學、軍事、數術(天文曆法及占卜)、中醫藥等諸多學科,所以,要想全面深入地整理研究這批文獻,就需要將文字、音韻、訓詁的知識,文獻學的知識,這批簡牘所涉各學科的知識進行綜合交叉運用,方能達到深入整理研究的目的。《校理》在這方面是做得比較好的。例如,《尹灣漢簡》YM6D6 爲《武庫永始四年兵車器集簿》,是一枚雙面書寫的木牘,記載了漢王朝設置在東南地區的一處大型武器倉庫的庫藏情況,逐項詳列兵車器等各類軍用物資的名稱和數量,内中有一名物叫"薰毒",所記數量爲"八斗"。"薰毒"之所指,是一大難題,所指爲何物,一直未得釋讀。1999 年 2 月科學出版社出版的連雲港市博物館、中國文物研究所合編的研究尹灣漢簡的論文集《尹灣漢墓簡牘綜論》,其中有一篇專門研究 YM6D6 木牘的文章,也是這批漢簡出土後研究 YM6D6 木牘最權威的文章,即參加這批漢簡整理的李均明先生的《尹灣漢墓出土"武庫永始四年兵車器集簿"初探》一文,在論及此物時説:"薰毒,疑指熏煙的原料薰艾之類。集簿見薰毒 8 斗,以容量計,當爲原料之類,非器物。"這衹是猜測,并無證據,自然無以服人。對於"薰毒"這一難題,《校理》是這樣考釋的(正文 71 頁注 1):

> 熏毒,即熏陸,又稱"熏陸香"、"乳香"、"天澤香"、"摩勒香"、"多伽羅香"、"浴香"等,其主治功用是止痛長肉、調氣活血、治跌打損傷,也可作香料,爲橄欖科植物卡氏乳香樹的膠樹脂。毒,又可寫作"毒"或"毒"。本條"毒",爲"毒"的省筆字,此寫法簡帛中甚多。毒,通"陸"。《本草綱目·木部之一·熏陸香》:"(熏陸香,)消癰疽諸毒,托裹護心,活血定痛伸筋……乳香香竄,能入心經,活血定痛,故爲癰疽瘡瘍心腹痛要藥。"又引唐·佚名《日華子本草》云:"(此藥)止痛長肉。"此簿籍所記該物爲軍中藏藥,顯然是戰備藥物。熏陸中土不産,産於紅海沿岸至利比亞、蘇丹、土耳其等地,是外來藥。這裏所記此藥僅藏了"八斗",顯然是藏於武庫的極其珍貴的軍用藥品,説明由於熏陸來自遥遠的西亞,非常難得。

此条考辨甚为精彩,显然是巧妙综合运用文字学、音韻學、训诂学、中医药学、军事学各学科知识和研究方法的结果。實際上,以上考釋是張顯成發表於《文史》第 57 輯上的《釋尹灣漢簡的"薰毒"——兼論"薰陸"一藥的輸入》一文的濃縮,該文對"薰毒"的考論更爲詳細。若細讀該文,則可進一步知道,作者在綜合運用簡文所涉各學科知識理論來進行整理研究方面,的確是非常精彩值得稱道的。記得李學勤先生在評價張顯成的專著《簡帛藥名研究》時有這樣的話:"張顯成博士論作的難能可貴,正在於他既善於運用語言文字學的各種方法,又能够結合中醫藥學的有關知識,因而左右逢源,多有創獲……張顯成博士的這部《簡帛藥名研究》,在所用方法和知識上便是跨學科的,對此我們應當充分予以肯定。"[①]在科學技術飛速發展的今天,我們更需要提倡跨學科研究,正如李學勤先生在上引文中所説,"人類的知識本來是一個整體,衹是由於學術日益發展,學科越分越細,早已没有任何學人能做到無所不知。在這樣的條件下,多學科的溝通融會,常能起到促進研究進展,以至開拓新的領域的作用。最近,學者有鑒於此,就文理結合等問題大聲疾呼"。所以,在簡帛研究如火如荼的今天,應該如李先生所説,大力提倡運用跨學科研究方法,以促進簡帛學的發展。

一部好的古籍整理研究作品,一定要不光具有學術性,而且也具有可讀性的作品,《校理》正是一部在注重學術性的同時,注意深入淺出,注重可讀性的著作。例如,《尹灣漢簡》中有大量數術占卜文獻,共達 5 種,它們是:《神龜占》、《六甲占雨》、《博局占》、《刑德行時》、《行道吉凶》。這些文獻很難讀,其文意理解的難度很大。《校理》在儘量使之具備可讀性方面下了大功夫。如,讀者通過《校理》對《神龜占》的注釋講解,很輕鬆地就理解了當時的官府是怎樣使用此文獻來占解能否捕獲盜賊、盜賊的姓名及其所在方向的,知道了該牘第一欄的占解辭和第二欄的神龜圖的相互關係和占測步驟(正文 84—86 頁)。再如,《校理》講解《刑德行時》道:"此占以時段行測,含時段表及占解辭兩部分……時段表實是以當日天干配當日各時段的表譜。此占的使用方法是:先在時段表中找到所要占測日的時段的屬性,然後便可在占解辭中得出結果。"(正文 136 頁)所以,《校理》在古籍整理時努力做到深入淺出、注重可讀性方面,是又一值得充分肯定和大力提倡之亮點。

三、整理研究成果多有創新

如上所述,《校理》是作者在多年研究《尹灣漢簡》的前期成果以及吸納學界有關成果基礎上的集大成之作,故全書不乏精彩的考論。如上文所述對"薰毐"的考釋,不可不謂新穎精彩。下面再略舉幾例。

這批漢簡的行政文書中多次出現"潁川郡",與傳世文獻所載作"潁川郡"不合,《校理》注曰(正文 9 頁注 1):

> 潁川郡,即《漢書·地理志》的"潁川郡"。漢代"潁"多作"潁",簡帛中多見,如《敦煌漢簡》829A:"富貴隧戍卒,潁川郡陜業丘里張丁,四石具弩一。"又,817:"戍卒,潁川郡郊邑于長里狐柱。"又 1306:"戍卒,潁川郾高年里記固。"等等。《續封泥考略》載有"潁川大守"、"潁川大守章"、"潁陽丞"封泥。《秦漢南北朝官印征存》載有"潁陰宰之印"。漢碑也是如此,《隸辨》"潁"下則進一步總結曰:"諸碑皆以'潁'爲'潁'。"

① 以下見張顯成《簡帛藥名研究·李學勤〈跋〉》(西南大學出版社 2007 年版),李先生此文亦載《中國文物報》1998 年 6 月 24 日,題爲《〈簡帛藥名研究〉跋》。

僅該書對木牘《武庫永始四年兵車器集簿》正面第一欄詞語的考論,就有不少精彩者,如:

考釋"弩臂"曰:"弩臂,即弩臂,亦即弩之柄,其作用猶臂,故名。臂,通'臂'。"(正文43頁注4)

考釋"鐵罷"曰:"罷,讀爲'襬'。襬,裙也。《方言》卷四:'裙,陳魏之間謂之帔,自關而東或謂之襬。'《説文》巾部:'帔,弘農謂裙帔也。'段玉裁注:'謂裙曰帔也。'鐵襬,鐵制裙鎧。'鐵襬'有前後兩幅(一説分左右兩幅),成套者言'兩',不成套者言'奇',故本條言'七十四兩一奇'。"(正文45頁注5)

《校理》在對這批文獻的分篇上也有自己獨到新見。整理報告將這批文獻分爲19種,《校理》經過認真研究,分爲22種,新獨立出3種:將原整理報告的《神龜占、六甲占雨》分爲兩種文獻,分别命名爲《神龜占》和《六甲占雨》;從原整理報告的《元延元年曆譜》中析出《借貸書》;將原整理報告的《君兄繒方緹中物疏、君兄節司小物疏》分爲兩種文獻,分别命名爲《君兄繒方緹中物疏》和《君兄節司小物疏》。這樣分篇自然更合理,更能反映原文獻的自然類别。

《校理》在對這批文獻的命名方面也有自己的獨到新見。例如,YM2D1屬二號墓(墓主身份不詳)的衣物類陪葬器清單,原無標題,整理報告命之爲《衣物疏》,《校理》認爲不妥,理由是,因六號墓出土的YM6D12已經以"衣物疏"命名(《君兄衣物疏》,也是原牘標題)。《校理》按照文獻命名不當相互包含的原則,改稱《無名氏衣物疏》。如此命名顯然是恰當的,符合文獻命名的原則。

總之,《校理》是對《尹灣漢簡》的全面整理研究,無論是在整理研究的方法上,還是在學術性和可讀性上,都具有重要意義,是簡帛整理研究的可喜成果,也是簡帛整理研究者的重要參考書。在急功近利之風較甚的今天,能坐下來做這類古籍整理研究工作的人已不多,在大力深入推进哲學社会科学繁荣发展的今天,對勇於繼承乾嘉學風,甘於久坐冷板凳,樂於弘揚中華傳統文化者,更應該給予充分肯定。

任何成果都不可能没有不足,《校理》一書在整理研究《尹灣漢簡》上取得了很大成績,自然也有遺憾和不足。例如:

據悉,該書原稿有三個附録,分别是《兵器名物索引》、《遣策名物索引》、《人名索引》,但由於該書屬國家古籍整理出版專項經費資助項目,爲趕在規定的時間之内出版,出版社便删去了這幾個附録,實爲遺憾。

《概論》47頁3行的"其他二十種文獻",當作"其他二十一種文獻",脱"一"字。《概論》17頁7行的"鼓車"二字,按照該書體例,字下當有下劃綫。

該書個别地方存在排印問題,如:《校理説明》49頁1行的"有的釋文用'　'",當作"有的釋文用'☑'",引號内脱"☑"。書中還有重文號排印脱落的現象。

日本的中國出土簡帛研究論著目録(一)(1910—2011年)

[日]早稻田大學　柿沼陽平

本目録是應中國社會科學院簡帛研究中心邀約所作。目録蒐集了在日本出版的與中國出土簡帛有關的著作、報告書、書評、譯注、目録索引、論文等。著作、報告書、書評、目録索引、論文按出版年來排列,譯注按系列排列。日本研究者在國外發表的論著等,不收録在内。考慮到中國學者閲讀日文應没有障碍,并便於查找原論著,故未譯爲中文。目録難免有遺漏,請大家諒解。

一、著作

作者,書名,出版社,出版年

1. 平中苓次,中国古代の田制と税法,東洋史研究会,1967
2. 西嶋定生,中国古代帝国の形成と構造,東京大学出版会,1967
3. 湖南省博物館,長沙馬王堆一号漢墓,平凡社,1976
4. 今枝二朗,中国古代文化,高文堂出版社,1976
5. 林巳奈夫,漢代の文物,京大人文科学研究所,1976
6. 大浜晧,中国古代思想論,頸草書房,1977
7. 井上靖,中国の美術と考古,六興出版,1977
8. 松本善海,中国村落制度の史的研究,岩波書店,1977

9. 小泉袈裟勝,度量衡の歴史,原書房,1977
10. 好並隆司,秦漢帝国史研究,未来社,1978
11. 浅見篔洞,隷書研究,木耳社,1978
12. 池田温,中国古代籍帳研究,東京大学東洋文化研究所,1979
13. 大庭脩,木簡,学生社,1979
14. 長谷川誠一,古代東洋人の社会・経済的思考,竹内書店新社,1980
15. 大塚伴鹿,法家思想の源流,三信図書,1980
16. 古賀登,漢長安城と阡陌・県郷亭里制度,雄山閣,1980
17. 加藤常賢,中国古代文化の研究,二松学舎大学出版部,1980
18. 森鹿三,東洋学研究　居延漢簡篇,同朋舎,1980
19. 上野直明,中国古代思想史論,成文堂,1980
20. 楠山修作,中国古代史論集,精興社,1981
21. 西嶋定生,中国古代の社会と経済,東大出版会,1981
22. 大庭脩,秦漢法制史の研究,創文社,1982
23. 栗原圭介,古代中国婚姻制の礼理念と形態,東方書店,1982
24. 穴澤辰雄,中国古代思想論考,汲古書院,1982
25. 宮川尚志,中国宗教史研究,同朋舎,1983
26. 五井直弘,中国古代の城,研文出版,1983
27. 西嶋定生,中国古代国家と東アジア世界,東大出版会,1983
28. 増井経夫,史記の世界,日本放送出版協会,1983
29. 増淵龍夫,歴史家の同時代史的考察について,岩波書店,1983
30. 齋藤実郎,中国史論,高文出版社,1983
31. 大庭脩,木簡学入門,講談社,1984
32. 村上孚,中国考古と歴史の旅,中央公論社,1985
33. 吉川忠夫,中国古代人の夢と死,平凡社,1985
34. 江頭広,先秦官職資料,研文出版,1985
35. 渡辺信一郎,中国古代社会論,青木書店,1986
36. 杉本憲司,中国古代を掘る,中央公論社,1986
37. 石田浩,中国農村社会経済構造の研究,晃洋書房,1986
38. 江頭広,左伝民俗考,二松学舎大学出版部,1987
39. 堀敏一,中国古代の身分制　良と賎,汲古書院,1987
40. 李家正之,古代東アジアに溯る,泰流社,1987

41. 内山俊彦,中国古代思想史における自然認識,創文社,1987
42. 緒方暢夫,春秋時代各地における思想的傾向,汲古書院,1987
43. 佐伯富,中国塩政史の研究,法律文化社,1987
44. 工藤元男,中国古代文明の謎,光文社,1988
45. 宮崎市定,中国古代史論,平凡社,1988
46. 谷口義介,中国古代社会史研究,朋友書店,1988
47. 堀池信夫,漢魏思想史研究,明治書院,1988
48. 小島祐馬,古代中国研究,平凡社,1988
49. 越智重明,戦国秦漢史研究 1,中国書店,1988
50. 谷田孝之,中国古代家族制度論考,東海大学出版会,1989
51. 米田賢次郎,中国古代農業技術史研究,同朋舎,1989
52. 田中淡,中国建築史の研究,弘文堂,1989
53. 大川俊隆等,雲夢睡虎地秦簡通仮字索引,朋友書店,1990
54. 山田慶兒,夜鳴く鳥　医学・呪術・伝説,岩波書店,1990
55. 永田英正,居延漢簡の研究,同朋社,1990
56. 坂出祥伸,中国古代の占法　技術と呪術の周辺,研文出版,1991
57. 今堀誠二,中国封建社会の構成,勁草書房,1991
58. 西川寧,西川寧著作集 1,二玄社,1991
59. 板川正吾,孫子,日中出版,1992
60. 浜久雄,公羊学の成立とその展開,国書刊行会,1992
61. 大庭脩,漢簡研究,同朋社,1992
62. 好並隆司,商君書研究,渓水社,1992
63. 江頭広,古代中国の民俗と日本,雄山閣出版,1992
64. 浅野裕一,黄老道の成立と展開,創文社,1992
65. 坂出祥伸,「気」と養生　道教の養生術と呪術,人文書院,1993
66. 好並隆司,中国水利史研究論攷,岡山大学文学部,1993
67. 堀敏一,中国と古代東アジア世界,岩波書店,1993
68. 茂澤方尚,『韓非子』の思想史的研究,近代文芸社,1993
69. 越智重明,戦国秦漢史研究 2,中国書店,1993
70. 滋賀秀三,中国法制史,東京大学出版会,1993
71. 渡辺信一郎,中国古代国家の思想構造,校倉書房,1994
72. 岡田武彦,東洋のアイデンティティ,批評社,1994

73. 堀敏一,律令制と東アジア世界,汲古書院,1994
74. 堀敏一,中国古代史の視点,汲古書院,1994
75. 山田勝芳,秦漢財政収入の研究,汲古書院,1994
76. 下見隆雄,儒教社会と母性,研文出版,1994
77. 原宗子,古代中国の開発と環境,研文出版,1994
78. 池田英雄,史記学50年,明徳出版社,1995
79. 東晋次,後漢時代の政治と社会,名古屋大学出版会,1995
80. 渡邉義浩,後漢国家の支配と儒教,雄山閣出版,1995
81. 冨谷至,古代中国の刑罰,中央公論社,1995
82. 今泉恂之介,兵馬俑と始皇帝,新潮社,1995
83. 林巳奈夫,中国文明の誕生,吉川弘文館,1995
84. 山田慶児,中国医学の思想的風土,潮出出版,1995
85. 土居淑子,古代中国,言叢社,1995
86. 土居淑子,古代中国考古・文化論叢,言叢社,1995
87. 渡辺信一郎,天空の玉座,柏書房,1996
88. 宮崎市定,史記を語る,岩波書店,1996
89. 鶴間和幸,秦漢帝国へのアプローチ,山川出版社,1996
90. 吉本道雅,史記を探る,東方書店,1996
91. 堀敏一,中国古代の家と集落,汲古書院,1996
92. 平勢隆郎,中国古代紀年の研究,東京大学東洋文化研究所,1996
93. 藤田勝久,史記戦国資料の研究,東京大学出版会,1997
94. 西嶋定生,秦漢帝国,講談社,1997
95. 相田洋,異人と市,研文出版,1997
96. 越智重明,戦国秦漢史研究3,中国書店,1997
97. 大庭脩,木簡,大修館書店,1998
98. 冨谷至,秦漢刑罰制度の研究,同朋舎出版,1998
99. 工藤元男,睡虎地秦簡よりみた秦代の国家と社会,創文社,1998
100. 平勢隆郎,左伝の史料批判的研究,汲古書院,1998
101. 平勢隆郎・尾形勇,中華文明の誕生,中央公論社,1998
102. 足立啓二,専制国家史論,柏書房,1998
103. 豊島静英,中国における国家の起源,汲古書院,1999
104. 籾山明,漢帝国と辺境社会,中央公論社,1999

105. 重近啓樹,秦漢税役体系の研究,汲古書院,1999
106. 板野長八,中国古代社会思想史の研究,研文出版,2000
107. 江村治樹,春秋戦国秦漢時代出土文字資料の研究,汲古書院,2000
108. 李開元,漢帝国の成立と劉邦集団,汲古書院,2000
109. 平勢隆郎,史記二二〇〇年の虚実,講談社,2000
110. 山田勝芳,貨幣の中国古代史,朝日新聞社,2000
111. 松崎つね子,睡虎地秦簡,明徳出版社,2000
112. 高木智見,先秦の社会と思想,創文社,2001
113. 金子修一,古代中国と皇帝祭祀,汲古書院,2001
114. 楠山修作,中国史論集,朋友書店,2001
115. 平勢隆郎,よみがえる文字と呪術の帝国,中央公論社,2001
116. 樹下俊之介,睡虎地秦簡一字索引,明徳出版社,2001
117. 伊藤徳男,史記の構成と太史公の声,山川出版社,2001
118. 池田雄一,中国古代の聚落と地方行政,汲古書院,2002
119. 吉川忠夫,秦の始皇帝,講談社,2002
120. 松井嘉徳,周代国制の研究,汲古書院,2002
121. 竹内康浩,「正史」はいかに書かれてきたか,大修館書店,2002
122. 佐原康夫,漢代都市機構の研究,汲古書院,2002
123. 冨谷至,木簡・竹簡の語る中国古代,岩波書店,2003
124. 古賀登,四川と長江文明,東方書店,2003
125. 平勢隆郎,『春秋』と『左伝』,中央公論社,2003
126. 松丸道雄等,中国史 1,山川出版会,2003
127. 五井直弘,中国古代国家の形成と史学史,名著刊行会,2003
128. 滋賀秀三,中国法制史論集,創文社,2003
129. 佐藤武敏,王国維の生涯と学問,風間書房,2003
130. 岡田英弘,中国文明の歴史,講談社,2004
131. 好並隆司,前漢政治史研究,研文出版,2004
132. 鶴間和幸,ファーストエンペラーの遺産〈中国の歴史 3〉,講談社,2004
133. 吉永慎二郎,戦国思想史研究,朋友書店,2004
134. 平勢隆郎,中国古代の予言書,講談社,2004
135. 王勇華,秦漢における監察制度の研究,朋友書店,2004
136. 岡村秀典,中国古代王権と祭祀,学生社,2005

137. 高橋庸一郎,『史記』における中国古代王朝史の特質,勉誠出版,2005
138. 吉本道雅,中国先秦史の研究,京都大学学術出版会,2005
139. 江村治樹,戦国秦漢時代の都市と国家,白帝社,2005
140. 劉煒著・稲畑耕一郎監修,秦漢〈図説　中国文明史〉,創元社,2005
141. 平勢隆郎,都市国家から中華へ〈中国の歴史2〉,講談社,2005
142. 浅野裕一,竹簡が語る古代中国思想,汲古書院,2005
143. 藤田勝久,中国古代国家と郡県社会,汲古書院,2005
144. 原宗子,「農本」主義と「黄土」の発生,研文出版,2005
145. 大津透,日唐律令制の財政構造,岩波書店,2006
146. 稲葉一郎,中国史学史の研究,京都大学学術出版会,2006
147. 冨谷至,教科書では読めない中国史,小学館,2006
148. 鶴間和幸・黄暁芬,中国古代文明,山川出版社,2006
149. 金子修一,中国古代皇帝祭祀の研究,岩波書店,2006
150. 堀敏一,東アジア世界の形成,汲古書院,2006
151. 籾山明,中国古代訴訟制度の研究,京都大学学術出版会,2006
152. 浅野裕一,古代中国の宇宙論,岩波書店,2006
153. 太田幸男,中国古代史と歴史認識,名著刊行会,2006
154. 藤田勝久,項羽と劉邦の時代,講談社,2006
155. 沢田多喜男,黄帝四經,知泉書館,2006
156. 佐藤武敏,中国古代書簡集,講談社,2006
157. 佐竹靖彦,中国古代の田制と邑制,岩波書店,2006
158. 大庭脩,木片(きぎれ)に残った文字,柳原出版,2007
159. 宮澤知之,中国銅銭の世界,思文閣出版,2007
160. 李承律,郭店楚簡儒教の研究,汲古書院,2007
161. 平勢隆郎,史記の「正統」,講談社,2007
162. 水間大輔,秦漢刑法研究,知泉書館,2007
163. 太田幸男,中国古代国家形成史論,汲古書院,2007
164. 湯浅邦弘,戦いの神,研文出版,2007
165. 西谷正,東アジア考古学辞典,東京堂出版,2007
166. 池田雄一,中国古代の律令と社会,汲古書院,2008
167. 飯尾秀幸,中国史のなかの家族,山川出版社,2008
168. 岡村秀典,中国文明　農業と礼制の考古学,京都大学学術出版会,2008

169. 高村武幸,漢代の地方官吏と地域社会,汲古書院,2008
170. 谷中信一,斉地の思想文化の展開と古代中国の形成,汲古書院,2008
171. 舘野正美,中国古代思想窺見,汲古書院,2008
172. 下田誠,中国古代国家の形成と青銅兵器,汲古書院,2008
173. 小寺敦,先秦家族關係史料の新研究,汲古書院,2008
174. 大西克也・宮本徹,アジアと漢字文化,放送大学教育振興会,2009
175. 冨谷至編,漢字の中国文化,昭和堂,2009
176. 高田時雄編,漢字文化三千年,臨川書店,2009
177. 鷲尾祐子,中国古代の専制国家と民間社会,立命館東洋史学会,2009
178. 陶安あんど,秦漢刑罰体系の研究,創文社,2009
179. 藤田勝久,中国古代国家と社会システム,汲古書院,2009
180. 宇都木章,出土文物からみた中国古代,汲古書院,2009
181. 原宗子,環境から解く古代中国,大修館書店,2009
182. 紙屋正和,漢時代における郡県制の展開,汲古書院,2009
183. 渡辺英幸,古代"中華"観念の形成,岩波書店,2010
184. 渡辺信一郎,中国古代の財政と国家,汲古書院,2010
185. 冨谷至,文書行政の漢帝国,名古屋大学出版会,2010
186. 廣瀬薫雄,秦漢律令研究,汲古書院,2010
187. 平勢隆郎,正しからざる引用と批判の「形」,私家版,2010
188. 小沢賢二,中国天文学史研究,汲古書院,2010
189. 辻正博,唐宋時代刑罰制度の研究,京都大学学術出版会,2010
190. 柿沼陽平,中国古代貨幣経済史研究,汲古書院,2011
191. 宮宅潔,中国古代刑制史の研究,京都大学学術出版会,2011
192. 江村治樹,春秋戦国時代青銅貨幣の生成と展開,汲古書院,2011
193. 池田知久,郭店楚簡老子の新研究,汲古書院,2011
194. 工藤元男,占いと中国古代の社会,東方書店,2011

二、報告書

作者,報告名,課題名,課題來源,出版年

1. 上田早苗,「月令」と後漢社会—救恤をめぐって—,中国士大夫人階級と地域社会との関係についての総合的研究,昭和 57 年度科学研究費補助金総合研究(A)研究成果報告

書(研究課題番号 00531039),1983

2. 冨谷至,秦漢における庶民人と士伍・覚書,中国士大夫人階級と地域社会との関係についての総合的研究,昭和57年度科学研究費補助金総合研究(A)研究成果報告書(研究課題番号 00531039),1983

3. 堀毅,睡虎地秦簡「編年記」攷,アジア史における年代記の研究,一九八六年度科学研究費補助金総合研究成果報告書,1986

4. 山田勝芳,秦漢時代の金石文字,シンポジウム「日本文化と東アジア」1985-1986,東北大学文学部附属日本文化研究施設,1988

5. 工藤元男,雲夢睡虎地秦墓竹簡『日書』の史料的可能性,東アジア史上の国際関係と文化交流,昭和61・2年度科研費総合研究(A)研究成果報告書,1988

6. 冨谷至,玉門都尉と玉門候官—スタイン遺址 T14・T15a 出土木簡の分析—,中国辺境社会の歴史的研究,昭和63年度科学研究費補助金(総合研究 A)研究成果報告書(研究課題番号 62301048),1989

7. 山田慶兒,伝統医学の歴史と理論—新出土資料を手がかりに—,東洋医学入門—日中シンポジウムの記録—,平成4・5年度科学研究費補助金総合研究(A)研究成果報告書,1990

8. 若江賢三,古代中国における禁錮,中国史における正統と異端,平成二年度科学研究費報告書,1991

9. 藤田勝久,戦国秦の領域形成と交通路,出土文物による中国古代社会の地域的研究,平成2・3年度科研費報告書,1992

10. 若江賢三,秦律における債務労役—居貲贖責について—,出土文物による中国古代社会の地域的研究,平成2・3年度科研費報告書,1992

11. 大櫛敦弘,前漢「畿輔」制度の展開,出土文物による中国古代社会の地域的研究,平成2・3年度科研費報告書,1992

12. 工藤元男,雲夢秦簡「日書」の研究,平成3・4年度科研費(一般研究 C)研究成果報告書,1993

13. 浅原達郎,楚文字の「陵」について,中国出土文字資料の基礎的研究,平成4年度科学研究費補助金総合研究(A)研究成果報告書(研究課題番号 03301044),1993

14. 佐原康夫,居延漢簡に見える肩水金関について,中国出土文字資料の基礎的研究,平成4年度科学研究費補助金総合研究(A)研究成果報告書(研究課題番号 03301044),1993

15. 永田英正,甲渠第四隧出土簡の分析,中国出土文字資料の基礎的研究,平成4年度

科学研究費補助金総合研究(A)研究成果報告書(研究課題番号 03301044),1993

16. 若江賢三,秦律における遷について,『史記』『漢書』の再検討と古代社会の地域的研究,平成 5 年度科学研究費補助金一般研究(B)研究成果報告書,1994

17. 間瀬収芳,戦国楚国末期の寿春地域について,『史記』『漢書』の再検討と古代社会の地域的研究,平成 6 年度科学研究費補助金一般研究(B)研究成果報告書,1994

18. 藤田勝久,戦国楚の領域形成と交通路,『史記』『漢書』の再検討と古代社会の地域的研究,平成 7 年度科学研究費補助金一般研究(B)研究成果報告書,1994

19. 大櫛敦弘,秦代国家の統一支配,『史記』『漢書』の再検討と古代社会の地域的研究,平成 8 年度科学研究費補助金一般研究(B)研究成果報告書,1994

20. 江村治樹,中国戦国時代における法令の形式,「中国」を中心とするアジア史高等教育用史料の体系的整理ならびに研究史的分析,平成 7–8 年度科研費報告書,1997

21. 佐竹靖彦,規格地割社会における身分制としての秦代爵制の研究,アジアの地割制度,平成六–八年度科研費報告書,1997

22. 藤田高夫,敦煌居延漢簡による漢代文書行政の基礎的研究,平成 10–11 年度科研費報告書,2000

23. 伊藤敏雄,長沙走馬楼簡牘関係文献・紀事一覧,長沙呉簡研究報告,1,2001

24. 佐竹靖彦,井田制から商鞅田制へ,中国の歴史世界　統合システムと多元的発展,第 1 回中国史学国際会議研究報告集,2002

25. 谷口満,包山楚簡受期簡釈地,先秦楚国歴史地理研究,平成 11–13 年度科研費報告書,2003

26. 伊藤敏雄,長沙走馬楼簡牘関係文献・紀事一覧 2,長沙呉簡研究報告,2,2004

27. 關尾史郎,嘉禾吏民田家莂数值一覧 1,2005

28. 伊藤敏雄,長沙走馬楼簡牘関係文献・紀事一覧 3,長沙呉簡研究報告,3,2007

29. 關尾史郎,嘉禾吏民田家莂数值一覧 2,2007

30. 長沙呉簡研究会,長沙呉簡研究報告,3,2007

31. 關尾史郎,長沙走馬楼出土呉簡に関する比較史料学的研究とそのデータベース化,2007

32. 多数「漢字文化三千年」国際シンポジウム報告書,京都大学 21 世紀 COEプログラム,2008

33. 宮宅潔,「司空」小考,張家山漢簡による中国漢代制度史の再検討,平成 16–19 年度科学研究費補助金研究成果報告書,2008

34. 關尾史郎,長沙呉簡研究報告・2008 年度特刊,2009

35. 關尾史郎,長沙呉簡研究報告・2009年度特刊,2010

三、譯注

作者,譯注名,書刊名,卷刊號,出版社,出版年

【張家山漢簡】

1.「三国時代出土文字資料の研究」班,江陵張家山漢墓出土「二年律令」訳注稿その(1),東方学報,76,2004

2.「三国時代出土文字資料の研究」班,江陵張家山漢墓出土「二年律令」訳注稿その(2),東方学報,77,2005

3.「三国時代出土文字資料の研究」班,江陵張家山漢墓出土「二年律令」訳注稿その(3),東方学報,78,2006

4. 冨谷至編,江陵張家山二四七号墓出土漢律令の研究　訳注篇,朋友書店,2006

5. 学習院大学漢簡研究会,春秋故獄の名裁き—江陵張家山漢簡『奏讞書』を読む—,中国出土資料研究,4,2000

6. 学習院大学漢簡研究会,秦代盗牛・逃亡事件,学習院史学,38,2000

7. 学習院大学漢簡研究会,秦漢交替期のはざまで—江陵張家山漢簡『奏讞書』を読む—,中国出土資料研究,5,2001

8. 学習院大学漢簡研究会,漢初婚姻事件,学習院史学,40,2002

9. 学習院大学漢簡研究会,漢初地方事件九編—江陵張家山漢簡『奏讞書』を読む—,中国出土資料研究,6,2002

10. 学習院大学漢簡研究会,漢初官吏犯罪三編,中国出土資料研究,7,2003,

11. 学習院大学漢簡研究会,江陵張家山漢簡『二年律令』索引,中国出土資料研究,9,2005

12. 専修大学『二年律令』研究会,張家山漢簡『二年律令』訳注(1),専修史学,35,2003

13. 専修大学『二年律令』研究会,張家山漢簡『二年律令』訳注(2),専修史学,36,2004

14. 専修大学『二年律令』研究会,張家山漢簡『二年律令』訳注(3),専修史学,37,2004

15. 専修大学『二年律令』研究会,張家山漢簡『二年律令』訳注(4),専修史学,38,2005

16. 専修大学『二年律令』研究会,張家山漢簡『二年律令』訳注(5),専修史学,39,2005

17. 専修大学『二年律令』研究会,張家山漢簡『二年律令』訳注(6),専修史学,40,2006

18. 専修大学『二年律令』研究会,張家山漢簡『二年律令』訳注(7),専修史学,41,2006

19. 専修大学『二年律令』研究会,張家山漢簡『二年律令』訳注(8),専修史学,42,2007

20. 専修大学『二年律令』研究会,張家山漢簡『二年律令』訳注(9),専修史学,43,2007

21. 専修大学『二年律令』研究会,張家山漢簡『二年律令』訳注(10),専修史学,44,2008

22. 専修大学『二年律令』研究会,張家山漢簡『二年律令』訳注(11),専修史学,45,2008

23. 専修大学『二年律令』研究会,張家山漢簡『二年律令』訳注(12),専修史学,46,2009

24. 専修大学『二年律令』研究会,張家山漢簡『二年律令』訳注(13),専修史学,47,2009

25. 専修大学『二年律令』研究会,張家山漢簡『二年律令』訳注(14),専修史学,48,2010

26. 張家山漢簡『算数書』研究会編,漢簡『算数書』,朋友書店,2006

27. 早稲田大学簡帛研究会,張家山第二四七号漢墓竹簡訳注(一),早稲田大学長江流域文化研究所年報,創刊号,2002

28. 早稲田大学簡帛研究会,張家山第二四七号漢墓竹簡訳注(二),早稲田大学長江流域文化研究所年報,2,2003

29. 早稲田大学簡帛研究会,張家山第二四七号漢墓竹簡訳注(三),早稲田大学長江流域文化研究所年報,3,2005

30. 早稲田大学簡帛研究会,張家山第二四七号漢墓竹簡訳注(四),早稲田大学長江流域文化研究所年報,4,2006

31. 早稲田大学簡帛研究会,張家山第二四七号漢墓竹簡訳注(五),早稲田大学長江流域文化研究所年報,5,2007

32. 池田雄一編,奏讞書,刀水書房,2002

【額濟納漢簡】

エチナ漢簡講読会,エチナ漢簡選釈,中国出土資料研究,10,2006

【睡虎地秦簡】

1. 高橋庸一郎,睡虎地秦簡《語書》釈文注解(下Ⅰ),阪南論集(人文・自然科学),28-1,1992

2. 高橋庸一郎,睡虎地秦簡《語書》釈文注解(下Ⅱ),阪南論集(人文・自然科学),28-2,1992

3. 高橋庸一郎,睡虎地秦簡《語書》釈文注解(下Ⅲ),阪南論集(人文・自然科学),29-1,1993

4. 高橋庸一郎,睡虎地秦簡《語書》釈文注解(下Ⅳ),阪南論集(人文・自然科学),29-2,1993

5. 高橋庸一郎,睡虎地秦簡《語書》釈文注解(下Ⅴ),阪南論集(人文・自然科学),29-

4,1994

6. 高橋庸一郎,睡虎地秦簡《語書》釈文注解(下Ⅵ),阪南論集(人文・自然科学),30-1,1994

7. 高橋庸一郎,睡虎地秦簡《語書》釈文注解(下Ⅶ)(完),阪南論集(人文・自然科学),30-2,1994

8. 高橋庸一郎,睡虎地秦簡《語書》釈文注解(上),阪南論集(人文・自然科学),27-2,1991

9. 高橋庸一郎,睡虎地秦簡《語書》釈文注解(中),阪南論集(人文・自然科学),27-4,1992

10. 高橋庸一郎,睡虎地秦簡《語書》釈文注解(下1),阪南論集(人文・自然科学),28-1,1992

11. 高橋庸一郎,睡虎地秦簡《語書》釈文注解(下2),阪南論集(人文・自然科学),28-2,1992

12. 高橋庸一郎,睡虎地秦墓竹簡釈文注解(1),阪南論集(人文・自然科学),23-4,1988

13. 高橋庸一郎,睡虎地秦墓竹簡釈文注解(2),阪南論集(人文・自然科学),24-4,1989

14. 高橋庸一郎,睡虎地秦墓竹簡釈文注解(3),阪南論集(人文・自然科学),25-4,1990

15. 秦簡講読会,「湖北睡虎地秦墓竹簡」訳註初稿,中央大学大学院論究,10-1,1978

16. 秦簡講読会,「睡虎地秦墓竹簡」訳註初稿(承前二),中央大学大学院論究,11-1,1979

17. 秦簡購読会,『雲夢睡虎地秦墓竹簡』訳注初稿(承前三),中央大学大学院論究,12-1,1980

18. 秦簡講読会,「雲夢睡虎地秦墓竹簡」訳注初稿(承前四),中央大学大学院論究,13-1,1981

19. 秦簡講読会,『雲夢睡虎地秦墓竹簡』釈註初稿(承前五),中央大学大学院論究,14-1,1982

20. 秦簡講読会,『雲夢睡虎地秦墓竹簡』訳註初稿(承前六),中央大学大学院論究,15-1,1983

21. 石岡浩,睡虎地秦簡「秦律十八種」司空律訳注(上),教育と研究早稲田大学本庄高等学院研究紀要,23,2005

22. 石岡浩,睡虎地秦簡「秦律十八種」司空律訳注(下),教育と研究早稲田大学本庄高等学院研究紀要,24,2006

23. 早稲田大学秦簡研究会,雲夢睡虎地秦墓竹簡「為吏之道」訳註初稿(一),史滴,9,1988

24. 早稲田大学秦簡研究会,雲夢睡虎地秦墓竹簡「為吏之道」訳註初稿(二),史滴,10,1989

25. 早稲田大学秦簡研究会,雲夢睡虎地秦墓竹簡「語書」訳注初稿(一),史滴,11,1990

26. 早稲田大学秦簡研究会,雲夢睡虎地秦墓竹簡「語書」訳注初稿(二),史滴,12,1991

27. 早稲田大学秦簡研究会,雲夢睡虎地秦墓竹簡「封診式」訳注初稿(一),史滴,13,1992

28. 早稲田大学秦簡研究会,雲夢睡虎地秦墓竹簡「封診式」訳注初稿(二),史滴,14,1993

29. 早稲田大学秦簡研究会,雲夢睡虎地秦墓竹簡「封診式」訳注初稿(三),史滴,15,1994

30. 早稲田大学秦簡研究会,雲夢睡虎地秦墓竹簡「封診式」訳注初稿(四),史滴,16,1994

31. 早稲田大学秦簡研究会,雲夢睡虎地秦墓竹簡「封診式」訳注初稿(五),史滴,17,1995

32. 早稲田大学秦簡研究会,雲夢睡虎地秦墓竹簡「封診式」訳注初稿(六),史滴,18,1996

33. 早稲田大学秦簡研究会,雲夢睡虎地秦墓竹簡「法律答問」訳注初稿(一),史滴,20,1998

34. 早稲田大学秦簡研究会,雲夢睡虎地秦墓竹簡「法律答問」訳注初稿(二),史滴,21,1999

【銀雀山漢簡】

1. 早稲田大学簡帛研究会,銀雀山漢簡「守法・守令等十三篇」の研究(一),中国出土資料研究,6,2002

2. 早稲田大学簡帛研究会,銀雀山漢簡「守法・守令等十三篇」の研究(二),中国出土資料研究,7,2003,

3. 早稲田大学簡帛研究会,銀雀山漢簡「守法・守令等十三篇」の研究(三),中国出土資料研究,8,2004

4. 早稲田大学簡帛研究会,銀雀山漢簡「守法・守令等十三篇」の研究(四),中国出土資料研究,9,2005

5. 早稲田大学簡帛研究会,銀雀山漢簡「守法・守令等十三篇」の研究(五),中国出土資料研究,10,2006

6. 早稲田大学簡帛研究会,銀雀山漢簡「守法・守令等十三篇」の研究(六),中国出土資料研究,11,2007

7. 早稲田大学簡帛研究会,銀雀山漢簡「守法・守令等十三篇」の研究(七),中国出土資料研究,12,2008

8. 佐藤直人・仲山茂,銀雀山漢簡「守法守令等十三篇」訳註(1),名古屋大学東洋史研究報告,27,2003

9. 仲山茂・佐藤直人,銀雀山漢簡「守法守令等十三篇」訳註(2),名古屋大学東洋史研究報告,28,2004

10. 仲山茂,銀雀山漢簡『守法守令等十三篇』訳注(3),名古屋大学東洋史研究報告,29,2005

11. 橋本明子,銀雀山漢簡『守法守令等十三篇』訳注(4),名古屋大学東洋史研究報告,30,2006

12. 飯田祥子,銀雀山漢簡『守法守令等十三篇』訳注(5),名古屋大学東洋史研究報告,31,2007

13. 飯田祥子,銀雀山漢簡『守法守令等十三篇』訳注(6),名古屋大学東洋史研究報告,32,2008

14. 橋本明子,銀雀山漢簡『守法守令等十三篇』訳注(7),名古屋大学東洋史研究報告,35,2011

15. 原宗子(監訳),銀雀山漢墓『晏子』訳注(稿),中国出土資料研究,12,2008

【龍崗秦簡】

1. 佐々木研太・下田誠,龍崗秦簡(前編),中国出土資料研究,14,2010
2. 佐々木研太・下田誠,龍崗秦簡(後編),中国出土資料研究,15,2011

【尹湾漢墓出土簡牘】

1. 早稲田大学簡帛研究会,尹湾漢墓出土簡牘訳注(一),中国出土資料研究,13,2009
2. 早稲田大学簡帛研究会,尹湾漢墓出土簡牘訳注(二),中国出土資料研究,14,2010
3. 早稲田大学簡帛研究会,尹湾漢墓出土簡牘訳注(三),中国出土資料研究,15,2011

【子彈庫楚帛書】

池澤優,子彈庫楚帛書八行文訳註,楚地出土資料と中国古代文化,汲古書院,2002

【里耶秦簡】

里耶秦簡講読会,里耶秦簡訳注,中国出土資料研究,8,2004

【馬王堆漢墓帛書】

1. 福宿孝夫,馬王堆漢墓の総合研究—中国新書に基づく訳解(その1),宮崎大学教育学部紀要(人文科学),54,1983

2. 福宿孝夫,馬王堆漢墓の総合研究(2)—補正訳の再掲と書法に関する考察,宮崎大学教育学部紀要(人文科学),56,1984

3. 会谷佳光,『馬王堆漢墓帛書老子甲本巻後古佚書明君篇』訳注,中国出土資料研究,2,1998

4. 池田知久編,「馬王堆漢墓帛書出土老子甲本巻後古佚書五行篇」訳注(一),二松学舎大学論集,32,1989

5. 池田知久編,「馬王堆漢墓帛書出土老子甲本巻後古佚書五行篇」訳注(二),二松学舎大学論集,33,1990

6. 池田知久編,「馬王堆漢墓帛書出土老子甲本巻後古佚書五行篇」訳注(三),二松学舎大学論集,34,1991

7. 池田知久編,「馬王堆漢墓帛書出土老子甲本巻後古佚書五行篇」訳注(四),二松学舎大学論集,35,1992

8. 池田知久編,「馬王堆漢墓帛書出土老子甲本巻後古佚書五行篇」訳注(私家版),1992

9. 池田知久,老子,馬王堆出土文献訳注叢書,東方書店,2006

10. 野間文史,春秋事語,馬王堆出土文献訳注叢書,東方書店,2007

11. 小曽戸洋等,五十二病方,馬王堆出土文献訳注叢書,東方書店,2007

12. 齋木哲郎,五行・九主・明君・徳聖:《老子》甲本巻後古佚書,馬王堆出土文献訳注叢書,東方書店,2007

13. 白杉悦雄,坂内栄夫,却穀食気・導引図・養生方・雑療方,馬王堆出土文献訳注叢書,東方書店,2011

14. 佐藤武敏監修,馬王堆帛書　戦国縦横家書,朋友書店,1993

【上海博物館藏楚簡】

1. 西山尚志,上海博楚簡『民之父母』譯注,出土文獻と秦楚文化,1,2004
2. 小寺敦,上海博楚簡『子羔』篇譯注,出土文獻と秦楚文化,1,2004
3. 谷中信一,上海博楚簡『魯邦大旱』譯注,出土文獻と秦楚文化,1,2004
4. 曹峰,上海博物館藏戰國楚竹書『昔者君老』譯注,出土文獻と秦楚文化,2,2005
5. 李承律,上海博物館藏戰國楚竹書『容成氏』譯注(上),出土文獻と秦楚文化,2,2005
6. 草野友子,上博楚簡『競建内之』・『鮑叔牙与隰朋之諫』訳注,中国研究集刊,41,2006
7. 小寺敦,上海博物館藏戰國楚竹書『彭祖』譯注,出土文獻と秦楚文化,3,2007
8. 井上亘,上海博物館藏戰國楚竹書『内豊』譯注,出土文獻と秦楚文化,3,2007
9. 大西克也,上海博物館藏戰國楚竹書《曹沫之陳》譯注,出土文獻と秦楚文化,3,2007
10. 谷中信一,上海博楚簡『競建内之』譯注,出土文獻と秦楚文化,4,2009
11. 谷中信一,上海博楚簡『鮑叔牙與隰朋之諫』譯注,出土文獻と秦楚文化,4,2009
12. 西山尚志,上海博楚簡『鬼神之明』譯注,出土文獻と秦楚文化,4,2009
13. 野原将輝,上海博楚簡『競公瘧』譯注,出土文獻と秦楚文化,4,2009
14. 金城未来,上博楚簡『鄭子家喪』訳注,中国研究集刊,51,2010
15. 小寺敦,上海博楚簡『鄭子家喪』訳注,東洋文化研究所紀要,157,2010

【其他】

岡安勇,『漢馮奉世趙壯侯墓表』訳注,中国出土資料研究,3,1999

四、評論

作者,評論名,書刊名,卷刊號,出版年

1. 森鹿三,「居延漢簡考釈」を手に思う,(京都大学)学園新聞,3 月 26 日,1951
2. 藤枝晃,黄文弼著『羅布淖爾考古記』(1948),自然と文化,1,1951
3. 小川環樹,藤枝晃著『文字の文化史』,東洋史研究,31-3,1972
4. 大庭脩,『居延木簡』,史泉,47,1973
5. 池田温,堀敏一著『中国均田制の研究—中国古代国家の土地政策と土地所有制—』,史学雑誌,86-9,1977
6. 江村治樹,貝塚茂樹著『中国の古代国家』,史林,60-6,1977
7. 原田善治,松本善海著『中国村落制度の史的研究』,社会文化史学,14,1977
8. 松崎つね子,谷川道雄著『中国中世社会と共同体』,駿台史学,40,1977

9. 堀毅,滋賀秀三著「武威出土王杖十簡の解釈と漢令の形態—大庭脩氏の論考を読みて—」,法制史研究,28,1978

10. 滋賀秀三,大庭脩著「雲夢出土竹書秦律の研究」(関西大学文学論集,27-1,1977)・堀毅「雲夢出土秦簡の基礎的研究」(史観,97,1977),法制史研究,28,1979

11. 永田英正,好並隆司著『秦漢帝国史研究』,史学雑誌,88-4,1979

12. 石川英昭,豊島静英著「中国古代国家形成期における諸国家観の交錯」,法制史研究,29,1980

13. 五井直弘,尾形勇著『中国古代の「家」と国家—皇帝支配下の秩序構造—』,東洋史研究,39-2,1980

14. 近藤則之,尾形勇著『中国古代の「家」と国家』,中国哲学論集,6,1980

15. 山田勝芳,紙屋正和著「前漢諸侯王国の財政と武帝の財政増収策」,法制史研究,29,1980

16. 好並隆司,尾形勇著『中国古代の「家」と国家—皇帝支配下の秩序構造—』,歴史評論,366,1980

17. 礪波護,池田温著『中国古代籍帳研究—概観・録文—』,東洋史研究,39-1,1980

18. 大庭脩,古賀登著「雲夢睡虎地某喜墓の秦律等法律文書副葬事情をめぐって」,法制史研究,30,1981

19. 岡野誠,島田正郎著『中国法制史料第一輯』,駿台史学,52,1981

20. 古賀登,大庭脩著『木簡』,法制史研究,30,1981

21. 楠山修作,古賀登著『漢長安城と阡陌・県郷亭里制度』,東洋史研究,39-4,1981

22. 古賀登,太田幸男著「商鞅変法の再検討・補正」,法制史研究,31,1981

23. 佐竹靖彦,池田温著『中国古代簿帳研究—概観・録文—』,史学雑誌,90-7,1981

24. 小口彦太,尾形勇著『中国古代の「家」と国家—皇帝支配下の秩序構造—』,法制史研究,30,1981

25. 中村茂夫,唐代史研究会編『中国律令制とその展開—周辺諸国への影響を含めて—』,法制史研究,30,1981

26. 山田勝芳,古賀登著『漢長安城と阡陌・県郷亭里制度』,史学雑誌,90-1,1981

27. 渡昌弘,胡如雷著『中国封建社会形態研究』,集刊東洋学,46,1981

28. 永田英正,江村治樹著「雲夢睡虎地出土秦簡の性格をめぐって」(東洋史研究,40-1),法制史研究,32,1982

29. 永田英正,大庭脩著「居延新出『候粟君所責寇恩事』册書—爰書考補—」(東洋史研究,40-1),法制史研究,32,1982

30. 永田英正,堀毅著「秦漢時代の嗇夫について—『漢書』「百官表」と雲夢秦簡による一考察—」(史滴,2),法制史研究,32,1982

31. 籾山明,楊寛著『戦国史』(新版),東洋史研究,41-3,1982

32. 小倉芳彦,大庭脩著『秦漢法制史の研究』,創文,226,1982

33. 瀧川政次郎,東京大学東洋文化研究所刊『特集律令制の比較史的研究のために』,法制史研究,31,1982

34. 冨谷至,林剣鳴著『秦史稿』,東洋史研究,41-1,1982

35. 紙屋正和,大庭脩著『秦漢法制史の研究』,史学雑誌,92-4,1983

36. 岡内三眞,潮見浩著『東アジアの初期鉄器文化』を読んで,考古学雑誌,68-3,1983

37. 土屋紀義,木村正雄著『中国古代農民叛乱の研究』,歴史学研究,516,1983

38. 堀毅,大庭脩著『秦漢法制史の研究』,東洋史研究,42-3,1983,

39. 町田章,潮見浩著『東アジアの初期鉄器文化』を読んで,考古学研究,29-4,1983

40. 籾山明,冨谷至著「秦漢の労役刑」,法制史研究,34,1984

41. 大林太良,熊谷治著『東アジアの民俗と祭儀』,民族学研究,49-1,1984

42. 尾形勇,西嶋定生著『中国古代国家と東アジア世界』,法制史研究,34,1984

43. 岸本美緒,中国史研究会編『中国史像の再構成一国家と農民一』,法制史研究,34,1984

44. 鬼頭清明,西嶋定生著『中国古代国家と東アジア』,東洋史研究,43-2,1984

45. 冨谷至,堀毅著「秦漢賊律攷」,法制史研究,34,1984

46. 中村裕一,大庭脩著『秦漢法制史の研究』,法制史研究,34,1984

47. 堀敏一,籾山明著「秦の隷属身分とその起源一隷臣妾問題に寄せて一」,法制史研究,34,1984

48. 堀毅,秦簡講読会「『雲夢睡虎地秦墓竹簡』釈註初稿(承前六)封診式」,法制史研究,34,1984

49. 籾山明,冨谷至著「謀反一秦漢刑罰思想の展開一」,法制史研究,34,1984

50. 籾山明,堀敏一著「漢代の七科讁とその起源」,法制史研究,34,1984

51. 柳田節子,中国史研究会編『中国史像の再構成』,東洋史研究,43-2,1984

52. 宇津木章,尾形勇著「「吹律定姓」初探一中国古代姓氏制に関する一考察」,法制史研究,35,1985

53. 宇津木章,尾形勇著「中国の姓氏」,法制史研究,35,1985

54. 大野仁,堀毅著「唐律遡源攷一秦律における"一人有数罪"の規定を中心とする一考察一」,法制史研究,35,1985

55. 工藤元男,池田雄一著「李悝の法経について」,法制史研究,35,1985

56. 池田雄一,籾山明著「秦の裁判制度の復元」,法制史研究,36,1986

57. 片倉望,町田三郎著『秦漢思想史の研究』,集刊東洋学,56,1986

58. 佐原康夫,影山剛著『中国古代の商工業と専売制』,東洋史研究,44-4,1986

59. 田中麻沙巳,日原利国著『漢代思想の研究』,東洋史研究,45-3,1986

60. 浅野裕一,日原利国著『漢代思想の研究』,集刊東洋学,57,1987

61. 太田幸男,渡辺信一郎著『中国古代社会論』,東洋史研究,46-3,1987,

62. 太田幸男,飯尾秀幸著「中国古代における国家と共同体」,法制史研究,36,1987

63. 岡野誠,唐代史研究会編『律令制　中国朝鮮の法と国家』,法制史研究,36,1987

64. 鶴間和幸,大櫛敦弘著「漢代の「中家の産」に関する一考察　居延漢簡所見の「賈・直」をめぐって」,法制史研究,36,1987

65. 豊島静英,渡辺信一郎著『中国古代社会論』,中国社会と文化,2,1987

66. 平勢隆郎,江頭広著『先秦官職資料』,法制史研究,36,1987

67. 堀毅,冨谷至著「連坐制とその周辺」,法制史研究,36,1987

68. 葭森健介,渡辺信一郎著『中国古代社会論』,史林,70-5,1987

69. 岡野誠,堀敏一著『中国古代の身分制一良と賤一』,歴史と地理,393,1987

70. 工藤元男,山田勝芳著「秦漢時代の大内と少内」,法制史研究,38,1988

71. 滋賀秀三,大庭脩著「武威出土「王杖詔書・令」冊書」,法制史研究,38,1988

72. 重近啓樹,渡辺信一郎著『中国古代社会論』,歴史学研究,577,1988

73. 杉本憲司,岡崎敬著『中国の考古学　隋唐篇』,考古学研究,35-1,1988

74. 山田勝芳,渡辺信一郎『中国古代社会論』,法制史研究,37,1988

75. 山根清志,堀敏一著『中国古代の身分制　良と賎』,東洋史研究,47-2,1988

76. 山本進等,渡邉信一郎著『中国古代社会論』,名古屋大学東洋史研究報告,13,1988

77. 真柳誠,丸山敏秋著『黄帝内経と中国古代医学』,科学史研究,168,1989

78. 越智重明,重近啓樹著「漢代の復除について」,法制史研究,38,1989

79. 斎藤秀昭,堀毅著「秦漢盗律考」,法制史研究,38,1989

80. 竹浪隆良,堀敏一著『中国古代の身分制　良と賎』,駿台史学,76,1989

81. 堀毅,若江賢三著「漢代の『不敬』罪について」,法制史研究,38,1989

82. 籾山明,堀敏一著『中国古代の身分制　良と賎』,史林,72-1,1989

83. 八重津洋平,池田雄一著「漢代における司法の展開一律令一定と法の公開一」,法制史研究,39,1990

84. 川村康,西川素治著「漢代の遺言状一江蘇儀徴胥浦 10 号簡墓出土『先令券書』につ

いて一」,法制史研究,39,1990

85. 冨田健之,福井重雅著『漢代官吏登用制度の研究』,東洋史研究,48-4,1990

86. 岡田弘,永田英正著「居延漢簡の研究」,史学雑誌,99-9,1990

87. 古賀登,米田賢次郎著『中国古代農業技術史研究』,東洋史研究,48-4,1990

88. 工藤元男等,甘肅省文物考古研究所編『秦漢簡牘論文集』(甘肅人民出版社,1988),史泉(関西大),73,1991

89. 若江賢三,福井重雅著『漢代官吏登用制度の研究』,法制史研究,40,1991

90. 山田俊,中国の道家・道教思想研究の集約—黄釗主編『道家思想史綱』,東方,137,1992

91. 大形徹,坂出祥伸著『「気」の一展開としての中国占法—』､『中国古代の占法　技術と呪術の周辺』,東方,130,1992

92. 奥村郁三,滋賀秀三著「前漢文帝の刑制改革をめぐって一漢書刑法志脱文の疑い一」,法制史研究,41,1992

93. 籾山明,永田英正著『居延漢簡の研究』,法制史研究,41,1992

94. 楠山春樹,浅野裕一著『黄老道の成立と展開』,東方宗教,82,1993

95. 池田雄一,重近啓樹著「秦漢における徭役の諸形態」,法制史研究,42,1993

96. 藤田忠,大庭脩著『漢簡研究』,東方,150,1993

97. 滋賀秀三,冨谷至著「王杖十簡」,法制史研究,43,1994

98. 島森哲男,浅野裕一著『黄老道の成立と展開』,集刊東洋学,71,1994

99. 關尾史郎,堀敏一著『中国と古代東アジア世界　中華的世界と諸民族』,東アジア,3,1994

100. 松崎つね子,鶴間和幸著「古代中華帝国の統一法と地域一秦帝国の法の統一とその虚構性一」,法制史研究,43,1994

101. 小倉芳彦,堀敏一著『中国古代史の視点私の中国史学(2)』,古代文化,47,1995

102. 甲斐勝二,趙逵夫著「《戦国策・楚策一》張儀相秦章発微」,福岡大学総合研究所報人文科学編,172,1995

103. 好並隆司,山田勝芳著『秦漢財政収入の研究』,社会経済史学,60-5,1995

104. 鹿内浩胤,山田勝芳著『秦漢財政収入の研究』,歴史,84,1995

105. 藤田高夫,大庭脩著『漢簡研究』,法制史研究,44,1995

106. 藤田勝久,平勢隆郎著『新編史記東周年表—中国古代紀年の研究序章』,古代文化,48-12,1996

107. 伊藤敏雄,渡辺信一郎著『中国古代国家の思想構造　専制国家とイデオロギー』,

新しい歴史学のために,223,1996

108. 江村治樹,五井直弘著『中国の古代都市』,東洋史研究,55-2,1996

109. 岡野誠,秦漢法制史への誘い——冨谷至『古代中国の刑罰』、同『ゴビに生きた男たち』、籾山明『秦の始皇帝』——,東方,178,1996

110. 中村圭爾,越智重明著「漢時代の免官,削爵」同「六朝の免官,削爵,除名」,法制史研究,45,1996

111. 横山裕,原宗子著『古代中国の開発と環境『管子』地員篇研究』,中国哲学論集,22,1996

112. 工藤元男,池田雄一著「漢代の讞制について」、同「江陵張家山『奏讞書』について」、飯尾秀幸著「張家山漢簡『奏讞書』をめぐって」,法政史研究,46,1997

113. 藤田勝久,包山楚簡研究の新段階—陳偉『包山楚簡所探』—,中国出土資料研究,2,1998

114. 渡邊大,EdmundRyden 著『黄帝四経 TheYellowEmperor´sFourCanons』,中国出土資料研究,2,1998

115. 大櫛敦弘,藤田勝久著『史記戦国史料の研究』,中国出土資料研究,2,1998

116. 大橋修,大庭脩編集『木簡古代からのメッセージ』,漢文教室,184,1998

117. 佐川英治,堀敏一著『中国古代の家と集落』,唐代史研究,1,1998

118. 滋賀秀三,張建国著「前漢文帝刑法改革とその展開の再検討」,法制史研究,47,1998

119. 高津純也,藤田勝久著『史記戦国史料の研究』,史学雑誌,107-8,1998

120. 冨谷至,工藤元男著『睡虎地秦簡よりみた秦代の国家と社会』,東方,212,1998

121. 山根清志,堀敏一著『中国古代の家と集落』,古代文化,50-8,1998

122. 井ノ口哲也,有馬卓也著『淮南子の政治思想』,中国出土資料研究,3,1999

123. 近藤浩之,邢文著『帛書周易研究』,中国出土資料研究,3,1999

124. 大櫛敦弘,工藤元男著『睡虎地秦簡よりみた秦代の国家と社会』,東洋史研究,58-1,1999

125. 湯浅邦弘,工藤元男著『睡虎地秦簡よりみた秦代の国家と社会』,中国出土資料研究,3,1999

126. 重近啓樹等,堀敏一著『中国古代の家と集落』,駿台史学,106,1999

127. 平勢隆郎,藤田勝久著『史記戦国史料の研究』,歴史学研究,726,1999

128. 水間大輔,冨谷至著『秦漢刑罰制度の研究』,中国出土資料研究,4,2000

129. 石岡浩,冨谷至著『秦漢刑罰制度の研究」,法制史研究,49,2000

130. 大津透,重近啓樹著『秦漢税役体系の研究』,東洋史研究,58-4,2000

131. 七野敏光,宮宅潔著「秦漢時代の裁判制度—張家山漢簡《奏讞書》より見た—」,法制史研究,49,2000

132. 籾山明,冨谷至著『秦漢刑罰制度の研究』,東洋史研究,58-4,2000

133. 山田勝芳,重近啓樹著『秦漢税役体系の研究』,唐代史研究,3,2000

134. 菅野恵美,羅二虎著『中国漢代の画像と画像墓』,中国出土資料研究,5,2001

135. 宮本一夫,江村治樹著『春秋戦国秦漢時代出土文字資料の研究』,中国出土資料研究,5,2001

136. 奥村郁三,辻正博著「流刑とは何か　唐律の流刑再考」,法制史研究,50,2001

137. 高津純也,江村治樹著『春秋戦国秦漢時代出土文字資料の研究』,史学雑誌,110-3,2001

138. 谷中信一,湯浅邦弘著『中国古代軍事思想史の研究』,歴史学研究,745,2001

139. 飯島和俊,松崎つね子著『睡虎地秦簡』,中国出土資料研究,5,2001

140. 高木智見,江村治樹著『春秋戦国秦漢時代出土文字資料の研究』,名古屋大学東洋史研究報告,26,2002

141. 吉村昌之,冨谷至著『流沙出土の文字資料—楼蘭・尼雅文書を中心に』を読む,中国出土資料研究,6,2002

142. 冨谷至,陶安あんど著「法典編纂史再考漢篇:再び文献史料を中心に据えて」,法制史研究,51,2002

143. 森谷一樹,江村治樹著『春秋戦国秦漢時代出土文字資料の研究』,東洋史研究,61-2,2002

144. 石岡浩,宮宅潔著「秦漢時代の爵と刑罰」,法制史研究,51,2002

145. 青木俊介,佐原康夫著『漢代都市機構の研究』,明大アジア史論集,9,2003

146. 鈴木健郎,池澤優著『孝思想の宗教学的研究』,中国出土資料研究,7,2003

147. 原宗子,佐原康夫著『漢代都市機構の研究』,中国出土資料研究,7,2003

148. 藤田勝久,池田雄一著『中国古代の聚落と地方行政』,中国出土資料研究,7,2003

149. 石岡浩,冨谷至編『流沙出土の文字資料　楼蘭・尼雅出土文書を中心に』,法制史研究,52,2003

150. 石岡浩,水間大輔著「秦律・漢律における共犯の処罰原理」,法制史研究,53,2003

151. 太田幸男,佐原康夫著『漢代都市機構の研究』,東洋史研究,62-2,2003

152. 重近啓樹,池田雄一著『中国古代の聚落と地方行政』,唐代史研究,6,2003

153. 仲山茂,池田雄一著『中国古代の聚落と地方行政』,日本秦漢史学会会報,4,2003

154. 浜川栄,佐原康夫著『漢代都市機構の研究』,日本秦漢史学会会報,4,2003

155. 高木智見,郭店楚簡研究会編『楚地出土資料と中国古代文化』,中国出土資料研究,8,2004

156. 吉富透,石川三佐男著『楚辞新研究』,中国出土資料研究,8,2004

157. 伊藤清司,古賀登著『四川と長江文明』,東方,276,2004

158. 川村康,滋賀秀三著『中国法制史論集　法典と刑罰』,東洋史研究,63-1,2004

159. 妹尾達彦,池田温著『唐研究論文選集』,唐代史研究,7,2004

160. 東野治之,池田温著『東アジアの文化交流史』,史学雑誌,113-8,2004

161. 江村知朗,高木智見著『先秦の社会と思想中国文化の核心』,歴史,104,2005

162. 渋谷由紀,『出土文献と楚秦分化』創刊号,中国出土資料研究,9,2005

163. 廣瀬薫雄,鶴間和幸著『ファーストエンペラーの遺産　秦漢帝国』,中国出土資料研究,9,2005

164. 池田夏樹,石岡浩著「張家山漢簡二年律令にみる二十等爵制度一五級大夫を中心に」,法制史研究,54,2005

165. 石岡浩,陶安あんど著「漢魏律目考」,法制史研究,54,2005

166. 石岡浩,松崎つね子著『睡虎地秦簡』,法史学研究会会報,10,2005

167. 小嶋茂稔,冨谷至著『木簡・竹簡の語る中国古代』,社会経済史学,71-3,2005

168. 小南一郎,桐元東太著『中国古代の民族と文化』,東洋史研究,64-2,2005

169. 平勢隆郎,冨谷至著『木簡・竹簡の語る中国古代一書記の文化史』,法制史研究,54,2005

170. 平勢隆郎,蘇秉琦著・張名聲訳『新探　中国文明の起源』,東方,298,2005

171. 上野洋子,陳桐生著『《孔子詩論》研究』,中国研究集刊,38,2005

172. 石岡浩,江村春樹著『戦国秦漢時代の都市と国家　考古学と文献史学からのアプローチ』,中国出土資料研究,10,2006

173. 浜川栄,藤田勝久著『中国古代国家と郡県社会』,中国出土資料研究,10,2006

174. 飯尾秀幸,佐竹靖彦著『中国古代の田制と邑制』,日本秦漢史学会会報7,2006

175. 石岡浩,水間大輔著「秦律・漢律における未遂・予備・陰謀罪の処罰　張家山漢簡「二年律令」を中心に」,法制史研究,55,2006

176. 岡野誠,池田温著『敦煌文書の世界』,唐代史研究,9,2006

177. 岡部毅史,閻歩克著『品位与職位　秦漢魏晋南北朝官階制度研究』,東洋学報,88-1,2006

178. 小林義廣,稲葉一郎著『中国史学史の研究』,アジア遊学,95,2006

179. 佐藤和之,馬彪著『秦漢豪族社会研究』,大阪市立大学東洋史論叢 15,2006

180. 杉本憲司,原宗子著『「農本」主義と「黄土」の発生古代中国の開発と環境 2』,東洋史研究,65-2,2006

181. 楯身智志,籾山明著『中國古代訴訟制度の研究』,中国出土資料研究,10,2006

182. 浜川栄,原宗子著『「農本」主義と「黄土」の発生古代中国の開発と環境 2』,歴史学研究,814,2006

183. 水間大輔,籾山明著『中國古代訴訟制度の研究』,日本秦漢史学会会報,7,2006

184. 近藤浩之,馬王堆文献訳注叢書　池田知久著『老子』と野間文史『春秋事語』,中国出土資料研究,11,2007

185. 中村威也,長江流域文科研究所編『長江流域と巴蜀、楚の地域文化』,中国出土資料研究,11,2007

186. 下田誠,太田幸男著『中国古代国家形成史論』,史海,55,2007

187. 陶安あんど,籾山明著『中國古代訴訟制度の研究』,東洋史研究,66-3,2007

188. 高村武幸,藤田勝久著『中国古代国家と郡県社会』,早稲田大学長江流域文化研究所年報,5,2007

189. 中村威也,長沙市文物考古研究所・中国文物研究所編『長沙東牌楼東漢簡牘』,東洋学報,89-2,2007

190. 水野卓,吉本道雅著『中国先秦史の研究』,史学,76-2・3,2007

191. 宮宅潔,籾山明著『中国古代訴訟制度の研究』,歴史学研究,826,2007

192. 石岡浩,籾山明著『中国古代訴訟制度の研究』,法制史研究,57,2008

193. 井ノ口哲也,李承律著『郭店楚簡儒教の研究』,中国出土資料研究,12,2008

194. 小嶋茂稔,高村武幸著『漢代の地方官吏と地域社会』,中国出土資料研究,12,2008

195. 高村武幸,『二年律令与奏讞書　張家山二四号漢墓出土法律文献釈読』,中国出土資料研究,12,2008

196. 富田美智恵,小寺敦著『先秦家族関係史料の新研究』,中国出土資料研究,12,2008

197. 工藤元男,冨谷至著『江陵張家山二四七号墓出土漢律令の研究』,法制史研究,57,2008

198. 陶安あんど,籾山明著『玉杖木簡再考』,法制史研究,57,2008

199. 中村威也,高村武幸著『漢代の地方官吏と地域社会』,史潮,新 63,2008

200. 水間大輔,宮宅潔著『有期労役体系の形成』と同『「二年律令」研究の射程』,法制史研究,57,2008

201. 仲山茂,高村武幸著『漢代の地方官吏と地域社会』,史学雑誌,117-10,2008

202. 紙屋正和,藤田勝久著『中国古代国家と郡県社会』,史学雜誌,117-6,2008

203. 小林春樹,稲葉一郎著『中国史学史の研究』,史学雜誌,117-7,2008

204. 楯身智志,池田雄一著『中国古代の律令と社会』,中国出土資料研究,13,2009

205. 千葉謙悟等,漢字世界へのオールラウンドな導き手:大西克也・宮本徹編著『アジアと漢字文化』,中国出土資料研究,13,2009

206. 水野卓,宇都木章著『出土文物からみた中国古代』,中国出土資料研究,13,2009

207. 柿沼陽平,渡邉英幸著「秦律の夏と臣邦」,法制史研究,58,2009

208. 水間大輔,池田雄一著『中国古代の律令と社会』,唐代史研究,12,2009

209. 宮宅潔,高村武幸著『漢代の地方官吏と地域社会』,史林,92-4,2009

210. 水間大輔,廣瀬薫雄著『秦漢律令研究』,中国出土資料研究,14,2010

211. 高村武幸,紙屋正和著『漢時代における郡県制の展開』,史学雜誌,119-7,2010

212. 宮宅潔,廣瀬薫雄著『秦漢律令研究』,古代文化,62-2,2010

213. 李力(土田史記訳),陶安あんど著『秦漢刑罰体系の研究』,東洋史研究,69-3,2010

214. 湯浅邦弘・草野友子,楚地出土文献へのいざない—陳偉等著『楚地出土戦国簡冊[十四種]』中国研究集刊,51,2010

215. 仲山茂,紙屋正和著『漢時代における郡県制の展開』,東洋史研究,68-4,2010

216. 高津純也,渡辺信一郎著『中国古代の財政と国家』,中国出土資料研究,15,2011

五、目録索引

1. 森鹿三,簡牘研究文献目録補遺,東洋史研究,14-1、2,1955

2. 大庭脩,簡牘研究文献目録,史泉,22,関西大学史学会,1961

3. 永田英正,漢簡研究文献目録(邦文),油印本,1964

4. 大庭脩,中国出土簡牘研究目録,関西大学文学論集,28-4,1979

5. 伊藤倫厚等,侯馬東周遺址・銀雀山漢墓・馬王堆漢墓・睡虎地秦墓関係論著目録,中国哲学,9,1980

6. 湯浅邦弘,雲夢秦律研究関係資料目録,中国研究集刊,天号,1984

7. 武光誠,日唐律令制比較研究関係文献目録,東洋文化,60,1984

8. 伊藤敏雄,魏晋期楼蘭屯戍の基礎的整理(二)付:近年楼蘭関係主要文献目録(1979年～1988年10月),東洋史論,6,1988

9. 石岡浩,秦漢簡牘研究の手引き,法史学研究会会報,5,2000

10. 佐野大介、前川正名、上野洋子,新出土資料関係文献提要(1),中国研究集刊(33),91-104, 2003

11. 前川正名、新出土資料関係文献提要(2),中国研究集刊(34),87-95, 2003

12. 黒田秀教,新出土資料関係文献提要(3),中国研究集刊(34),96-100, 2003

13. 池田光子、黒田秀教,新出土資料関係文献提要(4),中国研究集刊(35),49-55, 2004

14. 黒田秀教,新出土資料関係文献提要(5),中国研究集刊(37),75-84, 2005

15. 草野友子,新出土資料関係文献提要(6),中国研究集刊(37),85-93, 2005

16. 池田光子、黒田秀教,新出土資料関係文献提要(7),中国研究集刊(38),205-217, 2005

17. 草野友子,新出土資料関係文献提要(8),中国研究集刊(42),47-58, 2006

18. 草野友子,新出土資料関係文献提要(9),中国研究集刊(46),91-101, 2008

19. 草野友子,新出土資料関係文献提要(10),中国研究集刊(48),162-171, 2009

20. 近藤浩之,馬王堆漢墓関係論著目録,中国出土資料研究,1,1997

21. 近藤浩之,馬王堆漢墓関係論著目録の訂正と追加,中国出土資料研究,2,1998

22. 工藤元男,「日書」研究関連文献目録,中国研究集刊,27,2000

23. 藤田勝久,『史記』『漢書』研究文献目録,『史記』『漢書』の再検討と古代社会の地域的研究　平成5年度科学研究費補助金一般研究(B)研究成果報告書,2005

24. 名和敏光,馬王堆漢墓帛書関係文獻目録,出土文獻と秦楚文化, 4, 2009

25. 谷中信一,銀雀山漢簡竹簡論文目録稿,出土文獻と秦楚文化, 4, 2009

26. 小寺敦,家族研究関係,張家山漢簡『二年律令』文獻目録,出土文獻と秦楚文化, 4, 2009

爲人治學,皆稱楷模
——紀念尊師張政烺先生

中國社會科學院歷史研究所　陳紹棣

張政烺先生,字苑峰,1912 年生。1936 年畢業於北京大學史學系。歷任中研院史語所副研究員、北大史學系教授、中華書局副總編輯、中國科學院(現中國社會科學院)研究員。曾先後擔任物質文化研究室主任、古文字與古文獻研究室主任;考古所學術委員、歷史所學術委員;中國社會科學院研究生院教授、博士生導師;中國社會科學院簡帛研究中心顧問。是中國史學會理事;中國考古學會常務理事;中國古文字學會理事、顧問;先秦史學會顧問;北京市政協委員。先後受聘爲國務院古籍出版規劃小組成員、顧問;中國歷史博物館學術委員會委員;國家文物事業管理局文物諮詢委員會委員;文化部中國文物委員會委員;國家文物鑒定委員會委員。2005 年 1 月 29 日在北京逝世,享年 93 歲。他的著作多收入《張政烺文集》中。

今年 4 月 15 日,是中國著名歷史學家、考古學家、古文字學家、版本目録學家張政烺先生一百年華誕。張先生是我的老師,在他誕辰前夕,我深切懷念尊敬的先生。他那博大精深的學識,驚人的記憶力,嚴謹扎實的學風,令人欽敬;他對學生們盡心盡力教誨、扶持,給以多方面的指導與幫助,以及他樂於助人、提携後學等高尚的精神境界,感人肺腑,歷歷在目,不能忘懷。

一、難忘的恩師

1959年，我考入北京大學歷史系，張先生講授中國通史的首段——先秦史。先生身材魁偉，穿一身褪了色的藍色中山裝。他每次上課，都用蓝白花布包袱包了一大堆書帶到課堂上，可見他備課是很認真的。先生講課時注意力十分集中，所引史料甚豐，實证性强，富有吸引力。聽高年級的同學說，張先生人品好、學問好，對先秦史的造詣尤深，我不禁油然對他産生了景仰之情。

後來張先生調到中國科學院哲學社會科學部（現中國社會科學院）歷史研究所。我1964年畢業後考入歷史所做他的研究生。第一次拜見導師，他以聊天的方式，向我布置了學習任務和學習方法。那時研究生的理論課、外語課由哲學社會科學部統一教授，專業課由導師負責。先生明確指出，要先讀書，打好基礎，從先秦的基本史料讀起。先讀《史記》、《左傳》、《國語》、《詩經》，要精讀、細讀，每字每句都要讀懂。在打好基礎的前提下，再練習寫學術論文。爲了幫助我讀懂古籍，先生還在百忙之中親自帶我到琉璃廠購買了一套綫裝武英殿本的《十三經注疏》，字大，又有標點，爲我提供了閱讀、理解古籍的便利條件。

然而不久，隨着左傾思潮的泛濫，政治形勢風雲突變。就在那年秋季，歷史所全體人員"連鍋端"去山東省海陽縣參加"四清"，我自然也不例外。"四清"結束，就地勞動鍛煉，然後就是不堪回首的"十年浩劫"。因此先生布置的學習任務也就成了竹籃打水。我研究生肄業留所工作。

1976年，平地一聲春雷，"四人幫"被粉碎，科學的春天來了。歷史所的業務逐漸得到恢復。可那時我已快四十歲了，且業務荒廢多年。先生對我這個老學生依然精心栽培，指點學術迷津。

那時候，歷史所恢復了《甲骨文合集》的編訂工作。張先生對我説：你去參加《甲骨文合集》的工作吧！寫出文章來我給審，推薦發表。可是由於行政上的干預，此事未成，而長期從事《中國古代歷史圖譜》（以下簡稱《圖譜》）編寫這一集體工作。

先生對我參與編寫《圖譜》的指導全面而細緻。他親自擬定提綱、體例，并指定參考書，甚至親手修改我寫的文稿。我每有些微進步，先生必給予鼓勵。

先生曾諄諄教導我如何作研究工作。他語重心長地説：學術研究就像接力賽跑，是在前人研究的基礎上作進一步深入的研究，"更上一層樓"，最忌諱人云亦云，作重復勞動。爲此就要選擇那些前人没有研究過，或研究薄弱，而又有大量新材料的題目去作。出土的甲骨文、簡帛都是新材料。研究這些新材料，容易出成果，但必須熟悉先秦秦漢的典籍等等。他的真知灼見，對我的研究工作有重要的指導意義。

二、博大精深的學識

張先生的學問博大精深,這是不争的事實。表現在科研、教學、古籍整理、主編《圖譜》、主編《商周考古》、編輯資料和書法藝術等方面。

(一)科研

60多年來,張先生發表了不少論著,其内容涉及中國古代史、考古學、古文字學、古器物學、版本目録學、通俗小説等諸多學術領域。這些論著都是典型的厚積薄發,具有開拓性、原創性、前瞻性,解决了許多疑難問題。如《平陵墜导(陳得)立事歲陶考證》一文,開拓了用陶文結合銅器銘文來考證歷史的新途徑,考定子禾子釜爲田和遺物,陳得即田成子兄弟田惠子得。[①]《〈封神演義〉的作者》考定《封神演義》的作者是明時道士陸西星(字長庚)所作[②],解决了中國文學史上一個不小的問題。又如《講史與咏史詩》"以探究講史之起源爲主旨,考證咏史詩爲講史之祖",認爲"講史一藝蓋出於晚唐之咏史詩,初由童蒙諷誦,既而宫廷進講,以至於走上十字街頭"。"平話即由咏史詩演變而來"。而"通俗演義始於羅貫中,乃仿平話而作之大衆讀物"。[③] 從而理清了通俗小説的源流。《六書古義》徵引大量先秦兩漢文獻和甲骨、漢簡六甲刻辭,論述《説文解字》的造字六書之名,絶不見於新莽以前之書,實乃源於劉歆一家之説,找到了許慎改定劉説的依據。許的造字理論雖在當時是一大進步,但也有缺失。[④] 這一發現爲使中國的古文字學建立在出土材料之上建立了基礎。再如,《相臺書塾刊正九經三傳沿革例》考定相臺本九經三傳不是明萬曆以來公認的宋代岳珂家刻的,而是元代初年義興岳氏根據廖瑩中世采堂本校正重刻的。并指出其所附《沿革例》與岳珂無關,乃廖氏之《九經總例》。這既使一批宋版書恢復了元代傳刻的真相,又使亡佚三百多年的《九經總例》重現人世。[⑤] 因而震動了版本目録學界,被人傳頌、采納和讚揚……等等。因此,他的論著得到了郭沫若、胡適、傅斯年等前輩學術大師的贊賞,先後被譽爲"小王國維"、中央研究院"史語所雙絶"之一(另一"絶"是著名語言學家丁聲樹先生)、"先秦史泰斗"。

張先生的學問,除已寫成的文章之外,還大量存在於他的藏書的批注之中。例如,1949年某月,張守常先生翻看張政烺先生的《觀堂集林》,發現上面有張先生的許多批注,蠅頭小字,密密麻麻,從墨色字迹看,有不少是多次批注的。[⑥] 張先生的藏書《兩周金文辭大系考釋》

① 《平陵墜导立事歲陶考證》,《史學論叢》第二册,國立北京大學潛社,1935。

② 《〈封神演義〉的作者》,《獨立評論》第209號。

③ 《講史與咏史詩》,《中央研究院歷史語言研究所集刊》第十本,北京:商務印書館,1942。

④ 《六書古義》,《中央研究院歷史語言研究所集刊》第十本,北京:商務印書館,1942。

⑤ 《相臺書塾刊正九經三傳沿革例》,《中國與日本文化研究》第一集,北京:中國大百科全書出版社,1991。

⑥ 張守常:《記業師張苑峰先生》,《揖芬集》,北京:社會科學文獻出版社,2002。

也是這樣。由張先生的學生兼朋友朱鳳瀚先生等編的《張政烺批注兩周金文辭大係考釋》已於2010年由中華書局出版。

(二)教學

在教學上，張先生在北大爲歷史系開的課有"中國上古史"（亦稱"先秦史"）、"金石學"、"中國史學史"、"古文字"、"古器物學"等，爲中文系開的課是"文化史"講座（中國古代的禮器和日用物），爲清華大學國文系開的課是"古文字"。還爲全國考古工作人員訓練班講"古文字學"、"中國考古學史"。在中國社會科學院研究生院，他任歷史系和考古系的研究生、博士生導師，所開課程有："版本目録學"、"古文字學"、"中國古代史"、"金史"、"古文獻學"等。試想，能開如此多的專業課，如果没有博古通今的淵博學識，是難以承擔的。張先生不僅開的課多，而且講義質量高，如《中國考古學史講義》是原創。《中國史學史》講每種書籍的成書，"其時代、著者情況、材料根據、體例异同，都講得有根有據，考論精詳"。[①]《先秦史講義》有許多精彩的見解。須要特别指出的是：他對古文獻、古文字、古器物都有深度闡發，還將自己多年來的研究心得體會及所發現的問題，都傳授給學生，甚至連自己尚未公開發表的研究成果，也都率先和盤托出，决不給自己在學問上留一手。有些學生在以後的工作中還能從以往的課堂筆記中受到啓發，獲取教益。因此先生培養了一大批科研人才，可謂桃李滿天下。如著名學者寧可、鄒衡、張守常、吴榮曾、黄展岳、俞偉超、鄭振香、張忠培、嚴文明、高明、徐蘋芳、王世民、李伯謙、任式楠、何齡修、孫機、劉一曼、陳智超、王曾瑜、林沄、朱鳳瀚、李零、王震中等等，都是他的學生。

(三)古籍整理

張先生承擔過《資治通鑑》、《二十四史》點校和出土文獻（雲夢秦簡、馬王堆帛書、銀雀山漢簡等）整理等重大學術任務。其中點校本《二十四史》是"新中國最偉大的古籍整理工程。其出版問世之後，成爲海内外學術界最權威的通行本，享有'國史'標準本的美譽"。[②]

張先生在古籍整理方面的巨大貢獻，還有他對《"二十四史"今注》的指導。1995年7月，張先生受聘爲《"二十四史"今注》的總裁（他認爲自己實爲顧問）。同年8月，在人民大會堂作書面發言。他對《"二十四史"今注》的指示集中刊登在《關於古籍今注今譯》一文中。該文首先精當地指出"今譯的局限和缺點"，强調"今注遠勝今譯"。接着對時下今注加以具體分析，認爲今注有良莠之别、"參差不齊之感"。他説："差的今注，有的衹是舊注的轉述，舊注没有涉及的，該注的也不注，新在哪裏，不得而知。更有甚者，舊注裏注得好的，辭書裏講明白了的，也不看、不查，衹是隨文敷衍，以致鬧出笑話。但是在今注中確有極高的學術價值

① 張守常：《記業師張苑峰先生》，《揖芬集》。

② 伊風：《中華書局百年歷程》，《中國社會科學報》2012年3月19日。

的，可以達到雅俗共賞的境地。楊伯峻的《論語譯注》、《孟子譯注》、《春秋左傳注》就是其中的佼佼者。《論語》、《孟子》成書較早……其解決難點，疏通文義，都有獨到之處。《春秋左傳注》則是注者多年研究的集累，引用上自晋代杜預下至近代諸家成果，去粗取精，擇要簡注，既有很高的學術水平而又要言不煩，無集注式的繁蕪，堪稱佳作。更值得一提的是，楊氏三書文字都淺顯，一般讀者都可讀懂。"這就爲古籍今注者提供了一個學習的樣板。

張先生還對古籍的今注提出了一系列指導意見。即：1. "要作好今注，厚積的工夫要多麽深、廣、細"；2. "書面材料不足，地面文物和考古發掘的研究成果更是注家的重要資料"；3. "至於各史中的天文、律歷、地理等《志》以及各項生産方面的事務，則又有自然科學史的研究成果必須吸收，才能注解得確切"；4. "方方面面的科研成果對於正確理解各類古籍，做普及讀本，都是極有用的知識。但是絶不能用這些知識去改造古籍，而是據以正確地解釋原文，在確证原文有錯漏的地方訂正或補充"；5. "要做到善於選擇廣大讀者的難點，正確地解決，而且深入淺出"；6. "一系列高難度的工作必須有充裕的時間。絶不能急於求成。如果注者迫於時限而草草成書，出現紕漏，則貽害讀者，愧對後人。"[①]先生歸納的以上這六條原則，既全面系統，又切實可行，可謂金針度人，富有教益，值得古籍今注者認真學習。[②]

《"二十四史"今注》目前已成書近半，擬由巴蜀出版社出版。如果張先生黄泉有知，也會爲之欣喜的。

（四）主編《圖譜》等

1958年，在大躍進的聲浪中，中國科學院歷史研究所爲配合郭沫若先生主編的《中國史稿》，《圖譜》作爲所三大重點項目之一上馬，由張先生擔任主編。次年3月，張先生作《圖譜資料目録》（封建社會部分，從戰國到清朝）[③]，約8400字，這實質上是《圖譜》的提綱。張先生還規定了選擇文物的標準，擬定了編寫體例。旨在編撰一部大型的物質文化史，通過生動、具體的形象，揭示社會發展規律和中華文明的特色。此後成立了圖譜組（後改爲物質文化研究室）。張先生率領組（室）成員，携帶照像器材，跋山涉水，到全國各地拍攝地上文物和遺迹，到各大博物館拍攝出土和傳世文物。積累了大量資料，同時寫出了大部分文稿，可是由於頻繁的政治運動和三年困難時期精減機構的干擾，工作斷斷續續，人員出出進進，很不穩定，特别是"十年浩劫"，工作停了十多年。加以没有得力的助手，以及出版困難，（經常有新的考古發現，需要更新所用照片而歷史所没有文物，近年文物照片價格昂貴），還有更换主編的失策（張先生學問淵博，對古文字、古文獻、古器物有深入研究，精通拍照、冲洗、印放，對

① 《關於古籍今注今譯》，《傳統文化與現代化》1995年第4期。

② 參王曾瑜《張政烺先生學術傳記》（部分），張永山編：《張政烺先生學行録》，北京：中華書局，2010，260—262頁。

③ 《中國歷史圖譜資料目録（封建社會部分）》草稿，《張政烺文集·苑峰雜著》，北京：中華書局，2012，148—339頁。

器材設備很内行，工於篆刻，嫻於拓印，加以爲人謙和忠厚，能與下屬同甘苦，是主編《圖譜》的最佳人選），致使這一重大項目打了水漂，張先生生前没有看見《圖譜》的出版。造成終生一大遺憾。30 多年來，《圖譜》工作占用了先生大量時間，無暇完成他的研究工作計劃，他在《我與古文字》中説："我心中積累的好多個專題，收集了資料，有的已成竹在胸，未動筆寫，有的還没有完成文稿。如關於西周銅器斷代和西周曆法研究，已將諸多重要銅器排出時間順序，曆法也在着手清理，可惜未能著文成篇。"①這不僅是張先生本人的重大事業損失，也是歷史所乃至史學界的工作損失。

值得慶幸的是：張先生在病重期間將《圖譜》工作托付給了他的學生兼朋友王曾瑜先生。王教授臨危受命，很快組成了一個由中國社會科學院歷史所、考古所和北京大學研究人員組成的新班子，使《圖譜》起死回生。2011 年 7 月，《圖譜》被列爲中國社会科學院 2005 年度重大 A 類項目。9 月，經湖南人民出版社申報，《圖譜》被列爲國家十二五重大出版資助項目。11 月，《圖譜》結項。經過多年緊張工作，這部總計 11 卷 14 册、文字説明 240 萬字、圖片 8000 餘幅的歷史文物圖集終於基本完成。將由湖南人民出版社和文物出版社聯合出版。這或者能在一定程度上告慰張先生的在天之靈吧！

此外，1959 年，在張先生的主持下，《圖譜》組還編就了圖文并茂的《西藏——祖國領土不可分割的一部分》的圖册。該書收集西藏曆史文物照片約有 500 多幅，文字説明約 20 萬字。送中央民委審查，民委主任劉春看過，説"該書編輯好，有現實及歷史價值。"惜未能出版，原因不明。

（五）主編《商周考古》

這裏的《商周考古》是《中國大百科全書·考古學卷》中的一個重要部分。1981 年 1 月，《中國大百科全書》分卷考古學卷編委會在北京正式成立，張政烺先生被聘爲編委會副主任兼商周考古主編。經過多次醖釀，反復修訂，終於擬定了商周考古全部條目和編寫體例，由中國社會科學院考古研究所、歷史研究所以及北京大學等單位的專家學者分頭負責執筆。到 1985 年 5 月，張先生赴西山華北軍區招待所，從事《商周考古》的定稿工作。該書集中反映了商周考古研究的巨大成就。在編寫過程中，他本人具體審定了《商周考古》的框架結構和大量稿件。

（六）編輯資料

早在史語所工作期間，張先生就奉命查找有關汪輝祖的資料，供蔡元培院長撰寫《汪龍慶先生致湯文瑞七札之記録與説明》（載於《張菊生先生七十生日紀念論文集》）之用。1951 年，張先生參與北大整理《地震資料年表》，起了主力和骨幹作用。此後，國務院各部門需要

① 《我與古文字學》，《張政烺文集·苑峰雜著》，28 頁。

資料時，歷史所領導就請張先生提供，或由他帶領一些人搜集整理。張先生總是盡心盡力，務求詳實。[①]

例如，1964 年外交部交給歷史所一項臨時任務——編輯東北古史資料。該工作又由張先生主持。參加工作的有胡厚宣、王毓銓、謝國楨、趙幼文、陸峻嶺、張澤咸等先生。先由張先生起草收書目録，選用版本，統一體例及如何摘録等等，作出明確規定，然後分工操作，最後交張先生匯總審定，費時一年有餘。寫出了《石器時代至遼代的專題》研究報告，經考古所所長夏鼐先生、北大歷史系教授汪籛先生認真審閱、修改補充，定稿打印上報。所搜集的資料，在 1964 年由中華書局出版《東北古史資料匯編》上、中、下三册，供研究東北古史者參考。[②] 該書在學術界甚有影響，1989 年由遼沈書社出版的《東北古史資料叢編》（孫進己、郭守信主編）就借鑒了《東北古史資料匯編》。

張先生還認真仔細答復對國際交往中有關風俗方面問題的詢問。他曾不無感嘆地説："這些年從頭（髮型、頭飾）到脚（女人裹脚），我也不知道解答了多少問題。"審判"四人幫"前夕，胡耀邦總書記批示讓國家教委查"王子犯法與庶民同罪"的出處，當局不知到哪裏查。教委一位同志請張先生幫忙，張先生不久就查到了，此話最早出現在南戲（清代李漁創作的《比目魚》）中，原本是戲劇家的理想，而不是封建社會的現實。[③]

（七）書法藝術

在書法藝術方面，張先生亦有相當高的造詣，是中國書法名家之一。張先生少年入私塾，師從族伯張俊采，學習篆書。青年入北大隨唐蘭先生習甲骨文、金文。此後練習書法不綴。上世紀 70 年代在中華書局標點《金史》，他常與啓功先生切磋書法，聊歷代碑帖文字。他曾對筆者説：要寫好字，切記三點：一是要精神集中；二是要寫的快，千萬不要描；三是要講究布局。這三點寫字訣竅顯然是他長期執着練字的心得體會。

張先生認爲書法是藝術。他説："漢字書法在世界上是一種獨特的藝術，就應該按藝術的規律辦事，尊重書法的藝術傳統，强求一律簡化不行。行書、楷書作品，應繁則繁，可簡則簡，取其自然，布局盡善盡美，歷代行書佳作，就是如此。"他指出古文字也是藝術品，認爲"若是寫古文字，寫哪一體首先要熟悉哪一體的字形結構"[④]，字形筆畫不能隨意改造，但可以創新，"寫出自己的風格，而不失該書體的神韵爲好。"[⑤]

---

① 安守仁：《關於〈中國古代歷史文物圖譜集〉前期工作的回憶》，張永山編：《張政烺先生學行録》，北京：中華書局，2012，201—202 頁。

② 張澤咸：《關愛與奮進》，中國社會科學院歷史研究所編：《求真務實五十載》，北京：中國社會科學出版社，2004，398 頁。

③ 參孫言誠《他把一生獻給了學術——記張政烺先生的學術生涯》，《揖芬集》，33 頁。

④ 《在"漢字、書法、美學、傳統文化"座談會上的書面發言》，《書法通訊》1994 年第 3 期。

⑤ 《在中國書法家協會組織的古文字學家座談會上的發言》，《學界名家書法談》，北京：榮寶齋出版社，1994。

在書法方面，張先生不僅有精闢的見解，而且有不少上乘的作品。他的甲骨文、篆書和行書，布局合理，綫條剛柔相濟，瀟灑飄逸，筆力渾厚，富有神韵，均受追捧，在書法學術界有一定的知名度。因此慕名求字者甚多，其中不乏學界名人。他曾爲不少知名學者題字。如山東大學、蘭州大學教授趙儷生先生，英國著名學者艾蘭女士，美國著名學者吉德煒先生。他們對張先生的書法作品都很珍重。如吉德煒先生將張先生贈送給他的墨寶（以上乘甲骨文寫成的文字是"洹水朝雨，大（太）行秋星。嘉賓雲集，新乍（作）鳳（風）生。色文射彩，商史啓明。我來學習，益智得朋。"）裝入精心配製的畫框，一直懸掛在自己的客廳裏，"成了他和他的家人每天都想起中國文字起源的精品"。[①]

張先生還爲多種名著（如《小屯南地甲骨》、《中國歷史地名大辭典》）、多家刊物（如《宋遼金史論叢》、《江漢考古》）題簽。他爲《簡帛研究》第一輯既題簽，又題詞。他的題詞是："辨析字形，理解文義，璣珠重聯，審繫篇題，終成圖籍，補史之逸"。短短的二十四字，闡明了簡帛研究的方法和宗旨。這對簡帛研究很有指導意義，因而爲此後的各輯《簡帛研究》所保留。

張先生也爲一些名勝古迹和會議題辭。如 1984 年，他去安陽參加殷商文化國際討論會。其間參觀淇縣與湯陰。在湯陰城内會議室，爲當地寫了"精忠報國"四個字。又如，1992 年，他去北大參加慶祝北大歷史系建系 90 週年大會，在北大二院題詞：發揚科學與民主的"五·四"人文精神。這些題詞都很得體，有積極意義。歷史所贈送外國友人的書法，多出自張先生之手，决非偶然。

張先生的書法作品多作爲他著作的插頁出版。但也有入選書畫作品集的。如爲肖良瓊題字（篆書）就載於陳玉龍、楊辛主編《北京大學百年校慶北大人書畫作品集》，北京大學出版社，1998 年 5 月。

爲了集中展示張先生的書法成就，中華書局將出版張先生的書法作品集。

此外，張先生對崑曲和《紅樓夢》也有深入研究。

張先生博大精深的學識與他勤奮讀書是分不開的。早在攻讀北大本科期間，他就暢遊書海，及至進入史語所，由於對知識的渴求和工作的需要，他幾乎看完了史語所的全部藏書，有的甚至能够背誦。讀的書有歷史典籍、各家文集、筆記、天文曆算、農業、氣象、方誌、古代戲曲、小説、俗文學、文字學、音韵學、訓詁學、甲骨、金文、碑刻、陶文、璽印、封泥、古文字、古器物、圖録及各家論著等。[②] 此後也手不釋卷，其讀書之博，可以追美前輩大家王國維、陳寅恪、陳垣、顧頡剛等。有"活字典"之稱。尹達先生曾對筆者説：建國初期，郭（沫若）老曾托

① ［美］吉德煒：《我和張政烺先生的五次會面》，《揖芬集》，26 頁。

② 石璋如：《與張政烺先生談對日抗戰期間史語所的圖書館》，《揖芬集》，15–19 頁。

他找人查幾條材料,他讓張先生去查,很快就查到了。郭老無不感嘆地説:“這個人學問真好,比我看過的書還多。”

上世紀90年代,張先生在《中國社會科學院通訊》上,勉勵社科戰綫的工作者“以牛的勤懇、踏實的精神,爲兩個文明建設作出貢獻。”這種牛的勤懇、踏實的精神,既是他對院内同仁的期許,也是享有盛譽的張先生的學術生涯的寫照。他的著述,思路開闊,縱貫古今,功力深厚,考證詳備,見解獨到,新意叠出,令人信服,在國内外都有深遠影響。他爲中國學術的發展做出了卓越貢獻。學界普遍認爲,張先生是學林中的一棵參天大樹。已故著名學者周一良先生曾説:(上世紀)50年代北大歷史系評職稱,張政烺先生本應評爲一級教授,由於名額的限制,祇能屈居二級教授。這是個遺憾。[①]

張先生曾應邀多次訪問美國、日本、臺灣、香港,或主持學術會議,或評議學術論文,或作學術演講。因其提供的論文質量高,往往受到好評。如1980年他隨以夏鼐先生爲團長的中國考古代表團前往美國,參加由紐約大都會藝術博物館和美國學術協會中國文化研究委員會共同舉辦的中國青銅器和銘文學術討論會。會議期間,美國著名學者吉德煒教授對張先生的金文年代研究很欽佩,指名希望他發表。他爲宣揚中華悠久歷史、燦爛文明,爲增進中美、中日兩國人民之間的友誼,爲加强海峽兩岸血濃於水的骨肉親情,爲拉近海内外華人的距離,作出了較大貢獻。

三、嚴謹扎實的學風

張先生的學風嚴謹扎實,有口皆碑。

他以歷史唯物主義爲指導,廣泛搜集和綜合利用甲骨文、金文、陶文、石刻、簡牘、帛書等等出土的和地上的古文字資料,結合古文獻記載,帶着問題,來研究中國古代歷史,不斷創新,盡力得出符合我國歷史實際的科學結論。

他考釋甲骨文、金文,遵循科學途徑,根據充分,觸類旁通,即凡經張先生釋出的字皆能左右逢源,暢通無阻,决無任何隨意性和無端猜測。因此令人信服,引用者甚多。例如,《卜辭“裒田”及其相關諸問題》考釋卜辭中作爲農耕形式的“𡉚田”之“𡉚”字之音義,闡明此字從“土”,從“用”,從“臼”,“臼”亦聲,可讀作“裒”,有刨土、捧土兩義,但主義是刨土。裒田就是開荒造新田。裒田者作爲處於百家爲族的共同體中的衆,是農夫兼戰士,要爲殷王負擔徭役。[②] 此説成爲學界普遍接受的定論。而“奭字説”列舉許多字形相近的甲骨文,以爲是“蓋

① 參張世林《周一良先生的最後一本書》,《中華讀書報》2001年1月23日。

② 《卜辭“裒田”及其相關諸問題》,《考古學報》1973年第1期。

取二物相儷爲偶"之義，力排衆説釋爲㚗，讀曰"仇"，而解爲"匹"，即"妃匹之謂"。此説和先秦典籍與《説文》解釋相合，用於通讀卜辭皆順暢。[①] 又如，《邵王之諻鼎及簋銘考證》依據《方言》等書，得知楚地稱母爲"媓"，而"諻"也可訓爲"母"，所以"'邵王之諻'，蓋即楚昭王之母也。"[②]此文是用古代方言考證古文字的典範，其結論得到學界的共同認可。而《利簋釋文》從讀懂、讀通銘文的關鍵詞"歲鼎"切入，以爲周武王陳師牧野，面對强敵，不能遲疑，只宜决戰，似無再貞卜鬼神之時機，文義又不是倒述興師前之預卜，遂確定此"鼎"字不作貞卜講。聯想《國語·周語下》韋昭《注》中講到，"武王伐紂，歲在鶉火之次，是爲周之分野。而利簋銘文的"歲"也衹能指歲星，'鼎'從音上可讀爲'丁'，其義即'當'。這樣'歲鼎'可理解爲歲星正當其位，正可與《周語下》所言相合，是周人認爲克商時歲星所在位置宜於征伐商人。此雖爲兵家迷信，但在當時被認爲是武王征商取勝的條件與精神力量，故克商後還鄭重寫入銘文。"[③]這種解釋得到不少研究者的贊同。

他崇尚實學，决不放空炮。他的文章，内容充實豐富，有一分材料説一分話，不論長短，必有新意，發前人所未發。既有史料或知識的廣度，又有研究或見解的深度，因此受到海内外學術界的推許。例如，《宋江考》考證宋江起義衹有三十六位英雄，開始在河南省的黄河以北，後來到了山東省西部和江蘇省北部。[④] 50 年後，學人只找到一條補充材料。而《中國古代十進制的氏族組織》一文，縱觀世界史，以大量材料，論證商周時農村公社普遍存在，社會結構的特點是貴族和平民的對立，平民即衆人和庶民，他們耕種國有土地，是農民又是戰士，居民組織或軍隊編制均以十進制爲特點。衆人是氏族成員，不是奴隸。[⑤] 這一成果對於認識商周社會結構有重要推進，多有徵引。又如《試釋周初青銅器銘文中的易卦》，徹查歷代著録和考古發掘出土的有關甲骨文、金文、帛書、敦煌卷子的資料，破譯了困惑學術界數十年的銅器銘文和甲骨片上出現的一行三個或六個數目字，不是"奇字"，而是一種古老的數占法八卦符號。[⑥] 這一"劃時代的重大發現"，在易學研究中有開創之功，不僅在海内外發生了重大影響，也帶動了有關八卦起源研究的深入。如此等等，不一而足。

認真不苟，是張先生嚴謹學風的一個重要方面。這是學界的一致看法。中國科學院院士席澤宗先生在慶祝歷史所成立 40 週年大會的演講中，提到歷史所時只提了兩個人，其中一個就是張政烺先生。他説張先生與同時代的史學大家相比，雖然著述不太多，但他作學問

① 《"㚗"字説》，《中央研究院歷史語言研究所集刊》第十三本，北京：商務印書館，1948。

② 《邵王之諻鼎與簋銘考證》，《中央研究院歷史語言研究所集刊》第八本第三分，北京：商務印書館，1939。

③ 《利簋釋文》，《考古》1978 年第 1 期。

④ 《宋江考》，《歷史教學》1953 年第 1 期。

⑤ 《中國古代十進制的氏族組織》，《歷史教學》第 2 卷第 3、4、6 期，1951 年 9 至 12 月。

⑥ 《試釋周初青銅器中的易卦》，《考古學報》1980 年第 4 期。

特別認真,總是反復推敲,甚至字斟句酌。又國家民委研究員張崇根先生曾對筆者説,現在再也找不到像張先生那樣認真作學問的人了。事實正是這樣。例如《"十又二公"及其相關諸問題》一文,開始寫作於1935年,1982年脱稿,歷時近50年,終於弄清楚東周時期秦國銅器銘文常見的"十又二公"和《春秋經》的十二公,都是"公取十二,法天之數"的一種迷信思想,當是虚數。孔子囿於他所生長其中的春秋時代,免不了帶有不少落後的東西,這是自然的孔子。後世人爲拔高孔子的形象,離真孔子愈來愈遠。① 又如,張先生在1978年發表的《利簋釋文》的原稿中,曾寫明"武王克殷在公元前一〇七〇年"的看法,但交稿時又想到這個問題事關重大,還有待再討論,於是即删去了。經過多年的考慮、推敲,直到1992年在洛陽召開考古學術研討會,先生提交了《武王克殷之年》一文,才將他對武王克殷年代的上述成熟看法予以公布,其時距《利簋釋文》發表已有14年。②

惜墨如金,是張先生嚴謹學風的又一個重要方面。這也是學界有目共睹的。故宫博物院研究員劉雨先生曾對筆者説:張先生的文章雖然多數篇幅不長,但一看就知道功力深厚。他的文章,一般都寫得短小精悍,言簡意賅。是用文字的"煉丹爐"經多年熔鑄、修煉出的寶,或曰"乾貨"、"精品力作"。他常説,文章寫清楚明白,讓人看得懂就行了,何必寫那麽長。既節省别人的時間,也節約紙張。多麽善良的願望,多麽美好的心靈!正因爲他的文章都是自己潛心研究和苦思冥想的結晶,所以才經常被人稱許,而没有成爲過眼烟雲。

張先生的嚴謹學風還表現在尊重學術規範,從不搶先使用他人尚未發表的資料。例如,1984年,他發表的《易卦——近幾年來我用考古材料研究〈周易〉問題的綜述》是一篇綜合叙述甲骨文、金文、簡帛等等多種文字,其中有單卦、重卦、變卦、互卦等,對周易源流作進一步論证的文章。③ 惜哉論述未能遂心盡意。其原因就在於最重要的資料——江陵天星觀楚墓出土的竹簡,其發掘報告當時尚未發表。張先生雖曾目睹有易卦的竹簡照片,但出於尊重他人的勞動,也不得不忍痛割愛,這不能不是一個遺憾!

四、提携後學,培養人才

樂於助人學問,無私地扶持提携後學,是張先生爲人爲學最感人之處。

張先生大家風範,人品學問,皆稱楷模,名聲在外。因此慕名求教者甚多。爲了薪盡火

① 《"十又二公"及其相關諸問題》,《紀念顧頡剛先生學術論文集》,成都:巴蜀書社,1990。

② 《武王克殷之年》,《洛陽考古四十年》,北京:科學出版社,1996。

③ 《易卦——近幾年來我用考古材料研究〈周易〉問題的綜述》,《中國哲學》第14期,北京:人民出版社,1988,1—15頁。

傳,弘揚中華學術,先生對來者都一視同仁,熱情接待,無門户之分、親疏之别,甚至對不認識者也有求必應,有問必答。有時還不怕麻煩,翻書查資料,工工整整寫在紙上,贈送給求教者,盡力滿足其要求,而毫無保留。表現出先生助人爲樂和誨人不倦的高尚品德。幾十年來,始終如一,耗費了他大量的時間和寶貴的精力。這雖然影響了先生的研究工作,但却有利於幾代新人的茁壯成長。這種甘爲人梯、路石的精神,在哲學社會科學經受"十年浩劫",荒廢多年之後,有着非常重要的積極意義。張先生樂於助人是踐行雷鋒精神。有學者認爲"學界要選舉雷鋒,非張先生莫屬。"甚是。

張先生還注意爲研究所和高校延攬和選拔人才。他先後分别推薦王仲殊先生到考古所工作,田昌五先生到歷史所工作。他認爲李學勤先生是個天才,在歷史所學術職稱評審會上,力挺李由助理研究員破格提升爲研究員。他還在上世紀七十年代向媒體推薦北大青年文字學家裘錫圭先生,稱其在當時出土文獻的整理和研究中"出力最多,貢獻最大"。後來這些人都成了研究所和高校的臺柱子、學界名人。

張先生對後學的提携還值得一提的是對王承祒先生的栽培。王承祒是北大歷史系 1950 級學生,在校期間學習刻苦,天資聰慧,通曉甲骨文、金文,著述頗多。張先生不僅推薦其文章在《文史哲》等大刊物上發表,而且於 1954 年將王的論文集——《中國古代社會史試論》介紹給上海學習生活出版社,使該書於次年出版問世。張先生還讓王承祒留校作他的助教,主要是爲學生作通史課的輔導。惜哉 1955 年王因被錯劃爲胡風分子憤而跳樓自殺。

五、爲人忠厚低調

忠厚低調是張先生爲人的一貫品格。這主要表現在以下三方面。

(一)淡泊名利

1936 年,張先生從北大史學系畢業被延攬進南京中央研究院史語所。剛到史語所時任圖書館管理員。有人稱他是助理員,他總是一本正經地説:"你説錯了,我不是助理員,我是取書手。"他老老實實,没有虚榮心;干一行,愛一行。

1968 年夏天,滿城漢墓出土一對形制基本相同的鳥蟲書銅壺,壺蓋和壺身用纖細的金銀絲錯出鳥蟲書銘文,難以辨認。其中一件有 44 字的銘文,另一件銘文有省字。考古所將鳥蟲書銘文的摹本送請張先生考釋、研究。不久,張先生就完成了考釋工作,寫成題爲《滿城漢墓出土的錯金銀鳥蟲書銅壺》的文章。文章先考訂鳥蟲書的釋文,再對釋文逐句解釋,而後還將釋文譯成白話文。并指出"西漢初期的鳥蟲書銘文銅器,過去還没有見到過,有較高的藝術價值。"《考古》編輯部决定這篇文章在 1972 年第 5 期發表。當在署名問題上徵求他的意見時,他堅决以化名"肖蘊"發表,而不同意署自己的真名,他對名利之淡泊由此足見。文章發表後,《考古》編輯部陸續收到一些商榷文章,在其部分文字考釋和銘文韵讀上有一些不同意見,經研究,擬選登三篇,并在發表前請張先生審閱,他審閱後全部同意發表,充分反映出大家風範。[①]

1995 年 7 月,他受聘爲《"二十四史"今注》的總裁。他説:我既不"總",也不"裁",我衹是爲補充候選"二十四史"各史今注的主編名單,提過幾位專家的名。他實事求是,有一説一,絶不説二,不願當徒具虛名的空頭主編。

(二)寬以待人

尹達先生生前曾對筆者説:某單位有位治古文字兼治銅器的老先生愛與張先生聊天。張先生口無遮攔,什麽都説,甚至把自己對新材料的新見解也都和盤托出。那位老先生便把張先生的研究成果寫成文章發表。張先生知道後,毫不介意。

(三)看重友情

張先生重視友情,把朋友的事業當作自己的事業對待,盡心盡力出色完成。例如他對自己的好友尹達先生、傅樂焕先生都是鼎力相助。據鄭振香先生記憶,她當北大商周考古研究生時的導師是尹達先生。尹先生工作忙,就對她説:"你學習上有什麽問題,你就去找張政烺先生,他什麽都懂,考古嘛,他也懂,你就找他。我也没那麽多時間。"於是鄭就去找張先生請教讀書的事。張先生説:"你讀讀《左傳》、《國語》吧,也可以讀讀《詩經》,可以開拓思路。"又説先讀《左傳》,讀了《左傳》再讀《尚書》就容易了。并説"左氏不傳春秋",雖然《左傳》是《春秋》三傳之一,但它本身就是《春秋》,和《公羊》、《穀梁》還是不一樣的。它自己成一個體系,你學了以後,記住多少不重要,但是可以提高閲讀能力。[②] 這些指教使鄭受益非淺。

張先生還和楊向奎先生在尹達先生去世後,盡力指導尹的研究生王震中、周星出色完成了學業,後來他們都成了學界的新星。

張先生對傅樂焕先生的友情也值得稱道。傅先生與張先生是山東同鄉、北大同學、史語所同事。《金史》原由傅樂焕先生點校。他是傅斯年先生的侄兒。"十年浩劫"中受迫害自盡,没有作出來。張先生出於對亡友傅樂焕先生的情誼,同時也爲了報答傅斯年先生當年的知遇提携之恩,毅然决然接過這一重任,他并未專治《金史》,然而點校工作遊刃有餘,顯示了豐厚的學力。

① 盧兆蔭:《淡泊名利平易近人——緬懷張苑峰先生》,張永山編:《張政烺先生學行録》,北京:中華書局,2010,23—24 頁。

② 《鄭振香》,趙輝主編:《記憶》,北京大學出版社,2012,140—141 頁。

六、教子清正廉潔

張極井先生是張政烺先生的哲嗣。1984 年底從中國社會科學院研究生院畢業後,加入剛成立不久的中國國際信托投資公司(現在的中國中信集團公司),開始了自己的職業生涯。1988 年,極井 33 歲時被任命爲中信集團下屬地區子公司——中信澳大利亞公司總經理,負責管理當時中國在海外最大的工業投資項目。上世紀 80 年代末,有一次極井從澳洲回國,在回家看望父母時,張先生把他叫到客廳裏坐下,要求他鄭重承諾,不在工作中利用職權行任何貪腐之事。對父親的教誨,極井至今誠惶誠恐,不敢懈怠。

極井去澳洲工作之後,張先生前後給他寫過三個條幅:一幅是《周易》上的"天行健,君子以自强不息";一幅是宋人張載的"爲天地立心,爲生民立命,爲往聖繼絶學,爲萬世開太平";還有一幅是《荀子・勸學篇》中的"無冥冥之志者,無昭昭之明;無惛惛之事者,無赫赫之功。"這既表現了張先生對兒子的殷切期望,也反映了自己的精神追求和揮之不盡的家國情懷。[①]

先生"高山景行",他的治學、爲人是我們的榜樣,永遠激勵着後輩奮發前行。

① 張極井:《回憶父親二三事——代〈張政烺文集〉編後記》,《張政烺文集・甲骨金文與商周史研究》,北京:中華書局,2012,398—399 頁。

徵稿簡約

一、本刊作爲中國社會科學院簡帛研究中心的專業性學術刊物，歡迎與下述内容相關的論文投稿：

1.出土簡帛的辨識、考證；2.根據出土簡帛考辨史實，研究中國古代的各種制度、思想文化以及社會發展狀況；3.有代表性的國外簡帛研究譯文；4.簡帛研究綜述；5.簡帛研究論著評論；6.簡帛研究論著索引。

二、本刊提倡嚴謹的學風，堅持“百花齊放、百家爭鳴”的方針，堅持相互尊重的自由討論。本刊發表的文章均不代表本刊意見，由作者文責自負。

三、本刊只接受首發投稿。已在正式出版物和網絡上刊發者，均不視爲首發。

四、來稿請提交一份文本稿，一份電子文稿（電子郵件或磁盤）。

五、本刊實行雙向匿名專家審稿制度。稿件中請勿出現作者個人信息。有關作者姓名、單位、聯繫方式等，請另紙提供。

六、本刊對刊登的稿件擁有爲期兩年的專有版權。作者如有異議和特殊要求，請於投稿時聲明。請勿一稿兩投。

七、本刊處理來稿期限爲60個法定工作日。逾期未接到通知，作者有權對自己的稿件另行安排。因本刊經費緊張，來稿一律不退，請作者自留底稿。

八、來稿請寫明作者真實姓名(發表時筆名聽便)、工作單位、職稱或職務、通訊地址、郵政編碼、電話號碼和電子郵箱，以便聯繫。

來函請寄：

北京建國門内大街五號 中國社會科學院歷史研究所秦漢魏晋南北朝史研究室

戴衛紅收

郵編：100732

電子郵件請寄：jbyj2005@yahoo.com.cn